Johann Heinrich Graf von Bernstorff
Erinnerungen und Briefe

von Bernstorff, Johann Heinrich: Erinnerungen und Briefe
Hamburg, SEVERUS Verlag 2013
Nachdruck der Originalausgabe, Zürich 1936

ISBN: 978-3-86347-484-3
Druck: SEVERUS Verlag, Hamburg, 2013
Textbearbeitung: Mathias Munstermann

Bibliografische Information der Deutschen Nationalbibliothek:
Die Deutsche Nationalbibliothek verzeichnet diese Publikation in der Deutschen Nationalbibliografie; detaillierte bibliografische Daten sind im Internet über http://dnb.d-nb.de abrufbar.

© **SEVERUS Verlag**
http://www.severus-verlag.de, Hamburg 2013
Printed in Germany
Alle Rechte vorbehalten.

Der SEVERUS Verlag übernimmt keine juristische Verantwortung oder irgendeine Haftung für evtl. fehlerhafte Angaben und deren Folgen.

ZU EIGEN
MEINER LIEBEN TAPFEREN FRAU, DIE
ALLE ENTTÄUSCHUNGEN DES LEBENS
MUTIG MIT MIR GETRAGEN HAT

INHALTSVERZEICHNIS

	Seite
VORWORT	7
I. KAPITEL – Jugend	9
II. KAPITEL – Lehrjahre	20
III. KAPITEL – Washington	71
IV. KAPITEL – Konstantinopel	126
V. KAPITEL – Reichstag	174
VI. KAPITEL – Völkerbund	213
VII. KAPITEL – Abrüstung	242
NAMENREGISTER	263

Vorwort

Eine nebenbiblische Ueberlieferung spricht von einer Frage des Weltrichters am Eingange des Paradieses, die also lautet: „Wo warst Du, als Gott der Herr die Welt erschuf?" Aehnliche Gedankengänge müssen einem Deutschen naheliegen, der heute auf 22 Jahre Krieg und Revolution zurückblicken muß, und sich selbst die Frage vorlegt: „Wo warst Du, als das Deutsche Volk durch ein Fegefeuer von 22 Jahren hindurch gehen mußte?" Diese Frage will ich mir selbst in dem folgenden Buche beantworten, das meine Beichte sein soll. Wenn ich trotz Alter, Krankheit und politischem Widerwillen die Arbeit vollendet habe, so verdanke ich das ausschließlich der stets hilfsbereiten Jugendfrische von Fräulein Myriam Becker, deren Eifer nie erlahmte. Dieser herzlichsten Dankbarkeit auch hier Ausdruck zu geben, war mir ein inniges Bedürfnis.

Genf, den 1. August 1936. *J. Bernstorff*

I. Kapitel

JUGEND

Der historische Verlauf brachte es mit sich, daß ich einen Band meiner Erinnerungen sehr bald nach dem Weltkriege herausgab, weil ich damals die Verpflichtung fühlte, den Kampf für die Wahrheit aufzunehmen. Der Historiker erkennt heute meinen in Washington vertretenen Standpunkt als richtig an, während der Laie die überkommenen Partei- oder landsmannschaftlichen Anschauungen festzuhalten pflegt. Deshalb kann ich heute die in meinem ersten Buche geschilderten Ereignisse meistens übergehen, indem ich annehme, daß jeder, der sich für die damalige Zeit interessiert, die einschlägige seitdem erwachsene Literatur gelesen haben wird. Sie hat durchweg meine Auffassung bestätigt.

Wie in meinem ersten Buche will ich auch heute daran festhalten, nur Selbsterlebtes darzustellen, damit auch dieses Buch unbedingte Wahrheit bringt. Ueber subjektive Anschauungen und Werturteile werden Meinungsverschiedenheiten bestehen, aber die Tatsachen sollen unantastbar sein. Nur so kann dieses Buch seinen Zweck erfüllen, einen Beitrag zur Weltgeschichte zu leisten, möglichst „sine ira et studio". Erfreulich ist es nicht für einen Deutschen meines Lebensalters Geschichte zu schreiben. Als ich in das „feindliche Leben" hinaustrat, befand sich Deutschland unter Wilhelm I. und Bismarck auf dem bisherigen Höhepunkt seiner Entwicklung. Diesem hehren Glanze gegenüber sind wir in der Lage des verlorenen Sohnes, der das väterliche Erbe verpraßte. Betrachtet man historisch das Menschenmaterial des Wilhelminischen Zeitalters, so erscheint es eben so gut oder eben so schlecht — mag man es so oder so nennen, — wie das, mit dem Bismarck arbeitete. Bei einem solchen Vergleiche „hat man die Teile in seiner Hand, es fehlt nur das geistige Band", es fehlt der späteren Zeit der Genius Bismarcks, der die große historisch-politische Wahrheit des Primats der auswärtigen Politik erkannte. Wer das deutsche Volk erfolgreich führen will, muß immer an dessen geographische Lage denken. Sie ist ausschlaggebend. Deshalb hatte Bismarck das, was er „das Alpdrücken der Koalitionen" nannte. Deshalb beherrschte er die Situation, während später das II. Reich daran zugrunde ging, daß es sich nicht aus dem Netz einer feindlichen Koalition freimachen konnte, ja umgekehrt selbst diese Koalition durch Fehler in der eigenen auswärtigen Politik schaffen half.

Als Kind eines alten deutschen Diplomaten-Geschlechts in die jetzige traurige Zeit deutscher Geschichte hineingeführt, ward ich 1862 in

London geboren, wo mein Vater Botschafter war. Diese Geburtsstätte scheint für mich eine Art Prädestination meines Geschickes gewesen zu sein, denn immer wieder führte mich dieses in einer oder der anderen Weise in den wichtigsten Augenblicken meines Lebens nach oder gegen England. So habe ich mich dort im Park von Hampton Court Palace verlobt und mein Lebensglück gefunden. Dann fügte es sich so, daß Herbert Bismarck mich nach einem gemeinsamen Essen in der englischen Botschaft in Berlin zum Diplomaten machte und daß später, als Fürst Bülow mir eine Gunst erweisen wollte, er mich zum Botschaftsrat in London ernannte. So entschied sich auch dort, daß ich, wie man im Diplomatenjargon sagt, eine gute Karriere machen und mehr Einsicht in die englisch sprechende Welt erhalten sollte, als das gewöhnlich unter Deutschen der Fall ist.

Napoleon I. hat einmal auf St. Helena gesagt: „Man muß England bekämpfen oder sich in den Welthandel mit ihm teilen. Nur das zweite ist heute möglich." Nach der Messe ist man bekanntlich klüger als vorher; man kann auch füglich bezweifeln, ob Napoleons I. Naturell ihm jemals vor St. Helena erlaubt hätte, sich mit einer anderen Macht friedlich zu verständigen. So lagen die Verhältnisse aber nicht zwischen Deutschland und England. Als ich von 1902—1906 in London Botschaftsrat war, gab es an der Botschaft keinen Menschen, der nicht überzeugt war, daß ein deutsch-englischer Krieg sicher bevorstand, wenn der deutsche Flottenbau in der bisherigen Weise fortging. Doch waren Verständigungsmöglichkeiten vorhanden, noch bis zuletzt bis zur Berliner Mission Lord Haldanes. Als diese scheiterte, war aber der Weltkrieg eine Sicherheit, denn nur England konnte ihn verhindern, und England wollte wegen der deutschen Flotte nicht mehr. Colonel House schrieb an Wilson am 29. Mai 1914: „Sobald England zustimmt, werden Frankreich und Rußland über Deutschland herfallen," und House kannte wahrlich die Entente-Kreise gut. Solange ich politisch denken kann, hatte ich den Wunsch, daß Deutschland mit England zusammengehen sollte. Ich hielt eine Verständigung für erreichbar, nur mußte Deutschland sich damit begnügen, eine Landmacht ersten Ranges zu sein und nicht auch noch eine solche Seemacht werden wollen. „Qui trop embrasse mal étreint," pflegte Bismarck immer zu sagen. Mit diesen Anschauungen groß geworden, war es mein Geschick während des Weltkrieges, auf meinem Posten im schärfsten Kampfe gegen England zu stehen, denn in Washington ging das diplomatische Duell fast ausschließlich zwischen Deutschland und England. In diesem Streite siegte England, weil die deutsche Regierung nicht begriff, daß der Krieg in Washington entschieden würde, während man in England hierüber nicht im Zweifel war und danach handelte. Erleichtert wurde dieser Sieg durch das Uebergewicht der englischen Sprache. Es erscheint mir nicht unrichtig, wenn man sagt, daß diese Sprache den Krieg gewonnen hat. Dank ihrer großen

Verbreitung sah und sieht die ganze Welt durch englische Brillen. Es hilft nichts, man muß sich solche Tatsachen, die für uns sehr unangenehm sind, vergegenwärtigen, um späteres Unglück, wie es uns im Weltkrieg befiel, zu vermeiden. Ebenso, wie ich Washington nach einem englischen Siege verlassen mußte, ging es mir in Konstantinopel auf meinem letzten diplomatischen Posten, von dem ich vor der Einfahrt der britischen Flotte weichen mußte.

Diese Erfahrungen ändern indessen nichts an der Tatsache, daß Deutschland auch nach dem Weltkriege unter ganz anderen Verhältnissen den Versuch machen muß, die englische Freundschaft zu gewinnen. Eine andere auswärtige Politik gibt es für uns nicht, da die französische Hegemonie auf dem europäischen Kontinent nicht ewig andauern darf und eine Verständigung mit Frankreich unmöglich bleibt, weil Frankreich eine solche nicht will, nie gewollt hat und vermutlich nie wollen wird. Seit den Tagen Heinrichs IV. ist es die Quintessenz der französischen Außenpolitik, Deutschland schwach zu erhalten. Nirgends tritt diese Tendenz klarer hervor als in der Instruktion, die Talleyrand sich selbst für den Wiener Kongreß niederschrieb. Wer viele Jahre in Genf arbeitete, kann darüber nicht im Zweifel sein, daß die Außenpolitik Frankreichs noch die gleiche ist. Ob man sie heute „Sécurité" nennt, ob sie von Poincaré oder Barthou geleitet wird, oder ob deren Kreise Briand stürzen, das Ergebnis ist immer das gleiche. Im gewissen Sinne kann man den Franzosen dies nicht übelnehmen, denn noch einmal werden die Amerikaner wohl kaum einen Krieg für sie gewinnen, und ein Napoleon I. findet sich ebenso schwer wie ein Bismarck. Indessen gibt es noch den Ausweg, den Völkerbundgedanken ernst zu nehmen, was seit Wilson kaum jemand getan hat.

Die ersten zehn Jahre meines Lebens verbrachte ich in England, bis mein Vater dort 1873 starb, wodurch der Anblick des Todes zum ersten Male an mich herantrat, sehr schmerzlich zwar, aber ohne daß ich damals schon die Bedeutung des Ereignisses hätte ermessen können. Damit ging für die hinterbliebene Familie die Diplomaten-Herrlichkeit zu Ende. Nur mein ältester Bruder blieb einstweilen im Dienst, während meine Mutter auf das Familiengut, Stintenburg am Schallsee, zog. Von meinen Eltern habe ich nur freundliche Erinnerungen. Sie waren gegen mich immer von grenzenloser Güte, aber als ich als siebentes Kind geboren wurde, war mein Vater 53 und meine Mutter 42 Jahre alt. Dieser große Altersunterschied hat die geistigen Beziehungen zwischen meinen Eltern und mir naturgemäß nachteilig beeinflußt. Doch gab mir das Elternhaus ein Ideal mit in das Leben, das Ideal eines unter preußischer Führung politisch geeinten, freien deutschen Volkes. Mein Elternhaus war „fromm nach altem Brauche". Ich wurde auch so erzogen, aber dies hat nicht lange vorgehalten; meine Religion wurde eine kirchenlose „für den Privatgebrauch". Es schien mir immer so, als ob Religion ein

Hören auf innere Stimmen bedeute, und als ob ich keine Kirche auf Erden getroffen hätte, die das Evangelium in seiner Reinheit darstellte. Wenn ich heute zu einem Gottesdienst in eine Kirche gehen wollte, so müßte es das alte Dorfkirchlein auf dem Hügel am Schallsee sein, wo meine Eltern begraben sind und wo ich konfirmiert wurde. Unten am See liegt die von Klopstock besungene „Insel der froheren Einsamkeit", umgeben von den herrlichen Schleswig-Holsteinschen Buchen. Mit dem Dichter sage ich: „Doch verläßt nie Dein Phantom meinen Geist".

Mein erster Aufenthalt in England gab mir außer der Sprache des Landes, die mir im späteren Leben sehr viele politische und geistige Vorteile brachte, auch meine politische Richtung, indem sie mich in den Kreis Kaiser Friedrichs führte. In viel späteren Jahren, als ich mit Kaiser Wilhelm II. auf dem Bosporus fuhr, stellte er mich einem Herrn vor mit den Worten: „Sein Vater war ein Freund meines Vaters." Diese Freundschaft dokumentierte sich auch darin, daß das damalige kronprinzliche Paar öfters auf der deutschen Botschaft in London bei meinen Eltern wohnte. Hierzu gab einen Anlaß, daß Königin Victoria davor eine heilige Scheu hatte, ihr Schwiegersohn könne in einem ihrer Schlösser seine Pfeife rauchen. Die Freundschaft des kronprinzlichen Paares blieb meiner Familie erhalten, und ich hatte mich mancher Gnade von seiner Seite zu erfreuen. Der Tod Kaiser Friedrichs war wohl das unglücklichste Ereignis unserer neueren Geschichte. Unter seiner Regierung hätte sich gewiß der konstruktive Genius gefunden, der gleichzeitig die westliche Orientierung unserer auswärtigen Politik durchführte und die innere in die Bahnen der Evolution zu einer liberalen Demokratie leitete. Anstatt dessen kam der gedankenlose Materialismus des Wilhelminischen Zeitalters, das über dem steigenden Reichtum allen politischen und sonstigen Idealismus vergaß. Der Gegenwart ist Kaiser Friedrich historisch besonders durch sein Tagebuch bekannt, in dem die politische Einstellung des Verfassers klar hervortritt. Sie ist wichtig, weil der Historiker doch wohl zu dem Schlusse kommen wird, daß eine westliche Orientierung unserer Außenpolitik, verbunden mit einer liberalen Entwicklung im Innern, das Hohenzollernsche Kaiserreich vor Niederlage und Revolution bewahrt haben würde. Vermutlich gab es keinen anderen Weg, die deutsche Monarchie zu erhalten, und diesen Weg wäre Kaiser Friedrich gegangen. Einem mit der Demokratie verbundenen Kaisertum hätte der Partikularismus nicht standhalten können. Ganz von selbst wäre ein durch Dezentralisierung gemilderter Unitarismus entstanden. Es hat nicht sollen sein! Doch bin ich mir voll bewußt, daß jedes solches Urteil ex post eine unbeweisbare Hypothese bildet, wie sie aber jeder Historiker aufstellt.

Die Kaiserin Friedrich gehört — neben Frau Cosima Wagner — zu den bedeutendsten Frauen, denen ich in meinem Leben begegnen durfte. In viel späteren Jahren war mir vergönnt, für ihre historische

Figur eine Lanze zu brechen, als Emil Ludwig seine Biographie Kaiser Wilhelms II. schrieb. Dem bekannten Schriftsteller war ich in Konstantinopel sehr nahe getreten, als er dort Kriegskorrespondent der „Vossischen Zeitung" und ich Botschafter war. Er besuchte uns auf unserem damaligen Landsitze am Starnberger See mit den Fahnen seines Buches im Handkoffer und bat mich, die Korrekturbogen auf direkte historische Irrtümer hin zu prüfen. Ich las damals das ganze Buch, und wir wurden über einige Aenderungen einig, aber in den zwei Hauptfragen blieb Ludwig bei seiner Auffassung. Wie Jacob mit dem Engel Gabriel rang ich mit ihm, damit er das Buch nicht veröffentliche, und nachdem er hier fest blieb, ferner, damit er den ganzen Passus über die Kaiserin Friedrich ändere. Ich konnte Ludwig nicht überzeugen, was auch der Fürstin Hatzfeldt nicht gelang, die er ebenfalls konsultierte. Als aber später Ponsonby die Briefe der Kaiserin an ihre Mutter veröffentlichte, schrieb Ludwig eine Nachschrift zu seinem Buche, die er mir sandte. Das war immerhin eine ehrliche Palinodie. Die Königin Victoria habe ich nur einmal gesehen, als sie meiner Mutter einen persönlichen Kondolenzbesuch nach dem Ableben meines Vaters machte. Damals als Emil Ludwig uns in Starnberg besuchte, durften wir sein außerordentliches Darsteller-Talent bewundern. Er schilderte uns einen Abend bei Walter Rathenau mit Maximilian Harden, unter Wiedergabe der Mienen und Worte der drei Personen, daß sich das Ganze wie eine Theatervorstellung anhörte, in der die Genannten persönlich mitwirkten.

Wir unterbrachen die historische Darstellung in dem Augenblick, wo meine Mutter als Witwe das Familiengut Stintenburg am Schallsee als Wohnsitz bezog. Ich bekam einen Hauslehrer, mit dem ich schlecht lernte. Die Wälder waren zu schön, und außerdem habe ich leider immer nur gern gearbeitet, wenn es sich dabei um Geschichte und Literatur handelte. Meine Mutter, in ihrer großen Nachsicht und Milde, nahm das nicht sehr übel und ließ mich hintereinander drei Schulen besuchen, auf denen allen ich mich nicht sonderlich auszeichnete. Wenn ich in meinem späteren Leben einen meiner Lehrer oder Mitschüler traf, so begegnete ich immer einem leichten Staunen, daß ich es „so herrlich weit gebracht". Ich war auf einer Vorbereitungsschule in Sulza (Thüringen), im Internat des Vizthumschen Gymnasiums in Dresden und schließlich auf dem Gymnasium in unserer Kreisstadt Ratzeburg, wo ich 1881 meine Maturitätsprüfung bestand. Wenn ich mich frage, was von diesen Schulen und ihrem Bildungsgang in mir lebendig geblieben ist, so muß ich gestehen, daß die Erinnerungen an die beiden ersten Anstalten außerhalb des Hauses liegen. Im ersten Fall sind es die Wanderungen in dem herrlichen Thüringer Walde, im zweiten die Sonntagabende in der damals ausgezeichneten Dresdener Oper mit der unvergleichlichen Therese Malten in ihrer Glanzzeit. In Ratzeburg lag die Sache anders. Ich war in das Alter gekommen, wo ein Jüngling durchaus von der Schule hinaus in das Leben treten will. Dieser Wunsch, oder soll man ihn Ehrgeiz nennen, brachte bei mir, wie bei manchem Anderen, den Fleiß, den die Schule allein nicht erzeugen konnte. So war der Tag des Abiturientenexamens einer der glücklichsten meines Lebens. Immerhin bin ich in Ratzeburg verhältnismäßig gern gewesen, da ich öfters als früher nach Hause fahren konnte. Leider gab es damals weder Fahrräder noch Automobile. Heute wäre die Entfernung von Ratzeburg nach Stintenburg nur ein Katzensprung, während damals nur die Wahl zwischen Pferdebeinen und den eigenen bestand. Die ersteren waren teuer, und der Radius der letzteren beschränkt. In späterer Zeit, als ich Schleswig-Holstein sieben Jahre im Reichstag vertrat, habe ich mich oft gefreut, daß ich in der Provinz auf der Schule war. Wohl in keinem Teil Deutschlands legt man mehr Wert auf „Bodenständigkeit", und so spielten Stintenburg und Ratzeburg in meiner politischen Rüstung eine gewisse Rolle. Es waren aber auch rein sentimentale Empfindungen, mit denen ich als alter Mann von dem St. Georgs Berg auf den herrlichen Dom in seiner prächtigen Lage auf der Insel im See blickte. „Gleich einer alten halbverklungenen Sage kam erste Lieb und Freundschaft mit herauf."

Jetzt lag das Leben vor mir, ohne daß ich eine bestimmte Richtung desselben in mir vorgefühlt hätte. Eine ausgesprochene Neigung hatte ich nur für Geschichte, die ich in deutscher, englischer und französischer Sprache verschlang, mit besonderer Vorliebe für Heinrich von Treitschke und Gustav Freytag. Im Examen hatten mir diese Kenntnisse nebst einem guten Gedächtnis die Rettung gebracht, denn in Mathematik versagte ich gänzlich. Dagegen konnte ich annähernd dreißig Oden des Horaz zur Freude meines Direktors auswendig hersagen. Mit dieser Vorbildung war aber noch kein Beruf gegeben, den zu finden damals immerhin leichter als heute war. Es war Tradition der aristokratischen Familien, daß der älteste Sohn auf das Familiengut zog, wozu er die Vorbildung in einem Gardekavallerie-Regimente fand, während die jüngeren Söhne je nach der verfügbaren Zulage in ein billigeres Regiment eintraten oder Beamte wurden. Meine Neigungen würden mich sobald wie möglich in die Diplomatie — den traditionellen Familienberuf — geführt haben, doch dies „verbot mir ein kleines Hindernis", das ich erst später selbst zu beseitigen vermochte. Es war nämlich ein Zwist mit der Familie Bismarck eingetreten, die infolge der Dotation mit Friedrichsruhe unser Kreisnachbar geworden war, ein Zwist, den ich persönlich wegen meiner glühenden Bewunderung für die Bismarcksche Außenpolitik lebhaft bedauerte. Ich erwähne diese Episode, weil sie charakteristisch für die damalige Zeit ist. Mein ältester Bruder war als Legationssekretär nach Washington versetzt worden. Da er aber dort mehr Interesse für die christlichen Jünglingsvereine zeigte als für die Politik, ließ ihn sein Chef, Herr von Schlözer, abberufen. Mein Vater hatte immer sehr gut mit Bismarck gestanden, zuerst als Kollege, dann als Vorgesetzter und schließlich als Untergebener. Das ist alles eingehend dargestellt im Buche, das Ringhoffer ihm gewidmet hat. Mein Vater war eigentlich der einzige von Bismarcks Kollegen, der ihn nicht bekämpfte. In Erinnerung an diese Zeiten behandelte Bismarck den Fall meines Bruders sehr wohlwollend, indem er ihm den Landratsposten unseres Kreises in Ratzeburg gab, der ihm mehr als die Diplomatie zusagte und ihn Stintenburg näher führte, andrerseits ihn allerdings in die innere Politik geraten ließ. Der letzteren zuliebe ließ sich mein Bruder für den Reichstag aufstellen und fiel durch. Bei der nächsten Wahl kam er auf den für ihn verhängnisvollen Einfall, Herbert Bismarck aufzustellen, in der Annahme, daß dieser um seines Namens und seiner Person willen sicher gewählt werden würde. Doch auch Herbert Bismarck wurde, wie mein Bruder, von einem Fortschrittler besiegt. Damit war es mit der Gnade Bismarcks vorbei. Für diesen war ein Landrat unmöglich, der ähnliche politische Mißerfolge herbeiführte, namentlich wenn sie direkt die Familie Bismarck betrafen. Mein Bruder erhielt eine Sinekure im Kultusministerium, aber auch jedes andere Mitglied unserer Familie war von dem Auswärtigen Dienst verbannt. Nachdem ein anderer meiner Brüder direkt abgelehnt worden war, hatte es keinen Sinn, daß ich mich für die Diplomatie vorbereitete. Uebrigens war das Ereignis an sich nicht so wunderbar, da fast die ganze Provinz damals fortschrittlich wählte, und zwar, wie ich glaube, aus Opposition gegen die Verpreußung. Die Schleswig-Holsteiner hatten standhaft für ihr Deutschtum gegen die Danisierung gekämpft. Im ganzen Land sang man: „Wir wollen keine Dänen sein, wir wollen Deutsche bleiben," aber deshalb war man noch lange nicht geneigt, einen dritten Patriotismus, den preußischen, anzunehmen.

Es war vielleicht ein Fehler Bismarcks, die Inkorporation des „meerumschlungenen Schleswig-Holstein" vorgenommen zu haben. Nach dem Weltkriege habe ich mich oft gefragt, ob nicht Schleswig-Holstein heute deutsch sein würde bis zur Königsau, wenn es niemals preußisch geworden wäre.

Als mein Urgroßvater Andreas Peter Bernstorff den Gesamtstaat Dänemark regierte, gab es noch keinen Nationalismus und keine Volksabstimmungen. Friedlich nebeneinander lebten Deutsche, Dänen und Norweger in einem Staate, der eine gewisse Bedeutung in der Welt hatte. Der Nationalismus ist historisch eine Erfindung der Demokratie, während er heute eine große Vorliebe für die Diktatur zeigt. Was wohl Ernst Moritz Arndt und Hoffmann von Fallersleben dazu sagen würden, wenn sie noch unter uns weilten?

Da die Diplomatie für mich einstweilen ausgeschlossen war, hieß es, einen anderen Beruf finden. Meine Mutter, lieb wie immer, ließ mir ganz freie Hand. Ich habe ihr wohl in dieser Welt der Materie nie eine größere Freude bereitet, als durch meinen späteren Eintritt in die Diplomatie, denn sie lebte nur in der Erinnerung an meinen Vater und an seinen Beruf, sowie in dem Wunsche, daß seine Söhne ihm ähnlich werden möchten. Obgleich ich mir selbst gänzlich klar darüber war, daß ich nicht zum Soldaten taugte, trat ich in das Erste Garde-Feld-Artillerie-Regiment ein, weil ich durchaus bald in Berlin im Mittelpunkte des Geschehens leben wollte, um jede Gelegenheit ergreifen zu können. Ich habe dem Regiment aktiv acht Jahre angehört, und trotzdem ich ungern Soldat war, nur angenehme Erinnerungen an dasselbe. Sicher gab es in der Armee kein Offizierskorps, das die altpreußischen Traditionen treuer wahrte. Der Dienst wurde ernst genommen, und das kameradschaftliche Leben im Kasino war vorbildlich, zugleich einfach und gemütlich. Diese Beziehungen durch meinen Eintritt in die Diplomatie verloren zu haben, bedauerte ich später lebhaft, aber das ist nun einmal der Nachteil des auswärtigen Dienstes, daß er dem Einzelnen keine tiefen Wurzeln in irgend einem Boden zu schlagen erlaubt. Der Diplomat ist wie der Soldat Wallensteins: „Er hat auf Erden kein bleibend Quartier." Das hat aber auch seine guten Seiten in der daraus folgenden Vergeistigung seiner Empfindungen. Es wird ihm oft vorgeworfen, daß er vaterlandslos werde, was meinen Erfahrungen widerspricht. Er wird nur von der Materie losgelöst, indem er nicht an einen bestimmten Ort oder lebenden Menschen gebunden erscheint, sondern an das Ganze und Geistige. Mir ist immer erschienen, als sei auf die Frage: „Was ist Deutschtum?" nur eine Antwort zu geben: „Goethe".

Als Gardeoffizier hatte man im damaligen Deutschland und im damaligen Berlin wirklich keinen Grund zur Klage. Alle Türen und alle Wege standen der Uniform offen, und mir ging es besonders gut, da meine Mutter in dieser Zeit für den Winter eine Wohnung in Berlin nahm, um ihre vielen alten Beziehungen ihren Kindern zur Verfügung zu stellen. Ihren Auffassungen entsprechend beschränkten sich diese Beziehungen nicht auf die sogenannte Hofgesellschaft, und meine Mutter wünschte auch durchaus nicht, daß ich mich in der Richtung des Snobismus entwickeln sollte. Sie wollte mir nur alle Gelegenheiten bieten, die ich ausnutzen sollte nach meinem eigenen Gutdünken. So kam es, daß ich als junger Leutnant in die Heiligtümer der damaligen Berliner Gesellschaft kam, wie z. B. die Donnerstag-Abende der Kaiserin Augusta und den Salon der Fürstin Marie Radziwill. Andrerseits durfte ich mit der Kronprinzessin und ihren Töchtern auf dem „Neuen See" im Tiergarten Schlittschuh laufen, wo auch der Kronprinz manchmal erschien. Ich entsinne mich diesbezüglich namentlich des Winters, in dem ich die Artillerieschule besuchte. Dort war der Dienst täglich um zwei Uhr zu Ende, und die Schule lag nur einige Schritte von dem „Neuen See" entfernt. Die Ballsäle der Hofgesellschaft besuchte ich auch fleißig, was aber noch sehr wenig bedeutet im Vergleich mit der Zeit, in der ich schreibe, denn man tanzte damals nur drei bis vier Wochen im Jahre während des Karnevals. Vortänzer am Hofe war der spätere Oberhofmarschall Reischach, der seine Herren in strenger Zucht hielt. Er selbst sah in der schmucken Garde du corps Uniform glänzend aus und tanzte ebenso brillant. Man hatte damals andere Auffassungen wie heute. Wer mehr als einmal am Abend mit einer Dame tanzte, war schon „ernster Absichten", oder wenn die Dame verheiratet war, „unmoralischer Absichten" verdächtig.

Eine Hofballepisode möchte ich erwähnen, da sie heute zu denken gibt. Sie spielte in dem Winter, als die Tochter des Bankiers Bleichröder vorgestellt wurde. Die junge Dame war in der damals noch sehr exklusiven Hofgesellschaft gänzlich unbekannt, und außerdem herrschte in Offizierskreisen gegen ihren Vater eine gewisse Abneigung, die Fürst Bismarck bekanntlich durchaus nicht teilte. Fräulein von Bleichröder war daher auf ihrem ersten Hofballe in starker Gefahr, ein „Mauerblümchen" zu bleiben. In dieser Lage sprach der Kronprinz als die beiden Offiziere, die er am besten kannte, Reischach und mich an, mit der Aufforderung, die junge Dame zum Tanze zu führen, was wir natürlich beide taten. Ich kann nicht beurteilen, welche Empfindungen damals Reischach bewegten, aber von mir wußte der Kronprinz jedenfalls, daß ich, ebenso wie er selbst, den Antisemitismus als einen Schandfleck auf dem Ehrenschild der deutschen Kultur betrachtete.

Den alten Kaiser Wilhelm I. würde ich nur in seiner ehrwürdigen Gestalt bei der Abnahme der Parade auf dem Tempelhofer Felde in Erinnerung haben, wenn mich nicht die Gunst der Brüder Lehndorff auch in kleinem Kreise mit Seiner Majestät zusammengeführt hätte. Der Kaiser pflegte zur Kur Bad Gastein zu besuchen, wo Graf Lehndorff-Steinort eine Villa besaß. In dieser verbrachte Seine Majestät manchen Abend im Kreise der Familien Lehndorff und Hahn in seiner rührenden Einfachheit und Vorliebe für das Treiben der Jugend. Um den alten Herrn — damals 86 Jahre alt — zu unterhalten, wurden Liebhabertheater-Aufführungen veranstaltet, bei denen Ferdinand von Strantz, Leiter der Berliner Oper, die Regie führte. Es war gewissermaßen eine kleine Gasteiner Saison, zu der mich Graf Lehndorff auf drei bis vier Wochen als Gast in sein Haus einlud. Ich meinerseits nahm mit Freuden die Einladung an, andrerseits aber war ein Urlaub im Sommer für einen jungen Leutnant schwer zu erhalten. Indessen ließ Generaladjutant Graf Heinrich Lehndorff seine Vermittlung bei meinem Regimentskommandeur eintreten, und man witzelte im Gardekorps, daß ich nach Gastein zum Theaterspielen kommandiert wäre. Von diesen Wochen habe ich eine reizende Erinnerung behalten. Das Wort „Jeder Zoll ein König" paßte auf Wilhelm I. wie auf keinen anderen Monarchen. Ihn und seinen großen Reichskanzler noch gekannt zu haben, gehört zu den schönsten Erinnerungen meines Alters, wenn auch natürlich solche Begegnungen in Anbetracht des Unterschiedes in den Jahren nur flüchtig sein konnten. Den Fürsten Bismarck traf ich zum letzten Male im Salon der Gräfin Schuwaloff, Gemahlin des russischen Botschafters, wo er unangemeldet an einem ihrer Nachmittagsempfänge erschien, als nur wenige Menschen im Zimmer waren.

Von anderer Art sind meine Erinnerungen an Kreise, die sich mit der Hofgesellschaft nur in der Peripherie berührten. Als ich einen Abend den Salon der Frau von Helmholtz betrat, kam sie mir lächelnd entgegen mit den Worten: „Sie sind die einzige Uniform im Zimmer! Sie treffen nur Reichsfeinde." Damit war die Stimmung bezeichnet, die in weiten Kreisen der Intelligenz gegen die innere Politik des Fürsten Bismarck bestand, der zwar die Fehler des Kulturkampfes und des Sozialistengesetzes begangen, aber doch das deutsche Geistesleben nie geschädigt hat.

Am meisten und intimsten verkehrte ich im Hause der als Urbild der „Isolde" berühmten Frau Mathilde Wesendonk. Nach ihrer weltbekannten Zürcher Zeit waren die Wesendonks zunächst nach Dresden, dann nach Berlin gezogen, wo sie glänzende Abendempfänge gaben, die hauptsächlich dem Kultus Wagnerscher Werke gewidmet waren. Die ersten Künstler Berlins traten dort auf. Es war die Zeit bald nach dem Ableben des Meisters, als Frau Cosima daran ging, Bayreuth aufzubauen, und zwar nicht auf Befehl und mit Mitteln von oben, wie heute gearbeitet wird, sondern aus ihrer eigenen Genialität heraus. Ich selbst habe Bayreuth im Jahre 1886 mit den Wesendonks zum ersten Mal besucht. Damals war es der Geist, der die Gemeinde dorthin führte, nicht die Mode. Noch spottete man in Berlin über die Wagnerianer und nannte die Gräfinnen Schleinitz und Szechenyi: Schleinhilde und Szechnyigunde, weil sie zur Gemeinde gehörten, wie man den Wagnerverein den von Wagner-Verein nannte, wegen seiner vielen aristokratischen Mitglieder. Als ich mich mit der Nichte Mathilde Wesendonks verheiratete, wurde ich Mitglied der Familie, der ich mein Lebensglück verdankte. Die formelle Verlobung fand, wie schon erwähnt, in England statt, wo meine Schwiegereltern die Feierlichkeiten des ersten Jubiläums der Königin Victoria betrachteten. Bei dieser Gelegenheit sah ich im Festzuge den Kronprinzen zum letzten Male lebend. Die Hoffnung Deutschlands erschien vor der Welt noch in glänzendem Lichte, aber der Todeskeim der Krankheit nagte schon an dem schönen Thronerben wie an dem Reiche selbst.

Ich hatte mich unter dem Eindrucke meines Eheglückes und des schnellen Szenenwechsels des Jahres 1888 an den Gedanken gewöhnt, Soldat zu bleiben und die Kriegsakademie zu besuchen, als ich eines Tages zu meinem Regimentskommandeur bestellt wurde. Freiherr von Neubronn war ein strenger Herr, und ich ein mäßiger Frontsoldat, sodaß ich mit einem gewissen Zagen mir den Helm aufsetzte, um auf das Regimentsbureau zu gehen, in der Annahme, ich hätte mir etwas zu Schulden kommen lassen. Um so größer war mein Erstaunen, als der Kommandeur mir sagte, er wolle mich dem Militärkabinett zu einem Kommando an eine Botschaft eingeben. Er habe vom Kabinett eine Anfrage erhalten, und unter seinen Offizieren nur mich, der dazu geeignet sei. Auch wünsche er sehr, daß ein solches Kommando in das Regiment komme. In der Annahme, daß die Mißstimmung des Fürsten Bismarck gegen meine Familie noch bestehe, hatte ich wenig Lust zu diesem Kommando, das bestenfalls nur von kurzer Dauer sein würde. In den 24 Stunden Bedenkzeit, die mir der Kommandeur gab, beriet ich mich mit meiner Frau und nahm schließlich an, weil ich Baron Neubronn nicht gegen mich einnehmen wollte. Die Sachlage war aber günstiger, als ich glaubte. Fürst Bismarck liebte es, seinen Diplomatenersatz aus der Armee zu holen, die damals fast die ganze Jugend monopolisierte, und ich hatte in der Zwischenzeit beide Söhne des Fürsten viel in der Berliner Gesellschaft getroffen. Einige Wochen darauf aßen meine Frau und ich mit Herbert Bismarck auf der englischen Botschaft anläßlich eines der kleinen Sonntagsdiners, die Lady Ermyntrude Malet zu geben pflegte. Im Rauchzimmer nach Tisch fragte ich den Staatssekretär, ob meine Kommandierung aussichtsvoll sei. Er war sehr freundlich und sagte, ich werde zum 1. Oktober 1889 nach Konstantinopel kommandiert werden. In späteren Jahren bin ich in meinen Wahlkämpfen zum Reichstage von Gegnern angegriffen worden, weil meine Frau Amerikanerin sei, und mich Bismarck daher niemals zum Diplomaten gemacht hätte. In gewissen Kreisen hält man nicht viel von der historischen Wahrheit, wie meine obige Darstellung der wirklichen Sachlage beweist.

II. Kapitel

LEHRJAHRE

Als wir nach Konstantinopel ausreisten, hatten wir ein Töchterchen von zehn Monaten, dem angeblich die lange Bahnfahrt unzuträglich sein sollte; wir wählten also den Seeweg, der aber auch nicht gerade bequem war wegen der nötigen Milchbeschaffung in Triest. Die Naturschönheit bot indessen Ersatz für die Unbequemlichkeiten. Triest und Miramare, Korfu, Patras, Athen und die Einfahrt in Konstantinopel sind alles unvergeßliche Anblicke, mit historischen Erinnerungen verknüpft bis zu Homer zurück, dessen wir besonders gedachten, da der bekannte Archäologe Schliemann mit seiner Familie an Bord war. Seine Versuche, sich den Griechen auf Altgriechisch verständlich zu machen, und die homerischen Vornamen seiner Familienmitglieder trugen viel zur Erheiterung der Reise bei.

Wenn man als Attaché zum ersten Male in die Welt reist, hat man wohl manchmal Illusionen über die politische Tätigkeit, der man entgegengeht. Ich war jedoch zu sehr als Diplomatenkind groß geworden, um nicht zu wissen, daß ein junger Diplomat viele Jahre hindurch nichts weiter tun kann und soll als lernen und sich dabei von den politischen Brosamen nähren muß, die von seines Chefs mehr oder weniger reich besetzter Tafel fallen. Was ich heute über Konstantinopel schreibe, ist das Ergebnis zweier dortiger Aufenthalte, da ich zufälligerweise meine diplomatische Laufbahn dort begonnen und beendet habe. Andrerseits kenne ich die heutige Türkei Mustafa Kemals nicht, kann und will deswegen auch nicht über dessen Reformversuch urteilen, der jedenfalls militärische Erfolge gezeitigt hat, was allerdings nicht wunderbar erscheint, da der Türke der beste Soldat der Welt ist, todesmutig und anspruchslos. Er verlangt aber ihm entsprechende und gute Führung, die ihm Kemal bieten konnte, der schon im Weltkriege unter den deutschen Offizieren als der beste türkische General galt.

Als ich zum ersten Male nach Konstantinopel reiste, regierte dort Sultan Abdul Hamid, wohl einer der bedeutendsten Diplomaten und schlechtesten Regenten der Epoche. Aber vielleicht hatte er, rein politisch betrachtet, recht, seine ganze Geisteskraft auf ränkevolles Intrigenspiel mit allen europäischen Mächten zu verwenden. Alte, morsche Reiche pflegen gerade dann zusammenzubrechen, wenn die reformierende Hand an sie gelegt wird. Auf das osmanische Reich kann man das bekannte, von dem Jesuitengeneral Ricci geprägte Wort anwenden:

„Sint ut sunt aut non sint". Ob der kluge Abdul Hamid die Aussichtslosigkeit aller Reformen in seinem Reiche erkannt hatte oder nicht, jedenfalls hat er nie einen ernstlichen Versuch gemacht, solche durchzuführen. Wenn die damaligen deutschen „Reformer" ihn allzusehr mit guten Ratschlägen bedrängten, trachtete er sie durch eine Ordensverleihung oder irgendeine andere wertvollere Gunstbezeugung zu vertrösten, damit nur alles beim alten bliebe. Er selbst suchte den Schutz seines Reiches lediglich in der Eifersucht der Großmächte untereinander. Seinen Untertanen gegenüber war Abdul Hamid ein grausamer Tyrann, dessen Feigheit an Verfolgungswahnsinn grenzte. Diese Furcht veranlaßte ihn, alle dem Throne nahestehenden kaiserlichen Prinzen in ihren Schlössern gefangen zu halten und unzählige Osmanen zum Tode oder zur Verbannung zu verurteilen. Zuweilen gab seine Angst zu komischen Intermezzos Anlaß. Als während meines Attaché-Jahres ein junger Prinz von Hohenzollern Konstantinopel besuchte und bei dem Sultan speiste, fiel während des Cercles ein leichter orientalischer Wandschirm um, der im Fallen den Sultan berührt haben würde. Der Prinz hielt seinen Arm vor und wurde für diese Tat mit der Rettungsmedaille dekoriert.

28 Jahre später geleitete ich als deutscher Botschafter den gestürzten Abdul Hamid zu seiner letzten Ruhestätte. Die erste Frühlingssonne schien warm aus dunkelblauem, wolkenlosem Himmel auf das prächtige Schauspiel eines orientalischen kaiserlichen Leichenbegängnisses, das die jungtürkische Regierung ihrem schärfsten Gegner bereitete aus dem menschlich schönen und politisch klugen Gefühle heraus, eine Versöhnung der alten und der neuen Zeit herbeizuführen. Alle Führer der Jungtürken, die Abdul Hamid des Thrones beraubt und ihn bis zu seinem Tode in einem der herrlichsten Paläste des Bosporus gefangengehalten hatten, erwiesen ihm nun die letzte Ehre. Die in dieser Feier liegende innere Gegensätzlichkeit hatte unabsehbare Menschenmengen in die altertümlichen Straßen Stambuls gelockt, die in allen Farben orientalischer Kleidung und Kopfbedeckungen schillerten. Auch die Ironie der Weltgeschichte kam zu ihrem Rechte. Als der Imam die Gebete der islamischen Totenfeier verlas, stellte er an die Anwesenden die übliche Frage: „War der Verstorbene ein guter Mann?" und „die großen Drei": Talaat, Enver und Djemal Pacha, sowie die übrigen jungtürkischen Führer antworteten einstimmig: „Ja, er war ein guter Mann".

Als ich Attaché in Konstantinopel war, betrachtete ich die unvergleichliche Stadt und Umgebung mit den Augen sorgloser Jugend, die noch nicht mit politischer Verantwortung belastet ist. Ich hatte nur das Bestreben, Land und Leute kennen zu lernen und mich in die fremde Gedankenwelt des Orients einzuleben. Wer die Türkei und Aegypten kennt und nicht in den Vorurteilen europäischer Ueberkultur befangen ist, wird sich immer danach sehnen, die träumerische Poesie des Orients wieder auf sich einwirken zu lassen. Er wird den Schmutz vergessen, und die Insekten, sowie die fade levantinische Nachahmung Pariser Salons, und nur an die Mondscheinnächte, die alten Tempel, Burgen und Moscheen denken, sowie an die Fahrten im schlanken Kaik auf dem Bosporus, wenn ein leichter Nordwind das tiefblaue Wasser kräuselt. Der Orient scheint sich immer gleich zu bleiben, was auch einheimische und fremde Regierungen an Einwirkungen ausüben mögen. Daher können die klassischen Briefe Moltkes noch heute dem Landfremden als Einführung in den nahen Orient dienen. Alle Neuerungen berühren nur die Oberfläche, während die Seele des Orients in einer unerschütterlichen Ruhe beharrt, welche dem vergänglichen Menschen ein Vorgefühl der Ewigkeit gibt. Als ich Generalkonsul in Aegypten war, saß ich einmal bei einem der unvergeßlichen dortigen Sonnenuntergänge mit einem hohen englischen Beamten zu Füßen der großen Sphynx von Giseh. Auch diesen Herrn, der sich mit der Europäisierung Aegyptens abmühte, beschlich angesichts des vieltausendjährigen Symbols orientalischen Beharrungsvermögens der Gedanke an die Vergänglichkeit allen politischen Wirkens. Er stellte Betrachtungen darüber an, wie viele fremde Eroberer die Sphynx gesehen habe, und wie viele noch an ihr vorüberziehen würden. Mir fiel dabei die Fassung dieses Gedankens ein, welche Goethe im „Faust" der Sphynx in den Mund gelegt hat:

„Sitzen vor den Pyramiden,
Zu der Völker Hochgericht,
Ueberschwemmung, Krieg und Frieden —
Und verziehen kein Gesicht."

Was auch immer für Stürme über den Orientalen dahinbrausen, er verzieht kein Gesicht und sagt: „Allah will es."

Ein Botschaftsattaché wird nicht damit rechnen, von seinem Chef persönlich verwendet zu werden, außer vielleicht als „galopin", wie der Franzose sagt. Ich kann also nicht behaupten, daß ich über den Botschafter von Radowitz als Diplomaten ein Urteil hätte. Seine Laufbahn war zuerst eine meteorenhafte, dann eher rückläufig. Jedenfalls war er schon damals nicht mehr in Gnaden bei der Familie Bismarck, was sich in mehreren Episoden des Besuches Kaiser Wilhelms II. zeigte und, nach den „Denkwürdigkeiten" des Fürsten Bülow, auf Holstein zurückzuführen ist. Der Zufall hat es gewollt, daß ich zweimal in meinem Leben ungefähr ein Jahr lang in Konstantinopel war und beide Male einen Kaiserbesuch erlebte. Bei dem ersten war ich kaum dort angekommen und völlig Neuling in allem, sodaß mein Erstaunen groß war, als mir Herbert Bismarck bei dem Abschiede meinen ersten Orden — den Kronenorden IV. Klasse — in die Hand drückte. Seine

Majestät war immer freundlich mit mir, aber schließlich kam ich dem Kaiser in Konstantinopel nicht einmal so nahe wie in Berlin, wo der Monarch als Prinz bei meinem Regimente Dienst getan hatte und ich einmal bei ihm ordonnanzierte. Als ich mich bei dem Kaiser nach Konstantinopel kommandiert meldete, sagte er prophetisch: „Sie wollen wohl Botschafter werden, worauf ich nur mit „Zu Befehl Euer Majestät" antworten konnte. Die Aera der großen deutsch-türkischen Freundschaft war damals noch nicht angebrochen; sie kam erst zur Zeit des Botschafters Marschall, und Reichskanzler war noch Bismarck, der diese Freundschaft in dem späteren Ausmaße nicht erlaubt haben würde. Immerhin habe ich die Eröffnung der ersten Teilstrecke der Bagdad-Bahn von Ismid nach Sabandga miterlebt. Meiner jugendlichen Phantasie machte es damals einen tiefen Eindruck, daß ich zum ersten Male europäischen Boden verließ, um nach Asien hineinzufahren.

Eine tragikomische Episode des Kaiserbesuches bildete der Empfang Ihrer Majestät im Harem des Sultans. Die Kaiserin hatte religiöse oder soll man sagen moralische Bedenken gegen den Besuch im Harem. Es gab langen Kampf und Tränen, doch ließ sich schließlich Ihre Majestät durch den im Gefolge befindlichen Oberhofprediger Kögel bereden, der den Standpunkt einnahm, daß dem Sultan durch seine Religion ein Harem erlaubt sei. So wurde eine Verstimmung des Sultans vermieden.

Wenn ich auch dienstlich wenig mit Radowitz zu tun hatte, so war das Familienleben auf der Botschaft sehr rege. Ich habe es so nie wieder getroffen, und als wir selbst an der Spitze einer Botschaft standen, haben wir es als vorbildlich betrachtet. Frau von Radowitz hieß wegen ihrer Würde und Mütterlichkeit auf der Botschaft allgemein: „Die Reichsmutter". Ihre zwei anmutigen Töchter waren ungefähr im Alter meiner Frau und wurden deren innige Freundinnen. Als der Orient auch von uns den üblichen Zoll forderte, und ich mit Typhus niederbrach, während meine Frau gleichzeitig mit Masern lag, nahm die Familie Radowitz unser Töchterchen zu sich auf die Botschaft, eine Güte, die wir ihr unser Leben lang danken werden.

Im übrigen war die Gesellschaft in Konstantinopel nicht gerade besonders unterhaltend, da sie den Sitten des Landes entsprechend eigentlich nur aus dem diplomatischen Korps bestand, zu dem sich einige levantinische Familien gesellten. Damals waren gerade der französische und der italienische Botschafter besonders reiche Herren: Graf Montebello und Baron Blanc, oder richtiger gesagt, ihre Frauen waren sehr vermögend und hielten dementsprechend stets offenes Haus. Das Ergebnis war, daß sich die kleine Gesellschaft fast täglich sah und sich nicht mehr viel zu sagen hatte, woraus wieder Kartenspiel und Klatsch folgten — nach Schopenhauer der Bankrott an allen Gedanken.

Arbeit gab es für Sekretäre und Attachés in Konstantinopel sehr wenig, weil das Dragomanat sie besorgte. Der erste Dragoman war neben, und man kann beinahe sagen, mit dem Chef die Hauptperson an allen Botschaften. Ohne ihn betrat kein Botschafter die „Hohe Pforte" oder das Palais. Unser erster Dragoman Testa war die bekannteste Persönlichkeit am Bosporus. Er gab mir dann und wann eine kleine Arbeit, nachdem er entdeckt hatte, daß ich französisch und englisch sprechen und schreiben konnte, was er von einem Gardeleutnant nicht erwartet hatte. Am meisten arbeitete ich zusammen mit dem zweiten Sekretär Carl Max Lichnowsky, mit dem ich von dieser Zeit bis zu seinem Ableben befreundet blieb. Er hatte das politische Journal zu führen, was er mir meistens überließ — an sich eine mechanische und eintönige Arbeit, die aber den Vorzug hat, daß man dabei alle politischen Ein- und Ausgänge zu sehen und zu lesen bekommt. Wir ritten auch oft zusammen in den schönen Belgrader Wald am Bosporus und bis nach Kilia am Schwarzen Meer. Das Leben war aber sonst in Konstantinopel ziemlich leer an Interesse; es gab nur Politik, und diese war ein Monopol des Botschafters und des ersten Dragomans. Von Bismarck stammt das Wort, daß jeder Botschafter in Konstantinopel nach kurzer Zeit Größenwahn bekommt. Sie traten nämlich auf mit einem Kriegsschiff, einem kleinen Dampfer (mouche), Dragoman und Kavassen.

Arbeit und Diplomatenfreuden wurden für mich auf zwei Monate durch den Typhus unterbrochen, da ich nach dem Aufenthalt im Deutschen Hospital zur Rekonvaleszenz nach Prinkipo, der wunderbaren Perle der Prinzeninseln im Marmara-Meer, geschickt wurde, wo berühmtere Männer als ich geweilt haben, teils als Kriegsgefangene, teils als politische Flüchtlinge. Gerade ehe ich erkrankte, war der Sturz Bismarcks erfolgt. Ich war nur ein junger unbedeutender Attaché, aber das erschütternde Ereignis erfüllte mich so sehr mit Schmerz und tiefster Sorge um unser armes Vaterland, daß ich in meinen Fieberphantasien von nichts anderem delirierte. Wenn ich heute auf die politischen Konsequenzen des Umschwunges zurückblicke, so ist unbestreitbar, daß auch Bismarck Fehler begangen hat, wie das unvermeidlich war, da wir alle Menschen sind und der Geist nun einmal mit der Materie verbunden ist. Bismarcks Fehler lagen indessen fast ausschließlich auf dem Gebiete der inneren Politik, und solche sind bei uns infolge der Langmut des deutschen Volkes leicht zu überleben. Fehler in der auswärtigen Politik wirken aber wegen unserer geographischen Lage unbedingt und zwar sehr schnell verhängnisvoll. Deshalb ist das Erbe Bismarcks gar so schnell vertan worden. Sicher hätte Caprivi den Rückversicherungsvertrag mit Rußland erneuern müssen, weil nur auf diesem Wege das russisch-französische Bündnis zu verhindern war. Die Preisgabe dieses Vertrages unsrerseits mußte automatisch der russischen Regierung den Gedanken nahe legen, daß wir künftig eine österreichische Politik führen wollten und nicht wie bisher eine solche, die in erster Linie auf

Erhaltung des Friedens gerichtet war. Von diesem Gedankengange bis zum französischen Bündnis war nur ein Schritt. Nachdem er getan, gab es für uns nur eine mögliche Politik, nämlich die entschiedene Schwenkung zu England, die Caprivi auch richtig machte. Nur durfte man nicht später wieder zu Rußland zurückkehren wollen, nachdem einmal und solange dessen französisches Bündnis bestand.

Wenn wir uns heute ein Bild zu machen suchen, wie Bismarck unsere äußere Politik weitergeleitet haben würde, falls er noch längere Zeit im Amte hätte bleiben können, so ist wohl anzunehmen, daß er den Draht nach Rußland so lange aufrecht erhalten hätte wie nur irgend möglich, bei gleichzeitigen guten Beziehungen zu England. Das war seine Politik bis zu seiner Entlassung. Wenn aber der Tag gekommen wäre, wo die russische Freundschaft nur noch um den Preis der Aufopferung Oesterreich-Ungarns zu haben war, dann hätte Bismarck gewiß ebenso energisch und zielbewußt für England optiert wie seinerzeit im Jahre 1879 für Oesterreich-Ungarn. Dadurch wäre vermutlich der Weltkrieg vermieden worden, wie ja überhaupt und ganz mit Recht die Erhaltung des Friedens das A und O der Bismarckschen Politik war. Wenn aber die vereinten Kräfte der französischen Revanchelust und der panslavistischen Expansion doch einen Krieg herbeigeführt hätten, so wäre dieser unsrerseits von dem gesamten Dreibunde mit englischer Hilfe geführt worden. Wie anders würde dann der Ausgang gewesen sein! Bismarck hat Deutschland in den Sattel gesetzt, aber leider konnte es nicht reiten.

Als mein Attachéjahr in Konstantinopel zu Ende ging, wurde ich auf Empfehlung des Botschafters Radowitz in das Auswärtige Amt kommandiert, um mein diplomatisches Examen zu machen. Von diesen zwei Jahren bis zum Sommer 1892 habe ich nichts zu berichten, da ich die Zeit fast ausschließlich am Schreibtisch verbrachte. Ich arbeitete zuerst in der juristischen, dann in der handelspolitischen Abteilung des Auswärtigen Amtes, und schließlich an meinen schriftlichen Examensarbeiten. Da ich mir voll bewußt war, daß es mir immer anhängen würde, militärisch und nicht fachmännisch vorgebildet zu sein, war ich wirklich sehr fleißig, um alles nachzuholen und die Lücken auszufüllen. Schließlich bestand ich auch das Examen mit dem Prädikat „gut". Die mündliche diplomatische Prüfung war damals an sich nicht einfach, denn man saß als Einziger einer ganzen Corona von Examinatoren gegenüber unter dem Vorsitz des Staatssekretärs Marschall, und die Gebiete der Prüfung waren unermeßlich weit. Die einzige Rettung des Attachés war die Tatsache, daß im Auswärtigen Amt noch der Geist Bismarcks wehte, und es daher schon vor dem mündlichen Examen feststand, ob der Kandidat bestehen sollte oder nicht. Bismarck hatte unter die allgemeinen Vorschriften für das diplomatische Examen eigenhändig geschrieben: „Ich behalte mir aber vor, den Kandidaten in den diplomatischen Dienst zu nehmen, falls ich ihn für brauchbar halte, auch wenn er das Examen nicht besteht." Es ist mir unvergeßlich, wie der gütige, alte, berühmte Rudolf von Gneist in meiner Prüfung mit ganz leichten Fragen anfing und zu immer schwereren überging, als er merkte, daß ich etwas wußte.

Nach dem Examen wollte ich eigentlich einen längeren Urlaub nehmen, aber ich wurde fast sofort als Legationssekretär nach Belgrad geschickt, wo ich während des Gesandten Urlaub Geschäftsträger werden sollte. Ich traf dort gegen Mittag ein, und mein Chef, Baron Wäcker-Gotter, ein alter, ziemlich griesgrämiger Herr erwartete mich schon zum Frühstück mit dem österreichisch-ungarischen Geschäftsträger Markgrafen Pallavicini. Dieser war wohl der klügste Diplomat unserer Bundesgenossen, dem ich in meiner langen Laufbahn begegnet bin. Wir waren später noch in St. Petersburg zusammen und erlebten gemeinsam den Zusammenbruch 1918 in Konstantinopel. Wäcker-Gotter sagte mir gleich, er fahre noch an demselben Abend auf Urlaub. Ich solle mich nur ruhig einleben und wenig berichten, denn das Auswärtige Amt liebe es nicht, wenn junge Geschäftsträger sich hervortun wollten. Im übrigen würde auch nichts vorfallen, und wenn ich Zweifel hätte, solle ich mich nur an Pallavicini wenden. Wie meistens wenn man prophezeit, kam es auch hier in unserer kleinen Welt anders als man dachte. Kaum war der Gesandte abgereist, so brach eine Ministerkrisis aus, der ich persönlich ziemlich hilflos gegenüberstand, da ich kaum einen einzigen serbischen Namen kannte. In meiner Not eilte ich zu Pallavicini, der mir den ersten politischen Bericht meines Lebens so gut wie diktierte. Aus diesem Berichte entstand eine lebenslängliche Freundschaft, und dabei bewegte ich mich vollkommen innerhalb meiner Instruktionen, denn es war die Zeit, wo noch Bismarcks Weisungen galten, daß Serbien als österreichisch-ungarische und Bulgarien als russische Domäne anzusehen sei. Ich entsinne mich besonders aus den Belgrader Akten auf einen Erlaß des Fürsten Bismarck an den deutschen Gesandten in Belgrad, der sich mit seinen österreichisch-ungarischen Kollegen überworfen hatte. Dem Sinne nach hieß es darin, daß er sich mit letzteren zu vertragen habe. Wenn er aber begründeten Anlaß zu Aerger hätte, möge er diesen in seinen Berichten nach Berlin niederlegen, jedenfalls aber nicht in Belgrad öffentlich merken lassen.

In den zwei Jahren, die ich in Belgrad verbrachte, war dort ein alter Feldmarschalleutnant Freiherr von Thömmel österreichisch-ungarischer Gesandter. Eine ungeeignetere Persönlichkeit hätte es für diesen Posten kaum geben können. Thömmel war gewissemaßen eine Vorahnung des Weltkriegs-Anlasses. In ihm paarten sich übertriebene Strenge in Worten mit mangelnder Bereitschaft zu einer ebenso strengen Tat. Er soll einmal dem serbischen Ministerpräsidenten gesagt haben: „Ich bin bei Persern und Montenegrinern gewesen, die in der ganzen Welt als die größten Gauner bekannt sind, aber im Vergleiche mit Ihnen sind sie die reinsten Ehrenmänner." Jedenfalls hat er in Serbien keinen einzigen Freund gewonnen. Er war wohl von vornherein der Ansicht, daß dies unmöglich sei.

Ich erlebte in Serbien die Regentschaft von Ristich, den Staatsstreich König Alexanders und die Rückkehr König Milans, beide aus dem Hause Obrenovich, sowie den Minister Pasitch, der noch lange eine große Figur in der Belgrader Politik war. Sonst liegt diese Zeit wie Jahrhunderte weit zurück, und bietet selbst dem Historiker kaum Interesse, da infolge der Ermordung König Alexanders nicht einmal der dynastische Zusammenhang zwischen Vergangenheit und Gegenwart geblieben ist. Belgrad war damals ein Dorf. Eine angenehme Erinnerung habe ich eigentlich nur von den Reisen im Lande und auf der Balkan-Halbinsel. Herrlich ist die Donau, und auch Nisch und Umgegend, wo ich den beiden Königen einen Abschiedsbesuch machte, bieten manchen Reiz. Meine Bemerkungen haben jedoch keinerlei Bezug auf das heutige Königreich der Serben, Kroaten und Slowenen, das zu kennen ich nicht den Vorzug habe. Ich war damals froh, den Hexenkessel des Balkans von einem zweiten Aussichtspunkte beobachten zu können.

Meine Versetzung nach Dresden brachte mir ganz andere Bilder, und zu meinem Erstaunen auch die erste Begegnung mit dem geheimnisvollen, berühmten Geheimrat Fritz von Holstein, über den so vieles geschrieben worden ist, am besten vom Fürsten Bülow in seinen „Denkwürdigkeiten". Ich will mich daher auf meine Erlebnisse mit Holstein beschränken, die mich schon in meinen Lehrjahren dazu geführt haben, ihn als einen anormalen Sonderling zu betrachten, einen jener pathologischen Fälle, deren es leider in dem Nach-Bismarckschen Deutschland nur zu viele gegeben hat und noch gibt. Ich machte die üblichen Besuche im Amte ohne den Ehrgeiz, von einem so „großen Tier" wie Holstein empfangen zu werden, als er mich plötzlich unangemeldet aus dem Gange in sein Zimmer zog mit den Worten: „Ich habe den Posten in Dresden für Sie freigehalten." Dann begann eine längere Unterhaltung, in der Holstein von meinen Eltern sprach, die er sehr verehrt hätte, als er in London unter meinem Vater diente. Deshalb sende er mich nach Dresden, da meine Mutter daher stammte. In diesem Tone ging es weiter, auch in späteren Jahren, wenn ich bei ihm in Gnade war. Seine Ungnade pflegte Holstein dadurch zu zeigen, daß er den Betreffenden überhaupt nicht empfing, was immerhin unangenehm war, denn das Auswärtige Amt besuchen und Holstein nicht sehen, war wie Rom ohne Papst. Man ging dann in das Ausland zurück mit einem Gefühle der Zurücksetzung, das für einen Diplomaten außerordentlich unzuträglich ist, da es leicht zu einem Inferioritätskomplex führen kann.

In Dresden war damals Carl Dönhoff, der erste Ehemann der Fürstin Bülow, preußischer Gesandter (1894). Ich habe ihn nur als alten Mann gekannt und möchte nicht ungerecht gegen seine Jugend sein. Damals war er äußerlich noch eine stattliche Erscheinung, aber geistig völlig verknöchert, was nicht weiter schadete, da die Gesandtschaft gänzlich überflüssig war. Bismarck hat die Missionen an den deutschen Höfen aufrechterhalten, um den Fürsten eine Freude zu machen. Diese Gesandtschaften waren tatsächlich nur Anhängsel der Höfe, eine Art von Fahne, die hinausgehängt wurde, um zu zeigen, daß die Einzelstaaten noch lebten. Für den Chef bedeuteten diese Posten — mit Ausnahme von München — fast nur eine Altersversorgung; für den Legationssekretär boten sie indessen die Vorteile, daß man wieder einmal nach Deutschland kam und dieses aus einem anderen Gesichtswinkel sah, sowie daß ziemlich viele Depeschen vom Auswärtigen Amt übermittelt wurden zur Belehrung der Einzelregierungen.

Der Dresdner war damals so ungefähr das Ideal eines kleinen Hofes in dem Rahmen der herrlichen Stadt, trotz der in manchen Dingen lächerlich starren Etikette und trotz der strengen katholisch-kirchlichen Richtung, die nicht in das evangelische Land hineinpaßte. König Albert liebte es, Jugend um sich zu sehen und freute sich aufrichtig, wenn sie lustig war. Deshalb liebte er seine Nichte Luisa, die später so traurig in das Unglück gekommene Prinzessin Friedrich August, geborene Erzherzogin. Diese genoß eine ungeheure Popularität im Volke, weil sie sprudelnd war von Liebenswürdigkeit, Lebenslust und wirklicher Menschlichkeit, die aber immer desto mehr gegen den Hof in Opposition geriet, je mehr man die Prinzessin in die Etikette zu zwingen suchte. Meine Frau und ich waren mit der Prinzessin sehr befreundet und haben ihr die Freundschaft später bewahrt, als die Perücken es uns verbieten wollten. So haben wir sie in Ventnor auf der Insel White besucht. Nach vielen Jahren wünschte die Prinzessin selbst alle alten Beziehungen abzubrechen, und so endigte diese Freundschaft, die unsrerseits noch besteht. Sie war eine Frau, gegen die mehr gesündigt worden ist, als sie selbst gesündigt hat. Ein Fall, mehr für Siegmund Freud als für den Historiker!

Neben dem Hofe ist das Theater zu erwähnen, das unter der Leitung unseres Freundes Seebach ausgezeichnet war und uns viele schöne Abende brachte. Politik gab es in Dresden überhaupt nicht, und ich fühlte mich in höhere Sphären gehoben, als ich schon Ende 1895, wieder auf Wunsch Holsteins, als zweiter Sekretär nach St. Petersburg versetzt wurde, wo ich dann allerdings ein Opfer seiner Freundschaft mit Radolin, dem dortigen Botschafter, wurde und so sehr bei ihm in Ungnade fiel, daß ich ihn nie mehr als einen Freund betrachten konnte.

Das Drama spielte sich folgendermaßen ab. Als ich mich anläßlich meiner Versetzung im Amte meldete, sagten mir Holstein und Fritz

Pourtalès — damals Personalrat — ungefähr gleichlautend: Fürst Radolin habe sich mit der Großfürstin Marie Pawlowna, Herzogin zu Mecklenburg, überworfen, was höchst bedauerlich sei, da sie bisher unsere Hauptstütze am russischen Hofe gewesen wäre. Meine Aufgabe in St. Petersburg sei, diesen Fehler Radolins wieder gutzumachen, und man habe mich zu diesem Zwecke wegen meiner mecklenburgischen Familienbeziehungen ausgesucht. Ich war mir gleich der Peinlichkeit dieses Auftrages bewußt und beschloß, Radolin gegenüber ganz offen zu verfahren, was ich nicht getan haben würde, wenn ich ihn damals schon so gut wie später gekannt hätte. Ich war ihm aber bisher nur flüchtig in der Berliner Gesellschaft begegnet. Als ich mich in St. Petersburg bei ihm meldete, berichtete ich ihm Obiges wortgetreu und fragte ihn, ob er gleichfalls wünsche, daß ich meine mecklenburgischen Minen lege. Der Fürst war sehr freundlich, wie er das immer in mein Gesicht gewesen und geblieben ist, bis wir uns trennten. Er sagte, er würde sich sehr freuen, wenn ich an die Großfürstin Wladimir herankäme, nur möchte ich ihm eventuell alles melden, was ich in deren Kreise hörte, bis er sich wieder mit ihr versöhnen könne. Auf dieser Basis glaubte ich gesichert zu sein und ging dementsprechend vor. Das Drama spielte sich dann langsam ab in den zwei Jahren, die ich in St. Petersburg verbrachte.

Für mich wurde indessen ein anderes Ereignis von größerer Bedeutung. Der Kaiser kam zu Besuch des russischen Hofes nach St. Petersburg und brachte mit sich den damaligen Botschafter von Bülow, der an Stelle Marschalls Staatssekretär werden sollte, und dem ich bis dahin noch nie begegnet war. Wie üblich fuhr die ganze Botschaft nach Peterhof zum Empfange des Kaisers. Der Zufall wollte, daß Frau von Tschirschky gerade an dem Tage mit einer Tochter niederkam und ihr Gatte, der Botschaftsrat, sich daher entschuldigen ließ. Nach dem Empfange, den Fürst Bülow in seinen „Denkwürdigkeiten" besser geschildert hat als ich es könnte, wartete ich in einem der Prachtsäle, noch in Uniform, der Dinge, die da kommen sollten, als ich zu Herrn von Bülow gerufen wurde mit dem Bemerken, daß es sehr eilig sei. Ich begab mich in sein Zimmer, wo er in lebhafter Erregung auf und ab ging. Als ich eintrat, kam er ebenso lebhaft auf mich zu mit den Worten: „Ihr Chef hat ja keine Ahnung, weiß von nichts, kann keine Frage beantworten, und Tschirschky ist nicht hier, bleiben Sie also bitte in meiner Nähe, solange wir hier sind." Dementsprechend verliefen für mich die Peterhofer Tage. Als am letzten Abend ein wunderbares Nachtfest stattfand, bei dem die berühmte Tscheschinskaja auf einem glasbedeckten See tanzte, hatte die übliche Ordensverteilung bereits stattgefunden, nur ich war leer ausgegangen. Spät am Abend, als die Gäste sich schon verzogen, kam Herr von Bülow auf mich zu mit den Worten: „Ich trage Ihren Orden schon lange mit mir in der Tasche herum, aber ich legte großen Wert darauf, Ihnen persönlich zu danken." Seitdem ist Bülow mir immer ein gütiger Vorgesetzter gewesen, und nach seinem Abgange ein wohlwollender älterer Freund. Dadurch wird mein sachliches Urteil über ihn aber nicht beeinflußt. So oft ich dazu Gelegenheit hatte, besonders als ich Botschaftsrat in London war, habe ich ihm meine etwa abweichenden Ansichten ausgesprochen. Fehler machen alle Menschen, und Bülow hat wohl hauptsächlich England gegenüber gefehlt, das er nicht genügend kannte. Immerhin, gerade ein englisches Sprichwort sagt: „The proof of the pudding is the eating of it." Solange Bülow unsere äußere Politik leitete, haben wir keinen Weltkrieg über uns ergehen lassen müssen, und ich bin noch heute der Ansicht, daß der Friede erhalten worden wäre, wenn er hätte Reichskanzler bleiben können. Ferner bin ich, trotz abweichender Ansicht Vieler und trotz Vorbehalten in Einzelheiten, der Meinung, daß die „Denkwürdigkeiten" des Fürsten Bülow die beste Darstellung des Wilhelminischen Zeitalters sind, die es bisher gibt. Ueber dieses Buch zu zetern, hilft nichts, denn das Zeitalter war eben so und nicht anders. Warum hätten wir sonst den Krieg verloren?

Wenn auch die erste Begegnung mit Bülow für mein späteres Leben mehr Bedeutung hatte, so war doch die Holsteinsche Weisung die „Forderung des Tages". Was meinerseits für die Ausführung des Auftrages geschehen konnte, war erfolgreich durchgeführt. Ich spielte täglich, soweit es der Dienst erlaubte, mit dem Großfürsten Wladimir Tennis, wobei die Großfürstin regelmäßig als Spenderin des Tees erschien. Die Beziehungen wurden so gute, daß meine Frau und ich durchschnittlich zweimal die Woche bei der Großfürstin soupierten, was nicht immer bequem war, da diese Soupers nach russischer Sitte um Mitternacht stattfanden. Eine Versöhnung des Großfürstenpaares mit Radolin herbeizuführen, war mir aber nicht möglich, weil weder der Botschafter noch die Fürstin Radolin irgend einen Schritt dazu taten. Klatsch war der Ursprung des Zwistes, und Klatsch ließ ihn nicht zur Ruhe kommen. Die Radolins kritisierten immer die Moral der Umgebung der Großfürstin, was ihr natürlich hinterbracht wurde. Schließlich wird doch ein Diplomat nicht als Missionar in das Ausland gesandt, sondern um deutsche Interessen zu vertreten. Der österreichisch-ungarische Botschafter Franz Liechtenstein, dessen Moral auch immer der Fürstin Radolin Kummer bereitete, sagte mir einmal: „Mir sind diese Moralpredigten gleichgiltig, ich bin das von meiner Verwandtschaft gewöhnt. In der gibt es viele Damen wie die Fürstin Radolin; so fromm und so bös."

Inzwischen hatte der „neue Kurs" seit der Kündigung des Rückversicherungsvertrages noch zwei grobe Fehler begangen. Das Krüger-Telegramm spielte in den deutsch-englischen Beziehungen annähernd die gleiche Rolle wie später die „Lusitania" in den deutsch-amerikanischen,

d. h. es wurde in England nie vergessen, weil es als Kennzeichen der wahren inneren Gesinnung der Deutschen galt. Ich wundere mich sehr, daß Monts in einem Briefe an Bülow, laut dessen „Denkwürdigkeiten", sich zu dem Krüger-Telegramm freundlich gestellt hat. Der zweite Fehler war der sogenannte Ostasiatische Dreibund, der Deutschland zwischen Frankreich und Rußland einklemmte, um das siegreiche Japan aufzuhalten. Diesen Vertrag hat uns Japan nie verziehen, und es ist immer ein Fehler, sich gegen die lebendigen Kräfte der Weltgeschichte zu erklären. Japan war der gegebene Bundesgenosse Deutschlands, weil beide Länder, wie man heute sagt, „Völker ohne Raum" waren. Statt dessen erlebten wir nun Japans Dolchstoß im Weltkriege. Außerdem war es „verlorene Liebesmühe", Rußland von Frankreich trennen zu wollen. Wir mußten statt dessen Gegenmaßregeln ergreifen. Doch Politik war in St. Petersburg nur selten meine Aufgabe. Diese wurde von Tschirschky besorgt, mit dem ich seit dieser Zeit bis zu seinem Ableben als Botschafter in Wien befreundet geblieben bin. Nur wenn er auf Urlaub ging, vertrat ich ihn. Seine Aufgabe war eine sehr schwere, da Radolin die Gewohnheit hatte, nach jeder Unterredung sofort selbst einen Bericht zu schreiben. Dieses Material mußte vor Abgang jeden Abend von dem Botschaftsrat geordnet bezw. mit Radolin besprochen werden, damit keine Konfusion eintrat. Was man auch sonst dem Botschafter vorwerfen kann, ein Geheimniskrämer war er nicht. Er pflegte Tschirschky, bezw. mir, wenn ich letzteren vertrat, die Briefe vorzulesen, die er durch den Feldjäger von seinem Duzfreunde Holstein erhielt. Diese bewegten sich immer auf der falschen Basis, daß Rußland und England sich nie vertragen würden, und Deutschland daher zwischen diesen beiden Mächten das Zünglein an der Wage bilden müßte. Manchmal ging ein Brief so weit, direkt zu sagen, der letzte Bericht Radolins habe keinen Wert gehabt. Er solle einen anderen schreiben, und dann folgte der ganze Inhalt des gewünschten Berichtes. Abgesehen von solchen politischen Lichtblicken war die Hauptaufgabe des zweiten Sekretärs, französische Noten zu schreiben, wobei der außerordentlich fleißige Tschirschky manchmal gütigst half. Ich entsinne mich namentlich an eine zwanzig Seiten lange Note über Geflügelcholera, die wir zusammen fertigstellten.

Bülow spricht in seinen „Denkwürdigkeiten" von der Steifheit der russischen Kaiserin. Hierzu sei meinerseits folgendes nachgetragen: Frau Prinzessin Heinrich von Preußen, die Schwester der Kaiserin, kam diese in Zarskoje Selo besuchen, und die Botschaft mußte zum Empfange dorthin reisen. Da Radolin abwesend war, fuhren nur Tschirschky und ich mit unsern Frauen auf den kleinen einsamen Bahnhof, der ausschließlich für den Hof bestimmt und noch gänzlich verlassen war. Gleich darauf kamen der Kaiser und die Kaiserin ohne jedes Gefolge angefahren, und kaum hatten wir die Majestäten begrüßt, als gemeldet wurde, der Zug habe eine Stunde Verspätung. Nun saßen wir zu sechs Personen in der kleinen Bahnhofshalle und versuchten die Zeit zu vertreiben. Ich kann mich nicht entsinnen, jemals im Leben eine gleiche Mühe mit der Konversation gehabt zu haben. Jedes Thema und jede Sprache wurde versucht, ohne viel Erfolg, bis uns schließlich die Ankunft der Prinzessin Heinrich erlöste, und leider kannte ich noch nicht das folgende Hilfsmittel des Großfürsten Wladimir. Dieser klagte mir einmal sein Leid, wie entsetzlich langweilig die Familientafeln wären, da die Kaiserin so schwer zum sprechen zu bringen sei. Es gebe nur ein Mittel, das er manchmal anwende. Er stelle eine falsche Behauptung aus dem Gothaischen Kalender auf. Dann rede die Kaiserin eine Stunde lang, um ihn zu widerlegen.

Der Großfürstin Wladimir verdankte ich eine sehr schöne Reise nach Finnland, als ihr Bruder, Herzog Paul, bei ihr zu Gast war. Der Kaiser hatte ihr eine kleine Yacht zur Verfügung gestellt, und nun bat sie mich, mit dem Herzog zu fahren, der sonst ohne Gesellschaft wäre. Wir fuhren den ganzen Ladoga-See ab und blieben einige Tage in dem Kloster Valaam, das heute zu Finnland gehört und im Absterben ist. Die Landschaft ist unbeschreiblich schön, allerdings traurig und dunkel gefärbt, aber die Fahrt fand in der Jahreszeit statt, wo es dort niemals Nacht wird, so daß sich ein Ausgleich bot. Auch war es äußerst interessant, ein autarkisches orthodoxes Kloster kennenzulernen, wo die Mönche sich selbst alle Lebensbedürfnisse beschafften. Bei dem Abschiede aus dem Kloster schenkte mir der Abt eines der üblichen russischen Heiligenbilder mit den Schutzpatronen des Klosters. Dieses Bild hat, solange es Automobile gibt, in unserem Wagen gehangen und hängt dort noch heute.

Während meiner St. Petersburger Zeit fand die Krönung in Moskau statt. Wenn ich heute auf den Glanz dieses Festes zurückblicke, so fällt mir in der Erinnerung auf, wie wenige von den fremden Gästen, die herbeigeeilt waren, teils um dem Kaiserpaar zu huldigen, teils um „dabei zu sein", auch nur eine leise Vorahnung empfanden, daß sie der letzten russischen Krönung beiwohnten. Wir, die wir auf der Botschaft den russischen Alltag kannten, waren weniger durch den Glanz geblendet. Ich erinnere mich namentlich eines Frühstücks mit dem bekannten amerikanischen Schriftsteller Richard Harding Davis, der vollkommen unter dem Eindruck war, soeben den Einzug des, wie er sagte, „first gentleman of Europe" in Moskau gesehen zu haben. Er wollte es durchaus nicht wahr haben, als ich ihm sagte, daß das Wort von dem „Koloß mit den tönernen Füßen" noch gelte. Zweimal gab es ein „Menetekel" in dem Krönungstaumel. Das furchtbare Unglück auf dem Hodynka-Felde wies auf die bestehende schlechte Organisation, und die Tatsache, daß am gleichen Abend getanzt wurde, als sei nichts geschehen, zeigte, wie wenig Sinn der Hof für die Leiden des Volkes hatte. Ferner gab es auf unserer eigenen Botschaft ein Omen. Die Kaiserin selbst hatte gewünscht, daß auf dem deutschen Feste eine Rezitation aus Schillers „Wallenstein" veranstaltet werden sollte, für die Ludwig Barnay, Max Grube und Rosa Poppe eigens von Berlin berufen waren. Die Kaiserin hatte ebenfalls selbst den ersten Akt aus „Wallensteins Tod" ausgewählt. Bei der Probe fiel mir auf, daß dieser Akt mit den Worten schließt: „Ob Glück, ob Unglück aufgeht, lehrt das Ende." Dieser Schluß schien mir ungeeignet für eine Krönung, und ich suchte Barnay zu bewegen, ihn zu streichen, wozu er auch bereit war, aber die Kaiserin wollte nichts gestrichen haben; ob mit Vorahnung kann ich nicht sagen.

Der Krönungsmonat in Moskau war für mich sehr anstrengend. Das ganze diplomatische Korps mußte dorthin übersiedeln, und ich war vorausgereist, erst um ein Wohnhaus für unsere Botschaft zu mieten, dann um es einzurichten. Ferner war mir übertragen worden, das Fest zu organisieren, das auf der Botschaft veranstaltet wurde, und dessen Programm außer der schon oben erwähnten Rezitation, auf Befehl unseres Kaisers ein Konzert umfaßte. In diesem dirigierte Carl Muck das Berliner Philharmonische Orchester, und die ersten Künstler Deutschlands wirkten mit. Ich habe nie wieder das Vorspiel und das Quintett aus den „Meistersingern" so schön gehört. Unter den Künstlern entsinne ich mich der Namen Ternina, Wedekind und Gerhäuser. Mit Vergnügen denke ich heute an die mühevollen Vorbereitungen, deren es bedurfte, damit das Fest ein Erfolg wurde. Barnay war als erster Künstler zur Stelle, und mit seiner Hilfe ließ ich die Bühne herrichten. Als am nächsten Tage Muck erschien, mußte alles wieder eingerissen und neugebaut werden, da er auf dieser Bühne nicht spielen zu können erklärte. Ende gut, alles gut! Seitdem blieb ich mit Muck befreundet, und sah ihn namentlich in Amerika viel, wo er leider als Ergebnis dieser Freundschaft in ein Konzentrationslager kam, — so sagte er wenigstens selbst scherzend, als wir uns zum ersten Male nach dem Weltkriege wiedersahen.

Zum Souper auf der Botschaft waren achtzig Fürstlichkeiten in einem Saale vereinigt und es fiel mir auf, daß hier nur englisch gesprochen wurde. Ein deutliches Zeichen des Einflusses, den Königin Victoria auf die Weltgeschichte gehabt hat! Dabei hörte ich, wie Prinz Heinrich seinem Schwager, dem Kaiser, etwas zurief und ihn dabei Nicky nannte. Der Kaiser antwortete leise und freundlich, aber bestimmt: „Don't call me Nicky in public."

Weiter will ich von den Erlebnissen aus einer vergangenen Welt nicht sprechen und nur noch die taktlose Rede des Prinzen Ludwig von Bayern auf dem deutschen Koloniefest erwähnen. Der Präsident des deutschen Vereines hatte in seiner üblichen Unschuld gesprochen, von dem „Prinzen Heinrich von Preußen, umgeben von einem Gefolge deutscher Prinzen". Das griff Prinz Ludwig mit einem feuerroten Kopf auf und sagte:

3 *Bernstorff*, Erinnerungen.

„Wir sind keine Vasallen, sondern Bundesgenossen." Tempi passati! Viele deutsche Prinzen wären heute froh, wenn sie noch Vasallen wären!

Ich lasse einen Brief, post festum geschrieben, von Ludwig Barnay folgen:

Berlin, den 28. Juni 1896.

Hochverehrter Herr Graf!

Gestern schrieb ich an Seine Durchlaucht den Fürsten und da tauchte das ganze Bild der Moskauer Tage lebendig wieder vor mir auf: — wenn ich aber dieser Tage gedenke, dann ist es nicht anders möglich, als daß ich mit besonderer Dankbarkeit Ihrer gedenke, der Sie mit soviel Umsicht und Thatkraft, mit so feiner Rücksicht und außergewöhnlicher Liebenswürdigkeit in jenen drängenden und treibenden Tagen Zeit und Auge für Alles und für Alle hatten und dadurch am Meisten dazu beigetragen haben, daß das Fest, in welchem ich mitzuwirken die Ehre hatte, so wohl gelang und so schön verlief.

Ich kann Ihnen heute gestehen, daß ich Sie in Wahrheit angestaunt habe, wie Sie, bei all den tausend an Sie herantretenden großen und allerkleinsten Angelegenheiten, stets die richtigste, kürzeste und freundlichste Linie fanden, wie Sie keine Ermüdung, keine Abspannung und keine Ungeduld merken ließen, dort, wo auch der Rührigste und Geduldigste manchmal die Lust verloren hätte, sich mit den Dingen zu beschäftigen.

Am lebhaftesten sehe ich Sie am Tage des Festes selbst vor mir und am innigsten empfinde ich es dankbar, mit welcher außerordentlichen Güte und Freundlichkeit Sie sich meiner bei der Parade angenommen haben — wahrlich, wenn ich tausend Jahre alt würde, ich würde jene Stunden nie vergessen und meine Dankbarkeit würde nie aufhören.

Verzeihen Sie, daß ich Sie mit diesen Zeilen belästigt habe, aber es war mir ein rechtes Herzensbedürfnis — da ich Sie leider bei der Abfahrt nicht sehen und sprechen konnte — Ihnen zu sagen, wie sehr sich Ihr Bild in mein Herz geprägt hat und Sie zu bitten, auch mich nicht ganz zu vergessen. —

Bitte empfehlen Sie mich der Hochverehrten Frau Gräfin und den verehrten Herren der Botschaft und bewahren Sie mir ein freundliches Andenken.

Ihnen in aufrichtiger Verehrung sehr ergebener

gez. Ludwig Barnay.

Ich hätte wohl den Seiltanz zwischen der Großfürstin und dem Botschafterpaar noch lange fortsetzen und vielleicht die Versöhnung erreichen können, wenn nicht der Klatsch und die Zwischenträgerei gewesen wären. Die Großfürstin war nun einmal infolge der Reserviertheit des Kaiserpaares die erste Persönlichkeit am Hofe. Sie hatte für die Diplomaten den Schlüssel in der Hand zur russischen Gesellschaft. Diese war nämlich für Ausländer von vornherein nicht sehr entgegenkommend. Es gibt hierüber eine nette und obenein wahre Anekdote: Gräfin Kleinmichel hatte damals in St. Petersburg den einzigen wirklich internationalen Salon. Eines Abends aßen bei ihr mindestens zwei Botschafter und Michael Radziwill, der damals noch deutscher Offizier war. Letzterer sagte plötzlich ganz laut: „Est-ce que c'est vrai qu'à St. Pétersbourg on ne reçoit pas les diplomates dans des maisons convenables?" Gräfin Kleinmichel warf schlagfertig ein: „Merci pour moi et pour mes invités."

Den Freunden der Großfürstin öffneten sich in der Intimität selbst die exklusivsten russischen Häuser. Jeder in der Gesellschaft wollte daher bei ihr in Gnaden sein und wem von Diplomaten dies nicht gelang, der lief auf die deutsche Botschaft, schimpfte dort auf die Großfürstin und verklatschte mich. So kam das Ende, indem Radolin im Auswärtigen Amt meine Versetzung erbat, ohne mir ein Wort davon zu sagen. Er war im Gegenteil voll Anerkennung und Liebenswürdigkeit, als ich zum letzten Male aus St. Petersburg auf Urlaub ging. Ich erfuhr erst in Berlin, daß er glaube, ich konspiriere mit dem Großfürstenpaar gegen ihn, und ich habe mich nie mit ihm aussprechen können. Er hat sich eben geirrt, und mir hat dieser Irrtum nicht weiter geschadet. Ich vertauschte St. Petersburg und sein scheußliches Klima gern mit dem sonnigen München, das Holstein wohl für mich als Verbannung aus der Politik ausgesucht hatte. Bei ihm war ich jedenfalls einige Jahre völlig in Ungnaden.

Es folgen als Abschluß zwei Auszüge aus Briefen von Tschirschky. Dazu wäre noch zu bemerken, daß die Tochter des Großfürstenpaares sich mit Prinz Max von Baden, dem späteren Reichskanzler, verlobt hatte, eine Verlobung, die bald darauf zurückging.

Kaiserliche Deutsche Botschaft
St. Petersburg, 6. Februar 1898.
. . . .

Mich wundert nur, daß Sie sich über die Versetzung wundern. Das mußten Sie sich doch sagen, daß das mit dem Moment eintreten würde, wo Ihre Wege in gewisser Richtung sich von den „Anderen" trennten.
Die Verhetzungen haben nur nach Ihrem Weggang an Intensität zugenommen, und so zur Nichtbeantwortung Ihrer Briefe geführt. Im übrigen kennen Sie meine Abneigung vor jedem Klatsch — also „Schwamm darüber", ...

Leben Sie wohl, mein lieber Bernstorff. Herzliche Grüße von uns Beiden an Ihre Frau.

In aufrichtiger Freundschaft Ihr

gez. von Tschirschky.

Kaiserliche Deutsche Botschaft

den 18. November 1898.

. . . .

Beim Durchlesen meines Briefes sehe ich, daß ich Ihnen die Hauptsache von hier nicht geschrieben habe, nämlich die Versöhnung mit la Grande D'. Postillon d'amour war der bekannte Berliner Freund am dortigen H. Ein Frühstück wurde in Zarskoje arrangiert! Man hat wohl angesichts der Verlobung mit Max es vorgezogen, mit dem germanskoje posolstwo auf gutem Fuße zu stehen! Und von der anderen Seite ist man wegen des längeren Hierbleibens auch ganz froh. So geschehen die unglaublichsten Dinge im Handumdrehen!

. . . .

gez. von Tschirschky.

In München blieb ich fünf Jahre, und dort habe ich den Mangel an großer Politik nie empfunden, wegen des innigen geistigen Zusammenlebens mit meinem Chef, Graf Monts, einem der kenntnisreichsten Menschen, denen ich begegnet bin. Mein Dienst spielte sich regelmäßig so ab, daß ich gegen ½11 Uhr morgens auf der Kanzlei erschien, um nachzusehen, ob der Chef einen Bericht geschrieben habe, oder ob sonst etwas vorgefallen sei. Bald nach 11 Uhr kam der Gesandte aus seiner Privatwohnung herunter mit den Worten: „Sie haben doch nichts zu tun, gehen wir also zusammen spazieren." Dann folgte ein fast zweistündiger Spaziergang, kreuz und quer durch München, je nach Wetter und Jahreszeit. Dabei wurde alles besprochen, was des Menschen Geist in seinem hohen Streben erfaßt, namentlich Politik, Geschichte, Wirtschaft, Kunst, Literatur und Philosophie. Ich habe nie so viel gelernt wie auf diesen Spaziergängen und durch Nachlesen im Verfolg derselben.

Zwischen Monts und Bülow ist ein posthumer Memoirenkrieg ausgebrochen, den ich lebhaft bedaure, da ich für beide eine große freundschaftliche Verehrung über das Grab hinaus hege. Ich halte diesen Memoirenkrieg auch für unberechtigt, da er aus der Zeit stammt, wo beide vergrämt und verbissen wurden und nicht mehr auf der Höhe ihres Wirkens standen. Als ich unter Monts in München diente, sind sie wirklich befreundet gewesen. Beide waren hochbegabte, sehr ehrgeizige und recht temperamentvolle, aber durch und durch patriotische

Männer. In den „Denkwürdigkeiten" des Fürsten Bülow finden wir durchgehend einen Zug, der bei einem so weltkundigen Mann überraschend ist. Er erwartet Dankbarkeit von den Menschen und beurteilt sie daher oft danach, ob sie ihm, nachdem er gestürzt war, ebenso freundlich begegneten wie vorher. „Vom Grafen Monts hörte ich nach meinem Rücktritt nichts mehr." Dieser lapidare Satz schließt in den „Denkwürdigkeiten" mit Monts ab. Viel spätere Briefe des Fürsten und der Fürstin Bülow an mich, von denen ich Auszüge folgen lasse, zeigen dieselbe Sinnesrichtung in bezug auf die Treue der Freundschaft.

18. Dezember 1917.

. . . .
Gutes von Ihnen zu hören war uns sehr lieb. Wir haben Ihre patriotische, tapfere und kluge Arbeit in Washington mit dem lebhaftesten Interesse verfolgt und wissen, wieviel Sie dort geleistet haben, und ebenso begleiten Sie unsere treuen Wünsche bei Ihrer Tätigkeit am Bosporus. . . .

gez. Marie Bülow.

24. Februar 1918.

. . . .
Wie sehr würde ich mich freuen, Ihnen meinen Dank auch mündlich aussprechen zu können. Ihr Brief hat mich sehr gerührt; treue Freundschaft und treue Gesinnung sind mir das Höchste im Leben, und ich glaube, darin nie gefehlt zu haben. . . . .

gez. Marie Bülow.

15. April 1918.

. . . .
Ich möchte nicht den sympathischen und mit uns seit Rom befreundeten Herrn von Grancy abreisen lassen, ohne Ihnen ein paar Worte des Dankes zu senden für alles Freundliche und Gute, was Sie mir diesen Winter geschrieben haben. Es hat mich erfreut und bewegt, daß Sie in dieser bewegten, oft so widerspruchsvollen Zeit meinem lieben Mann eine treue Gesinnung bewahren, die er auch Ihnen gegenüber stets treu erwidert hat. . . . .

gez. Marie Bülow.

Berlin, Hôtel Eden, den 4. Mai 1919.

Lieber Graf,
Haben Sie herzlichen Dank für Ihre freundlichen Geburtstagswünsche, für die schönen Blumen, vor allem für die freundschaftliche Gesinnung,

die Sie mir durch eine lange Reihe von Jahren bewahrt haben. In das Alter des Psalmisten einzutreten, während die Lage des Vaterlandes eine so bedrängte und traurige ist wie gegenwärtig, ist ein bitteres Los. Mein Glaube an die Zukunft unseres Volks, des Volks, das so viel Großes, Gutes und Unvergängliches der Welt gegeben hat, ist aber unerschütterlich. Zu denen, von deren Arbeit ich bessere Tage erhoffe, gehören Sie in erster Linie. Meine Erwartungen und Wünsche begleiten Sie auf Ihrem Wege! Meiner Frau und mir würde es eine große Freude sein, wenn Sie einmal en famille (um 1 Uhr) mit uns frühstücken wollten.

Bestimmen Sie selbst den Tag. Würde es Ihnen nächsten Sonntag passen? Natürlich alla buona, wie der Italiener sagt, einfach und in kleinem Raum.

Mit nochmaligem herzlichem Dank

Ihr
aufrichtig ergebener
gez. Bülow.

Ich schließe also aus obigen Anzeichen, daß Bülow in persönlicher Verstimmung über Monts alles das geschrieben hat, was in den „Denkwürdigkeiten" zu lesen ist. Am nächsten Tage schon hätte er sein Urteil gewiß gemildert, wenn ihn der Herausgeber der Memoiren auf die unnötige Schärfe des Ausdrucks hingewiesen hätte.

Was nun Monts anbelangt, so hat er seine Memoiren nur teilweise selbst geschrieben; der Titel „Erinnerungen und Gedanken" ist eine Geschmacklosigkeit, denn keiner soll sich mit Bismarck vergleichen wollen. Er, Friedrich der Große und Stein sind schließlich die einzigen Deutschen, die bedeutende politische Erfolge für unser sonst auf diesem Gebiete so unglückliches Vaterland erzielt haben. Aber jeder kann nicht ein Genius sein, und das deutsche Volk wäre schon zufrieden gewesen, wenn die Epigonen das Werk Bismarcks erhalten hätten. Das hat Bülow getan, solange er die Macht hatte. Tschirschky schrieb mir unter dem 26. Dezember 1901:

. . . .

„Daß Monts nicht Staatssekretär geworden ist, bedaure ich für die Sache und für mich lebhaft. Ueber die Gründe, weshalb diese Ernennung nicht erfolgt ist, brauche ich mich nicht zu verbreiten. Sie kennen sie ebensogut wie ich. Daß der Kelch des Unterstaatssekretärs an mir vorübergegangen ist, dafür danke ich jeden Tag dem Himmel! Wie die Dinge liegen, ist dieser Posten wenig beneidenswerth, ganz abgesehen davon, daß ich schon wegen meiner Augen der Bureau-Arbeit nicht gewachsen gewesen wäre". . . . .

Damit wird die erste Verstimmung gegen Bülow auf der Seite von Monts erwähnt. Ich weiß bestimmt, daß letzterer damals erwartete zum Staatssekretär ernannt zu werden. Diese Enttäuschung überwand er, als Bülow ihn zwei Jahre später zum Botschafter in Rom machte. Monts rechnete aber bestimmt auf Wien, und als Tschirschky diesen Posten erhielt, war bei ihm jede Freundschaft für Bülow verschwunden. Monts hatte „des Hasses Kraft", hierin dem großen Bismarck ähnlich, und nur seine wirklich engelsgute Frau verstand ihn mit der „Macht der Liebe" zu besänftigen. Ich bin der oben erwähnten Ansicht Tschirschkys und hätte Monts gern als Staatssekretär gesehen. Er war voller Ideen, und seine Gesundheit war immer besser, wenn er viel zu tun hatte. Er schlief dann gut und hatte weniger Kopfschmerzen. Er paßte auch besser an die Spitze des Auswärtigen Amts als zum Botschafter. Ich habe die Erfahrung gemacht, daß sein galliger Witz sich nicht gegen Untergebene wandte, denn ich habe in fünf Jahren nicht ein unfreundliches Wort von ihm gehört. Dagegen war sein Witz nicht zu bändigen, wenn er Kollegen oder sonstigen „Mikrocephalen" — sein Lieblingswort — gegenüberstand. Als er einmal in Rom Bridge spielte mit dem serbischen Gesandten, der im Verdacht stand, an der Ermordung König Alexanders beteiligt gewesen zu sein, und der den von Monts gespielten König mit einem Aß stach, sagte Monts schlagfertig: „Mon cher collègue, vous jouez comme un régicide." In seiner Münchener Zeit übte er auch keine Gnade. Bei einem Jagddiner, in Anwesenheit bayerischer Aristokraten, auf die er es besonders abgesehen hatte, sagte er in einer Tischrede schmunzelnd: die Reichsräte stammten bekanntlich „aus der Hefe des Volkes". Die Kammer der Reichsräte kritisierte er auch mit besonderer Schärfe in seinen Berichten. Der alte Reichskanzler Hohenlohe saß einmal kopfschüttelnd vor einem solchen Berichte und sagte: „Ich gehöre doch auch zu dieser erlauchten Körperschaft." Auf unseren langen Spaziergängen wurde jeder Bekannte mit einem Witz auf dessen Kosten begrüßt. Wenn wir dann weitergingen, pflegte Monts zu sagen: „der hat sich ausgezeichnet amüsiert." Meinen Widerspruch nahm er freundlich auf, ohne daß er sich dadurch in Zukunft beeinflussen ließ; höchstens, daß er ein oder das andere Mal sagte: „Glauben Sie wirklich, daß der den Witz übelgenommen hat?" München ist klein, und man hatte sich schließlich an Monts gewöhnt. Immerhin läßt sich verstehen, daß Bülow einen so schwierigen Charakter weder in Berlin noch in Wien haben wollte. Er hatte schon, seiner Ansicht nach, genügend mit der „therapeutischen Behandlung" des Kaisers zu tun, die er mir gegenüber oft als seine Haupttätigkeit bezeichnete.

Als für Monts „Glück auf Glück im Zeitenstrudel scheiterte", insbesondere nachdem seine Frau gestorben war, wurde er ein so verbitterter Einsiedler, daß man kaum mit ihm diskutieren konnte. Bei seiner Einäscherung im Münchner Krematorium, der ich gleichzeitig als alter

Freund und als Vertreter der Reichsregierung beiwohnte, sah ich fast nur Familienmitglieder. Aus der Fülle von Briefen, die ich von Monts besitze, folgt hier einer aus seiner bittersten Zeit, der aber in meine Erinnerungen gehört, weil er sich mit meinem ersten Buche befaßt. Alte Männer haben wohl alle ihre Eigenheiten, die sich in ihren Memoiren und Briefen zeigen. Bei Monts war es der Wunsch, vergessen zu machen, daß er in seiner guten Zeit politisch sehr links stand. Wir harmonierten in München vollkommen in dem Wunsche und in der Hoffnung, das deutsche Kaisertum zu konsolidieren, indem wir es modernisierten. Die Regierungsform der „Demokratie" schien uns damals weit entfernt, und „Liberalismus" war unsere Weltanschauung. Alle solche Hoffnungen sind versunken vor der Diktatur, die nicht entwicklungsfähig ist. Das Beste, was wir heute für unser armes Vaterland erhoffen können, ist die demokratische Monarchie. Um Oesterreichs und Bayerns Willen wäre allerdings eine dezentralisierte Großdeutsche Republik zu wünschen gewesen. Aber dazu fehlten die erforderlichen Republikaner.

Haimhausen, 14. September 1920.

Mein lieber Graf,

Sie waren so gütig, mir Ihr Amerika Buch zu schenken. Diese werthvolle Gabe begleiteten Sie mit einer so freundlichen Widmung, die mich tief rührte und auch in mir die Erinnerung an unsere gute alte Münchener Zeit aufsteigen ließ. Diese Erinnerungen an bessere Tage und einstigen Glanz werden, geht die Berliner Luder-Wirtschaft so weiter, bald unser einziger Besitz sein.

Ihr Buch schildert in so anschaulicher Weise die Entwicklung der Dinge während des Krieges in Amerika und Ihren Verzweiflungskampf, daß ich es gar nicht schnell genug lesen konnte. Sie entrollen ein Trauerspiel. Wie Sie so richtig sagen, auch hier wieder Zwiespältigkeit unserer Maßnahmen, die die ganze unselige Regierungszeit Wilhelms II. kennzeichnet. Auch ich bin wie Sie ein Anhänger der westlichen Orientierung; eine Annahme des englischen Angebots oder der drei Angebote 1898—1902 und eine Komplettierung des Dreibundes hätte uns zwar nicht den Krieg mit Rußland-Frankreich erspart, aber dieser wäre mathematisch gewesen. Eine Abrechnung mit England wäre wahrscheinlich, aber dann erst in 40—50 Jahren nachgefolgt. Das Alles ist nun verthan und dahin, ausgeträumt der Traum von Deutschlands Größe. Sie suchen in der Demokratie ein Heilmittel, und im Völkerbund. Beides verneine ich. Ich war nie Demokrat, sondern nur Liberaler, so wie Theodor v. Bernhardi, den wir ja beide viel lasen, und ich glaube auch, daß nur eine starke Rückwärts-Revidirung des Machwerks von Weimar uns Rettung, wenn überhaupt noch bringen kann. Das deutsche Volk ist zu unreif für das allgemeine Wahlrecht. Wie oft habe ich Bülow gepredigt, Rechts-Revidirung im Reich, Links in Preußen, aber er gab Diäten und Jesuiten leichten Herzens hin, nur um sich wieder eine neue Frist zu erkaufen. Hier kann ich auch nicht Ihre Ansicht theilen, ich habe den Mann gründlich kennen gelernt, ohne seine heillose Politik — denn wenn auch Holstein die confusen Ideen lieferte, war B. B. doch der verantwortliche Staatsmann, wäre uns nie der Angriff Aller zu Theil geworden. B. lief Allen nach und verrieth Alle. Er hatte eine heillose Angst vor Rußland und eine Affenliebe für Italien, das waren die Pole seiner persönlichen Politik, in die dann Holstein und gelegentlich auch S. M. hineinschwenkten. Sie nennen das Zurückweichen Rußlands in der bosnischen Sache einen Triumph Bülows. Ich hatte, damals noch aktiv, wesentlich andere Eindrücke. Daß Aehrenthal den bosnischen Husaren-Coup Bülow bieten konnte, war ein Beweis, wie gering er ihn einschätzte. War das Unglück aber einmal geschehen, das Südslaventhum und Rußland tödtlich mit Austria verfeindet, war A gesagt, mußte auch B gesagt werden und der Handschuh aufgenommen werden. Rußland war schwach, und daß Frankreich zu den Waffen gegriffen hätte, ist noch nicht so sicher. Jedenfalls wären beide Mächte dann mit Italien die Angreifer gewesen. Auch waren alle drei Armeen ganz und gar nicht auf einen Krieg vorbereitet.

Als Jagow nach Berlin ging, beschwor ich ihn, Anschluß an England zu nehmen und Italien mißzutrauen. Ad. 1. war er ehrlich bestrebt das Ziel zu erreichen, ad 2. gab er sich Illusionen hin. Bezüglich England stolperte er über Krieges juristische Zwirnfäden, wie Sie so treffend auch bezüglich des Schiedsgerichtsabkommens mit den U. S. sagen. Dann war der Botschafter miserabel. Endlich warf Tirpitz mit den stupiden Alldeutschen ständig dem A. A. Knüppel zwischen die Beine. Noch viel mißlicher war das décousu in Wien. Ich hatte namentlich Conrad wiederholt gepredigt, daß ein Waffengang nur dann zu riskiren sei, wenn England neutral bleibt. Es war auch ein Unglück, daß Tschirschky, an sich klug und anständig, ohne Halt in Berlin und Wien und bearbeitet von Dietrich Bethmann, ohne Autorität der Kriegsclique des Ballhaus-Platzes gegenüber war, Hoyos, Forgach usw. Dann mußte Jagow gerade heiraten. Szögenyi schon abgesägt, mit einer todkranken Frau in Heringsdorf, ohne Fühlung mit Wien sein. Ob Bülow, wie Sie annehmen, angesichts des festen Kriegswillens in Petersburg und Paris und dem persönlichen Haß von Tzar und Tzarin gegen Wilhelm II., dem Krieg hätte ausbiegen können, möchte ich bezweifeln. Wie bei Bosnien hätte er sich noch mehr wie Bethmann der Führung Wiens überlassen. Auch war Bülow, wie ich zu meinem Entsetzen 1905 in Homburg auf einem langen Spazier-Weg constatirte, ein unbedingter Anhänger des Einbruchs in Belgien. Als ich ihm entgegnete, dann sei Englands Kriegserklärung sicher, entgegnete er, wir hielten uns für unsere Uebersee p. p. Verluste schadlos an Frankreich. Das waren seine

Theorien. Er war im höchsten Grade unklar und hatte nur e i n Ziel, wie halte ich mich an der Macht und wie streue ich S. M. und dem dummen Reichstag Sand in die Augen. S. M. wäre zu manipuliren gewesen, aber Bülows Schmeichelkunst brachte diesen Romantiker um das letzte bißchen von praktischem Verstand. Er schwebte immer in höheren Regionen und war aber trotz aller Intrigen und auch von Bethmann geübten Absperrungsmaßregeln doch immer unter vier Augen vernünftigen Vorstellungen zugänglich. Ein Mann hätte uns vielleicht die üble Rolle, die wir vor der ganzen Welt 1914 als Angreifer und Friedensstörer spielten, ersparen können, wenn er nicht gänzlich verbraucht und moralisch verkommen wäre, Eulenburg. Er war politisch sehr begabt und Ausgang des Jahrhunderts entschieden oft von großem Nutzen als Calmierer. E. hatte auch ganz richtig erkannt, daß nach dem Schlaganfall Bülow gehen mußte. Er drängte ihn zum Rücktritt damals in einer dreistündigen Unterredung. Abends aß ich bei Bülow, und Mariechen vertraute mir die ganze Sache an. Acht Tage darauf las man bei Harden das nächtliche Gespräch am Strande der Ucker. S. M., Tirpitz, Bülow sind mit vielen die Hauptschuldigen. Aber ein politisches Volk hätte diese Männer nie ihr Unwesen treiben lassen. Auch Ludendorf, der Schluß-Todtengräber, wäre nicht möglich gewesen, wenn Volk und Reichstag nicht so stupide wären. Vor mir liegt ein Protokoll des Reichstagsausschusses, wo Ludendorf über den unbeschränkten U-Bootkrieg sprach und im Namen aller Parteien Genosse Ebert ihm seinen Dank und seine begeisterte Zustimmung aussprach. Und diese Kerls regieren uns jetzt. Difficile est satiram non scribere. Dabei will Frankreich uns vernichten, à jamais, und der Politikaster Lloyd George gibt ebenso in allem nach wie Wilson in Versailles. Doch genug und übergenug. Nehmen Sie nochmals meinen wärmsten Dank entgegen und empfehlen Sie mich der Gräfin. Wenn wir kommendes Jahr noch leben dürfen, kann man vielleicht auch Benzin kaufen. Dann käme ich herüber zu Ihnen als erste Fahrt.

Vale faveque   gez. A. Monts.

Gräfin Monts war vor ihrer Ehe mit Monts mit Eduard Haniel von Haimhausen verheiratet, der vom Ruhrgebiet nach Bayern gekommen war. Graf Crailsheim, der bayrische Ministerpräsident jener Zeit, verfolgte die Politik, reiche Männer aus anderen Teilen des Vaterlandes dadurch nach Bayern zu ziehen, daß sie nach Erwerb von Grundbesitz geadelt und in die Kammer der Reichsräte berufen wurden. In diese Kategorie gehörte Eduard Haniel, der das wunderschöne Rokokoschloß Haimhausen zwanzig Kilometer nördlich von München gekauft und völlig renoviert hatte. Hier empfing das Ehepaar Haniel sehr viel Besuch, und zu den häufigsten Gästen gehörten Monts, meine Frau und ich.

Bald nachdem wir München verlassen hatten, starb Haniel und später heiratete Monts seine Witwe. Obiges diene nur zur Erklärung, warum Monts in Haimhausen residierte. Crailsheim war ein steifer, ziemlich unnahbarer Herr, der die Würde Bayerns als zweitgrößten Bundesstaats zu wahren wußte. Die weichen Seiten seiner Natur waren die Beziehungen zu seiner Tochter, die ihm das Haus hielt, und seine Vorliebe für Musik. Durch letztere kamen meine Frau und ich in engere Fühlung mit dem Hause Crailsheim, da wir zusammen regelmäßige Besucher der Konzerte Felix Weingartners waren. Als Monts und ich fast gleichzeitig München verließen, sagte mir Crailsheim, er bedauere das Scheiden des Grafen Monts, mit dem er sich schließlich sehr gut eingelebt hatte. Monts halte nie mit irgend einer Sache hinter dem Berge. Man wisse immer, woran man sei. Hier möchte ich hinzufügen, daß ich angesichts eines groben Erlasses aus Berlin einmal zu Monts sagte, es müsse nicht angenehm sein, einen solchen Auftrag bei Crailsheim auszuführen, worauf er mir lachend sagte: „Im Gegenteil, das macht mir Freude".

Nachdem ich oben Felix Weingartner erwähnt habe, möchte ich noch bemerken, daß München damals auf seinem Höhepunkt als Kunststadt stand, Lenbach, Kaulbach und Stuck leisteten als Maler ihr Bestes und hatten wundervolle Häuser, in denen sie viel empfingen. Der alte Regent spielte freundlich die Rolle des Hauses Wittelsbach als Kunstmäzen, obgleich er kein Ludwig II. war und nie in die Oper ging. Ich erinnere mich, ihn einmal in fünf Jahren dort gesehen zu haben, als Victor Gluth's Oper ihre Erstaufführung erlebte. Gluth war der Musiklehrer der Prinzessinnen, und infolgedessen der ganze Hof anwesend. In der Pause sagte mir der Regent, die Oper gefiele ihm, denn es seien darin keine Wagnerischen Dissonanzen. Immerhin stand der alte Herr der Musik freundlicher gegenüber als sein Nachfolger. Als der Intendant und große Schauspieler Ernst von Possart meiner Frau und mir das von ihm gegründete neue Prinzregententheater zeigte, sagte er in seiner Mephisto-Art: „Wenn Ludwig III. zur Regierung kommt, machen wir aus diesem Hause ein Gestüt".

Damals reisten wir immer nach Bayreuth, so oft dort Aufführungen stattfanden. Frau Cosima war noch auf ihrer vollen physischen sowie geistigen Höhe und führte selbst die Regie. Die geistige Elite Deutschlands und des Auslandes huldigte ihr verdientermaßen wie einer Königin. In jener Zeit kam sie auch einmal mit ihrer ganzen Familie nach München, um der Erstaufführung des „Bärenhäuters" beizuwohnen, und wir soupierten mit ihnen nach der Oper im Hause Herrn Friedrich Schöns, eines treuen Bayreuthers. Trotz der aller Materie anhaftenden Mängel war das alte Bayern künstlerisch schön. Es erfüllte im Bismarckschen Reiche seine ästhetische Aufgabe. Ich bin mein Leben lang Unitarier gewesen und bin es noch, trotz der Erfahrungen der heutigen Zeit, aber Gewalt anzuwenden, um das Ziel zu erreichen, scheint mir verfehlt. Als ich im November 1918, am Tage nach dem Ausbruch der Revolution, die meines Erachtens noch lange nicht beendet ist, in der Berliner Wilhelmstraße Richard Strauß begegnete, sagte er mir mit einem Stoßseufzer: „Was wird Deutschland ohne Hoftheater machen?" So malt sich in künstlerischen Köpfen die Welt!

Eine Episode aus meiner Münchner Zeit möchte ich noch erwähnen. Am 16. Juni 1902 feierte das Germanische Museum in Nürnberg sein 50jähriges Bestehen. Kaiser und Regent trafen sich dazu mit dem üblichen Zeremoniell auf der Burg. Historische Erinnerungen drängten sich von allen Seiten heran aus der wunderbaren Stadt, und der Kaiser fühlte sich als Burggraf. Gerade diese Erinnerungen mögen den Reichskanzler beeinflußt haben, denn kurz vorher war der Kaiser auf der Marienburg unter ähnlichen Verhältnissen rednerisch entgleist, wie drastisch in den „Denkwürdigkeiten" geschildert ist. Jedenfalls wollte Bülow die Wiederholung einer solchen Entgleisung verhindern und ließ mich eine Stunde vor der Galatafel rufen. Er sagte, er gehe jetzt zum Kaiser, um mit Seiner Majestät die Tischrede vorzubereiten. Ich solle warten, bis er wiederkommen und mir den Text geben würde, den ich sofort, nachdem die Rede gehalten sei, nach Berlin zu telegraphieren hätte, damit unmöglich ein anderer Text verbreitet werden könnte. Alles verlief programmäßig, ohne irgend einen Zwischenfall. Ich habe das Konzept in meinen Papieren aufbewahrt, weil es ganz von Bülows Hand geschrieben ist, während der Kaiser im Zimmer auf und ab ging und diktierte. Bei der Tafel, als der Monarch die Rede ganz frei hielt, hatte ich das Konzept in der Hand und las mit. Dieser Vorfall ist ein Beweis für das phänomenale Gedächtnis des Kaisers, denn nach so kurzer Vorbereitung hielt er die Rede ohne auch nur die kleinste Aenderung. Wenn die Technik bei der Vorbereitung kaiserlicher Reden immer so gut funktioniert hätte, wäre manches Unglück vermieden worden.

Im November desselben Jahres 1902 wurde ich als Botschaftsrat nach London versetzt, wo ich vier Jahre unter Graf Metternich diente, dem in der „Großen Politik" durch die Veröffentlichung seiner wundervollen Berichte ein Denkmal „aere perennius" errichtet worden ist. Diese Berichte sind das Beste, was die deutsche Vorkriegsdiplomatie geleistet hat, aber sie hatten nur das Ergebnis, daß Metternich schließlich abgesägt wurde. Ich kam nach London, weil endlich Eckardstein beseitigt worden war, die übelste Figur unserer Vorkriegsdiplomatie, auf den ich aber näher eingehen muß, weil Eckardstein durch Intrigen und Lügen mir sehr viel Mühe und seinem Vaterlande ungeheuren Schaden brachte. Nur aus Versehen mag er dann und wann in seinem Leben die Wahrheit gesagt haben. Wir wurden beide an dem gleichen Tage vom Auswärtigen Amte als Attachés in die Welt hinausgesandt. Er nach Washington und ich nach Konstantinopel. Ein Jahr später kamen wir auch beide in das Auswärtige Amt, von dem er aber als gänzlich unfähig bald entfernt wurde. Um ihn zu trösten, gab man ihm noch ein Kommando als Attaché nach London, wo er wirklich nach dem alten Worte mehr Glück als Verstand hatte. Er war ein sehr gut aussehender Mann, eine sogenannte Unteroffiziersschönheit, und es gelang ihm, eine der reichsten Erbinnen Englands, die Tochter Sir Blundell Maples, zu heiraten. Letzterer war obenein mit dem großen Joseph Chamberlain befreundet. Alle diese Glücksfälle verstand Eckardstein mit Bauernschlauheit auszunutzen. Unser Botschafter Hatzfeldt war ein schwerkranker Mann, wodurch Eckardstein die Gelegenheit bekam, zwischen ihm und Chamberlain den postillon d'amour zu spielen. Wie mir Fürst Bülow in späteren Jahren erzählte, ist dann ein Mißverständnis eingetreten. Nach einem Kolonialabkommen ließ Hatzfeldt nach Berlin sagen, man möge bei dem Belohnen Eckardstein nicht vergessen, wobei er an einen kleinen Orden dachte. Bülow glaubte aber, Hatzfeld wolle Eckardstein als Botschaftsrat haben und ernannte ihn dementsprechend, da Hatzfeldt bei seinem berechtigten großen Rufe so ziemlich alles haben konnte was er wollte, damit er trotz seiner Krankheit auf seinem Posten bliebe. Mit dieser Ernennung bekam Eckardstein, wie dies bei kleinen Geistern oft der Fall ist, den Größenwahn. Mit Erfolg spielte er in London den „friend of the Kaiser" und in Berlin den Freund König Eduards, was beides nur sehr beschränkt der Wahrheit entsprach. Mit Recht sagte mir Metternich, als wir in späterer Zeit einmal in Berlin zusammen bei Lichnowsky aßen: „Eckardstein war der größte politische Hochstapler, der mir im Leben begegnet ist." Eckardstein konnte die Arbeit eines Botschaftsrates geistig nicht leisten und verlegte sich statt dessen auf das Intrigieren, wobei er politisch englischer als die Engländer war. In Berlin hatte man nicht den Mut ihn abzusägen, weil dort seine Londoner Stellung für viel stärker gehalten wurde als sie tatsächlich war. Es ist mir nicht bekannt, was schließlich den Abgang Eckardsteins herbeigeführt hat, von dem man schon lange gesprochen hatte. Ich möchte aber annehmen, daß ein Brief Metternichs an Bülow, der in den „Denkwürdigkeiten" abgedruckt ist, die Meinung wiedergibt, aus der die Absägung erfolgte. In diesem Briefe heißt es: „Die englische Presse war noch nie so feindselig gegen uns als im vergangenen Jahre, wo bis vor kurzem Eckardstein der Meister der Pressebeziehungen noch hier wirkte."

Bekanntlich war Fürst Bülow sehr hellhörig auf die Presse, und Eckardstein hatte in Berlin den Eindruck erweckt, daß er und er allein mit der englischen Presse umzugehen wisse. Nun schien auch dies eine Lüge zu sein. Wie dem auch sei, Eckardstein gab seinen Posten auf, blieb aber in London, um weiter zu intrigieren, und ich, als sein Nachfolger, mußte den Augias-Stall an Intrigen und unerledigten Akten reinigen, wobei obenein Lichnowsky, der damalige Personalrat, mir eingeschärft hatte, ich müsse mich mit Eckardstein wegen dessen Londoner Stellung vertragen.

Die Aufgabe, meine Pflicht zu tun und mich mit Eckardstein zu vertragen, erwies sich bald als gleich der Quadratur des Zirkels. Zuerst war er sehr freundlich mit mir und besuchte mich öfter auf der Kanzlei als mir angenehm war. Dabei kam er mit seinen innersten Wünschen heraus: die deutsch-englischen Beziehungen seien so schlecht wie möglich, und nur er könne sie wieder in gute verwandeln. Dazu wäre aber erforderlich, daß er Botschafter werde, und um diesen Zweck zu erreichen, wolle er sich mit mir verbünden. Ich brachte ihm so freundlich wie möglich bei, daß ich Metternichs Untergebener sei und nichts gegen ihn unternehmen könne. Von dem Tage an war aber Eckardstein mein erbitterter Feind und begann damit, bei Metternich gegen mich zu intrigieren. Das war weiter nicht bedenklich, da dieser ein „Grandseigneur sans peur et sans reproche" war, doch als Diplomat etwas passiv, und er übertrieb vielleicht die Talleyrand'sche Maxime: „Surtout pas trop de zèle." Dadurch entstanden jetzt die Unannehmlichkeiten, die mir den Londoner Posten zu einem sehr schwierigen machten. Die Aktivität der Botschaft hatte bisher Eckardstein geliefert, doch auf seine Weise, indem er die große Politik usurpieren wollte, die überall in der Welt dem Chef reserviert bleibt, und indem er den Verkehr mit der Presse monopolisierte. Der Reichskanzler hatte mich als dessen Nachfolger ausgewählt, weil er wußte, daß ich in München ohne Aufdringlichkeit gute Beziehungen zu den Journalisten gehabt hatte. Der folgende Abschiedsbrief des Chefredakteurs der „Allgemeinen Zeitung" vom 1. November 1902 beweist es.

Dr. Martin Mohr
    Chefredakteur
        der
Allgemeinen Zeitung

München, 1. Novembr 1902.

Sehr geehrter Herr Graf,

Zu Ihrer Uebersiedlung nach London Ihnen auch noch schriftlich Glück zu wünschen, ist mir ein aufrichtiges Bedürfnis. Es ist nicht der Egoismus des Leiters der Allgemeinen Zeitung, der einen liebenswürdigen Berater in kritischen Stunden sehr ungern vermissen wird; es ist auch das Empfinden eines Publizisten, der sich der schweren Pflichten seines Berufes bewußt ist und den Wunsch hat, daß diese Berufspflicht auch dort erkannt wird, wo man auf die Mitarbeit eines pflichttreuen Publizisten Wert legen soll, — wenn ich mir auszudrücken erlaube, daß bei Ihnen dieses wichtige Imponderabile des öffentlichen Lebens die

Wertschätzung gefunden hat, die vom Staatsmann erwartet und mit aufrichtigem Dank stets erwidert wird.

Indem ich der Zuversicht Ausdruck gebe, daß Sie in Ihrem liebenswürdigen Entgegenkommen stets die Erfahrung machen, daß ein ehrendes Vertrauen mit Vertrauen gelohnt wird, bin ich, mit den besten Wünschen für Ihr Wohlergehen und mit der Hoffnung, daß Sie in London zum Segen des Reiches wirken werden und Ihr verdienstvolles Wirken volle Würdigung finden wird, mit ausgezeichneter Hochachtung
Ihr sehr ergebener

gez. Dr. Martin Mohr.

Indessen lagen die Presseverhältnisse in London sehr viel schwieriger als in München, und was Bülow jetzt von mir erwartete, mußte gegen die direkte Feindseligkeit Eckardsteins erreicht werden. Dieser hatte ein wunderbares Feld zur Intrige vor sich. Er erzählte allen seinen Freunden, die mit der Presse Verbindungen hatten, daß er beseitigt worden sei als zu englisch, während ich alldeutsch gesinnt wäre. Damals in der glücklichen Zeit vor dem Weltkriege wußten die Diplomaten kaum, was unter dem Worte Propaganda zu verstehen sei. Neben allen andern Schrecken und Mißgeburten hat der Weltkrieg auch die Propaganda gebracht, die heute leider einerseits ein wesentliches Element der Politik geworden ist, die andrerseits aber verachtet wird, weil sie im Kriege allgemein ungefähr gleichbedeutend mit Lügen geworden ist. Immerhin war es Propaganda, die damals in London von mir verlangt, aber von meinem Chef nur widerstrebend gebilligt und von Eckardstein als „Questenberg im Lager" direkt bekämpft wurde. Heute, wo ich auf ein langes politisches Leben zurückblicke, bin ich unbedingt der Ansicht, daß Propaganda an sich nichts nützt. Es steht mit ihr genau wie mit der Reklame im Privatgeschäft. Wenn eine Firma gute Ware liefert, kann die Reklame ausgezeichnet wirken. Wenn die Waren aber schlecht sind, brechen Reklame und Firma bald zusammen. Ebenso kann die beste politische Propaganda, mit Rundfunk und allen modernen Mitteln ausgestattet, keine falsche Politik in eine erfolgreiche umwandeln.

Soweit ich während meiner Londoner Zeit als Geschäftsträger mit der hohen Politik zu tun hatte, ist meine Tätigkeit bereits der Oeffentlichkeit bekannt, denn meine Berichte sind in der „Großen Politik" abgedruckt. Einiges ist auch schon in meinem ersten Buche von mir erwähnt worden, so z. B. die Venezuela-Angelegenheit. Uebrigens war auch in dieser Frage Eckardstein der Anstifter, denn er nahm als Geschäftsträger die erste englische Anregung entgegen, anstatt sie a limine abzuweisen. Er, der in Amerika gewesen war, hätte sich füglich denken können, wie die Sache ablaufen würde. In diesem Bande möchte ich indessen möglichst wenig wiederholen.

Es war in England damals die Zeit Eduards VII., über den so unendlich viel geschrieben worden ist, daß seine Persönlichkeit allbekannt ist. Man mag diese einschätzen wie man will, den Weltkrieg hat der König sicherlich nicht gewollt. Ob er ihn hätte verhindern können, wenn er 1914 noch am Leben gewesen wäre, ist wieder eine andere Frage. Vielleicht würde er mit seiner Autorität es gekonnt haben, indem er Sir Edward Grey beeinflußte, der im Jahre 1914 eine solche Autorität nicht besaß. Ich habe den späteren Lord Grey of Fallodon kaum gekannt, da ich sehr bald nach dem liberalen Wahlsiege nach Aegypten versetzt wurde, und will daher meinerseits kein Urteil über ihn fällen. Jedenfalls hat er aber 1914 die Gelegenheit verpaßt, den Frieden zu erhalten, sowie eine Epoche friedlicher und wirtschaftlicher Entwicklung einzuleiten. Warum wurden nur seit Beginn dieses Jahrhunderts alle Gelegenheiten verpaßt? War es ein unabwendbares Verhängnis? Meines Erachtens nein, sondern es fehlten überall die großen Männer. Die vorhandenen Staatsmänner brachten es höchstens zu einer Vision wie Wilson, der aber versagte, als er diese Vision realisieren wollte.

Eduard VII. war in erster Linie eine gewinnende Persönlichkeit. Mir ist eine kleine Episode besonders erinnerlich, bei der seine Kunst, Menschen zu behandeln, mit Blitzlicht beleuchtet wurde. Wir hatten an der Botschaft als Attaché einen jungen Grafen Rhena, morganatischen Sohn eines badischen Prinzen, der so mit dem Hause Koburg verwandt war. Eine Prinzessin eines dieser beiden Häuser hatte dem Könige geschrieben, um ihm den jungen Mann zu empfehlen. Ich war damals gerade Geschäftsträger, und nach dem nächsten großen Empfange in Buckingham Palace ließ mir der König sagen, ich möchte ihm den jungen Rhena vorstellen. Seine Majestät empfing uns in einem Privatzimmer und sprach durchweg deutsch. Nach den üblichen Begrüßungsworten wandte sich der König an Rhena und sagte: „Jetzt wollen wir aber von *unserer* Tante sprechen." Durch diese Gleichschaltung, wie man heute sagen würde, war das morganatische Herz Rhenas auf alle Zeiten gewonnen. Uebrigens starb dieser sehr brauchbare Mann leider jung infolge eines Unfalles.

Um aber zu Eckardstein zurückzukehren, der während meiner Londoner Tätigkeit meine Hauptsorge blieb, so kam man in Berlin auch allmählich zur Ueberzeugung, daß er ein politischer Hochstapler sei. Holstein, der mich wieder empfing und mir nach und nach zu verzeihen anfing, daß ich von seinem Freunde Radolin in Unfrieden geschieden war, sagte mir einmal direkt, er habe entdeckt, daß Eckardsteins Meldungen immer mit der Wahrheit im Widerspruch ständen. Dieser hetzte aber in London immer weiter gegen mich. Da er mir persönlich kaum etwas anhaben konnte, stellte er andauernd den Journalisten, die mich besuchten, ein Bein und verklatschte sie und mich im Foreign Office. Ich bin mir vollkommen bewußt, daß eine noch so gute Propaganda in der Frage der deutsch-englischen Beziehungen nichts erreichen konnte. Auch die Abkommen über die Kolonien und über die Bagdadbahn, die 1914 vor Toresschluß die Situation retten sollten, konnten nicht helfen. Lediglich ein Flottenabkommen hätte den Weltkrieg verhindern können. Trotzdem ich dieser Ansicht bin, bleibt aber doch die Tätigkeit Eckardsteins verwerflich, wenn sie auch nichts an dem historischen Ergebnis geändert hat.

Hier möchte ich noch erwähnen, daß in späteren Jahren, als Marschall gestorben war, ohne mein Zutun von meiner Rückkehr nach London als Botschafter die Rede war. Ich saß damals einmal im Auswärtigen Amte im Zimmer meines Freundes Mirbach, mit dem ich in London gearbeitet hatte und der später in Moskau ermordet wurde. Er war bestrebt, mir zuzureden, meine Versetzung von Washington nach London zu betreiben. Ich lehnte dies bestimmt mit den Worten ab, daß ich in Washington sehr glücklich sei und daß ich außerdem doch bei der nächsten Flottenvorlage abgesägt werden würde wie Metternich, wenn ich nach London versetzt werden sollte. Damals war ich sehr froh, daß Lichnowsky nach London kam, weil ich hoffte, daß seine Stellung in Berlin, die viel stärker war als die meinige, ihm ermöglichen würde, dort ein Flottenabkommen mit England durchzusetzen.

Auch von Eckardstein möchte ich noch Einiges nachtragen, was in eine spätere Zeit gehört. Ich verließ London in der angenehmen Hoffnung, ihn niemals wiederzusehen. Doch tauchte er auch in Amerika auf, wo er seine Memoiren verkaufen wollte. Als ich dies erfuhr, warnte ich privat brieflich Wilhelm Stumm, der damals im Auswärtigen Amte Referent für Amerika war, vor der zu erwartenden Skandalpublikation. Darüber kam der Weltkrieg, und Eckardstein wurde in Schutzhaft genommen, eine unkluge Maßregel, weil er dadurch eine Märtyrerkrone bekam, die er nach der Revolution weidlich ausnutzte. Er erschien einmal im Auswärtigen Amte, begleitet von bewaffneten Spartakisten, um Stumm und mich zu verhaften, die er für seine eigene Gefangensetzung verantwortlich machte. Ich konnte noch rechtzeitig an Scheidemann telephonieren, der Eckardstein mit stärkeren Kräften aus dem Amte vertrieb.

Es folgen einige Briefe aus meiner Londoner Zeit, teils von Journalisten, die damals dort sehr bekannt waren, teils von Geheimrat Hammann, der Bülows rechte Hand in allen Pressesachen gewesen ist und auch Bücher veröffentlicht hat. Aus Hammanns und seines Mitarbeiters Esternaux' Briefen geht hervor, wie sehr Eckardstein gegen mich intrigierte, aber auch, wie sehr Bülow sich für meine Londoner Tätigkeit interessierte. Einige Briefe stammen von dem bekannten Mitarbeiter der „Times", Valentine Chirol, mit dem ich in London sehr gute Beziehungen hatte, der mich aber später mit seiner Feindschaft beehrte, wie bei dem Vorfall von Aberystwith hervortrat, den ich zu seiner Zeit erwähnen werde. Schon damals war er recht mißtrauisch, da er Vertreter der „Times" in Berlin gewesen war, wo er sich mit Holstein überworfen hatte.

Darunter befinden sich auch Briefe von Viktor Eulenburg, dem begabtesten, aber leider früh verstorbenen meiner Londoner Mitarbeiter, von Karl Pückler, dem Vorgänger Eckardsteins als Botschaftsrat in London, und von dem englischen Botschaftsrat in Washington, Mitchell-Innes. Diese Briefe habe ich in Auszügen beigefügt, weil sie mir besonders chrakteristisch für jene Zeit erscheinen, welche das deutschenglische Flottenproblem noch friedlich zu lösen hoffte.

Von meinen journalistischen Freunden nahm ich einige Briefe von Lucien Wolf in die Sammlung auf, weil Eckardstein gerade ihn mit seinen Intrigen zu erreichen vermochte.

Sidney Whitman war ein Freund Bülows, und auf dessen Wunsch und meine Veranlassung ging er als Vertreter des „New-York Herald" im Auftrage dessen Besitzers Gordon Bennett nach Berlin. Aus dieser Auswahl von Briefen ist zu ersehen, daß die deutsch-englischen Beziehungen schon zu meiner Londoner Zeit sehr gespannt waren. Ich habe aus der Fülle von Briefen, die ich noch aus jenen Tagen besaß, nur wenige ausgesucht, die typisch waren für die Londoner Verhältnisse und für meinen regen, direkten Verkehr mit dem Reichskanzler.

Kensington, W. 4. 1. 05.

Dear Count Bernstorff,

. . . .

Yes, I think that is Delbrück's weak point: he does not possess tact enough for his reponsible position. On the other hand he is no „Streber", although a couple of years back S. M. „got round him", I think, with a little flattery. His remarks about England and the United States are based on complete ignorance of public opinion in England. He little knows that all the King's horses and all the King's *men,* would never get England to tackle the U. S. *again!*

I fancy you asked me *who* „Calchas" of the „Fortnightly" is? I asked one of the directors of Chapman and Hall this morning, an old friend of mine. He said he was bound to secrecy; but he did not mind telling me, that he is an English journalist and not even one of distinction — in fact one whose name would be quite unknown to me. I thought you might like to know this [1]).

With kindest regards, yours very truly,

gez. Sidney Whitman.

---

[1]) Ich glaube, daß da Delbrücks Schwäche liegt. Er hat nicht genügend Takt für seine verantwortliche Stellung. Andrerseits ist er kein „Streber", obgleich vor einigen Jahren S. M. ihn „einwickelte", wie ich glaube, mit

Dear Count Bernstorff, Kensington, W. 13. X. 05.

. . . .
I have not yet heard from Bennett; but even if he is in Paris which is doubtful, there has hardly been enough time. There are two points to be considered in dealing with him. a) He is very vain in a *big* way, and b) at the same time extremely suspicious of having his vanity detected and being pandered to.

In a general way he does not attach much importance to his correspondents being kindly received and supplied with every day political news: particularly not for the Paris edition. He is afraid of such favours being paid for at the price of his independance. It is only when there is *really* something *journalistically big* in view, that he is to be got at by supplying him in good time with the right scent: the first information of what is likely to take place. Thus you might put in to Prince Bülow, that when *he thinks anything of importance* „ist im Anzuge" — then is the time to give Gordon Bennett the hint to send somebody special to Berlin, so that he can steal a march on his competitors in New-York. That is how I arranged matters with the Sultan for him at the time of the Armenian massacres in 1896.

If once a coup succeds — it need not be massacres — Bennett is a man who will not forget it. For with him journalistic prestige is everything and anybody who has assisted him in the making of it, may rely upon him — at least for a time — through thick and thin. For instance, should English newspapers continue their campaign of insane provocation towards Germany you may rely on his continuing his decided deprecatory attitude. „Il voit de loin" and has already discounted what he believes Roosevelt and Elihu Root are thinking in this matter! For it is *they* who in the last resort will call a „halt" in this iniquitous game! [2])

Yours sincerely,
gez. Sidney Whitman.

---

etwas Schmeichelei. Seine Bemerkungen über England und die Vereinigten Staaten basieren auf völliger Unkenntnis der öffentlichen Meinung in England. Er ahnt nicht, daß weder „Roß noch Reisige" England dazu bringen könnten, nochmals mit den Vereinigten Staaten anzubinden.

Ich glaube, Sie fragten mich, wer „Calchas" ist, der für die „Fortnightly Review" schreibt. Ich habe einen der Direktoren von Chapman und Hall heute Morgen gefragt. Er sagte, er sei zum Schweigen verpflichtet; aber er könne mir soviel sagen, daß es ein englischer Journalist sei und nicht ein bekannter. Ich würde nicht einmal seinen Namen kennen. Ich glaubte, daß Sie dies gern wissen würden.

[2]) Ich habe noch nichts von Gordon Bennett gehört; aber selbst wenn er in Paris wäre, was zweifelhaft ist, würde es für eine Antwort noch zu früh

Berlin, 10th II. 06.
Dear Count Bernstorff,

.... I have read some paragraphs in the English and German papers which seem to indicate a better feeling between England and Germany. Es wäre ja zu wünschen, and I am sure you have done and are doing valuable work towards bringing such a result about. I only hope you will not be handicaped by any more unfortunate ebullitions of oratory in high place. I consider it a dreadful thing for Germany — that the Emperor seems to have become what they call „das Karnickel" for the press of the World. Er hat es aber so haben wollen. Today he is reported to have said this and tomorrow that, all of which has to be semi-officially denied. And this goes on all the year round at the expense of the dignity of a great Nation.

Bennett asked me by telegraph to come back *here*, as be expected complications to take place over Morocco. But I fancy he is mistaken. I shall see Prince Bülow this evening and probably get to know something about the situation. I fancy he is very well satisfied with the man who now represents the New-York Herald here and whom I have done my best to confirm in this position. He is a steady going cautious,

---

sein. Zwei Punkte sind bei der Arbeit mit ihm zu beachten. Er ist sehr eitel in großzügiger Weise und zweitens sehr mißtrauisch, daß man seine Eitelkeit erkennen und ihr schmeicheln könnte, um ihn zu umgarnen.

Im allgemeinen legt er wenig Wert darauf, daß seine Vertreter freundlich behandelt und mit täglichen politischen Neuigkeiten versehen werden namentlich nicht für seine Pariser Ausgabe. Er fürchtet solche Freundlichkeiten mit Preisgabe seiner Unabhängigkeit bezahlen zu müssen. Nur wenn etwas wirklich großes für die Journalistik in Aussicht steht, kann man Bennett gewinnen, indem man ihn auf die richtige Fährte lenkt. Ich würde raten, Fürst Bülow die Sache so nahe zu legen, daß wenn er glaubt etwas wichtiges sei im Anzuge, er dann Gordon Bennett einen Wink geben solle, einen Spezialvertreter nach Berlin zu senden, damit er seinen New-Yorker Konkurrenten den Rang ablaufen kann. So habe ich für ihn mit dem Sultan die Sache eingerichtet zur Zeit der Armenischen Massenmorde 1896.

Wenn ein solcher Coup gelingt — es braucht sich nicht gerade um Massenmorde zu handeln — ist Bennett der Mann, dies nicht zu vergesssen. Denn bei ihm ist journalistisches Prestige alles, und wer ihm solches verschafft, kann unbedingt auf ihn durch Dick und Dünn rechnen, wenigstens eine Zeit lang. Wenn z. B. die englische Presse ihre Campagne wahnsinniger Provokation gegen Deutschland fortsetzt, können Sie sich darauf verlassen, daß Bennett seine tadelnde Haltung beibehalten wird. Er handelt auf weite Sicht und stellt bereits in Rechnung, was er glaubt, daß Roosevelt und Elihu Root darüber denken. Denn diese beiden werden schließlich diesem verbrecherischen Spiele ein Halt gebieten.

inoffensive Englishman who has lived the best part of his life in Germany and is entirely without the imperialist virus in the blood.

As I think I already told you in a previous letter, I have only one wish, that is to be back with my wife and children out of the Newspaper business pour de bon. „Wie da gelogen wird, das ist schon nicht mehr schön, geschweige anständig." When I was in Moscow I saw a number of the „Times" containing a description of the riots there in which it was stated in a leading article that the killed and wounded numbered 15—20 000. I could scarcely believe my eyes. The real number were, I should say about 1500! The Jews of Europe have evidently made a dead gut at Russia, which however is not surprising considering circumstances.

. . . .

PS. I know Campbell-Bannermann personnally and am sure he has very friendly feelings towards Germany. If he has any sentiments of a different nature, they are or rather were only entertained towards the German Emperor: this I know to be the case [3]).

Yours sincerely,

gez. Sidney Whitman.

---

[3]) Ich habe in den deutschen und englischen Zeitungen einige Notizen gelesen, die auf bessere deutsch-englische Beziehungen schließen lassen. Es wäre ja zu wünschen, und ich bin sicher, daß Sie wertvolle Arbeit getan haben sowie noch tun, um ein solches Ergebnis zu erzielen. Ich hoffe nur, daß Sie nicht werden behindert werden durch weitere unglückliche Ausbrüche von Beredsamkeit an höchster Stelle. Ich halte es für ein schreckliches Unglück Deutschlands, daß der Kaiser das sogenannte „Karnickel" für die Presse der Welt geworden ist. Er hat es aber so haben wollen. Heute wird berichtet, er hätte dies gesagt, morgen das, was alles amtlich dementiert werden muß. So geht es Jahr ein, Jahr aus, und alles auf Kosten der Würde einer großen Nation.

Bennett hat mich telegraphisch gebeten, nach Berlin zurückzukehren, da er Komplikationen wegen Marokko erwartet. Aber ich glaube, er irrt sich. Ich werde heute abend Fürst Bülow sehen und wahrscheinlich etwas über die Lage erfahren. Ich glaube, daß er ganz zufrieden ist mit dem Manne, der jetzt in Berlin den „New-York Herald" vertritt, und den ich mich bemüht habe, in seiner Stellung zu befestigen. Er ist ein ehrlicher, vorsichtiger und harmloser Engländer, der den größten Teil seines Lebens in Deutschland verbracht hat, und keinerlei imperialistischen Baccillus im Blute hat.

Wie ich Ihnen schon in meinem letzten Briefe geschrieben zu haben glaube, hege ich nur einen Wunsch, nämlich wieder bei Frau und Kindern zu sein, sowie ein für alle Mal aus dem Zeitungsgewerbe heraus pour de bon. „Wie da gelogen wird, das ist schon nicht mehr schön, geschweige denn anständig." Als ich in Moskau weilte, sah ich eine Nummer der „Times", in

Berlin, 22. II. 1906.

Dear Count Bernstorff,

. . . .

Since meeting you it occurred to me that you might like to know that I have had a talk with two of the leading correspondents here. They tell me that although in some ways they receive greater kindness and consideration here than in London, Paris or Vienna, in others they are being continually thwarted in their work by „Hofschranzen" and police officials. I suggested they should draw up a list of the items they have in their mind and submit them for the consideration of the Wilhelmstrasse. —

I may tell you, that the foreign correspondents here are very displeased with the sensationalism of the „Daily Mail" which discredits them as a body. I fancy the evil will in the long run work its own cure.

The „Daily Mail" man here is an American of the name of Wile. He was quite harmless before he had taken Harmsworth's „shilling" —!

I am leaving tonight for London [4]).

. . . .

Yours very sincerely,

gez. Sidney Whitman.

---

der eine Beschreibung der dortigen Unruhen enthalten war, und ein Leitartikel, worin die Zahl der Toten und Verwundeten mit 15—20,000 angegeben wurde. Ich konnte kaum meinen Augen trauen. Die wirkliche Zahl ist nach meiner Schätzung ungefähr 1500 gewesen. Die Juden Europas machen offenbar einen Generalangriff gegen Rußland, was jedoch unter den obwaltenden Umständen nicht überraschend ist.

PS. Ich kenne Campbell-Bannermann persönlich und bin sicher, daß er sehr freundliche Gefühle für Deutschland hat. Wenn er irgend welche Empfindungen andrer Art hegt, so betreffen oder richtiger betrafen diese nur den deutschen Kaiser. Ich weiß, daß dies der Fall ist.

[4]) Seit unserer letzten Begegnung ist mir eingefallen, daß es Sie vielleicht interessieren würde, etwas zu hören über meine Unterredungen mit zwei der führenden hiesigen Zeitungskorrespondenten. Sie erzählten mir, daß obgleich sie in mancherlei Weise größere Freundlichkeiten und Rücksichten erführen als in London, Paris und Wien, sie in andern Dingen fortwährend bei ihrer Arbeit durch Hofschranzen und Polizeibeamte behindert würden. Ich schlug vor, daß sie eine Liste ihrer Beschwerden aufsetzen und der Wilhelmstraße zur Berücksichtigung einreichen sollten.

Ich kann Ihnen mitteilen, daß die hiesigen ausländischen Korrespondenten sehr unzufrieden sind mit der Sensationslüsternheit der „Daily Mail", die sie alle als eine Körperschaft diskreditiert. Ich nehme an, daß mit der

Berlin, 20. 11. 1906.

Dear Count Bernstorff,

I dined with Prince Bülow the night before last and told him of the nice way you had written to me about him. He seems very optimistic.

. . . .

Dr. Hammann is the great man here behind the scenes now. They tell me that he displayed extraordinary ability in organising the Election campaign. They have just made him a Wirklicher Geheimrat; but he has very much overworked himself. I met Holstein the other day in the Street. He is now frère et cochon with M. Harden. He is very angry with me still for what I wrote about him in the „New-York Herald" last year. I only write you these details thinking they may amuse you; for I am not any longer directly interested in these matters which to me now represent „eine brotlose Kunst". When I get back to London I think I shall devote myself to writing my „reminiscences" of Turkey which country I have visited several times and about which I fancy I have gathered some interesting data [5]).

Yours very sincerely,

gez. Sidney Whitman.

5th April, 1905.

Dear Count Bernstorff,

I see that the German Press takes in very ill part the attitude I have felt in my duty to adopt towards the new orientation of German policy in Morocco, and the „Kölnische Zeitung" even suggests that the „Daily Graphic" is „accessible to all kinds of influences". I think it only right to assure you — although I trust it is unnecessary — that the view I take is my own view, and owes nothing to any outside influence. I

Zeit das Uebel sich selbst heilen wird. Der hiesige Vertreter der „Daily Mail" ist ein Amerikaner namens Wile, der ganz harmlos war, bis er Harmsworth's Geld genommen hatte.

Ich werde heute nacht nach London reisen.

[5]) Ich speiste vorgestern Abend bei Fürst Bülow, der sehr optimistisch zu sein schien.

Dr. Hammann ist jetzt hier der große Mann hinter den Kulissen. Man erzählt mir, daß er außergewöhnliches Geschick bewies im Organisieren der Wahlcampagne. Er wurde soeben zum Wirklichen Geheimen Rat befördert, aber er hat sich sehr überarbeitet. Ich begegnete neulich Holstein auf der Straße. Er ist jetzt „frère et cochon" mit Maximilian Harden. Holstein ist noch sehr böse auf mich wegen dessen, was ich im vorigen Jahre im „New-York Herald" über ihn schrieb. Ich schreibe Ihnen die Einzelheiten nur weil ich annehme, daß dieselben Sie unterhalten. Ich selbst bin nicht

regret very much that it is impossible for me to take any other view, especially when I call to mind the conversations I have had with you on the Morocco question. In the light of those conversations, I strongly defended the Emperor when the French and English Press first began to carp at his proposed visit to Tangiers, and I pointed out, what I fully believed, and what I think I had a right to believe, that that visit should not be construed as an act of hostility to the Anglo-French agreement. When, however, I discovered, to my great astonishment, that I was wrong, I had no alternative, but to express as strongly as I could my humble disapproval of the visit. I regret the action of your Government, not only because I hold it to be superfluous but because it must arrest all efforts towards an Anglo-German reconciliation, and because it seems to me calculated to justify the reproach that German foreign policy is essentially lacking in straightfordwardness. It is perfectly true that I am far from being enamoured of the Anglo-French agreement, and that I should have preferred an entente with Germany to one with France, but the powers that be have thought otherwise, and it would be a fatal thing for any Englishman to try to undo their work under present circumstances. Moreover, the time for Germany's objections was twelve months ago, and not only did she not raise them, but she certainly led us to believe by the Emperor's statement to the King of Spain at Vigo, and by Count von Bülow's speech in the „Reichstag" that she had no objections to offer.

I have thought that in view of our friendly relations I ought make clear to you my motives in this unfortunate business [6]).

. . . .

Yours very sincerely,

gez. Lucien Wolf.

---

mehr direkt interessiert an solchen Dingen, die für mich jetzt „eine brotlose Kunst" bedeuten. Wenn ich nach London zurückkehre, will ich mich damit beschäftigen, meine Erinnerungen an die Türkei zu schreiben, die ich mehrfach besuchte und über die ich glaube interessante Informationen gesammelt zu haben.

[6]) Ich sehe, daß die deutsche Presse mir die Haltung sehr übelnimmt, die ich pflichtgemäß glaubte gegenüber der deutschen Politik in der Marokkofrage einnehmen zu müssen. Die „Kölnische Zeitung" insinuiert sogar, daß der „Daily Graphic" allerlei Einflüssen zugänglich sei. Ich glaube bei diesem Anlasse Ihnen versichern zu müssen — hoffentlich ist es nicht nötig — daß die Auffassung, die ich vertrete, meine eigene ist, und keine äußeren Einflüsse erlitten hat.

Ich bedaure lebhaft, daß es mir nicht möglich ist, eine andere Stellung einzunehmen, namentlich wenn ich mich der Unterredungen erinnere, die ich mit Ihnen über die Marokkofrage gehabt habe. Im Lichte dieser Aus-

7th April, 1905.

Dear Count Bernstorff,

I was out all day yesterday, and only found your letter when I returned home late. I shall be delighted to come and talk the matter over with you, but, my point ist, that whatever France may have done, as it was, ostensibly at least, in virtue of an agreement with us, your Government should have made some friendly communication to us before taking public action. I think those of us who have always assumed that Anglo-German relations were really friendly had a right to expect this. As it is, you drive us, whether we like it or not, to back up France to the end. However, I am glad to know that our own personal relations will not be affected by this unpleasant incident [7]).

Yours very sincerely,

gez. Lucien Wolf.

---

sprachen habe ich den Kaiser lebhaft verteidigt, als die englische und französische Presse zuerst anfing über seinen Besuch in Tanger herzuziehen, und ich habe darauf hingewiesen, was ich fest glaubte, und auch zu glauben berechtigt war, daß dieser Besuch nicht als feindselige Handlung gegen das englisch-französische Abkommen anzusehen sei. Als ich aber zu meinem großen Erstaunen entdeckte, daß ich mich irrte, blieb mir nichts anderes übrig, als mit aller Bescheidenheit meine Mißbilligung des Besuches so deutlich wie möglich auszudrücken. Ich bedaure diese Handlung Ihrer Regierung nicht nur, weil ich sie für überflüssig halte, sondern weil sie alle Anstrengungen zur Herbeiführung einer englisch-deutschen Versöhnung lahmlegen muß, und weil sie geeignet ist, den Vorwurf als berechtigt erscheinen zu lassen, daß die deutsche auswärtige Politik es an Aufrichtigkeit fehlen läßt. Es ist vollkommen wahr, daß ich weit davon entfernt bin, für das englisch-französische Abkommen zu schwärmen, und daß ich eine Entente mit Deutschland einer solchen mit Frankreich vorgezogen haben würde. Aber die gegenwärtige englische Regierung hat anders beschlossen und es wäre verhängnisvoll, wenn irgend ein Engländer versuchen wollte, ihre Arbeit unter den heutigen Umständen zunichte zu machen. Außerdem hätten die deutschen Bedenken vor einem Jahre vorgebracht werden müssen, und nicht nur hat Deutschland damals keine erhoben, sondern ließ uns glauben, daß es keine vorzubringen hätte, einmal durch des Kaisers Unterredung mit dem Könige von Spanien in Vigo und ferner durch Graf Bülows Rede im Reichstage.

Ich habe in Anbetracht unserer freundschaftlichen Beziehungen geglaubt, daß ich Ihnen meine Motive in dieser unglücklichen Angelegenheit klarmachen müßte.

[7]) Ich war gestern den ganzen Tag außer dem Hause und fand Ihren Brief erst spät abends, als ich nach Hause kam. Ich werde mich sehr freuen die Sache mit Ihnen zu besprechen, aber mein Standpunkt ist, daß was auch immer Frankreich getan haben mag, dies auf Grund eines Abkommens mit

March 1, 1906.
Dear Count Bernstorff,

I congratulate you most heartily on your appointment to Egypt so far as it implies advancement for yourself, but I confess that I feel I deserve some condolences in regard to it for I am unaffectedly sorry that London — and with London myself — is to lose you. However I wish you every success in your new departure and I trust that when your next promotion becomes due you will leave behind you in Cairo as excellent a record in every way as poor Richthofen did.

Let me know when you are leaving so that I may have an opportunity of offering you my „au revoir" in person [8]).

Yours very sincerely,

gez. Lucien Wolf.

12th April, 1906.
Dear Count Bernstorff,

When are you leaving for Egypt? and will you kindly let me know who is to be your successor in London. If he would care to know me, I need scarcely say that with my experience of you I shall be delighted.

By the bye, I saw in the „Kölnische Zeitung" the other day a long notice of an article of mine in the „Westminster Gazette", the introduction to which is to my mind almost libellous. If you have any

---

uns geschah — wenigstens soweit erkennbar — und daß daher Ihre Regierung uns eine freundliche Mitteilung hätte machen müssen, bevor sie öffentlich handelte. Ich glaube, daß diejenigen unter uns, die immer angenommen haben, die deutsch-englischen Beziehungen seien wirklich freundliche, ein Recht hatten, dies zu erwarten. Wie die Dinge liegen, treiben Sie uns, ob wir wollen oder nicht, dahin, Frankreichs Standpunkt zu vertreten bis zum bitteren Ende. Ich bin aber froh zu hören, daß unsere persönlichen Beziehungen nicht durch diesen unangenehmen Zwischenfall gelitten haben.

[8]) Ich gratuliere Ihnen herzlichst zu Ihrer Ernennung nach Aegypten, insoweit wie dies für Sie eine Beförderung bedeutet, aber ich gestehe, daß ich die Empfindung habe, dazu einige Kondolenzen zu verdienen, da ich ehrlich bedauere, daß London — und damit ich selbst — Sie verlieren soll. Wie dem auch sei, ich wünsche Ihnen allen möglichen Erfolg auf Ihrem neuen Wege und bin überzeugt, daß wenn Ihre nächste Beförderung kommt, Sie auf allen Gebieten in Cairo eine ebenso vortreffliche Erinnerung hinterlassen werden, wie der arme Richthofen es seiner Zeit getan hat.

Bitte lassen Sie mich wissen, wann Sie abreisen, damit ich Gelegenheit habe, Ihnen mein „au revoir" persönlich auszusprechen.

influence with the writer I shall be glad if you will point out to him that there is no ground whatever for believing that I am employed by anybody to represent views which are not my own. I do not wonder that Germany has a bad Press in this country, when people who like myself are disposed to be quite fair, are made the object of wicked and unfounded insinuations by German correspondents in London. No one, I am sure, knows better than yourself how little amenable I am to influences which do not appeal to me conscientiously. I am sorry to worry you with this unpleasant business [9]).

Yours very sincerely,

gez. Lucien Wolf.

Hochverehrter Herr Graf!

In großer Eile möchte ich Sie durch den heute fälligen Depeschenkasten benachrichtigen, daß ich Ihren Brief vom 15. Dezember dem Reichskanzler vorgelegt hatte. Er läßt Sie bitten, eine Verwertung des Posadowskyschen Artikels wenn möglich noch zu bewirken. Vielleicht läßt sich wenigstens ein Teil benutzen. Oder hat Lucien Wolf schon etwas gebracht? Dann bitte ich es an mich gelangen zu lassen, damit ich den Grafen Posadowsky zufriedenstellen kann. Den Passus Ihres Briefes, daß eine Besserung der deutsch-englischen Beziehungen von der Londoner Presse ausgehen müßte, hatte der Reichskanzler mit „ja" versehen. Er legt nach wie vor den größten Wert darauf, daß Sie Ihre Bemühungen gute Fühlung mit der dortigen Presse zu unterhalten, fortsetzen.

In aufrichtiger Verehrung, Ihr ergebenster

Berlin, 16. Januar 04. gez. Hammann.

---

⁹) Wann reisen Sie nach Aegypten ab? und wollen Sie mich freundlichst wissen lassen, wer Ihr Nachfolger in London sein wird. Wenn er mich kennen lernen will, so brauche ich wohl kaum zu sagen, daß ich nach meiner Erfahrung mit Ihnen sehr erfreut sein würde.

Uebrigens sah ich kürzlich in der „Kölnischen Zeitung" über einen Artikel von mir in der „Westminster Gazette", eine lange Notiz, deren Einleitung beinahe verleumderisch ist. Falls Sie irgend einen Einfluß auf den Verfasser haben, würde ich mich sehr freuen, wenn Sie ihm klar machen wollten, daß kein Grund vorliegt anzunehmen, daß ich von irgend Jemandem angestellt bin, Ansichten auszusprechen, die nicht meine eigenen sind. Es ist kein Wunder, daß Deutschland hier eine schlechte Presse hat, wenn Menschen wie ich, die ganz unparteiisch sein wollen, die Zielscheibe häßlicher und unbegründeter Angriffe seitens der hiesigen deutschen Korrespondenten werden. Niemand weiß gewiß besser als Sie selbst, wie wenig ich Einflüssen zugänglich bin, die ich mit meinem Gewissen nicht vereinigen kann. Ich bedaure, Sie mit dieser unangenehmen Sache belästigen zu müssen.

Verehrtester Herr Graf!

Die Treiberei fing mit der nach München geschobenen Nachricht der N. Fr. Pr. vom 17. d. M. an. Man wollte den Botschafterstürzer in Schlesien suchen, ganz mit Unrecht. Der Ursprung der Nachricht war London, sie richtete sich in erster Linie gegen Sie, verehrter Herr Graf. Deshalb wurde sie auch bald vom Figaro aufgenommen.

Schon vor dem 17. Februar erzählte hier der aus London eingetroffene Graf Sizzo Noris, Bruder des gegenwärtigen Gerenten des öst.-ung. Generalkonsulats in London, es stehe ein kleiner diplomatischer Skandal bevor; in den Londoner Clubs erzähle man sich sonderbare Dinge über die Pressebeziehungen des Grafen Bernstorff. Dieser wolle wohl selber Botschafter in London werden; es stehe ein großes Revirement bevor — folgten alle Angaben, die dann die N. Fr. Pr. d. d. München brachte.

Heute höre ich nun von ganz anderer Seite unter Berufung auf einen zuverlässigen, ganz uninteressierten Gewährsmann: Graf B. werde seit einiger Zeit durch 2 Detektive überwacht; es gelte besonders, Ihre Beziehungen zur Agence latine festzustellen; aus der Koincidenz einer Zusammenkunft zwischen Ihnen und einem Vertreter der genannten Agentur einerseits und einer gleich darauf erfolgenden englandfeindlichen Veröffentlichung der Agence latine anderseits werde man Material zu Angriffen gegen Sie gewinnen. Hierbei machte der — mir persönlich nicht bekannte — Gewährsmann auch unklare Anspielungen auf Ihr Verhältnis zu Lucien Wolf, gleich als ob dieser Ihr Vertrauen mißbrauche.

Ich theile Ihnen dies mit, um Sie in Ihrer Vorsicht zu bestärken. Gleichzeitig läßt Sie der Herr Reichskanzler wissen, daß Sie sein vollstes Vertrauen besitzen und er Ihnen gute Nerven wünscht.

Pieper hatte am 28. November 1904 vertraulich an den Direktor des W. T. B. berichtet, Eckardstein habe ihm im Marlborough Club von einem kommenden Skandal erzählt — Lucien Wolf, Graf Bernstorff, antirussische und antifranzösische Artikel — und behauptet, man warte nur direkte Beweise ab, um dann einen allgemeinen Ansturm zu unternehmen. Ich habe mich hieran erinnert, als mir heute die Geschichte von den beiden Detektiven erzählt wurde. Die Geschichte stammt, wie der Gewährsmann versicherte, aus stockenglischen Kreisen, die eben durch den Verdacht, daß die Botschaft gegen gute englisch-russische Beziehungen arbeite, aufgeregt sein sollen.

Die Agence latine in Paris, gegründet von dem panslavistischen und russischen Obersten a. D. Tscherug-Spiridowitsch, hatte, wie Sie sich erinnern, die in Moskau durch Maueranschlag verbreitete Nachricht lanciert, die russische Aufstandsbewegung sei mit englischem und japanischem Gelde inszeniert worden.

Hoffentlich höre ich bald, daß den Intrigen gegen Sie das Spiel verdorben ist.

In aufrichtigster Verehrung, Ihr stets ergebener

24. 2. 05.   gez. Hammann.

                                         Berlin, 23. Oktober 1905.
Hochverehrter Herr Graf!

Die Briefe Sidney Whitman's sind dem Herrn Reichskanzler vorgelegt worden. Fürst Bülow ist sehr befriedigt über das bisherige Ergebnis Ihrer Einwirkung durch Whitman auf Gordon Bennett und verspricht sich für die Zukunft mehr. Er hat dies als „sehr wichtig" bezeichnet. Das nächste wäre wohl irgend eine journalistische Primeur für G. B. Wir wollen hier daran denken. Vielleicht können auch Sie, hochverehrter Herr Graf, von dort aus uns eine Anregung geben.

. . . .

In größter Verehrung mit gehorsamsten Empfehlungen

                                              gez. Esternaux.

                                                   June, 17. 04.
Dear Count Bernstorff,

I am very much obliged for your two letters and for the assistance you have given Mr. Saunders by telegraphing to Berlin.

At the same time as it appears from a communication received by Mr. Saunders, from the Hamburg American S. S. Co., that a certain number of berths had been reserved already on board one their ships for members of the foreign press on a list prepared in the Wilhelmstrasse, it seems to me rather strange that it should have required your friendly intervention — which was after all an accident we could of course in no way count upon — to secure the inclusion of the representative of „The Times" on that list. It is not the habit of „The Times" to ask for any privileged treatment, but we think we have the right to expect the same treatment as may be accorded to any other British newspaper and to expect it without any solicitation on our part or on our behalf. It looks as if the Wilhelmstrasse did not quite share your views of the

Christian virtues, or at least prefers to leave them to be practised by the other party [10]).
Yours sincerely,
gez. Valentine Chirol.

Westminster, S. W. oct. 17. 04.
Dear Count Bernstorff,

I am so sorry I am already engaged for next Wednesday and must therefore deny myself the pleasure of accepting your kind invitation.

I should be so glad if you would come and lunch here one day next week — at your choice — so as to have a quiet talk about anglo-german relations upon which I hope we may agree to differ amicably! I say next week because this week I am full up with country cousins who are coming up for a wedding to-morrow. Though I quite understand the advantages from the German point of view of utilising the war for a rapprochement with Russia, — and therefore cannot see why Berlin should be so keen to deny it — it seems to me to be carrying it to dangerous lengths to try and interfere in regard to Tibet, where it cannot be pretended that Germany has any *locus standi:* however I suppose the Wilhelmstrasse knows best! [11])

Yours very sincerely,
gez. Valentine Chirol.

---

[10]) Ich bin Ihnen sehr verbunden für Ihre zwei Briefe und für die Hilfe, die Sie Herrn Saunders von der Hapag erwirkt haben, indem Sie nach Berlin telegraphierten.

Aus einer gleichzeitigen Meldung des Herrn Saunders geht hervor, daß eine gewisse Anzahl Kabinen schon auf einem Schiffe der Hapag für Vertreter der fremden Presse reserviert war nach einer Liste, die das Auswärtige Amt aufgestellt hatte. Es erscheint eher sonderbar, daß es Ihrer freundlichen Intervention bedurfte — die doch schließlich ein unvorhergesehener Zufall war, auf den wir nicht rechnen konnten — um den Vertreter der „Times" auf diese Liste zu bringen. Es liegt nicht in den Gewohnheiten der „Times" eine Vorzugsbehandlung zu erbitten, aber wir glauben berechtigt zu sein, die gleiche Behandlung zu erwarten, die irgend einer anderen britischen Zeitung gewährt wird, und zwar erwarten wir solche Behandlung ohne Aufforderung von unserer Seite oder anderer Seite zu unseren Gunsten. Es sieht so aus als ob die Wilhelmstraße Ihre Auffassung christlicher Tugenden nicht teilte oder wenigstens vorzöge wenn diese Tugenden von den anderen Beteiligten ausgeübt würden.

[11]) Ich bedaure sehr, daß ich für Mittwoch schon versagt bin, und daher auf das Vergnügen verzichten muß, Ihre freundliche Einladung anzunehmen.

Ich würde mich sehr freuen, wenn Sie irgend einen Tag nächster Woche hier frühstücken wollten — nach Ihrer Wahl — sodaß wir ein ruhiges Gespräch

Westminster, S. W. oct. 21. 04.

Dear Count Bernstorff,

I shall count upon your inviting yourself when ever you feeel disposed to come to lunch here, just leaving me, for your own convenience, time to reply in case I should be employed.

Naturally I cannot agree with you that our Peking correspondent has sent us a „canard". It is not his habit. Moreover it is not the only quarter from which the information has reached us. I do not in the least resent the policy of hostility towards this country which the German Government has pursued now for nearly ten years. Every nation is the best judge of its own interests, and from the German point of view, I should very probably be disposed to approve that policy, just as I should have approved the anti-Austrian policy of Bismarck before 1866, and his anti-French policy before 1870. But I cannot make myself on party to the endeavours of Berlin — intelligible as they are from the Berlin point of view — to disguise the dominant tendency of Germany's present policy. Curiously enough your quotation from Lessing is the very one I recollect using one day in the autumn of 1895 to Baron Holstein when he had summed up as usual to me the whole catalogue of England's sins against Germany and foreshadowed the development of German policy into which he held that we were driving Germany — and which we have witnessed since then fulfilled to the letter! [12]).

Yours very sincerely,

gez. Valentine Chirol.

über deutsch-englische Beziehungen haben könnten. Hoffentlich werden wir uns verständigen, über diese freundschaftlich verschiedener Ansicht zu sein! Ich sage nächste Woche, weil ich diese Woche voll besetzt bin durch Verwandte vom Lande, die morgen zu einer Hochzeit in die Stadt kommen. Obgleich ich vollkommen verstehe, daß Deutschland den Krieg ausnutzen will, um sich Rußland zu nähern — und daher nicht einsehe, warum Berlin sich solche Mühe gibt dies zu leugnen — scheint es mir doch gefährlich weit zu zu gehen, wenn Deutschland in Tibet intervenieren will, wo man nicht behaupten kann, daß Berlin einen locus standi hat. Ich vermute jedoch, daß die Wilhelmstraße dies am besten weiß!

[12]) Ich rechne darauf, daß Sie sich selbst anmelden, wenn Sie Lust haben bei mir zu frühstücken und mir nur Zeit lassen, Ihnen zu antworten, falls ich anderweitig verabredet bin.

Ich kann natürlich nicht mit Ihnen übereinstimmen, daß unser Vertreter in Peking uns einen „canard" gesandt hat. Das ist nicht seine Gewohnheit. Außerdem ist er nicht die einzige Quelle, aus der wir die Nachricht erhielten. Ich nehme garnicht die Politik der Feindseligkeit übel, die Deutschland seit fast zehn Jahren gegen England führt. Jede Nation kann ihre

Westminster, S. W. febr. 14. 1912.
Dear Count Bernstorff,

I am afraid you must think me very remiss in thanking for your very kind letter of congratulation of Jan. 1st. But I was just going abroad when it reached me, and during my journey in Russia, the boundless hospitality of our Russian hosts left me not a moment's leisure. The extraordinary cordiality with which we were welcomed by all classes from the Emperor and Empress downwards goes at any rate to show that the most acute political antagonism are nowadays capable of adjustement and when adjusted, leave little or no rancour behind them. Perhaps we may see another illustration of this before long in another quarter!

You may perhaps have heard that I have retired now from my active connection with „The Times". I shall be 60 this year and shall have completed 20 years very strenuous work for the paper, so I thought I was fairly entitled to aspire to a position of more freedom and less responsibility. Moreover India has gripped me more and more of recent years and I hope to devote a good deal of my newly acquired leisure to the important problems with which the awakening of Asia confronts us there.

I need hardly say that if at any time you break your journeys in London and have a few moments to spare, I shall only be too delighted to welcome you again to my little home [13]).

Yours very sincerely,

gez. Valentine Chirol.

---

eigenen Interessen am besten beurteilen und vom deutschen Standpunkte aus würde ich wahrscheinlich ebenso bereit sein diese Politik zu billigen, wie ich Bismarcks antiösterreichische Politik vor 1866 und seine antifranzösische Politik vor 1870 gebilligt haben würde. Ich kann mich indessen nicht dazu hergeben, Deutschland bei seinen Versuchen zu helfen, die herrschende Linie seiner gegenwärtigen Politik zu verschleiern, — so verständlich diese Versuche vom Berliner Standpunkte auch sein mögen. Merkwürdiger Weise ist Ihr Zitat aus Lessing dasselbe, das ich vor Jahren Holstein gegenüber gebrauchte, als er mir wie gewöhnlich einen ganzen Katalog englischer Sünden gegen Deutschland vorgehalten und die Entwicklung der deutschen Politik vorausgesagt hatte, in die wir seiner Ansicht nach Deutschland trieben — eine Entwicklung, die wir seitdem bis auf den Buchstaben erfüllt gesehen haben!

[13]) Ich fürchte Sie werden finden, daß ich sehr im Rückstande bin mit meinem Danke für ihre sehr freundlichen Neujahrswünsche, die ich indessen erhielt, als ich gerade nach Rußland abreiste. Während meiner Reise ließ mir die grenzenlose Gastfreundschaft unserer Gastgeber keinen Augenblick freie Zeit. Die außergewöhnliche Wärme mit der wir von allen

Febr. 27.

My dear Count,

I am delighted to see that the German Canadian tariff quarrel has been settled.............

Both countries are to be heartily congratulated on this good sense and I trust the agreement may be the precursor of a better understanding all round.

I believe that one of the great difficulties is that your government does not understand the tremendous force of pure sentiment, apart from any political consideration that runs through our people, especially as regards the navy. It has been our idol ever since Queen Elisabeth's time and you do not realise how deep an irritation has been caused by your roughly shaking the pedestal on which it stands...........[14])

Yours very sincerely,

gez. A. Mitchell Innes.

Klassen bewillkommnet wurden, vom Kaiser und der Kaiserin abwärts, beweist jedenfalls, daß die schärfsten politischen Gegnerschaften heutzutage überwunden werden können und wenn überwunden, kein böses Blut hinterlassen. Vielleicht werden wir bald ein zweites Beispiel dieser Art in einer anderen Gegend sehen!

Sie haben vielleicht gehört, daß ich mich von meiner aktiven Verbindung mit der „Times" zurückgezogen habe. Ich werde in diesem Jahre 60 Jahre alt werden und zwanzig Jahre sehr harter Arbeit für das Blatt vollenden; ich glaube also Anrecht zu haben auf eine Stellung mit mehr Freiheit und weniger Verantwortung. Außerdem hat mich Indien in den letzten Jahren immer mehr in seinen Bann gezogen, und ich hoffe viel von meiner neugewonnenen Muße den wichtigen Problemen zu widmen, denen uns das Erwachen Asiens dort gegenüberstellt.

Ich brauche nicht zu sagen, daß ich hocherfreut sein werde, Sie wieder in meiner kleinen Häuslichkeit zu bewillkommen, falls Sie Ihre Reisen in London unterbrechen und einige Augenblicke freie Zeit haben.

[14]) Ich bin hocherfreut zu hören, daß der deutsch-kanadische Zolltarif-Streit beigelegt ist.

Beide Länder können herzlich beglückwünscht werden zu dem vernünftigen Abschlusse und ich hoffe, daß dieser der Vorläufer sein wird für ein besseres gegenseitiges Verständnis auf allen Seiten.

Ich glaube eine der großen Schwierigkeiten liegt darin, daß Ihre Regierung nicht die gewaltige Kraft reiner Sentimentalität versteht, die unser Volk durchdringt, ganz abgesehen von politischer Auffassung, und zwar besonders soweit die Flotte in Betracht kommt. Diese ist unser Abgott gewesen schon seit Königin Elisabeths Zeiten, und Sie realisieren nicht, eine wie tiefe Verletzung in England dadurch entstanden ist, daß Sie mit rauher Hand an das Postament stießen, auf dem die Flotte ruht.

Kaiserliche Deutsche Gesandtschaft,
Luxemburg.

30. 11. 04.

Lieber Freund,

Unser Kanzler macht ja jetzt Anstrengungen, das Gespenst der discorde zwischen Deutschland und England zu beschwören. Es wird aber noch größerer Anstrengungen bedürfen. Und das erste Erfordernis ist *Vertrauen* zwischen den leitenden Männern. Das ist freilich nicht ganz einfach. Denn Balfour warble't, Chamberlain ist von uns verprellt, und Roseberry? — Aber wenn *schriftliche Garantien* (die natürlich gegenseitig sein müßten) erforderlich wären, so würde ein Bismarck, glaube ich, nicht zögern, sie zu geben, und ich hoffe, daß schließlich sein Schüler auch so denkt. Anders kann ich mir die Lösung des Problems nicht denken. Und wenn Sie Ihren einflußreichen Platz in diesem Sinne nutzen, werden Sie sich ein Verdienst in der Geschichte erwerben.

Stets Ihr treu ergebener

gez. C. Pückler.

Berlin W. 64, 14. August 1904.

Mein lieber Graf Bernstorff,

Gestern haben der Herr Reichskanzler und Holstein des längeren mit mir über die Londoner Verhältnisse gesprochen. Ueber die hauptsächlichsten Fragen und deren Beantwortung meinerseits berichte ich gleichzeitig an den H. Botschafter. — Die Stimmung und namentlich diejenige Sr. Maj. ist hier ungeheuer aufgeregt, da auf Grund von Marine-Nachrichten angenommen wird, daß jener „Army & Navy Gazette" Artikel die offizielle Stimmung beleuchtet, und daß England thatsächlich vorhabe, in nächster Zeit, womöglich schon im nächsten Jahre, über uns herzufallen, um unsere Flotte zu vernichten. Es ist daher ein Marine- und Generalstabs-Kriegsrat gehalten worden, um zu beraten, was in einem derartigen Falle zu thun sei; die Sache hat also doch etwas Gutes, denn auf einen solchen Fall im voraus vorbereitet zu sein, dürfte ja wohl immerhin nötig sein. — Ich habe die Ansicht geäußert, daß England nicht systematisch einen Krieg augenblicklich gegen uns vorbereite, daß England im Gegenteil kriegsmüde sei und jeglichen Krieg, gegen wen er auch gerichtet sei, in den nächsten Jahren aus finanziellen Gründen vermeiden würde. Daß England aber bei etwa entstehenden Schwierigkeiten eher geneigt sein würde, gegen uns vorzugehen, als etwa gegen Rußland (s. Doggerbank). In England sei die Meinung verbreitet, *wir* würden die Angreifer sein. Weitere Aeußerungen lassen mich vermuten, daß man jetzt versuchen will, eine Verständigung mit Rußland herbeizuführen, ich wurde z. B. vom RK und von H. gefragt, ob ich glaubte, eine russische Annäherung unserseits würde die antideutsche Meinung nur verschlechtern, dieses sei behauptet worden. Ich sagte darauf, das wäre schon möglich, könne aber von keinem besonderen Einfluß sein, da sich die Meinung, wenn dies überhaupt noch möglich wäre, mit jedem neuen Schiff und jedem weiteren wirtschaftlichen Fortschritte sowieso verschlechtern würde. Jedenfalls würde England sich gegen das isolierte Deutschland mehr herausnehmen, als gegen das etwa mit Rußland verbündete, da Deutschland, dann an der Indischen Grenze, dem bekannten wunden Punkt, mit partizipire.

Besten Gruß Ihr

gez. Victor Eulenburg.

Diese Londoner Tätigkeit endete mit meiner Ernennung als Generalkonsul nach Cairo. Die Versetzung ging technisch nicht ganz glatt ab. Die darauf bezüglichen Privatbriefe des Reichskanzlers, des Personalrats Paul von Below und des Staatssekretärs von Tschirschky folgen hier. Es handelte sich darum, daß der Kaiser nicht wünschte, daß ich London verlassen sollte, bevor die Algeciras-Konferenz vorüber war.

Der Reichskanzler.

Berlin, den 5. Februar 1906.

Streng vertraulich!

Lieber Bernstorff,

Es freut mich Ihnen mitteilen zu können, daß Seine Majestät der Kaiser und König auf meinen Vorschlag geruht hat, in Anerkennung Ihrer guten in London geleisteten Dienste Sie zum Nachfolger des Gesandten Freiherrn von Jenisch als Generalkonsul für Aegypten in Aussicht zu nehmen.

Ich rechne darauf, daß Sie das Vertrauen, welches die Berufung auf einen wichtigen Posten in sich schließt, auch fernerhin rechtfertigen werden und bitte Sie, über diese, ausschließlich für Sie persönlich bestimmte Mitteilung einstweilen Stillschweigen zu bewahren.

Mit bestem Gruß Ihr

gez. Bülow.

Vertraulich!

Berlin, 12. 2. 06.

Lieber Bernstorff,

In wenigen Worten möchte ich Ihnen umgehend sagen, wie die Sache *vorläufig* liegt. Perfekt werden dürfte der Wechsel jedenfalls nicht vor April — möglicherweise erst im Mai. Doch wird die Geheimhaltung überflüssig, sobald der Bundesrat seine Zustimmung zu Ihrer Ernennung ertheilt haben und die übliche Ankündigung in der Norddeutschen Allgemeinen Zeitung erfolgt sein wird. Das dürfte in 14 Tagen — höchstens drei Wochen der Fall sein. *Müssen* Sie *vorher* kündigen, so würde ich es in einer Form tun, daß es nicht gleich an die große Glocke kommt, — oder wollen Sie, daß ich Ihnen telegraphiere, wenn die Geheimhaltung nicht mehr nötig?

Ich gratuliere Ihnen herzlich zum schönen Avencement und Posten, die Sie übrigens *unmittelbar* dem H. Reichskanzler verdanken.

In Eile mit den angelegentlichsten Empfehlungen an die verehrte Gräfin Ihr aufrichtiger

gez. P. Below.

Auswärtiges Amt.

Berlin, den 22. Februar 1906.

Vertraulich!

Lieber Bernstorff,

Zu Ihrer Orientierung teile ich Ihnen ganz vertraulich mit, daß Seine Majestät der Kaiser und König auf dem Immediatberichte, mittels dessen die Allerhöchste Vollziehung Ihrer Ernennung zum Generalkonsul für Aegypten erbeten wurde, durch Randverfügung zu bemerken geruht hat, er halte darauf, daß Sie jetzt noch in London blieben. Auch der Reichskanzler würde einen Wechsel auf dem Botschaftsratposten in London während der Marokko-Konferenz für nicht wünschenswert halten, beabsichtigt jedoch, sofort nach der Beendigung der Konferenz Ihre Versetzung nach *Cairo* zu veranlassen, was bereits die Allerhöchste Genehmigung gefunden hat.

Mit bestem Gruß Ihr

gez. von Tschirschky.

Als die Versetzung perfekt geworden, erhielt ich den Befehl, auf dem Wege nach Cairo mich bei dem Kaiser in Urville zu melden. Bei seiner Majestät stand ich damals in hohen Gnaden, da meine Londoner Berichte dem Monarchen gefallen hatten. Andrerseits war der Kaiser schon auf Metternich schlecht zu sprechen und begrüßte mich mit den Worten: „Schade, daß Sie von London fortkommen. Als Sie dort waren, hörte man doch manchmal etwas." Dann führte mich der Kaiser selbst im Schlosse herum. Vor einem Sopha blieb der Monarch stehen und sagte: „Hier ist Metternich einen Abend eingeschlafen und mit dem Kopfe in den Schoß der Kaiserin gefallen, als ich vorlas."

Cairo war als Aufenthalt wohl der angenehmste Posten, den ich gehabt habe. Das Klima ist im Winter ideal, und im Sommer kann man als Chef einen langen Urlaub nehmen. Den übrigen Teil des Sommers verbrachte ich in San Stefano am Meer. Kurz gesagt, man kann sich etwas Angenehmeres nicht denken, besonders nach dem Londoner Nebel und der dortigen Botschaftskanzlei mit ihrer unendlichen Arbeit. Ein immer blaues Himmelszelt ist über Cairo ausgespannt, und wenn abends die Sonne untergeht, zeigen sich am Horizonte Färbungen, die man an anderen Orten kaum erträumen kann.

Politik gab es in Cairo für mich nur wenig. Soweit überhaupt eine solche in Betracht kam, konnte es sich nur darum handeln, das englische Mißtrauen gegen uns zu vermindern. Damals war schon die innige deutsch-türkische Freundschaft im Gange, und die angebliche Stellung des Kaisers als Protektor des Islams stand im Vordergrunde des weltpolitischen Interesses. Dafür bestand bei den Engländern gegen uns ein entschiedenes Mißtrauen, von dem Lord Cromer nicht frei war. Trotzdem bin ich mit ihm sehr gut ausgekommen und ebenso mit seinem Nachfolger Sir Eldon Gorst. Als ich mich im Foreign Office verabschiedete, sagte Sir Eric Barrington scherzend im Wortspiel zu mir: „I hope you will like Lord Cromer; he is a real Baring, even a little Over-Baring." Ich hatte mich aber nie über Lord Cromer zu beklagen, den ich für den bedeutendsten Mann halte, mit dem ich im Leben nähere Berührung gehabt habe, ein wahrer „Empire Builder"! Als er zurücktreten mußte, schüttete er mir einmal sein Herz aus: „Dieses Land Aegypten verdanke ihm alles und bei dem ersten Anlasse nehme es Partei gegen ihn für die Türken, die dem Lande nur Unglück gebracht hätten. Sein Nachfolger Sir Eldon Gorst, den ich schon aus dem Foreign Office gut kannte, hatte den Auftrag, die Araber durch Konzessionen zu gewinnen. Von ihm hörte ich andere Töne. Eines Gesprächs entsinne ich mich besonders, auf einem langen gemeinsamen Spaziergange. Wir sprachen von den deutsch-englischen Beziehungen und Sir Eldon sagte mir: „Sehen Sie, wir sollten schon miteinander auskommen können. Wir regieren dieses Land und trotzdem prosperieren Ihre Landsleute hier besser als die Engländer, weil diese alle Nachmittage Golf oder Polo spielen, und die Deutschen den ganzen Tag arbeiten."

Lord Cromer erzählte gern eine Anekdote von einem seiner früheren Chefs, dem gegenüber er als junger Sekretär bestimmte politische Prophezeiungen gemacht habe. Darauf hätte der betreffende alte Staatsmann erwidert: „Junger Mann, schreiben Sie sich jedes Mal Ihre Prophezeiungen auf. Sie werden sehen, es kommt immer Alles anders."

In Konstantinopel erzählte man mir später, Marschall habe bei seinem Abschiede von dort einem Freunde gesagt: „Ich gehe nach London als Botschafter, um meine Orientpolitik zu konsolidieren, die jetzt in der Luft schwebt." Wenn die Geschichte nicht posthum erfunden worden ist, so war das jedenfalls ein sehr weises Wort Marschalls.

III. Kapitel
WASHINGTON

Meine Ernennung zum Botschafter in Washington war die letzte Gunst, die Fürst Bülow mir erweisen konnte und kam mir vollkommen überraschend, da ich eine auch nur annähernd so schnelle und hohe Beförderung nicht erwarten durfte. Dazu schrieb mir mein Freund Hutten-Czapski:

Smogulec, 21. 11. 1908.
Monsieur l'Ambassadeur,
    Deine Beförderung hat mir zwar keine Ueberraschung, wohl aber eine große Freude bereitet.
    Der Sprung vom Generalkonsul zum Botschafter ist wohl noch niemals in irgend einem Lande vorgekommen. Aber auch dieser Umstand ist ein erfreulicher, denn „chez les cœurs bien nés, la valeur n'attend pas le nombre des années".
    Vor einiger Zeit war infolge einer Kombination, die später dem Kanzler vorbeigelang, von Dir für den Posten eines Unterstaatssekretärs die Rede. Einige Herren im A. A., die ja mit der Behauptung, Du seiest für die Stellung unbrauchbar, nicht durchgekommen wären, schützten Deine Jugend und die bescheidene Zahl Deiner Dienstjahre vor. Diesmal haben sich die entscheidenden Stellen mit Recht um alle diese Aeußerlichkeiten nicht gekümmert.
    Ich zweifle nicht daran, daß es Dir auf Deinem neuen Posten gut gehen wird und wünsche, daß Du in nicht allzuferner Zeit auf denjenigen versetzt wirst, für den Du ja prädestiniert bist.
    Ich schreibe erst heute, weil ich nicht meinen Brief nach Egypten schicken wollte, und annehme, daß Du an einem der nächsten Tage in der Hauptstadt eintreffen wirst. — Auch ich werde demnächst nach Berlin übersiedeln.
    Das war einmal eine Aufregung hier. Der arme Klehmet tut mir sicher leid, weil ich ihn als einen ganz besonders fleißigen und gewissenhaften Arbeiter kenne. Der See mußte aber ein Opfer haben.
    In treuer Freundschaft Dein
gez. B. Hutten-Czapski.

Zu obigem Brief möchte ich erwähnen, daß Czapski wohl eine der eigentümlichsten Erscheinungen des Kaiserlichen Berlins war. Jeder in der Gesellschaft kannte ihn, und überall war er zu sehen. In Rom bei dem Papste und in Berlin bei Holstein ging er ein und aus. Man sagte scherzend in der Berliner Gesellschaft, daß keine Taufe, keine Hochzeit und keine Beisetzung ohne Czapski vor sich gehen könnte. Er war von Legenden umwoben, aber ich kann nicht sagen, daß ich irgendwelche andere wie freundliche Erinnerungen an ihn habe. Es machte ihm eben Freude überall dabei zu sein, und seine Bildung und großes Vermögen verhalfen ihm dazu.

Unsere Reise von Hamburg nach Amerika auf dem Hapag-Dampfer „Amerika" war für Anfang Dezember 1908 angesetzt, aber beinahe hätte ich den Dampfer verfehlt, da meine Audienz bei dem Kaiser immer wieder aufgeschoben wurde. Die bekannte November-Krisis war eben erst vorübergegangen, und Seine Majestät hatte sich in das Neue Palais in Potsdam zurückgezogen, wo er niemanden empfing. Endlich, gerade noch rechtzeitig für mich, waren Schorlemer, damals Oberpräsident der Rheinprovinz und ich die ersten, die zur Frühstückstafel befohlen wurden. Der Kaiser empfing mich scherzend mit den Worten: „Sie sind zum Botschafter viel zu jung, Sie haben kein graues Haar. Sehen Sie mich einmal an." Die Kaiserin, die gerade herantrat, warf ein: „Aber Wilhelm, Du bist doch erst in den letzten Wochen so grau geworden." Bei der Tafel saß ich neben Seiner Majestät, der mich bezüglich Amerikas sehr lebhaft instruierte, namentlich im Hinblick auf seinen Freund Theodor Roosevelt, der den Kaiser später während des Weltkrieges so sehr enttäuschen sollte. Seine Majestät wünschte vor allen Dingen, daß ich meinem Amtsvorgänger Sternburg nacheifern, viel in den Vereinigten Staaten reisen und in allen dortigen Kreisen heimisch werden solle.

Ich habe oben die November-Krisis erwähnt, die — wenn auch nicht gleich — Bülows Sturz herbeiführte. Diese Krisis besprach ich später, als ich nach der Revolution Bülow in Berlin sehr viel sah, öfters mit ihm, der mir gegenüber offen zugab, daß damals wohl eine Gelegenheit versäumt worden sei, das Reich in der liberalen Richtung auf eine wirkliche konstitutionelle Monarchie mit Ministerverantwortlichkeit zu reformieren, und vielleicht dadurch Krieg und Revolution zu vermeiden. Er habe indessen nichts dazu tun können, da weder die deutschen Fürsten noch der Reichstag von einer Aenderung der Bismarck'schen Verfassung hätten hören wollen. Jedenfalls gewann ich im Jahre 1908 im Neuen Palais den Eindruck, daß der Kaiser zwar physisch sich ganz erholt hatte, aber doch zu niedergeschlagen war, um sich einer Reform zu widersetzen, die für ihn selbst eine Entlastung bedeutet hätte. Die Lage war im gewissen Sinne der im Weltkriege ähnlich, wo die politische Verantwortung fast ohne Widerstand an die Generäle überging, nur mit dem Unterschiede, daß im Jahre 1908 eine Reform in liberaler Richtung erfolgt wäre.

Unsere Reise nach Amerika brachte mich zum ersten Male mit Albert Ballin in Berührung, dessen Freundschaft zu meinen angenehmsten Erinnerungen gehört. Diese geniale Persönlichkeit war eine der bedeutendsten, wenn nicht die bedeutendste des Wilhelminischen Zeitalters. Man hat ihm manche mehr scheinbare als wirkliche Widersprüche in seiner politischen Haltung vorgeworfen. Gewiß war er kein „ausgeklügelt Buch, sondern ein Mensch mit seinem Widerspruch", doch haben seine Freunde immer die gerade Linie in seinem Wesen und seinen Handlungen erkannt. „Die Freundschaft ist gerecht, sie kann allein den vollen Umfang seines Werts erkennen." Mehr als andere unterliegen geniale Männer zeitweilig Anfällen ihres Temperaments und ihrer Stimmungen. Man braucht nur an die Gespräche Bismarcks zu denken, wie sie in seinen gesammelten Werken vorliegen.

Ballins Lebensgang und Werk sind deshalb für den Historiker so interessant, weil sie mit dem Wilhelminischen Zeitalter fast völlig zusammenfallen und gleichzeitig abschließen. Sein Werk — die Hapag — bietet das gleiche Bild wie die Weltpolitik Deutschlands. Auf beide paßt das anderweitig gesprochene Wort Bismarcks über die zu schwere Rüstung Preußens für den schmalen Leib. Die politische Basis beider war zu schwach. Aber während die Leitung des Wilhelminischen Reiches die Gefahr nicht erkannte, hat Ballin immer gewußt und nach Möglichkeit zum Ausdruck gebracht, daß nur die allergrößte Vorsicht in der Führung der Politik das deutsche Schiff glücklich durch die Brandung steuern könne. Deshalb würdigte er auch die Gefahr der leichtsinnigen Zügellosigkeit Kiderlens. Es wäre ungerecht, diese konsequent richtige Haltung Ballins nicht anzuerkennen. Fraglich bleibt allerdings, ob ein Einzelner überhaupt in der Lage gewesen wäre, unseren romantischen Obrigkeitsstaat den neuen Zeiten anzupassen.

Ballin schrieb einmal: „Wir möchten die Dynastie bewahren durch eine Modernisierung, während sie durch den Versuch, alles beim Alten zu lassen, gefährdet wird." Diese Worte trafen den Nagel auf den Kopf. Aber die Dynastie wollte nicht modernisiert werden. Dieses Ziel hätte nur ein zweiter moderner Bismarck erreichen können, doch das Schicksal war nicht so gnädig, uns einen zweiten Titanen zu schenken, als die Zeit erfüllt war. Und dennoch wirken die großen Männer auch nach ihrem Tode in dem gleichen Sinne weiter. Wie es Friedrichs des Großen Geist war, der nach Tilsit den neuen Aufschwung Preußens inspirierte, so war es wiederum Bismarcks Größe, die nach Versailles die Einheit Deutschlands sicherte, und so ist es schließlich dem Genius Ballins zu danken, daß die Hapag nach dem Weltkriege wie ein Phönix aus der Asche aufstieg, wobei sein Freund Max Warburg tatkräftig mitwirkte.

Gewiß war während des Krieges Ballins Blick dann und wann getrübt, wie der aller Deutschen, die innerhalb der Blockade leben mußten. Doch sah er das Verhängnis kommen, als es noch abzuwenden war, und als er in dieser Hinsicht in Deutschland noch fast allein stand. Stets unvergeßlich wird mir bleiben, daß ich den ersten Abend nach meiner traurigen Heimkehr aus Amerika im kleinsten Kreise mit Ballin verbrachte. Er hatte damals nur den einen Wunsch, den Krieg mit den Vereinigten Staaten noch im letzten Augenblicke zu verhindern und wollte mich zu diesem Zwecke baldigst sprechen. Schon ein Jahr früher hatte er in einem Briefe die damals einzig mögliche Politik wie folgt deutlich bezeichnet: „Wir werden genötigt sein, auf dem Wege der mündlichen Verhandlungen durch Bernstorff eine Ueberbrückung dieser großen Kluft, die sich zwischen uns und Amerika aufgetan hat, zu versuchen. Gleichzeitig sollte man den Präsidenten Wilson bitten, den Versuch einer Friedensvermittlung zu unternehmen, einmal weil es hohe Zeit wird, an den Frieden zu denken, wenn wir Deutschland nicht am Schlusse dieses Krieges in völlig erschöpftem Zustand sehen wollen, und dann weil es ebenso dringend notwendig ist, Wilson zu beschäftigen. Tun wir das nicht, so bin ich überzeugt, daß wir noch in einen Krieg hineinschlittern."

Wie alle jetzt vorliegenden amerikanischen historischen Quellen beweisen, namentlich das hervorragende zusammenfassende Buch von Charles Seymour: „American Diplomacy during the World War", würden wir auf obigem Wege das Verhängnis vermieden haben.

Da Ballin geringer Herkunft war, erscheint es um so überraschender, daß er das wurde, was der Franzose als „homme du monde" bezeichnet, wofür wir mit „Weltmann" nur eine ungenügende Uebersetzung haben. Man mußte mit Ballin auf einem der schönen Hapag-Dampfer den Ozean durchquert haben, um seine vornehme Gastfreundschaft, sein bezauberndes Wesen und seine blendende Unterhaltung voll zu würdigen.

Es ist aufgefallen, daß Kaiser Wilhelm II. in seinem Buche den großen Hamburger fast ganz ignoriert hat, was sich wohl dadurch erklärt, daß Seine Majestät vom Standpunkt der Flottenpolitik aus schrieb und die Menschen wesentlich danach beurteilte. Nun war aber Ballin, trotz einiger anders klingenden Aeußerungen, insofern ein Gegner der Flottenpolitik, als er diese immer den Beziehungen zu England unterordnen wollte, ähnlich wie Caprivi und Paul Metternich.

Man hat Ballin Byzantinismus vorgeworfen, und doch gehört er zu den wenigen, die den Kaiser so intensiv warnten, daß er am Hofe als Schwarzseher gefürchtet war. Wenn er andrerseits die Kaiserliche Gunst für sein eigenes Werk ausnutzte, wer will ihm daraus einen Vorwurf machen? Anders war damals nicht zu arbeiten, weil unser Staat archaisch war. Umso bewundernswerter bleiben die Leistungen, die das deutsche Volk im Frieden und im Kriege trotz schlechter politischer Führung vollbrachte, und unter diesen Leistungen war die Albert Ballins eine der größten.

Ich habe schon oben erwähnt, daß meine amerikanische Zeit in meinem ersten Buche geschildert ist. Ich kann aber nicht erwarten, daß alle meine heutigen Leser auch dieses gelesen haben, beziehungsweise noch im Gedächtnis haben. Deshalb bitte ich um Entschuldigung, wenn meine Darstellung Wiederholungen bringt, namentlich an den Stellen, die für den Historiker am wichtigsten sind.

Vor Ausbruch des Weltkrieges war ich sechs Jahre Botschafter in Washington, und dies waren wohl die glücklichsten Jahre meines Lebens. Der Posten sagte mir in jeder Weise zu. Land und Leute gefielen mir außerordentlich. Der bekannte Fluch, der auf den Diplomaten ruht, daß sie immer den vergangenen und zukünftigen Posten aber nie den gegenwärtigen lieben, hatte damals für mich keine Geltung. Ich war wirklich restlos zufrieden, obgleich mein Gönner, Fürst Bülow, von der politischen Bühne verschwand und ich den bisherigen Vorteil einbüßte, in einem Vertrauensverhältnisse zu einem besonders wohlwollenden höchsten Chef zu stehen.

Gesellschaftlich war Washington stets äußerst angenehm infolge der grenzenlosen Gastfreundlichkeit der Amerikaner. Doch die sogenannte gesellschaftliche Stellung hat sich überlebt. Es wird doch keiner mehr glauben, daß man heutzutage noch in den „Salons" Politik machen kann. Jedenfalls findet man die Politik nicht mehr in solchen Salons, wo die Eleganz eine Rolle spielt. In dieser Beziehung habe ich in Amerika sehr lehrreiche Erfahrungen gemacht, da ich bei Ausbruch des Krieges enge Beziehungen mit allen Kreisen des Landes hatte und mich auch in der „Gesellschaft" ganz zu Hause fühlte. Diese rein gesellschaftlichen Beziehungen erwiesen sich aber während des Krieges als ganz wertlos, weil die sogenannten „Vierhundert" wie ein Mann in das feindliche Lager abschwenkten. Die Wenigen, welche den Mut hatten, gegen den Strom zu schwimmen, und meiner Frau und mir aus persönlicher Freundschaft treu zu bleiben, bildeten eine rühmliche Ausnahme. Sie erleichterten zwar in jener schweren Zeit uns persönlich das Leben, übten aber keinen politischen Einfluß aus. Dagegen erwiesen sich alle meine sonstigen Beziehungen auch während des Krieges als sehr nützlich, namentlich diejenigen, welche politischer, wirtschaftlicher und journalistischer Natur waren. Hier ist die Stelle um unserer jetzt leider verstorbenen Freundin, Mrs. Richard Townsend, ein Denkmal zu setzen. Bis zu dem Beginn des Weltkrieges war sie unbestritten die erste Dame der Washingtoner Gesellschaft. Dann ließ sie alle Pression und alle Vorwürfe der feindlichen Botschafter ohne zu wanken über sich ergehen und blieb ihrer Freundschaft zu uns treu bis an das bittere Ende.

Bülows Nachfolger als Reichskanzler, Herr von Bethmann-Hollweg, hatte nicht einen genügend starken Willen, um sich durchzusetzen. Er war eine „schwankende Gestalt". Man hat die Empfindung, daß er in seinem Testament, den „Betrachtungen zum Weltkriege", zum ersten Male wirklich aus sich herausgekommen ist. Darin steht der Satz geschrieben: „Daß ein Verständigungsfrieden die Niederlage sei, war unpolitisch gedacht. Behaupteten wir uns selbst, dann gewannen wir den Krieg." An der Richtigkeit dieser These ist meines Erachtens nicht zu zweifeln, aber Bethmann-Hollweg hat dieselbe nicht mit der nötigen Konsequenz und Energie verteidigt. Weder bereitete er die deutsche öffentliche Meinung auf einen solchen Frieden vor, noch vermochte er die Generäle zu zwingen, ihre anders eingestellte Politik der seinigen unterzuordnen. Es wäre indessen ungerecht, Bethmann-Hollweg hieraus einen Vorwurf zu machen, denn er war eben nicht ein Staatsmann von herkulischer Kraft, und nur ein solcher hätte das ihm entgegenstehende alte deutsche System der militärischen Vorherrschaft brechen können. Wir wissen, wie schwer schon ein Bismarck mit diesem System zu kämpfen hatte, an dem schließlich Deutschland zugrunde gegangen ist. Wir hören von Bethmann-Hollweg, der Kaiser habe ihm immer in der Ansicht zugestimmt, daß wir den Krieg gewännen, wenn wir uns selbst behaupteten. Aber auch der Monarch ließ sich ja bekanntlich allmählich von den Generälen ausschalten. Es ist zu wünschen, daß Bethmann-Hollwegs Buch viel gelesen werden möge. Aus dem Grabe spricht dieser reine und edle Mann zu uns mit einer Deutlichkeit und Bestimmtheit, die wir im Leben leider immer an ihm vermißten. Wenn er auch zu schwach war, um das alte System zu brechen, und dieses infolgedessen in sich selbst zusammenstürzen mußte, so können wir doch aus seinem Testament lernen, warum wir den Krieg verloren haben. Von dieser Erkenntnis ist gerade das gebildete deutsche Bürgertum noch weit entfernt, und doch ist auch in politischen Dingen Selbsterkenntnis der erste Schritt zur Besserung. Unsere politische Unzulänglichkeit, führte uns in den Abgrund, politische Unzulänglichkeit, die sich hilflos einer politisch unfähigen militärischen Diktatur unterwarf. Retten kann uns nur politische Schulung, die das gesamte deutsche Volk dazu führt, die Außenwelt zu sehen, wie sie ist und nicht so wie wir sie uns malen möchten. Der Satz, daß jeder seines eigenen Glückes Schmied ist, gilt auch für die Völker.

Es war Bethmanns Unglück, daß er sich zum Staatssekretär des Auswärtigen Amtes gerade den Diplomaten aussuchte, der am wenigsten dazu geeignet war. Vermutlich fühlte sich die Unsicherheit Bethmanns angezogen von der Hypertrophie des Selbstbewußtseins, an der Kiderlen litt. Dieser verfaßte zwar Denkschriften über die Verständigung mit England, stand aber der englisch sprechenden Welt völlig fremd und unsympathisch gegenüber. Mit brutalem Vorgehen glaubte er alles erreichen zu können. So hat er in der Politik gewirkt wie der Stier im Porzellanladen. Die Mißerfolge von Agadir und von Haldane's entscheidendem Berliner Besuch fallen auf sein Konto. Bei der letzteren Gelegenheit war er anscheinend nicht einmal in Berlin anwesend, wenn man dem Buche glauben kann, das ihm sein Freund Jäckh gewidmet hat. Als Jagow Kiderlens Nachfolger wurde, war es zu spät geworden, die Spannung zu beseitigen.

Meine Erlebnisse mit Kiderlen waren fast komischer Natur, namentlich da Unmanierlichkeiten immer humoristisch auf mich gewirkt haben. Als wir wegen der Kalilieferungen nach Amerika Differenzen mit den Vereinigten Staaten hatten, und ich in Berlin auf Urlaub weilte, versuchte der damalige amerikanische Botschafter den Streit durch ein ganz kleines Herrendiner zu schlichten, bei dem nur sechs Personen am Tische saßen. Kiderlen war aber den ganzen Abend nicht zu bewegen, auf die Differenzen einzugehen. Statt dessen machte er bei Tisch eine seiner üblichen taktlosen Bemerkungen, die mir erinnerlich geblieben ist. Bei dem altgewohnten Diplomatengespräch über Posten, sagte Kiderlen obenhin, er sei nie außerhalb Europas gewesen. Als ich erstaunt darauf einging, wiederholte er laut, trotzdem er neben dem amerikanischen Botschafter saß, nein, *Gott sei Dank*, niemals.

Als Kiderlen seinen unglücklichen Panthersprung nach Agadir machte, ließ er die deutschen Botschafter, die er nicht leiden konnte, ohne jede Mitteilung über die Marokkofrage. Die amerikanische Presse die keinerlei Informationen erhielt, schwenkte wie ein Mann gegen uns ein. Nach einiger Zeit bekam ich ein grobes Telegramm von Kiderlen, der mich mehr oder weniger für diese Haltung der amerikanischen Presse verantwortlich machte. Ich antwortete ebenso deutlich, daß sein Telegramm das erste Wort wäre, das ich über Marokko gehört hätte, daß ich also auch nicht in der Lage gewesen sei, die Presse zu informieren. Darauf trat wieder völliges Schweigen im Walde ein.

Wie man auch über Kiderlens Entgleisungen denken mag, sicher hätte ihn Bülow nie dauernd nach Berlin geholt, denn er sprach mir von ihm als einem bösen Hund, den man in Bukarest hätte an der Kette lassen müssen.

Die Erfahrungen, die ich in Washington mit Bethmanns Hin- und Herschwanken machte, brachten mich auf den Gedanken, sobald wie möglich den diplomatischen Dienst aufzugeben, denn dieser ist nur auszuüben, wenn zwischen dem Chef und dem Botschafter ein Vertrauensverhältnis besteht. Zwei unwichtigere, aber charakteristische Fälle möchte ich hier noch anführen. Der erste spielte vor dem Kriege und betraf die San Francisco-Weltausstellung, die im Jahre 1914 zur Eröffnung des Panamakanals stattfinden sollte. Die Amerikaner wünschten eine recht lebhafte Mitwirkung des Auslandes. Ich hatte daher eine ansehnliche und würdige Beteiligung Deutschlands beantragt, weil ich eine solche für sehr nützlich im deutschen Interesse hielt. Als ich die Frage zum ersten Male mündlich im Auswärtigen Amte berührte, wurde mir gesagt, die deutsche Beteiligung sei beschlossen, und ich brauche mich nicht weiter dafür zu bemühen. Bethmann sagte mir selbst ein paar Tage später das Gleiche. Ich reiste also nach Washington zurück in der festen Ueberzeugung, daß die Sache in Ordnung sei, und berichtete dementsprechend nach Berlin über die weiteren Vorbereitungen. Aus heiterem Himmel erhielt ich einen Privatbrief von dem betreffenden Referenten im Auswärtigen Amt, ich solle unsere Beschickung der Ausstellung nicht als gesichert ansehen, denn dies sei nicht der Fall, sondern eher das Gegenteil. Ich konnte damals nicht gleich nach Berlin reisen und telegraphierte statt dessen an meinen Freund Ballin, er möge sich der Sache annehmen, da er an derselben sehr interessiert sei, und insbesondere darüber mit dem Kaiser sprechen. Die Antwort lautete dahin, daß Ballin die Angelegenheit nicht Seiner Majestät vorgetragen habe, da Bethmann ihm gesagt hätte, die deutsche Beteiligung an der Ausstellung sei beschlossen. Kaum hatte ich dieses Telegramm erhalten, als die „Norddeutsche Allgemeine Zeitung" verkündete, daß Deutschland der Ausstellung fernbleiben werde. Es wäre ganz gegen meine Anschauungen, der Regierung ihr Recht zu bestreiten, jeden Entschluß zu fassen, den sie für richtig hält. Der Diplomat hat zu gehorchen. Das tut er auch gern, wenn er weiß, woran er ist. In diesem Falle erhielt ich obendrein hinterher bei meinem nächsten Besuche in Berlin ein Schreiben des Reichskanzlers, das meinen Verkehr mit Theodor Wolff mißbilligte. Dieser hatte nämlich im „Berliner Tageblatt" für die Privatausstellung geworben, die nunmehr Ballin in San Franzisko veranstalten wollte. Schließlich kam infolge der Mexikowirren und des Weltkrieges wieder alles anders, als wir arme Menschen dachten.

Der andere Fall ereignete sich im Kriege im Jahre 1916. Meine Frau war in Deutschland und hatte von den Engländern freies Geleit erhalten, um nach Washington zurückzukehren, unter der Bedingung, nichts Schriftliches an mich mitzunehmen. Vor der Abreise von Berlin besuchte sie zur Teestunde den Reichskanzler, der ihr mündlich folgenden Auftrag mitgab: „Sagen Sie Ihrem Mann, daß wenn er bis dahin den Frieden nicht zustande bringt, wir gezwungen sind, am 1. Februar nächsten Jahres den uneingeschränkten U-bootkrieg zu erklären." Mit diesem Segen reiste meine Frau ab. Sie war aber noch nicht in New-York gelandet, als ich ein mir zunächst unverständliches Telegramm erhielt, das ungefähr folgendermaßen lautete: Sollte Gräfin Bernstorff den Reichskanzler dahin verstanden haben, daß wir am 1. Februar den uneingeschränkten U-bootkrieg erklären wollen, so liegt ein Mißverständnis vor. Es würde unsere Politik schwer schädigen, wenn angenommen würde, daß wir eine solche Absicht hätten.

Als ich in London Botschaftsrat war, hatte ich als Kollegen Freiherrn von dem Bussche Haddenhausen, der mir mit außergewöhnlichem Fleiße half, den Augiasstall an Akten und Intrigen zu reinigen, den Eckardstein mir hinterlassen hatte. Seitdem blieben wir bis zu dem heutigen Tage, d. h. 32 Jahre lang miteinander befreundet und in Korrespondenz.

Hier folgen zehn meiner Briefe an Bussche aus Amerika. Um ihnen ihre Ursprünglichkeit zu lassen, ist nur ganz Weniges gestrichen. Bussche war damals Gesandter in Buenos-Aires und später Unterstaatssekretär im Auswärtigen Amte.

Washington, den 16. Januar 1911.
Mein lieber Bussche,
....

Hierher werden jetzt allerdings auch weniger Berichte anderer Missionen geschickt. Indessen erhalte ich doch diejenigen, welche mich am meisten interessieren, nämlich die über England, Südamerika und Ostasien.

Was die hiesige innere Lage anbelangt, so ist es bei der Veränderlichkeit der amerikanischen öffentlichen Meinung sehr schwer, ein bestimmtes Urteil abzugeben. Heute würde ich sagen, daß Roosevelt bis auf weiteres fertig ist, Taft im nächsten Jahre als Präsidentschaftskandidat aufgestellt, aber von Harmon geschlagen werden wird. Es kann aber, wie gesagt, alles anders kommen, doch halte ich jedenfalls die Wiederwahl Roosevelts für ausgeschlossen, da das ganze Großkapital gegen ihn mobil machen wird.

Vermutlich wird Harmon, der für einen konservativen Demokraten gilt, die Unterstützung der Eisenbahngesellschaften und Trusts finden, so daß es mir auch zweifelhaft erscheint, ob ein demokratischer Sieg eine wirtschaftliche Depression herbeiführen wird. An eine starke Herabsetzung der Zölle glaube ich auch nicht. Etwas wird aber in dieser Richtung geschehen müssen, weil die Demokraten ausschließlich durch den Tarif zum Siege geführt worden sind. Darin lag gerade der große Fehler Roosevelts, daß er sich in einen aussichtslosen Wahlkampf stürzte, für dessen Ausgang er nunmehr ziemlich unverschuldet verantwortlich gemacht wird. Die Verworrenheit der inneren Lage hat Tafts bisher ziemlich schwache Stellung sehr gestärkt. Ich selbst muß mich bei der Unfähigkeit des gegenwärtigen Staatsdepartements auch ganz an Taft halten, da alle anderen Säulen ins Wanken geraten sind; selbst Lodge fürchtet morgen seinen Senatssitz zu verlieren. Crane ist jetzt der Vertrauensmann des Weißen Hauses, aber da er nicht „on the Foreign Committee" ist, kann er mir auch nicht viel helfen und Root scheint leider ziemlich krank zu sein. Der Senat wird im Dezember ein ganz neues Bild aufweisen. Die deutsche Presse übertreibt aber jedenfalls die Bedeutung der Wahlen, da die meisten Veränderungen mehr persönlicher als sachlicher Natur sind.

Ich glaube nicht, daß Taft noch große diplomatische Veränderungen vornehmen wird. Es scheint, daß Straus der einzige Botschafter ist, welcher zurücktritt. Die Aussichten für Harry White sind daher sehr gering............

Die Kalifrage ist allerdings unangenehm, ich hoffe aber, daß man in Berlin einen Ausweg finden wird. Taft nimmt die Sache nicht tragisch. Mir persönlich ist die Liberiafrage unangenehmer, weil England und Frankreich den amerikanischen Vorschlägen glatt zugestimmt haben, und ich diesen nun allein entgegentreten muß.

Für den Fall, daß Sie wirklich meine Berichte über Lateinisch-Amerika nicht erhalten sollten, so bemerke ich, daß man hier einen starken Druck auf den mexikanischen, brasilianischen, argentinischen und chilenischen Gesandten auszuüben suchte, um Vorzugszölle, bezw. mehr Vorzugszölle zu erlangen. Am stärksten bemühte man sich hinsichtlich Mexikos und sagte, die anderen warteten nur auf dessen Vorgehen, um dem guten Beispiel dann zu folgen. De la Barra versicherte mir aber bestimmt, daß man in Mexiko an der europäischen Auffassung der Meistbegünstigung festhalten wolle.

Die hiesige Auffassung über England läßt sich dahin zusammenfassen, daß man die Briten als durch ihre innere Lage lahmgelegt betrachtet. Taft ist überhaupt nicht gut auf England zu sprechen, weil er dort so wenig Hilfe für seine Lieblingspolitik in Ostasien findet.

Washington, den 24. März 1911.

....

In der nächsten Woche tritt der Kongreß zusammen, um über das kanadische Abkommen zu beraten. Das demokratische Repräsentantenhaus will auch eine Tarifrevision vornehmen. Es ist noch völlig unklar, was daraus werden wird, da das Haus vielleicht die beiden Gegenstände verquicken und dadurch das kanadische Abkommen zu Fall bringen wird. Nach unseren Erfahrungen wäre es jedenfalls am besten, wenn die Leute bald wieder nach Hause gingen, denn bei dem Herumdoktorieren am Tarif kommt doch nicht viel heraus, und die infolgedessen entstehende Unruhe stört den Handel mehr als die Zölle.

Ich persönlich kann über Lodge nicht klagen. Er ist immer ganz zugänglich, was vielleicht darauf beruht, daß wir mit seiner ganzen Familie sehr befreundet sind. Lodge und Root werden wohl das Foreign Committee des Senats künftig beherrschen, da die anderen Mitglieder desselben teils altersschwach, teils ohne Erfahrung sind. Mit der besseren Jahreszeit scheint auch Root sich körperlich wieder mehr erholt zu haben.

Wenn sie Huntingdon Wilson als Gesandten nach Buenos-Aires erhalten, so dürften Sie aus dem Regen in die Traufe kommen, mit Ausnahme der Tatsache, daß seine Frau sehr hübsch und angenehm ist. Wilson ist die „bête noire" des ganzen diplomatischen Korps, da er unbeholfen und unaufrichtig ist. Man bekommt von ihm meistens keine oder falsche Informationen. Außerdem ist er der typische Repräsentant der sogenannten „Dollar Diplomacy".

Das Interesse für ganz Amerika ist in Berlin nicht sehr groß; ich hoffe, daß mit Montgelas ein Element in das Auswärtige Amt kommen wird, welches sich mehr für überseeische Fragen interessiert. Die Stimmung der deutschen Presse gegen die Vereinigten Staaten ist ja eigentlich immer unfreundlich und bedarf einer fortgesetzten Beeinflussung von amtlicher Seite, welche jetzt ganz zu fehlen scheint. Augenblicklich ist allerdings durch die mexikanische Angelegenheit das deutsche Interesse in unerwünschter Weise wachgerufen worden. Unsere Presse phantasiert allerlei ungereimtes Zeug zusammen, welches leider durch Wile regelmäßig herübertelegraphiert wird. Letzterer ist ganz ungebärdig geworden, seitdem er leider in Moabit Säbelhiebe abbekommen hat. Sie können sich also denken, daß ich Sie im Auswärtigen Amte sehr vermisse. Die hiesigen Verhältnisse werden heutzutage dort immer nach dem europäischen Maßstabe gemessen, der bekanntlich niemals paßt. Es fehlt in der Behandlung der amerikanischen Dinge der gewisse Humor, welcher den hiesigen Ungewöhnlichkeiten gegenüber notwendig ist. Immerhin hoffe ich, daß die beiden unangenehmen Fragen — Kali und Liberia — nunmehr bald erledigt sein werden.

Von einem deutschen Schiedsvertrag mit Amerika ist schon lange nicht mehr die Rede gewesen, da das jetzige Berliner Regime allen derartigen Dingen außerordentlich abgeneigt ist. Ich glaube auch, daß aus den sogenannten Taft'schen Plänen nichts werden wird, teils weil er sie selbst nicht ernst nimmt, teils weil der Senat nicht dafür zu haben sein wird. Taft glaubt aber, daß er die Friedensfreunde für seine Wiederwahl braucht. Ueberhaupt steht hier alles unter diesem Zeichen. Sonst wäre es auch nicht zu dem kanadischen Vertrage gekommen, dessen Hauptzweck war, „the cost of living" herabzusetzen. Jetzt wird man die mexikanische Krisis benutzen, um dort einen ähnlichen Vertrag durchzusetzen. Doch besteht Mexiko vorläufig darauf, an der europäischen Auslegung der Meistbegünstigung festzuhalten.

In geselliger Beziehung war der Winter außerordentlich lebhaft. Sie werden vielleicht in den Zeitungen gelesen haben, daß Taft auf dem Balle, welchen wir seiner Tochter gaben, unangemeldet erschien. Wir schließen am Montag die Saison mit der Hochzeit meiner Tochter ab, zu welcher die ganze Familie Taft — aber diesmal eingeladen — erscheinen wird.

Ich nehme nun an, daß der Präsident im nächsten Jahr auch andere Botschaften besuchen wird, was ja bisher hier nicht üblich war.

Washington, den 17. Mai 1911.

. . . .

Hill ist von Taft eigenhändig abgesägt worden, teils weil man mit seiner Behandlung der Kalifrage unzufrieden war, teils weil Taft aus innerpolitischen Gründen einige diplomatische Ernennungen ausführen wollte. Hill hat mir im vergangenen Winter nicht sehr gefallen, er machte mehrfach unnötige Schwierigkeiten, so in der Kalifrage, hinsichtlich der Austauschprofessoren und einiger amerikanischer Zeitungskorrespondenten. Er schien mir das neue Regime im Auswärtigen Amte falsch eingeschätzt zu haben. Wir leiden in diesem Jahre schon frühzeitig unter der Hitze. Pauli, der mich kürzlich aus Kuba besuchte, meinte, es sei hier wärmer als dort. Vielleicht bringt die Hitze den Senat zu definitiven Entschlüssen. Er möchte gern das kanadische Abkommen ins Wasser fallen lassen, traut sich aber doch nicht recht, weil Taft dadurch alle Chancen für eine Wiederwahl verlieren würde, und ein anderer republikanischer Kandidat nicht vorhanden ist.

Washington, den 9. Juni 1911.

. . . .

In Berlin hat allerdings zeitweise eine gewisse Mißstimmung gegen die hiesige Regierung bestanden, namentlich wegen des Vorgehens von Davis in der Kali- und von Falkner in der Liberia-Frage. Beide Angelegenheiten sind aber seitdem zu unserer völligen Zufriedenheit erledigt worden, unter Desavouierung des Vorgehens dieser beiden Beamten, die in dem einen Falle sogar so weit ging, daß Hill die Zeche zahlen mußte. Ich kann daher nicht finden, daß die Beziehungen der beiden Regierungen zu einander zu wünschen übrig lassen, denn man kann schließlich nicht eine politische Verstimmung über Fragen aufkommen lassen, bei denen es sich nur um Eigenmächtigkeiten subalterner Beamten handelt. In Berlin versteht man nicht immer, daß wir es hier nicht mit geschulten und disziplinierten Beamten nach deutscher Schablone zu tun haben.

Das kanadische Reziprozitätsabkommen ist uns zweifellos sehr unangenehm, aber den Engländern noch mehr als uns. Wir müssen natürlich Gegenmaßregeln ergreifen, falls der Vertrag vom Senat ratifiziert wird, aber wir haben keinen Grund, deswegen besonders pikiert auf die Vereinigten Staaten zu sein.

Was schließlich den Schiedsvertrag anbelangt, so ist es lediglich unsere Schuld, wenn die Engländer den Bluff haben in die Welt setzen können, daß es sich um eine Annäherung an die englische Machtgruppe handelte. Wir hätten ebensogut sofort zugreifen können (wie die Franzosen), denn Taft und Knox haben von vornherein die Stellung eingenommen, daß sie den Vertrag mit jeder Macht abschließen würden, die darauf einzugehen bereit wäre. Bei uns verhielt man sich indessen völlig ablehnend, bis das Geschrei der Presse über die bevorstehende englisch-amerikanische Allianz gar zu toll wurde. Ob unsere Juristen uns wieder in dieselbe Lage bringen werden wie vor drei Jahren, kann ich von hier aus noch nicht ermessen. Ich fürchte aber, daß es der Fall sein wird. Den Engländern ist durch unser Hinzutreten die Freude an dem Vertrage gänzlich verdorben, ebenso wie es Taft vorher schon sehr unangenehm war, daß von einer Allianz mit England geredet wurde. Er atmete auf, als ich um den Entwurf des Vertrages bat, um mit den Vereinigten Staaten darüber zu verhandeln.

Ich glaube nicht, daß die panamerikanischen Bäume in den Himmel wachsen werden. Seit der mexikanischen Revolution scheint die Stimmung im ganzen lateinischen Amerika sehr erbittert gegen die Vereinigten Staaten zu sein, und der hiesige Senat macht der Knox'schen Politik sehr viele Schwierigkeiten. Letztere hat sich überhaupt nicht als sehr glücklich erwiesen.

Der neue Botschafter für Berlin ist noch immer nicht ernannt. Taft und Knox hüllen sich in Schweigen. Sherrill bemüht sich um den Posten, tut sehr freundlich gegen uns und ließ sich unter anderem durch seine Schwester zur Hochzeit meiner Tochter einladen. Der Senat soll aber gegen seine Ernennung gewesen sein. Knox will angeblich Leischman nach Berlin schicken, aber es ist, wie gesagt, noch alles in der Schwebe.

Mit Da Gama werde ich versuchen gute Beziehungen zu unterhalten, wenn wir uns im Herbst zusammenfinden. Augenblicklich ist alles auseinandergelaufen, wie das ja hier im Sommer immer der Fall ist.

Meine Botschaft ist mit Haniel, Kienlin und Horstmann wieder voll besetzt. Ich selbst bin in letzter Zeit viel herumgereist, um Freunde auf dem Lande zu besuchen und die Verhältnisse in verschiedenen Gegenden kennenzulernen. Ich werde, wie gesagt, hoffentlich am 4. Juli auf Urlaub gehen können, so daß dies bis auf weiteres mein letzter Brief sein dürfte. Der Senat macht unendliche Schwierigkeiten hinsichtlich des kanadischen Abkommens, und heute weiß noch keiner, ob der Vertrag schließlich ratifiziert werden wird. Es hat aber für mich keinen Sinn, deswegen hier zu bleiben............

Washington, den 6. Dezember 1911.

....

Als ich in Berlin im Auswärtigen Amte war, herrschte dort ein solcher Grimm gegen England, daß die Ablehnung des kanadischen Reziprozitätsvertrages allgemein bedauert wurde. Die Sache ist ja nun begraben, und es ist daher zwecklos, die Folgen zu erörtern, welche vielleicht eingetreten wären. Da hierzulande jetzt alle Welt nur an die Wahlen denkt, wird das Scheitern des Reziprozitätsvertrags fast ausschließlich unter dem Gesichtspunkte betrachtet, daß die Aussichten Herrn Tafts auf Wiederwahl hierdurch so gut wie vernichtet worden sind. Die Möglichkeit ist zwar noch immer vorhanden, daß der Präsident in letzter Stunde eine Tarifrevision durchsetzt, aber viel Hoffnung scheint er selbst nicht zu hegen.

Sie haben gewiß recht, daß die hiesige Presse während des Marokko-Handels gegen uns Partei ergriffen hat, aber ich möchte doch bezweifeln, ob dies lediglich aus Germanophobie geschehen ist. Ich glaube vielmehr, daß wir die völlige Unparteilichkeit, welche den Amerikanern an sich in europäischen Dingen die liebste Haltung ist, auch in diesem Falle hätten erreichen können, wenn wir es selbst gewollt hätten. Leider ist aber in Berlin jetzt in allen die Presse betreffenden Angelegenheiten eine völlige Reaktion eingetreten. Es soll durchaus anders gemacht werden als früher, doch wird vielleicht der große Mißerfolg dieses Sommers wieder einen Umschwung herbeiführen. Wir haben während des Marokko-Handels absichtlich in der Presse den Engländern und Franzosen das Feld vollkommen überlassen, sodaß wir das Resultat lediglich uns selbst zuschreiben müssen. Indessen ist nun auch diese Frage erledigt, und man muß die Arbeit wieder auf neuer Grundlage beginnen, wobei wir hier allerdings mit stark vermindertem Prestige auftreten.

Inzwischen ist John Garrett zum Gesandten in Buenos-Aires ernannt worden und gedenkt dort im Januar einzutreffen. Sie kennen ja beide Teile des Ehepaares. Mrs. Garrett habe ich jedenfalls in Ihrem Hause getroffen. Seitdem sah ich beide recht häufig, da wir viele gemeinsame Freunde haben. Sie werden an Garretts außerordentlich angenehme Kollegen haben, im übrigen aber vielleicht die Konkurrenz derselben unangenehm empfinden, da beide sich rasende Mühe geben, sehr ehrgeizig und reich sind. Wir standen hier mit ihm auf dem allerbesten Fuße, aber das ändert sich natürlich, sowie ein amerikanischer Diplomat nach Südamerika kommt. In den letzten Wochen waren wir sehr viel mit Garretts zusammen.

Die innerpolitische Lage ist gänzlich verworren. Viele Leute glauben, daß Roosevelt doch wieder von den Republikanern nominiert werden wird, weil eine Einigung weder auf Taft noch auf Lafollette zu erzielen sein wird. Die Nomination von Bryan ist ausgeschlossen, aber vielleicht hat er doch genügend Macht, um die Nomination eines vernünftigen Demokraten zu hintertreiben. Ich stehe auf dem Standpunkte, daß es uns ganz einerlei sein kann, wer zum Präsidenten gewählt wird, da keiner eine wirkliche Parteinahme für oder gegen uns herbeiführen könnte. Ich muß aber Taft gegen den Verdacht verteidigen, besonders anglophil zu sein, — ein Verdacht, den übrigens auch Münsterberg in der neuesten Auflage seines Buches aufgreift. Wenn man von dem mißglückten Versuch absieht, in Ostasien eine bedeutende Rolle zu spielen, so hat Taft nur zwei auswärtige Aktionen unternommen, nämlich die Anbahnung des kanadischen Reziprozitätsvertrages und der Schiedsgerichtsverträge. Beide Aktionen basierten hauptsächlich auf innerpolitischen Motiven. Die erstere hatte aber doch eine entschiedene antienglische Tendenz und scheiterte hauptsächlich, weil Taft diese antienglische Tendenz öffentlich zu sehr betonte. Die Schiedsgerichtsverträge sollten auch keineswegs eine Annäherung mit England herbeiführen. Diese Auffassung, welche ich immer in meinen Berichten betonte, hat Taft jetzt selbst in seinem „Outlook"-Interview bekräftigt. Die Verträge wurden nur mit England und Frankreich abgeschlossen, weil Sir Edward Grey und Jusserand sofort zugriffen. Das gleiche hätten auch wir tun können — und sollen —, wenn wir nicht an der falschen Politik festhielten, der populären Schiedsgerichtsbewegung zum mindesten passiven Widerstand zu leisten. Ich hoffe aber in Berlin erreicht zu haben, daß wir auch einen Vertrag abschließen werden, falls der Senat die beiden anderen genehmigt.

Washington, den 6. März 1912.

. . . .

Die Ernennung Myron Herricks nach Paris hat hier sehr überrascht, da Taft immer nur Berufsdiplomaten auf die großen Posten senden wollte, aber jetzt denkt er nur an die Wahlen und wollte daher einen angesehenen Mann aus Ohio auszeichnen, um die dortigen Wähler zu gewinnen. Den Argentinier Naon habe ich sehr wenig gesehen. Er ist durch eigene Schuld hier absolut fremd geblieben. Weder er noch seine Frau hielten es für notwendig, irgendwelche Besuche zu machen. Mme. Naon hat nicht einmal den Versuch gemacht, den Botschafterinnen vorgestellt zu werden. Sie können sich daher denken, wie beliebt sie sich z. B. bei Madame Jusserand gemacht hat. Unter diesen Umständen luden auch wir das Ehepaar nur einmal zu einem Empfange ein. Ich weiß nicht, wer diese Leute so übel beraten hat, doch scheint Naon jetzt selbst seinen Irrtum einzusehen. Als ich ihn neulich in Pittsburg traf, war er recht freundlich, ließ aber durchblicken, daß es ihm hier garnicht gefalle. Er gedenke jetzt einen längeren Urlaub anzutreten und werde wahrscheinlich nicht hierher zurückkehren. Dagegen macht sich der Brasilianer Da Gama ausgezeichnet. Er ist garnicht panamerikanisch gesinnt, hat sich sehr an mich angeschlossen und ist auch im allgemeinen hier sehr beliebt. . . . .

Die Handelsvertrags-Schwierigkeiten sind nicht sehr groß, da wir glücklicherweise gerade im rechten Augenblicke die neuen Verträge mit Japan und Schweden abgeschlossen hatten. Die Vergünstigungen dieser

Verträge haben wir den Amerikanern vorenthalten, so daß wir einigermaßen das Gesicht wahrten. Ich versuchte in Berlin zu erreichen, daß wir in diesem Falle ein Schiedsgericht vorschlügen. Leider bin ich bisher nicht damit durchgedrungen, und nun ist der günstige Augenblick versäumt, denn jetzt würde der Vorschlag in unsere Schiedsgerichtsverhandlungen hineinfallen, während er vor der Entscheidung des Senats größeren Eindruck gemacht hätte.

Alle anderen Interessen verblassen indessen in diesem Jahre vor den Wahlen. Wir stehen schon mitten im Kampfe, obgleich uns noch mehr als acht Monate von dem Entscheidungstage trennen. In der republikanischen Partei handelt es sich jetzt um einen Kampf zwischen der Maschine und den Wählern. Die Mehrzahl der letzteren will jedenfalls Roosevelt im Weißen Hause haben, aber die mächtige konservative Maschine dürfte die Nomination für Taft durchsetzen, wenn nicht in Chicago die Gallerie alle vorherigen Berechnungen umwirft. Falls Roosevelt nominiert wird, dürfte er sicher gewählt werden. Wenn dagegen Taft nominiert wird, dürfte der Bruch innerhalb der republikanischen Partei so groß werden, daß die Demokraten den Sieg erringen. Es ist jedoch noch völlig unklar, wer der demokratische Kandidat sein wird. Die Hauptbewerber sind bekanntlich der konservative Harmon und der radikale Wilson, doch dürfte keiner von beiden die nötige $2/3$-Majorität erlangen, sodaß die „dark horses" wie Champ Clark, Underwood und Senator Kern von Indiana ganz gute Aussichten auf die Nomination haben.

Ihre Freundin Mrs. Hobson ist wohl und munter. Als ich sie kürzlich an einem Sonntage besuchte, sagte sie mir, daß sie Ihnen gerade geschrieben und Ihnen meinen „Outlook"-Artikel gesandt habe. Ich sagte ihr, letzteres wäre nicht nötig gewesen, da Sie auf den „Outlook" abonniert seien. Uebrigens ist die betreffende Nummer des „Outlook" absolut ausverkauft worden. Sie können sich denken, daß ich einige Mühe hatte, das Auswärtige Amt zu überreden, mich einen solchen Artikel schreiben zu lassen. Seitdem haben auch die China-Noten zu einer Annäherung an die Vereinigten Staaten geführt, sodaß augenscheinlich die Situation so günstig ist wie möglich. Wir würden aber wieder einen Rückschritt machen, wenn wir uns nicht an den Schiedsverträgen beteiligten.

Washington, den 26. Juni 1912.

. . . .

Ueber die deutsch-englischen Beziehungen läßt sich von hier aus schwer ein Urteil abgeben, da ich die Interna nicht kenne. Jedenfalls war das Auswärtige Amt sehr unzufrieden mit unserer Flottenvermehrung. Nachdem dieselbe aber einmal von Tirpitz durchgesetzt war, wollte man offenbar durch Marschall's Ernennung ein Gegengewicht schaffen. Glücklicherweise haben die Engländer mit ihren eigenen unerquicklichen Verhältnissen mehr als genug zu tun.

Die hiesige innerpolitische Lage ist so verworren, daß kein Mensch es wagt, irgendeine Prophezeiung zu machen. Taft verdankt seine Nominierung lediglich dem Einflusse der Maschine. Er hat keinen Rückhalt in der öffentlichen Meinung und daher wenig Aussicht, gewählt zu werden. Roosevelt's Aussichten sind nicht schlecht, wenn es ihm gelingt, seine neue progressive Partei genügend schnell zu organisieren.

Ich bin vorgestern von Chicago zurückgekehrt, wo ich mich eine Woche lang bei Freunden aufhielt und die Konvention besuchte. Dort steht alle Welt auf Roosevelt's Seite. Gestern war ich in Baltimore und gedenke morgen wieder hinzufahren. Dort scheint die radikale Richtung zu unterliegen, was für Roosevelt sehr günstig wäre. An und für sich müßten die Demokraten wegen der Zersplitterung der republikanischen Partei siegen, aber sie haben keinen wirklich populären Kandidaten.

Wir können mit den deutsch-amerikanischen Beziehungen jetzt außerordentlich zufrieden sein. Der Flottenbesuch war ein Erfolg, der selbst meine kühnsten Hoffnungen übertraf. Die Verbrüderung der Offiziere und die Aufnahme durch die öffentliche Meinung und die Presse gingen weit über meine Erwartungen hinaus.

Ich hoffe, daß der Prozeß gegen den Nordatlantischen Dampferverband schließlich im Sande verlaufen wird. Ballin nimmt die Sache nicht tragisch und will nichts dagegen getan haben. Auch die Befreiung der Küstenschiffahrt von den Panamakanalgebühren erregte ihn sehr wenig, sodaß wir auch in dieser Frage stillgehalten haben. In der ersteren Angelegenheit läßt sich dadurch vielleicht etwas erreichen, daß wir unsere Annahme der Einladung zur Ausstellung in San Franzisco etwas hinhalten. Man legt hier sehr viel Wert darauf, daß wir diese Ausstellung beschicken.

In Berlin kriselt es anscheinend fortwährend. Mir persönlich wäre es am liebsten, wenn alles beim alten bliebe. Ich habe mich jetzt mit dem gegenwärtigen Regime und im allgemeinen so gut eingelebt, daß ich keinerlei Wünsche habe. Am 21. Oktober gedenke ich hier wieder einzutreffen, und kann daher wohl kaum hoffen, Sie in Europa zu sehen.

Washington, den 3. März 1913.

. . . .

In der deutsch-englischen bezw. Flottenfrage stimme ich vollkommen mit Ihnen überein. Ich schrieb Ihnen, glaube ich, schon aus Berlin, daß eine Einigung leicht zu erzielen sein würde, sobald Tirpitz bereit wäre, sich auf einen bestimmten Flottenplan festzulegen.

Hier stehen wir mitten in dem Regierungswechsel. Es ist daher so gut wie ausgeschlossen, etwas Interessantes zu schreiben, da man erst abwarten muß, wie die neuen Besen fegen werden. Auch ich erwarte nicht viel von der Tarifrevision und habe ständig in diesem Sinne nach Berlin berichtet. Für die Schiffahrtsgesellschaften kann es kaum schlimmer werden, als es bisher war. Diese Botschaft ist schon zu einer Art von General-Agentur derselben geworden. Im vergangenen Winter nahmen die Schiffahrtsfragen fast meine ganze Zeit in Anspruch. Jedenfalls hoffe ich, daß die Demokraten in der Extrasession sich ausschließlich mit dem Zolltarife beschäftigen und nicht andere Gesetze ins Leben rufen werden.

Die Volksstimmung hat sich so bestimmt gegen jede Einmischung in Mexiko ausgesprochen, daß eine Intervention nicht zu befürchten ist, wenn Huerta nur einigermaßen geordnete Verhältnisse herstellen kann. Man realisiert endlich, daß die Machtmittel zur Eroberung Mexikos garnicht vorhanden sind, und daß viel leichter in Mexiko hinein-, als wieder herauszukommen ist.

Persönlich bedaure ich natürlich den Regierungswechsel, weil ich so viele Freunde verliere und mit lauter homines novi arbeiten muß. Im nächsten Brief hoffe ich Ihnen Interessantes mitteilen zu können, weil ich dann in der Lage sein werde, „ex ungue leonem" zu erkennen. Die Hauptfrage ist wohl, ob Wilson und Bryan sich auf die Dauer vertragen werden.

Washington, den 2. Januar 1914.

. . . .

Die erwartete hiesige Mißstimmung ist pünktlich eingetroffen über die verunglückte Frisco-Angelegenheit und äußert sich in einer hitzigen Pressecampagne. Hoffentlich irre ich mich; aber wie ich jedem in Berlin sagte, der es hören wollte, glaube ich auch heute noch, daß diese Sache uns nicht nur hier, sondern auch in England schaden wird. Dort wird man sagen, daß wir die angelsächsischen Vettern untereinander verhetzen wollten, und schließlich wird genau wie in der Venezuela-Frage England in irgend einer Weise umfallen. Leider lernen wir niemals aus unseren Fehlern. Ich bin der erste anzuerkennen, daß unsere politischen Beziehungen zu England alle anderen an Bedeutung überragen, nur müßten wir Amerika dabei vollkommen ausschalten, denn erfahrungsgemäß halten die Engländer den Amerikanern gegenüber niemals stand. Doch ist dies für Sie, der Sie Amerika kennen, eine Binsen-Wahrheit. Leider wurde indessen die Entscheidung in der Frisco-Frage auf den Rat solcher Herren getroffen, welche die hiesigen Verhältnisse nicht kennen, und man ließ sich von dem Generalkonsul in New-York und dem Konsulat in San Francisco bestellte Arbeit liefern. Diese bezeichnete Bassermann im Reichstage treffend als „mehr oder minder minderwertige Konsulatsberichte". Nun müssen wir freilich die Suppe ausessen, die wir uns eingebrockt haben.

Washington, den 12. Juni 1914.

. . . .
Hoffentlich erledigt sich nun endlich die Frage Ihrer Ernennung. Ich weiß noch nicht, ob man mir schon jetzt Urlaub geben wird. Der englische und französische Botschafter gehen beide fort, sodaß ich eigentlich nicht einsehe, warum ich hier bleiben soll, besonders da die mexikanische Frage sich noch Jahre lang hinziehen kann.

Abgesehen von den wirtschaftlichen Verlusten und dem Fehler, den wir mit der „Ypiranga" machten, ist die mexikanische Frage politisch für uns ein Glücksfall gewesen, weil Frisco darüber ganz vergessen wurde. Ich nehme an, daß die ganze Feier der Eröffnung des Panamakanals unter den obwaltenden Umständen stark eingeschränkt werden wird. Es sollte mich sehr wundern, wenn Mexiko sich bis dahin beruhigt hätte. Ich bin ganz Ihrer Ansicht, daß die Annahme der ABC Vermittlung das Prestige der Vereinigten Staaten vermindert hat. In diesem Sinne habe ich immer nach Berlin berichtet. Aber Bryan ist nun einmal ein Mann des „peace at any price", und er hat in manchen Fragen den Präsidenten stark hineingelegt. Für uns ist es immerhin vorteilhaft, wenn Südamerika sich ermannt und größere Selbständigkeit erlangt, doch werden wir die Länder nördlich des Panamakanals so ziemlich ganz abschreiben müssen.

. . . .
Mit herzlichsten Grüßen von Haus zu Haus

Stets der Ihrige
gez. J. Bernstorff.

Damals war mein Zorn über die Frisco-Angelegenheit so groß, daß ich ihn auch einem anderen Freunde gegenüber ausließ, nämlich Sigfried Heckscher, Direktor der Hapag und Mitglied des Reichstages. Im folgenden Brief ist auch nur weniges Unwichtiges gestrichen.

Washington, den 30. Dezember 1913.

Mein lieber Dr. Heckscher,

. . . .
Was die Verhandlungen über Frisco in der Budgetkommission anlangt, so war ja alles schließlich Spiegelfechterei, denn der einzige

Grund für die ablehnende Haltung der Regierung lag in der Bindung England gegenüber. Der Kanzler sagte mir dies in so vielen Worten, nachdem Lichnowsky, wohl von seinem Standpunkte aus betrachtet mit Recht, erklärt hatte, daß unsere Beteiligung in Frisco von den Engländern als Felonie erklärt werden würde. Unter diesen Umständen konnte unsere Regierung nichts anderes tun als die Bedeutung der Frisco-Ausstellung herabzusetzen, da sie den wahren Grund für ihre ablehnende Haltung nicht angeben wollte. Allerdings wäre es nicht nötig gewesen, sich England gegenüber zu binden. Daß dies geschehen ist, dürfte auf allerlei Machenschaften zurückzuführen sein.

Unter den obigen Umständen erübrigt es sich eigentlich auf die sachlichen Motive einzugehen, welche von der Regierung angeführt worden sind. Der berüchtigte — man kann ihn nicht anders nennen — Bericht des Konsulats in San Francisco, war bestellte Arbeit und „post festum" geschrieben. Ich habe keine Kommentare zu demselben geliefert, weil es zwecklos war, nachdem ich mit dem Reichskanzler gesprochen hatte und mit ihm übereingekommen war, daß nichts mehr zu machen wäre, da wir England gegenüber gebunden seien. Der Bericht enthielt lauter Blödsinn, und es wundert mich wirklich, daß man den Mut hatte, denselben in der Budgetkommission zu verlesen. Es liegt schon ein solcher Mangel an Logik darin, einerseits zu behaupten, die hiesige Presseagitation sei nur eine Mache von Hearst und anderseits zu sagen, man müsse bei dieser Gelegenheit den Amerikanern die Zähne zeigen. Beide Argumente gehen doch absolut nicht zusammen. Uebrigens ist Hearst durchaus nicht ein deutschfeindlicher Mann. Allerdings ist er antienglisch, aber darüber pflegten wir uns bisher nicht zu beklagen. In seinem Hauptblatte sagte er neulich, es sei erstaunlich, daß eine notorisch freundlich gesinnte Macht wie Deutschland sich mit einer notorisch feindlichen wie England zusammengetan habe, um die Amerikaner zu ärgern. Hearst leistet uns augenblicklich gute Dienste mit einer lebhaften Agitation gegen die „Seamens Bill". Uebrigens spricht das spaßige Mißverständnis hinsichtlich der „Sun" an sich schon Bände. Die „Sun" ist das konservativste Blatt der Vereinigten Staaten.

Darin liegt überhaupt das Bedauerlichste an dieser Sache, daß sie gezeigt hat, wie wenig „Weltpolitik" man bei uns treibt. Das doch heute so nahe Amerika ist bereits für unsere offiziellen Kreise „terra incognita", die Vereinigten Staaten, die größte Weltmacht von morgen, eine „quantité négligeable". Sonst hätte man niemals eine solche „societas leonina" mit England eingehen können, wobei wir uns mit dem Anteil des wilden Esels begnügten. England hat offenbar Interesse daran, uns von einer Konkurrenz fernzuhalten, bei welcher wir gesiegt hätten.

Das Ergebnis ist: In politischer Beziehung haben wir die hiesigen amtlichen Kreise verstimmt, in wirtschaftlicher eine Gelegenheit versäumt, den uns sehr gefährlichen Panamerikanismus zu bekämpfen, in nationaler die Deutschamerikaner entmutigt, und in kultureller unsere weltgeschichtliche Mission außer Acht gelassen. Zum mindesten mußten wir eine hervorragende Kunstausstellung veranstalten, da doch alle unsere Künstler über Mangel an Absatz in den Vereinigten Staaten klagen.

Nun solche Hoffnungen sind begraben! Doch muß man den Mut nicht sinken lassen. Alle Leute, die Amerika kannten, standen unbedingt auf unserer Seite, auch mein Freund Bussche, was mich besonders freute. Wenn er wirklich in das Amt eintritt, so werden bessere Zeiten kommen.

Hat übrigens Südekum speziell noch über mich gesprochen? Sie hörten wohl, daß gewisse Kreise in Berlin es mir sehr verübelten, ihn hier empfangen zu haben. Diese Leute hetzten hinter meinem Rücken, sprachen aber niemals mir gegenüber von der Sache. Hoffentlich hilft uns Mexiko über Frisco hinweg.

. . . .

gez. J. Bernstorff.

Der Schlußabsatz obigen Briefes bedarf einer Erklärung. Der sozialdemokratische Reichstagsabgeordnete Südekum war mir von einem Freund, Alfred Zimmermann, Direktor des Scherlverlages, früher Kolonialattaché bei der Botschaft in London, empfohlen worden und besuchte mich in Washington. Darauf lud ich ihn zum Frühstück ein. Deswegen wurde ich beim Kaiser verklatscht, dem erzählt ward, ich sei selbst Sozialdemokrat, nicht königstreu und was sonst Reaktionäre damals für freundliche Dinge bei solchen Anlässen zu sagen pflegten. Mir selber ist wegen dieser Sache nie ein Vorwurf gemacht worden. Ich war der Ansicht, daß, wenn ein Sozialdemokrat freiwillig auf die Kaiserliche Botschaft käme, er ebenso zu behandeln sei wie jeder andere Deutsche, aber nur unter dieser Voraussetzung. Ein anderes Mal kam Gompers, der Führer der amerikanischen Arbeiter, zu mir und sagte, Legien sei in Washington und von ihm bei dem Präsidenten Wilson angemeldet. Dieser wolle ihn aber nach den herrschenden Bestimmungen nicht ohne mein „placet" empfangen. Ich sagte Gompers, daß ich gern Legien meine Zustimmung geben wolle, wenn er zu mir käme. Darauf hörte ich nichts mehr von der Sache.

„Wer Recht behalten will und hat nur eine Zunge, behält's gewiß." Ich habe daher niemals erhofft, durch die Darstellung des ersten Bandes meiner Erinnerungen politische Gegner zu überzeugen, die sich aus Parteirücksichten oder aus anderen Gründen bereits in einer bestimmten Richtung festgelegt hatten. Meine Absicht ging vielmehr dahin, den Verlauf unserer nationalen Tragödie, soweit ich sie handelnd miterleben mußte, im vaterländischen Interesse zu schildern, damit sich das bisher nicht genügend informierte deutsche Volk darüber klar wird, welche Fehler unsere Politik in dem Wilhelminischen Zeitalter begangen hat, und wie es in Zukunft ähnliche Fehler vermeiden kann.

Aus dem Gutachten, das Professor Hoetzsch vor dem Untersuchungsausschusse der Nationalversammlung abgegeben hat, entnahm ich zu zu meiner Freude, daß ein sachlich prüfender Historiker über unsere Amerika-Politik im allgemeinen zu dem gleichen Urteil wie ich gekommen ist, obgleich er einer anderen Parteirichtung angehört. Mit Professor Hoetzsch stimme ich insbesondere auch darin überein, daß die Frage der Schuld im moralischen Sinne nicht aufzuwerfen ist. Wenn überhaupt, was ich bezweifle, von einer moralischen Schuld gesprochen werden kann, so handelt es sich um eine Kollektivschuld des „Zeitalters des Imperialismus", wie unsere Epoche von dem leider zu früh verstorbenen Historiker Heinrich Friedjung benannt worden ist.

Dagegen darf der Begriff der historischen Schuld nicht abgelehnt werden. Der nationale Egoismus der Staaten hat bisher immer die selbstverständliche Voraussetzung aller internationalen Politik gebildet. Solange der nationale Egoismus nicht durch eine idealere politische Weltordnung als die heutige ausgeschaltet wird, muß die auswärtige Politik eines Staates danach beurteilt werden, ob sie dem nationalen Egoismus der konkurrierenden Mächte mit den richtigen oder den falschen Mitteln entgegentritt. Wenn man dauernd oder in den entscheidenden Augenblicken falsche Mittel anwendet, führt solches Verfahren unvermeidlich zu einer Niederlage. Hier liegt die historische Schuld des Wilhelminischen Zeitalters, und es ist schlechterdings nicht einzusehen, warum wir diese Schuld leugnen sollten, da doch jeder unbefangene Historiker ebenso hart über die Fehler der Epoche deutscher Weltpolitik wie über diejenigen der Zeitalter Friedrich Wilhelms II. und Friedrich Wilhelms IV. urteilen wird. Warum wäre es denn sonst bei uns zu einer Revolution gekommen? Nur reaktionäre Parteifanatiker dürften ernstlich behaupten wollen, daß Revolutionen künstlich hervorgerufen werden können. Die Weltgeschichte lehrt uns auf jeder Seite ihrer Chronik das Gegenteil. Die Lunte des Agitators kann nur dann eine Explosion herbeiführen, wenn Explosivstoff vorhanden ist.

Die nationalistischen englischen Zeitungen haben gerade die Ablehnung unserer angeblichen moralischen Schuld herausgegriffen, um meine Darstellung in dem Sinne zu kritisieren, daß ich alle Fragen ausschließlich von dem Standpunkte einer utilitarischen Realpolitik betrachtete und die idealpolitischen sowie die moralischen Gesichtspunkte vernachlässigte, während meine politischen Gegner in der Heimat mich mit Vorliebe als einen Ideologen bezeichnen. Darin liegt ein neuer Beweis für die tiefe Kluft, die noch zwischen der Gedankenwelt Deutschlands und der des Auslandes liegt, — eine geistige Kluft, welche unbedingt überbrückt werden muß, wenn wir die Versöhnung der Völker herbeiführen wollen! Ich bin durchaus der Ueberzeugung, daß Politik und Moral unlöslich mit einander verbunden sind, und daß eine Politik, die nicht von sittlichen Gesichtspunkten beherrscht ist, vor dem Gerichte der Weltgeschichte keine Gnade finden wird, wenn sie auch vorübergehende Erfolge erzielen mag.

Eine andere Frage ist es, ob sich der Sieger zum Richter über die Moral der imperialistischen Politik des Besiegten aufwerfen darf, solange er selbst, wie der Versailler Friede bewiesen hat, noch ganz von imperialistischen Gedanken beherrscht wird. Die Staatsmänner sollen, wie Fürst Bismarck sagte, unserem Herrgott nicht in das Handwerk pfuschen wollen. Die Worte Strafe, Lohn und Rache gehören nicht in die Politik. Derartige Motive führen nur zu neuen Ungerechtigkeiten. Wir sehen doch schon heute klar, daß der Versailler Friede, dessen Hauptzweck die Bestrafung Deutschlands war, revidiert werden muß, wenn er nicht ganz Europa verelenden soll, ganz abgesehen davon, daß dieser Friede auf einem Vertragsbruch beruht, welcher die Verletzung der Neutralität Belgiens zum mindesten ausgleicht. Allerdings wäre es politisch klug gewesen, wenn wir die von Anbeginn ausgesprochene Anerkennung des unsrerseits begangenen Völkerrechtsbruchs konsequent aufrecht erhalten hätten. Durch eine solche Haltung wäre vermutlich viel Unheil vermieden worden.

Da ich an der belgischen Frage nicht persönlich beteiligt war und sie deshalb nur nebenbei berührt habe, richten die englischen Kritiker ihre Angriffe gegen meine Beurteilung des U-Bootkrieges. Sie werfen mir vor, daß ich diesen zwar wegen der Haltung der Vereinigten Staaten als einen politischen Fehler, aber nicht als moralisches Vergehen betrachtete. Jede Kriegsführung ist grausam und bringt Nichtkombattanten in Lebensgefahr. Wer indessen die sittliche Verwerflichkeit der englischen Blockade nicht anerkennt, verliert das Recht, sich als Richter über die Frage der moralischen Berechtigung des U-Bootkrieges aufzuwerfen. Hat doch selbst die gewiß nicht für unseren Standpunkt voreingenommene amerikanische Regierung in ihrer Note vom 21. Oktober 1916 die englische Blockade „als weder legal noch überhaupt vertretbar" bezeichnet. Wenn aber dieses einwandfreie Zeugnis nicht als ausschlaggebend betrachtet werden sollte, weil die Amerikaner nach ihrem Eintritt in den Krieg sich selbst an der Blockade beteiligten, so ist dieser Einwand nicht stichhaltig, sondern läßt sich im Gegenteil gerade hieraus der Beweis herleiten, daß bisher leider die Kriegführung aller Mächte von Grundsätzen beherrscht war, welche dem Sprichworte entsprechen: „Everything is fair in love and war."

Jedenfalls bleibt die traurige Tatsache bestehen, daß die Blockade mehr Frauen und Kinder hingemordet hat als der U-Bootkrieg.

Eine sehr sachlich gehaltene Kritik meiner Auffassung findet sich in dem Gutachten, welches der Gesandte Freiherr von Romberg vor dem

Untersuchungsausschusse der Nationalversammlung abgegeben hat. Wenn ich auf dieses Gutachten ausführlich eingehen wollte, müßte ich alle meine Motive und Argumente wiederholen, die ich in dem ersten Bande darlegte. Darauf verzichte ich, um meine Leser nicht zu ermüden. Den wichtigsten Einwänden des Gutachtens muß ich jedoch einige Worte widmen, umsomehr als seit dem Erscheinen des ersten Bandes wertvolles Material veröffentlicht wurde, das meine Auffassung bestätigt.

Romberg sagt: „Ich kann mir nicht vorstellen, daß die Entente in einem Zeitpunkte, wo sie mit so guten Gründen ihres Sieges sicher war, wegen finanzieller Schwierigkeiten auf die Erfüllung ihrer Kriegsziele verzichtet hätte ...... Graf Bernstorff war über unsere militärische Lage nicht unterrichtet und ist nach seiner Aussage immer von der falschen Voraussetzung ausgegangen, daß wir ohne Hinzutreten Amerikas nicht zu schlagen seien und infolgedessen alle Zeit gehabt hätten, eine amerikanische Friedensaktion sich auswirken zu lassen." In diesem Zusammenhange führt Romberg noch an, daß die finanziellen Schwierigkeiten der Entente uns in der kritischen Zeit unbekannt waren.

Diese Argumentation kann bestenfalls dazu dienen, die Kaiserliche Regierung von dem Vorwurfe zu exkulpieren, der ihr von dem Untersuchungsausschusse gemacht worden ist, nämlich daß sie „in der größten Schicksalsfrage Deutschlands geschehen ließ, was nach ihrer Ueberzeugung schädlich war". Gewiß hat die politische Reichsleitung ihre Entscheidung getroffen, weil sie nach bestem Wissen und Gewissen glaubte, nicht anders handeln zu können. Gewiß ist sie auch der Meinung gewesen, daß die finanziellen Schwierigkeiten der Entente nicht genügend groß waren, um unsere schlechte militärische Lage auszugleichen. Trotzdem muß aber der Historiker zu dem Ergebnisse gelangen, daß die getroffene Entscheidung nicht die richtige war. Ich kann nicht zugeben, daß die finanziellen Schwierigkeiten der Entente uns nicht bekannt waren, denn ich hatte hinreichend darüber berichtet. Wie hoch man dieselben damals bewertete, hing natürlich von dem individuellen politischen Urteile des Betreffenden ab. Heute kann ich mich auf das Zeugnis Keynes' berufen, das auch Romberg an anderer Stelle herangezogen hat. In seinem klassisch gewordenen Buche sagt der Cambridger Professor: „Nur sehr Wenige können sich einen vollen Begriff davon machen, wie völlig hoffnungslos ohne die Hilfe des Schatzamtes der Vereinigten Staaten, die Aufgabe des englischen Schatzamtes bald geworden wäre. Nach dem Eintritt der Vereinigten Staaten in den Krieg war ihre Finanzhilfe reichlich und unbeschränkt, und ohne sie hätten die Verbündeten den Krieg niemals gewonnen, ganz abgesehen von dem entscheidenden Einfluß, den die Ankunft der amerikanischen Truppen hatte."

Hier kommt also ein allgemein als Autorität anerkannter Mann, der in dem Brennpunkte der Ereignisse gestanden hat, zu dem gleichen Ergebnis wie ich. Obenein schreibt Lord Grey in seinen Memoiren: „Wir hätten den Wilson-Frieden ohne Sieg annehmen müssen, denn wir waren vollkommen abhängig von den Vereinigten Staaten."

Hinsichtlich der militärischen Lage kann ich ebenfalls nicht anerkennen, daß ich falsch unterrichtet war. Ich habe im Gegenteil immer die Ansicht vertreten, daß wir seit der ersten Schlacht an der Marne nicht mehr in der Lage waren, einen militärischen Sieg zu erfechten, während die Oberste Heeresleitung noch zu Anfang des Jahres 1918 einen solchen erhoffte. Vor dem Untersuchungsausschusse der Nationalversammlung wurde allgemein anerkannt, daß der U-Bootkrieg auf die Landkriegführung keinen nennenswerten Einfluß ausgeübt hat. Unsere militärische Lage wäre also durch das Unterbleiben des U-Bootkrieges nicht schlechter geworden und hätte uns gestattet, die amerikanische Friedensaktion sich auswirken zu lassen. Wie wären denn nach menschlicher Berechnung die Dinge verlaufen, wenn die Kaiserliche Regierung, ohne Hintergedanken an Sicherungen und Annexionen, die amerikanische Vermittlung zur Erreichung eines Friedens ohne Sieg angenommen hätte? Zunächst würde die Entente dadurch jede Hoffnung auf den Eintritt der Vereinigten Staaten in den Krieg und damit den wichtigsten diplomatischen Kampf des Weltkrieges verloren haben. Wenn damals die Entente wirklich, wie Romberg behauptet, mit so guten Gründen ihres Sieges sicher war, was ich übrigens bezweifle, so hätte sie diese Zuversicht unter den veränderten Umständen gewiß nicht mehr empfunden. Falls die finanziellen Schwierigkeiten nicht genügt haben sollten, um eine Friedensbereitschaft der Entente herbeizuführen, so hätte die russische Revolution sicher dieses Ergebnis gezeitigt. Ich bin heute noch ebenso fest überzeugt, wie in der kritischen Zeit, daß meine Auffassung der Sachlage die richtige war, und von der Geschichte bestätigt werden wird, um so mehr als meine Grundauffassung von den englischen und amerikanischen Kritikern nicht angefochten wurde. Aus den Vereinigten Staaten habe ich sogar von kompetentesten Seiten zustimmende Aeußerungen zu verzeichnen.

Auch in manchen Einzelheiten ist meine Anschauung seit dem Erscheinen meines ersten Buches bestätigt worden. Der bekannte frühere Minister des Aeußeren, Gabriel Hanotaux, hat berichtet, daß Frankreich im September 1914 bereit war, Frieden zu schließen, aber an der Ausführung dieser Absicht durch England verhindert wurde. Ferner seien damals drei amerikanische Botschafter nach Bordeaux, an den Sitz der französischen Regierung gekommen und hätten erklärt, daß zu jener Zeit zwar nur 50,000 Amerikaner in den Krieg einzutreten wünschten, der Tag jedoch nicht fern sei, an dem hundert Millionen zu diesem Wunsche bekehrt sein würden. Diese Enthüllung brachte für den in amerikanische Dinge Eingeweihten nichts Neues. Die drei erwähnten Botschafter, die Herren Bacon, Herrick und Sharpe, waren immer als

Parteigänger der Entente bekannt. Sie ersehnten daher die von ihnen in Aussicht gestellte „Bekehrung" der amerikanischen öffentlichen Meinung. Um so wertvoller ist ihre Aussage, daß damals nur 50,000 Amerikaner in den Krieg einzutreten wünschten. Sie trifft den Nagel auf den Kopf und müßte selbst dem Widerwilligsten endlich offenbaren, um was sich der diplomatische Kampf in Washington drehte. Es war ein Ringen um die Seele des amerikanischen Volkes, in welchem die Entente nicht hätte siegen können, wenn der uneingeschränkte U-Bootkrieg unterblieben wäre. Nach dem Lusitania-Zwischenfall war die „Bekehrung" der öffentlichen Meinung schon so gut wie erreicht. Von da an begann zu unseren Gunsten ein langsamer Aufstieg, der gegen Ende des Jahres 1916 so weit gediehen war, daß wir gewonnenes Spiel hatten.

Als ich mein erstes Buch herausgab, lebte Wilson noch. Daher nahmen damals alle Veröffentlichungen über seine Politik eine gewisse Rücksicht auf ihn, wenn sie nicht noch ganz unterblieben. Seitdem hat der Tod den Vorhang über eine menschliche Tragödie fallen lassen, die auch zu einer Tragödie Europas wurde. Der Mann, der „arbiter mundi" sein wollte, zerschellte an der Größe seiner Aufgabe. Wie Moses auf dem Berge Pisga hat Wilson das Gelobte Land gesehen, er erreichte es jedoch nicht. Die Welt bejubelte übermäßig sein Wollen, um dann seinen Mangel an Können allzu scharf zu verurteilen. Der Weltkrieg steht uns zeitlich noch zu nahe, als daß ein sicherer historischer Richterspruch über seinen Anfang, Verlauf und Ende gefällt werden könnte. Ueberall stoßen wir auf der Parteien Haß und Gunst, die das Urteil verwirren, aber bei keiner Persönlichkeit schwankt das Charakterbild so stark wie gerade bei Wilson. Er war Akademiker und Historiker, doch großes Selbstvertrauen und Ehrgeiz ließen es ihn vorziehen Geschichte zu machen, anstatt sie nur zu schreiben. Das Glück war Wilson hold, und im richtigen Augenblick spaltete sich die republikanische Partei, wodurch ihm ein leichter Sieg im Kampfe um die Präsidentschaft zuteil wurde. Seine starre Dogmatik und seine Neigung zu einsamer Arbeit machten ihn zur auswärtigen Politik wenig geeignet. Innere Fragen kann ein Theoretiker schon eher vom Schreibtische aus lösen, wenn er sie gut durchgearbeitet hat, aber äußere Dinge lassen sich nur durch die Praxis meistern. Glänzende oratorische Leistungen können das eigene Volk mitreißen und Parlamente überzeugen, sie versagen jedoch, wenn die Interessen und Waffen fremder Mächte sich hart im Raume stoßen.

Gerade weil Wilson als Redner der glänzendste Exponent der amerikanischen Ideale war, als Staatsmann aber von diesen so wenige in der Praxis realisiert hat, ist er vielfach, namentlich in Deutschland, als Heuchler und Betrüger gebrandmarkt worden. Dies ist sicher ein Fehlurteil, wie ein jeder bezeugen wird, der Wilson gut gekannt hat, und wie insbesondere ich bekunden kann, der ich vier Jahre lang bei ihm als Botschafter akkreditiert war. Die beliebte Auslegung, daß hier der Betrogene über den Betrüger schreibt, läßt sich angesichts des jetzt vorliegenden amerikanischen historischen Materials nicht mehr aufrechterhalten. Man lese nur Wilsons eigenes Buch und diejenigen von Page, Lane, House und Seymour, um sich ein klares Bild der Politik Wilsons zu machen. Mein eigenes Urteil ist durch diese Bücher, namentlich das zuletzt angeführte etwas modifiziert worden. Ich habe bisher immer angenommen, daß in dem eigenartigen Freundespaar Wilson und House der letztere der friedliebendere und neutralere war. Tatsächlich ist das Verhältnis umgekehrt gewesen. Mein Irrtum ist aber entschuldbar, da ich fast ausschließlich mit House verhandelte, mit dem ich befreundet war, und der mich sehr eingehend informierte. Wie ich jetzt kontrollieren kann, hat House mir gegenüber immer loyal die Ansichten des Präsidenten ausgesprochen und nicht seine eigenen. Auch wenn er nicht mit Wilson einverstanden war, arbeitete er doch ganz im Sinne des Präsidenten. So war er wirklich der „alter ego" Wilsons, der selbst weder argumentieren konnte noch wollte. Audienzen bei dem Präsidenten, wenn solche überhaupt zu erlangen waren, verliefen in der Regel so, daß der Besucher sein Anliegen vorbrachte, worauf Wilson einen mehr oder weniger eingehenden Vortrag über seine Absichten hielt. Dann endete die Audienz, wenn der Besucher nicht sehr eindringlich wurde, wodurch er aber sicher die Gunst des Präsidenten verscherzte, der schließlich doch jeden an House verwies.

In seinem politischen Testament hat Wilson den imperialistischen Wahnsinn Frankreichs treffend gekennzeichnet und in seiner letzten öffentlichen Rede erklärte er, Frankreich habe durch den Ruhreinfall den Versailler Vertrag zu einem Fetzen Papier gemacht. Diese Aeußerungen eines dem Tode nahen Mannes sollten allein genügen, um das Urteil zu mildern, das bei uns über ihn gefällt wird, während die landläufige deutsche Auffassung sagt, Wilson habe uns zweimal betrogen, das erstemal, als er 1916 uns seine Friedensvermittlung anbot, das zweitemal als er 1918 uns die vierzehn Punkte garantierte.

Was den ersten Fall anlangt, so kann von einem Betrug nicht die Rede sein, da wir das Angebot nicht annahmen. Niemand vermag zu sagen was geschehen wäre, wenn wir es angenommen hätten. Das ist das große, unergründliche Geheimnis der Weltgeschichte und jeden Privatlebens, was geschehen wäre, w e n n. Immerhin habe ich schon oben gesagt, was nach menschlicher Berechnung die Folge gewesen wäre, nämlich die Rettung der Weltstellung Deutschlands und die Vermeidung der heutigen Verelendung Europas. Es ist doch ziemlich beweiskräftig, daß der amerikanische Botschafter in London, dem man dort wegen seiner ententistischen Neigungen sogar ein Denkmal errichtet hat, der gleichen Auffassung gewesen ist, und sich darüber mit Wilson überwarf, da er dessen Vermittlungsabsichten scharf tadelte. Jedenfalls besteht die Tatsache, daß der Präsident seine Vermittlung angeboten hat, und daraus kann der

7 *Bernstorff*, Erinnerungen.

Historiker nur folgern, daß wir sie hätten annehmen müssen, weil es keinen anderen Weg gab, um den Eintritt der Vereinigten Staaten in den Krieg zu verhindern.

Der zweite Vorwurf ist viel gravierender, da selbst in dem von Baker herausgegebenen Buch Wilsons zugegeben wird, daß der Versailler Friede einen Vertragsbruch darstellt, denn die europäischen Staaten hätten sich vor dem Waffenstillstande feierlichst verpflichtet, die Grundsätze des Präsidenten anzunehmen. Die Frage kann also hier nur die sein, ob auf Seiten Wilsons der „dolus" vorlag, der ihn zum Betrüger stempeln würde. Dies muß nach den vorliegenden Akten unbedingt verneint werden. Danach wollte Wilson einen Frieden auf der Basis der vierzehn Punkte zustande bringen, und er war auch bis zu seiner ersten Rückkehr nach Amerika mehr oder weniger erfolgreich in seinem Kampfe gegen die französische Politik. Während Wilsons Abwesenheit aber wurde seine Arbeit durch diplomatische Intrigen unterminiert, und außerdem wurde er in Washington gewahr, daß er in der Heimat keinen festen Rückhalt mehr hatte. Infolgedessen kam der Präsident zu der Ueberzeugung, daß er einen Kompromiß mit der französischen Politik schließen müsse. Mitten in dem harten Kampfe um diesen Kompromiß brach Wilson physisch nieder und büßte damit seine Widerstandsfähigkeit ein.

Immerhin hat der Präsident in sehr wichtigen Punkten, wie z. B. in der Frage des Rheinlandes die französischen Aspirationen erfolgreich bekämpft, eine Tatsache, die es Stresemann ermöglichte, dieses Gebiet vor der Fremdherrschaft zu retten. Ohne Wilsons Eingreifen hätten wir in Versailles unter Zustimmung der Großmächte Rhein und Saar verloren. Wenn heute auch das Saargebiet deutsch ist, so dürfte das ausschließlich Wilsons Verdienst sein. Für die Beurteilung der damaligen Politik des Präsidenten ist entscheidend, daß er das Hauptgewicht darauf legte, den Völkerbund zu schaffen, der später alles wieder gutmachen sollte. Sein Platz in der Weltgeschichte wird daher wesentlich davon abhängen, ob der Völkerbund ein bleibendes Denkmal der Tätigkeit Wilsons oder nur eine kurze Episode sein wird. Zunächst hat dem Präsidenten seine Unkenntnis Europas einen bösen Streich gespielt. Solche Friedensschlüsse wie Abraham Lincoln durchsetzte und Wilson erstrebte, sind wohl in Amerika möglich, „wo nicht stört zu lebendiger Zeit unnützes Erinnern und vergeblicher Streit". In dem alten Europa wirkt der Haß von Jahrhunderten weiter. Ein gerechter Beurteiler muß aber zugeben, daß der spätere Verlauf vermutlich ein ganz anderer gewesen wäre, wenn der Präsident es durchgesetzt hätte, den Eintritt Amerikas in den Völkerbund und die baldige Aufnahme Deutschlands zu erreichen. Leider kam es anders. Der Völkerbund geriet, ebenso wie der ganze europäische Kontinent unter die Hegemonie Frankreichs, und damit verschwand einstweilen die Hoffnung auf Versöhnung und Verständigung der Völker.

Der Vorwurf, Wilson habe uns mit den vierzehn Punkten absichtlich betrogen, gewann dadurch mehr Geltung, daß in Deutschland die Legende gezüchtet wurde, wir hätten im Vertrauen auf die vierzehn Punkte die Waffen niedergelegt. Diese Legende ist eine glatte Geschichtsfälschung, wie jeder weiß, der damals an den Verhandlungen beteiligt war. Wir haben die Waffen niederlegen müssen, weil die Oberste Heeresleitung es dringend verlangte, um eine Katastrophe zu vermeiden, und dann riefen wir Wilsons Hilfe an, unter Berufung auf die vierzehn Punkte. Ob es gerade klug war, sich an den Präsidenten zu wenden, den wir zwei Jahre vorher tödlich beleidigt hatten, ist eine andere Frage. Im Resultat aber hat seine Intervention uns genützt, denn dadurch erhielten wir ein moralisches Recht. Der Friede von Versailles wurde so zum Vertragsbruche, während er sonst einfach die Folge unserer militärischen Niederlage gewesen wäre.

Alles in allem kann man sagen: Wilson war ein Idealist, der das Beste wollte, sein Ziel jedoch nicht erreichen konnte, weil ihm dazu die staatsmännische Kraft fehlte. Die Natur hatte ihm zwar glänzende Gaben mit auf den Weg gegeben, diese lagen aber nicht in der Richtung, wo er sie benötigt hätte, und wurden außerdem durch des Präsidenten Unfähigkeit mit Menschen zu verhandeln beeinträchtigt. Hier liegt der Grund, warum Wilson in Versailles versagte, und liegt auch das Fundament seiner Freundschaft mit House, den er so oft als es ging, für sich verhandeln ließ. Für auswärtige Fragen war der Präsident zu bedächtig und zu langsam von Entschluß. Dazu kam sein übermäßiges Selbstvertrauen und seine Abneigung, Untergebene für sich arbeiten zu lassen. Vermutlich wäre der Verlauf der Weltgeschichte ein ganz anderer gewesen, wenn Wilson im Jahre 1916 seine Vermittlung um einen Monat früher hätte eintreten lassen. Ebenso würde er in Versailles mehr erreicht haben, wenn er zu Hause geblieben wäre und vom Olymp Blitze geschleudert hätte. Die Unzulänglichkeit des Präsidenten im Argumentieren wäre nicht so scharf hervorgetreten, wenn ein anderer die Verhandlungen hätte führen dürfen. Wilsons Schwäche war eben seine Rechthaberei, die fremden Rat und fremde Hilfe instinktiv ablehnte. Wer, wie ich, lange Jahre mit ihm hat kämpfen müssen, um das Unglück meines Vaterlandes und der Welt auf das unvermeidlichste Mindestmaß herabzudrücken, muß heute zurückblickend anerkennen, daß er einen ehrlichen Gegner hatte, der seinem eigenen Ruhm ebensosehr wie der Welt schadete, als er die Gelegenheit versäumte, ein besseres Zeitalter heraufzuführen. Es ist vielfach, namentlich von Page behauptet worden, daß ich auf den Präsidenten einen sehr starken Einfluß ausgeübt hätte. Diese Behauptung trifft die Wahrheit nicht. Ebenso gleichgiltig ist es, ob Wilson zu mir Vertrauen hatte oder nicht. Die historische Wahrheit ist lediglich, daß wir ein Stück Weg zusammen gingen, weil wir beide *ein einziges* Ziel hatten, den Eintritt der Vereinigten

Staaten in den Weltkrieg zu verhindern. Was später kam, war uns eine „cura posterior".

Zum Unglück der Welt erreichten wir das Ziel nicht. Der Krieg dauerte noch zwei Jahre an und endete erst, nachdem Europa verelendet war.

Es ließ sich erwarten, daß die öffentliche Meinung in den Vereinigten Staaten überwiegend für die Entente Partei ergreifen würde. Dies geschah infolge der Verletzung der Neutralität Belgiens noch weit über die Erwartung hinaus. Die Heftigkeit der Aeußerungen der antideutschen Partei rief lebhaften Widerspruch seitens derjenigen hervor, welche eine strenge Neutralität der Vereinigten Staaten verlangten. Die Angehörigen der letzteren Partei wurden in Amerika immer als „pro Germans" bezeichnet, obgleich selbst die Deutsch-Amerikaner nie mehr forderten als eine unbedingte Neutralität. Auf dieses Ziel hin arbeitete auch die deutsche Politik durch ihre Vertreter in Amerika. Wir haben nie mehr erhofft. Die Wogen der Erregung gingen so hoch, daß sogar die privaten Beziehungen der Angehörigen der beiden Parteien darunter litten. Präsident Wilson erließ daher am 19. August 1914 an das amerikanische Volk eine Proklamation, welche besonderes Interesse beansprucht, weil sie seine Politik, die er bis zum Eintritte der Vereinigten Staaten in den Krieg konsequent und hartnäckig verfolgte, in bestimmter Form festlegte. In der Proklamation finden sich folgende Sätze: „Jeder Mann, der Amerika wirklich liebt, wird in dem Geiste wahrer Neutralität sprechen, welcher der Geist der Unparteilichkeit, Gerechtigkeit und Freundschaft gegen alle Beteiligten ist," und ferner: „Trennung in verschiedene Lager würde verhängnisvoll werden für den Frieden unserer Seelen und könnte ernstlich der wichtigsten Erfüllung unserer Pflichten im Wege stehen, als der einzigen großen Nation, die im Frieden lebt, dem einzigen Volk, das sich bereit hält, die Rolle eines unparteiischen Vermittlers zu spielen und friedliche Ratschläge zu geben, nicht als Parteigänger sondern als Freund."

Die in den zitierten Auszügen aus Wilsons Proklamation skizzierte Politik fand die Zustimmung der überwiegenden Mehrheit des amerikanischen Volkes, denn selbst unter den Parteigängern der Entente war nur eine geringe Minderheit vorhanden, die ein aktives Eingreifen der Vereinigten Staaten in den Krieg wünschten. Abgesehen davon, daß die traditionelle Politik Amerikas eine solche Einmischung in europäische Verhältnisse zu verbieten schien, lag es im Interesse der Vereinigten Staaten, in ungebrochener Kraft den „arbiter mundi" zu spielen, wenn die Staaten des alten Europas, des gegenseitigen Zerfleischens müde, endlich wieder den Frieden herbeisehnten. Amerika mußte wünschen, daß keine der beiden kriegführenden Parteien in übermächtiger Stellung aus dem Kampfe hervorging. Deshalb liegt eine gewisse Wahrheit darin, wenn bei uns vielfach behauptet wird, die Vereinigten Staaten würden jedenfalls schließlich in den Krieg eingegriffen haben, um den sogenannten „Deutschen Frieden" zu verhindern. Die Frage ist nur, ob ein solcher Friede angesichts der Uebermacht unserer Feinde jemals möglich war. Wenn wir die erste Schlacht an der Marne gewonnen hätten und dann bereit gewesen wären, Belgien wiederherzustellen, sowie im übrigen einen maßvollen Frieden zu schließen, so ließe sich immerhin denken, daß wir uns mit England hätten verständigen können. Nach dem Verlust der Marneschlacht war ein „Deutscher Friede" ausgeschlossen. Die Möglichkeit eines solchen hat nie wieder bestanden. Deshalb mußte die deutsche Politik, der Analogie des siebenjährigen Krieges entsprechend, einen Frieden auf der Basis des „status quo" erstreben. Wie damals Friedrich der Große die neugewonnene Großmacht-Stellung Preußens gegen gewaltige Uebermacht verteidigte, so kämpften wir unter ähnlichen Umständen für die Aufrechterhaltung der Weltstellung Deutschlands. Das deutsche Volk glaubte ehrlich, einen Verteidigungskrieg zu führen. Dementsprechend mußte unsere Politik eingestellt werden. Wenn wir einen dem Hubertusburger ähnlichen Frieden erlangten, hatte Deutschland den Sieg errungen. Es wird bei uns vielfach bestritten, daß es möglich gewesen wäre, dieses Ziel zu erreichen. Ich habe in Amerika 2½ Jahre unausgesetzt dafür gekämpft, und bin noch heute ebenso wie damals fest davon überzeugt, daß wir durch Eingehen auf die Politik der Vereinigten Staaten einen den Bedürfnissen des Deutschen Volkes entsprechenden Frieden erlangt hätten, wenn diejenigen, welche in der Heimat das Gleiche wollten, in der Lage gewesen wären, ihren Willen durchzusetzen.

Die kontroverse Frage des „Deutschen"- oder „Verständigungs"-Friedens mußte hier berührt werden, weil eine Darstellung meines Kampfes in den Vereinigten Staaten sonst unmöglich ist. Wilson machte schon im August 1914 den ersten Versuch, einen Frieden zu vermitteln. Im September desselben Jahres wiederholte er mit meiner Beihilfe seine Bemühungen. Beide Versuche scheiterten. Infolgedessen hielt die amerikanische Regierung es für notwendig, sich zunächst mehr zurückzuhalten. Trotzdem aber sandte Wilson noch vor Ablauf des Winters 1914/15 seinen vertrauten Freund House nach London, Paris und Berlin, um in halbamtlicher Weise festzustellen, ob sich Friedensmöglichkeiten böten. Inzwischen hatte sich wegen des Waffen- und Munitions-Handels die Stimmung in Deutschland scharf gegen die Vereinigten Staaten gewandt. Diese Frage lag für uns sehr ungünstig, da uns die Rechtsbasis fehlte. Die Bestimmung der Haager Konvention, welche solchen Handel gestattete, war seinerzeit auf der II. Haager Konferenz auf unseren eigenen Antrag angenommen worden. Immerhin war es begreiflich, daß die, nach der Lage der Dinge, einseitige Unterstützung unserer Feinde durch die schnell wachsende amerikanische Kriegsindustrie, in Deutschland starke Verstimmung erzeugte.

Infolgedessen entstand eine Kontroverse mit der amerikanischen Regierung, ähnlich derjenigen mit England während des Krieges 1870/71. Unterdessen kehrte House ohne Erfolg aus Europa zurück, wo er aber nützliche persönliche Beziehungen angeknüpft hatte. Er ließ sich durch seine erste resultatlose Mission nicht von weiteren Bemühungen abschrecken und blieb bis zuletzt der eifrigste Befürworter eines amerikanischen Vermittlungsfriedens. Seit dieser Reise unterhielt House mit mir ständige freundschaftliche und vertrauliche Beziehungen, welche der Herbeiführung eines solchen Friedens dienen sollten.

Die Gefahr des Eintritts der Vereinigten Staaten in den Krieg wurde durch die Torpedierung der „Lusitania" zum ersten Male in greifbare Nähe gebracht. Der Tod von über 100 Amerikanern, unter denen sich viele Frauen und Kinder befanden, verursachte in den Vereinigten Staaten eine Erregung, von deren Heftigkeit man sich noch heute in Deutschland keine richtige Vorstellung macht. Sogar Präsident Wilson muß in den ersten Tagen nach dem verhängnisvollen Ereignis die herrschende Entrüstung unterschätzt haben, denn sonst wäre er derselben vermutlich nicht in der Form entgegengetreten, wie er es in seiner berühmten Rede tat. Am 10. Mai 1915 legte er in Philadelphia für seine pazifistische Gesinnung Zeugnis ab und sagte: „Amerika muß ein besonderes Beispiel geben, das Beispiel des Friedens, und zwar nicht nur, weil es nicht kämpfen will, sondern weil Friede, nicht Kampf, das heilende und erhebende Element der Welt ist. Es gibt einen Stolz, der zu groß ist, um zu kämpfen. Eine Nation kann so sehr im Recht sein, daß sie andere nicht durch Gewalt davon zu überzeugen braucht." Diese Rede erhöhte die im ganzen Lande tobende Entrüstung und Erregung. „Too proud to fight" wurde zum Schimpfworte der Jingo- und Ententepartei gegen Wilson. Fast einstimmig verlangte die öffentliche Meinung, daß die diplomatischen Beziehungen mit Deutschland abgebrochen werden sollten. Unter dem Eindrucke dieser elementaren Bewegung hielt der Präsident es für notwendig, seine Worte offiziös etwas fortinterpretieren zu lassen. Am 13. Mai sandte er dann die bekannte erste scharfe Note nach Berlin ab. In Deutschland wurde der U-Bootkrieg als berechtigte Repressalie gegen die englische Blockade betrachtet. Andrerseits erklärte man in den Vereinigten Staaten, daß die Neutralen — von dem Falle einer effektiven Blockade abgesehen — berechtigt seien, ohne Lebensgefahr zu reisen, wohin sie wollten, während die deutschen U-Boote nur befugt wären, Handelsschiffe behufs Untersuchung anzuhalten. Die amerikanische Forderung machte den U-Bootkrieg unmöglich, was auch tatsächlich die Absicht der Unions-Regierung war. Der Gegensatz zwischen den beiderseitigen Auffassungen erschien unüberbrückbar und mußte angesichts der bestehenden Erregung zum Abbruche der diplomatischen Beziehungen führen, wenn nicht Zeit gewonnen wurde, in welcher sich die Wogen der Empörung legen konnten.

Die telegraphische Verbindung zwischen der deutschen Regierung und ihrer Washingtoner Botschaft war nur auf Umwegen herzustellen und deshalb außerordentlich langwierig. Ich mußte auf eigene Verantwortung Entschlüsse fassen und rasch handeln. Es war mir ohne weiteres klar, daß der Abbruch der diplomatischen Beziehungen Krieg bedeuten würde. Wir standen in Washington in heftigem Kampfe mit der feindlichen Propaganda, welche nur das eine Ziel verfolgte, die Vereinigten Staaten in den Krieg hineinzuziehen und dadurch die Entscheidung herbeizuführen. Seit dem Lusitania-Zwischenfalle drehte sich das diplomatische Ringen zwischen der Entente und uns fast ausschließlich um diese Frage. Wenn die Beziehungen zwischen der deutschen und der amerikanischen Regierung abgebrochen wurden, standen wir in den Vereinigten Staaten der feindlichen Propaganda ohne Gegengewicht wehrlos gegenüber. Es handelte sich zunächst also darum, unter allen Umständen die diplomatischen Beziehungen aufrecht zu erhalten. Allerdings hatten meine Bemühungen nur dann wirklich einen Zweck, falls der Bruch endgiltig vermieden wurde. Jetzt, wo uns der Ausgang bekannt ist, läßt sich einwenden, daß es besser gewesen wäre, wenn die Vereinigten Staaten schon damals in den Krieg eingegriffen hätten. Die endgiltige Katastrophe wäre dann zwei Jahre früher eingetreten und hätte das deutsche Volk zu einer Zeit getroffen, wo es noch nicht durch vierjährigen Krieg und Blockade demoralisiert und zermürbt war. Damals hatte ich aber begründete Hoffnung, einen amerikanischen Vermittlungsfrieden herbeiführen zu können, und ich wollte daher um jeden Preis Zeit gewinnen. Ohne Instruktionen aus Berlin abzuwarten, machte ich von meinem Vorrechte als Botschafter Gebrauch und erbat eine Audienz bei dem Präsidenten. Wie ich später erfuhr, waren an dem Tage, an dem ich Wilson aufsuchte, schon alle Vorbereitungen für den Abbruch der Beziehungen und einen daraus folgenden Krieg getroffen. Ich hatte eine lange Unterredung unter vier Augen mit dem Präsidenten, den ich tief erschüttert und von dem dringenden Wunsche beseelt fand, den Krieg zu vermeiden. Wir waren beide darin einig, daß Zeit gewonnen werden müsse, und diese Uebereinstimmung führte zur Anwendung eines Palliativ-Mittels. Wir stellten uns auf den Standpunkt, daß die bestehende Absperrung Deutschlands eine Atmosphäre des Mißverstehens zwischen uns und den Vereinigten Staaten hervorgerufen habe. Unter dieser Voraussetzung war anzunehmen, daß, wenn eine persönliche mündliche Verbindung hergestellt werden könnte, eine Entspannung eintreten würde. Dementsprechend verabredeten wir auf meinen Vorschlag, daß ich den Regierungsrat Meyer-Gerhard, der mit Dernburg nach Amerika gereist und dort für unser Rotes Kreuz tätig war, sofort nach Deutschland senden sollte, um meiner Regierung mündlich Bericht zu erstatten. Wilson versprach, keine unwiderruflichen Schritte zu tun, bis die Mission Meyer-Gerhards Ergebnisse gezeitigt hätte. Inzwischen ging der scharfe Notenwechsel zwischen Washington und Berlin weiter, ohne eine Verständigung herbeizuführen. Die Erregung legte sich aber allmählich in den Vereinigten Staaten, und die erste Krisis war überwunden.

Seit der erwähnten Unterredung mit Wilson bin ich fest überzeugt gewesen, daß er keinen Krieg mit Deutschland herbeiführen wollte. Es wäre sonst schlechterdings nicht einzusehen, warum der Präsident damals auf meine Vorschläge einging, anstatt die Beziehungen abzubrechen. Wenn er den letzteren Weg eingeschlagen hätte, würde er die öffentliche Meinung in weit höherem Maße hinter sich gehabt haben, als es später im Jahre 1917 der Fall war. Ein Widerspruch wäre nicht laut geworden, außer von seiten des Staatssekretärs Bryan, der sowieso von seinem Amte' zurücktrat, weil der mit Kriegsgefahr schwangere Notenwechsel seinen pazifistischen Anschauungen widersprach. Im Verlaufe dieses Notenwechsels modifizierte die amerikanische Regierung insoweit ihre Stellung, als sie den U-Bootkrieg als statthaft bezeichnete, wenn vor der Versenkung den Besatzungen und Passagieren der feindlichen Handelsschiffe Gelegenheit gegeben würde, ihr Leben zu retten. In der letzten amerikanischen Lusitania-Note vom 21. Juli 1915 wurde aber kategorisch die Mißbilligung seitens der deutschen Regierung verlangt und eine Wiederholung als „vorsätzlich unfreundliche Handlung" bezeichnet. Einige Tage nach Abgang dieser Note bat mich der neue Staatssekretär Lansing, ihn zu besuchen und sagte mir, die amerikanische Regierung wisse nun keinen Ausweg mehr. Wenn wieder Amerikaner durch Torpedierung eines Handelsschiffes ihr Leben verlören, sei der Krieg nicht zu vermeiden. Die Regierung der Vereinigten Staaten werde keine Noten mehr schreiben, welche doch zwecklos wären, sondern bitte mich, die weiteren Verhandlungen in die Hand zu nehmen. Da ich den Krieg zu vermeiden wünsche, würde ich vielleicht einen Ausweg finden. Von diesem Tage an kam mir die amerikanische Regierung auch insofern entgegen, als sie mir gestattete, durch Vermittlung des Staatsdepartements und der amerikanischen Botschaft in Berlin chiffrierte Depeschen an meine Regierung zu senden. Während ich mit der Berliner Regierung einen Ausweg suchte, wurde am 19. August der Passagierdampfer „Arabic" versenkt, wobei abermals einige Amerikaner den Tod fanden. Wiederum schien der Krieg unvermeidlich. Ich erklärte deshalb, ohne Instruktionen abzuwarten, sofort in Washington, daß unsrerseits Genugtuung gegeben werden würde. Dadurch gelang es, die neue Erregung zu dämpfen, bevor sie allzustark anschwoll. Glücklicherweise war schon vor der Torpedierung der „Arabic" eine Weisung an die U-Boot-Kommandanten ergangen, daß „Liners" nur nach vorheriger Warnung und nach Rettung der Nichtkombattanten versenkt werden sollten, es sei denn, daß ein Schiff zu fliehen versuche oder Widerstand leiste. Am 1. September erhielt ich die Instruktion, der amerikanischen Regierung von dieser Weisung Kenntnis zu geben. Erst am 5. Oktober konnte ich aber den „Arabic"-Zwischenfall endgültig begraben, weil die Formel für die Genugtuung sich nicht vorher zur beiderseitigen Zufriedenheit finden ließ. Um den Bruch zu vermeiden, mußte ich schließlich auf eigene Verantwortung weiter gehen als in Berlin gewünscht wurde, wo die Marinebehörden die „Mißbilligung" des Vorganges nicht zugestehen wollten. Ein mir nachträglich ausgesprochener Vorwurf drückte mich nicht schwer, weil ich mir bewußt war, durch meine Eigenmächtigkeit den Krieg verhindert zu haben. Die zweite Krisis war damit glücklich überwunden.

Amerikanische Differenzen mit England über dessen Seekriegführung und mit Oesterreich-Ungarn über die Torpedierung der „Ancona" verzögerten die weiteren Besprechungen über den Lusitania-Fall. Im Dezember begannen die Verhandlungen, welche mündlich und vertraulich zwischen Lansing und mir geführt wurden. Leider war aber die Vertraulichkeit in Washington nicht aufrechtzuerhalten, namentlich, da sich die Besprechungen wochenlang hinzogen. Das Staatsdepartement war ständig von Journalisten umlagert, die über jeden meiner Besuche ein Gemisch von Dichtung und Wahrheit berichteten. Dadurch provozierten sie Dementis und konnten so schließlich die Sachlage ziemlich richtig darstellen. Die amerikanische Regierung stellte sich auf den Standpunkt, daß eine Repressalie per se eine Handlung jenseits des nach dem Völkerrecht Zulässigen darstelle, daß also unsere Verteidigung der Versenkung der „Lusitania" als Repressalie das Zugeständnis der Illegalität involviere. Die deutsche Regierung wollte andrerseits unter keinen Umständen die Ungesetzlichkeit der Kriegführung der U-Boote in der Kriegszone zugeben.

Ueber das Wort „illegal" kam es daher zum dritten Male zu einer Krisis, die hart an den Abbruch der Beziehungen führte. Schließlich gelang es Lansing und mir, eine Formel zu finden, welche beiden Regierungen genügte. Ich gab eine schriftliche dahingehende Erklärung ab, daß Repressalien zwar statthaft seien, aber nicht Neutrale treffen dürften, und daß die deutsche Regierung daher zur Genugtuung und Entschädigung bereit sei. Den Empfang dieses Memorandums wollte die amerikanische Regierung bestätigen und sich damit zufriedengestellt erklären. Das Verhängnis hatte mir jedoch in Washington die Rolle des Sisyphus zugedacht. Die mündlichen Verhandlungen über die „Lusitania" waren gerade beendigt, als die deutsche Regierung am 8. Februar 1916 den sogenannten „verschärften U-Bootkrieg" erklärte, d. h. die Absicht der Seestreitkräfte kundgab, *bewaffnete* friedliche Handelsschiffe ohne Warnung und ohne Rücksicht auf die Mannschaften und Passagiere zu versenken. Daraufhin weigerte sich die amerikanische Regierung, den Schriftwechsel über die „Lusitania" zu vollziehen und zu veröffentlichen. Statt dessen entspann sich eine neue Kontroverse über die Frage der „bewaffneten Handelsschiffe". Meine Hoffnung, den Lusitania-Fall zu erledigen und dann zur Erörterung der „Freiheit der Meere" überzugehen, war gescheitert. Dies traf mich um so schmerzlicher, als ich überzeugt war, daß die Besprechungen über die letztere Frage zu Friedensverhandlungen übergeleitet hätten.

Inzwischen war House zum zweiten Male nach Europa gereist. Ich hatte seinen Besuch in Berlin angemeldet und alles vorbereitet, damit er dort Gelegenheit erhielt, mit den maßgebenden politischen Persönlichkeiten zu sprechen. Als er nach Amerika zurückkehrte, sagte er mir, daß auch jetzt die Zeit für eine amerikanische Vermittlungsaktion noch nicht gekommen wäre. Er habe aber Gelegenheit gehabt, seine Gedanken in London, Paris und Berlin vorzutragen, wobei er in Paris am meisten Widerstand gefunden hätte. In Berlin sei dagegen prinzipielle Geneigtheit vorhanden gewesen, zu geeigneter Zeit auf eine Vermittlung Wilsons einzugehen. Auf Wunsch des Präsidenten habe ich seit der zweiten Reise von House ausschließlich mit diesem über die Friedensfrage verhandelt. Dadurch wurde es möglich, die Besprechungen vollkommen geheim zu halten. House lebte in New-York, wo ich ihn in seiner Privatwohnung unbemerkt besuchen konnte, während das Staatsdepartement, wie oben erwähnt, immer von Journalisten umstellt war.

Am 24. März 1916 erfolgte ohne Warnung die Torpedierung des unbewaffneten Passagierdampfers „Sussex", wobei eine Anzahl Amerikaner den Tod fanden. Ich erbat sofort telegraphisch Instruktionen aus Berlin, um eine amtliche Mißbilligung der Tat aussprechen zu können. Es war mir vollkommen klar, daß es sich jetzt um Biegen oder Brechen handle. Ich konnte nicht wissen, ob in Berlin die Befürworter des U-Bootkrieges oder die Vertreter der Verständigung mit den Vereinigten Staaten siegen würden. Im ersteren Falle war der Krieg unvermeidlich, für den letzteren empfahl ich, von einem Notenwechsel zwischen den beiden Regierungen abzusehen, damit unsere Nachgiebigkeit nicht in eine für uns besonders demütigende Form gekleidet würde. Leider sandte die Berliner Regierung doch eine amtliche Note ab, in welcher sie zunächst die Tat leugnete. Dadurch wurde die Sachlage bedeutend verschlimmert, weil sich die Ableugnung nicht aufrechterhalten ließ. Die Folge war die sehr scharfe amerikanische Note vom 18. April, welche einem Ultimatum gleichkam. Deren Schluß lautete: „Sofern die Kaiserliche Regierung nicht jetzt unverzüglich ein Aufgeben ihrer gegenwärtigen Methoden des U-Bootkrieges gegen Passagier- und Frachtschiffe erklären und bewirken sollte, kann die Regierung der Vereinigten Staaten keine andere Wahl haben, als die diplomatischen Beziehungen zur deutschen Regierung abzubrechen."

Am 4. Mai erfolgte die deutsche Antwort, welche durch Nachgiebigkeit die vierte Krisis beilegte. Der U-Bootkrieg wurde auf die völkerrechtlich anerkannten Formen des Kreuzerkrieges zurückgeführt. Allerdings behielt sich die deutsche Regierung freie Hand vor für den Fall, daß es den Vereinigten Staaten nicht gelingen sollte, England zu einer Anpassung seiner Seekriegführung an das Völkerrecht zu bewegen. Dieser Vorbehalt wurde von der amerikanischen Regierung nicht anerkannt, wodurch aber nichts an dem friedlichen Ergebnisse des Notenwechsels geändert wurde.

Anläßlich des Sussex-Falles war in der Friedensfrage ein Fortschritt zu verzeichnen. Als ich nach Beilegung der Krisis zum ersten Male House wiedersah, sagte er mir, daß ein Telegramm des amerikanischen Botschafters in Berlin eingelaufen wäre, wonach die deutsche Regierung nunmehr bereit sei, die amerikanische Friedensvermittlung anzunehmen. Die Sache verhielt sich folgendermaßen: Gerard war wegen seiner deutschfeindlichen Gesinnung in Berlin nicht gern gesehen. Er fühlte sich auch dadurch verletzt, daß die wichtigsten Verhandlungen teils in Washington, teils durch House in Berlin geführt worden waren. Der Botschafter wollte deshalb die Gelegenheit des Sussex-Falles benützen, um zur Geltung zu kommen, und sprach den Wunsch aus, in das Hauptquartier zu reisen, um dem Kaiser persönlich Aufklärung über den amerikanischen Standpunkt zu geben. Am 1. Mai wurde Gerard in Gegenwart des Kanzlers vom Kaiser empfangen, bei welcher Gelegenheit er die oben erwähnte Zusicherung erhielt. Um mich zu vergewissern, fragte ich in Berlin telegraphisch an, ob die Mitteilung von Gerard auf Wahrheit beruhe. Die Antwort lautete dahin, daß wir noch nicht ganz so weit seien, da Schwierigkeiten innerpolitischer Natur zu überwinden wären, daß ich aber wie bisher fortfahren solle, Wilson zu ermutigen, das Friedenswerk in die Hand zu nehmen. Später wurde mir sogar ein vom Kaiser verfaßtes Memorandum gesandt, das Gerard an obige Vorgänge erinnern sollte. Als damals House mit mir den deutschen Vorbehalt vom 4. Mai besprach, sagte er, der Präsident könne England nicht zur Beobachtung des Völkerrechtes zwingen, da er nicht die Macht dazu habe. England würde ohne Krieg nicht nachgeben, und ein Krieg gegen England sei ausgeschlossen, weil dafür in den Vereinigten Staaten keinerlei Stimmung vorhanden wäre. Dagegen habe Wilson die Macht, den Frieden herbeizuführen und werde es auch tun, sobald die Zeit dazu reif sei. Eine solche neutrale Handlung, die in Amerika als prodeutsch bezeichnet werden würde, könne aber nur ausgeführt werden, wenn die Stimmung gegen Deutschland freundlicher geworden wäre. Es müsse daher eine politische Ruhepause eintreten, in welcher von Deutschland garnicht gesprochen würde. Ich stimmte hierin mit House überein und zweifelte nicht mehr daran, daß ungefähr im September die Vermittlungsaktion beginnen würde. Nachdem wir in der U-Bootfrage nachgegeben hatten, um den Krieg mit den Vereinigten Staaten zu vermeiden, nahm ich als sicher an, daß wir nicht später diesen Krieg direkt hervorrufen würden, denn anders war die Sachlage nach dem amerikanischen Ultimatum vom 18. April 1916 nicht anzusehen.

Mit dem Hochsommer trat tatsächlich eine politische Ruhepause ein, und ich sah House erst anfangs September wieder, als ich ihn auf dem Lande besuchte. Damals hielt er einen Aufschub der Vermittlungsaktion für unbedingt erforderlich, weil die Entente infolge des Eintritts Rumäniens in den Krieg voller Siegeshoffnung sei. Wilson müsse daher bis nach der Präsidentschaftswahl warten, um sich nicht einer Ablehnung seitens der Entente auszusetzen. Eine solche wäre damals bestimmt erfolgt, weil die Entente siegesgewiß und Wilsons Stellung als unsicherer Wahlkandidat zu schwach geworden war. Inzwischen wurde aber die Berliner Regierung ungeduldig. Im September und Oktober erhielt ich Instruktionen, welche auf die Vermittlungsaktion drängten. Ich erwiderte immer, daß dies Mitte November zu erwarten sei, falls Wilson wieder gewählt werden sollte. Die Berliner Urgierungen gaben aber die Veranlassung zu wiederholten Unterredungen mit House über die Modalitäten der Vermittlung. Nach meinen Instruktionen war die deutsche Regierung bereit, das Völkerbundsprogramm Wilsons anzunehmen, welches Abrüstung und obligatorisches Schiedsverfahren zur Vermeidung künftiger Kriege enthielt. Ferner erklärten wir ausdrücklich, daß wir Belgien nicht annektieren wollten. Andrerseits wünschte aber die Berliner Regierung, die territorialen Fragen durch direkte Verhandlungen zwischen den kriegführenden Mächten zu regeln. Hiermit war der Präsident einverstanden. Er vertrat den Standpunkt, daß die Vereinigten Staaten kein Interesse an den Einzelheiten der territorialen Regelung hätten, daß es aber von grundlegender Bedeutung sei, künftige Kriege zu vermeiden und die „Freiheit der Meere" zu sichern. Wilson wollte nur so weit eingreifen, wie er gewiß war, die öffentliche Meinung Amerikas hinter sich zu haben. Bei diesen Verhandlungen mit House war niemals die Rede von der Abtretung irgendwelchen deutschen Gebietes. Es handelte sich immer nur um einen wahren Verständigungsfrieden, bei welchem Deutschland seine volle gleichberechtigte Weltstellung behalten hätte.

Nach hartem Kampfe wurde Wilson wieder zum Präsidenten gewählt. Die pazifistische Richtung in den Vereinigten Staaten hatte gesiegt, denn der Kampf ging hauptsächlich vor sich unter der Parole, daß Wilson dem Lande den Frieden erhalten hätte. Auch waren seine Wahlreden durchaus neutral gewesen. Gleich nach Beendigung der Wahlen, ungefähr Mitte November, schrieb der Präsident seine Vermittlungsnote, behielt sie aber leider in seinem Schreibtische, weil gerade damals wegen der belgischen Deportationen wiederum eine antideutsche Woge über das Land ging. Bald darauf erhielt ich aus Berlin eine neue Anfrage, wann die amerikanische Vermittlungsaktion einsetzen würde. Diese Anfrage war durch die Bemerkung motiviert, daß andere Pläne im Werke seien.

Nach Einholung einer Auskunft von House antwortete ich, daß Wilson seine Note vor Weihnachten absenden werde. Es folgte dann aus Berlin ein weiteres dahingehendes Telegramm, daß die deutsche Regierung nicht so lange warten könne und selbst ein Friedensangebot machen werde. Wie mir House sagte, war der Präsident über diese Wendung enttäuscht. Er ließ sich aber in seinen Absichten nicht beirren und sandte am 18. Dezember die schon längst fertige Note ab. Unser Friedensangebot hatte, weil es als Zeichen der Schwäche betrachtet wurde, die amerikanische Friedensvermittlung erschwert. Immerhin konnte die Wilson-Note unsere Pläne befördern und wurde daher in ganz Amerika als „prodeutsch" betrachtet. Gerade deshalb wirkte sie als Sensation. Da die Note in ihren positiven Vorschlägen ziemlich unklar und tastend gehalten war, suchte ich Lansing auf, um ihn zu fragen, welches Verfahren seitens des Präsidenten gewünscht würde. Er sagte mir, die amerikanische Regierung hoffe als eine Art „Clearing House" zu dienen. Wenn ihr beide kriegführende Parteien ihre Bedingungen mitteilten, würde sich schließlich eine Einigung auf der mittleren Linie ergeben. Als ich dieses nach Berlin meldete, erhielt ich die Antwort, daß der Gedanke des „Clearing House" wegen der in Deutschland herrschenden Stimmung nicht ausführbar sei. Die deutsche Regierung wolle ihre Bedingungen erst auf der Konferenz bekanntgeben.

Dementsprechend war die Antwort auf die Wilson-Note, die in Berlin am 26. Dezember mit überraschender Schnelligkeit erfolgte, eine in freundliche Form gekleidete Ablehnung, unsere Friedensbedingungen zu nennen. Die deutsche Regierung bezeichnete die von ihr vorgeschlagene Konferenz als den geeigneten Weg zum Frieden. Vor dem Untersuchungsausschuß der Nationalversammlung hat Bethmann-Hollweg diese Politik dahin erklärt, daß die Kaiserliche Regierung „zwei Eisen im Feuer" haben wollte. Beide Friedensaktionen sollten im Gange gehalten werden, um je nach dem Verlauf der Dinge die eine oder die andere zu Ende zu führen. Nachdem die deutsche Friedensaktion gescheitert war, erhielt der Präsident am 18. Januar von der Entente eine Antwortnote, welche für uns ganz unannehmbare Friedensbedingungen enthielt. Wilson und House waren überzeugt, daß die Entente auf einen Verständigungsfrieden eingehen würde, und hielten die genannten Bedingungen für Bluff. Auch ich glaube, daß die Entente die politische Lage in Deutschland genau kannte und uns durch Aufstellung solcher Bedingungen abschrecken und zur Erklärung des uneingeschränkten U-Bootkrieges zwingen wollte. Die Entente verfolgte nur das eine Ziel, die Vereinigten Staaten in den Krieg hineinzuziehen. Uebrigens hatte die von der Entente an unsere Regierung gegebene ablehnende Antwort bereits zu diesem Zwecke genügt, denn der definitive Beschluß zur Erklärung des uneingeschränkten U-Bootkrieges ist schon am 9. Januar gefaßt worden. Ich erhielt die Mitteilung hierüber am 19. mit der Weisung, der amerikanischen Regierung am 31. anzuzeigen, daß der uneingeschränkte U-Bootkrieg am 1. Februar beginnen werde. Nach alldem was vorhergegangen war, konnte ich diese Mitteilung nur als eine Kriegserklärung an die Vereinigten Staaten ansehen, und zwar obendrein eine solche, die uns ins Unrecht setzte, weil sie die mit unserer Zustimmung erfolgte Friedensaktion von Wilson über den Haufen warf. Ich bemühte mich daher nach Kräften, den Berliner Beschluß rückgängig zu machen oder wenigstens einen Aufschub der Ausführung desselben zu erreichen. Der Präsident kam mir insofern zu Hilfe, als er am 22. Januar persönlich eine Botschaft an den Senat richtete, in welcher er ausführlich sein Programm eines „Friedens ohne Sieg" entwickelte. Am nächsten Tag erhielt ich die telegraphische Einladung von House, ihn in New-York zu besuchen. Dieser las mir eine Instruktion des Präsidenten vor, laut welcher Wilson uns nunmehr formell seine Vermittlung anbot, um einen Verständigungsfrieden herbeizuführen. Ueber diese Vorgänge sandte ich mit tunlichster Beschleunigung Telegramme nach Berlin in der Annahme, daß es nunmehr unmöglich sei, auf den bisherigen Beschlüssen zu beharren. Bei dieser Gelegenheit wiederholte ich meine schon oft ausgesprochene Ansicht, daß wir durch Vermittlung der Vereinigten Staaten weit bessere Friedensbedingungen erreichen würden als nach dem Eintritte Amerikas in den Krieg. Ich erhielt indessen die Antwort, daß ein Aufschub des uneingeschränkten U-Bootkrieges aus technischen Gründen unmöglich sei. Damit war, wie der Reichskanzler sagte, „der Rubicon überschritten". Sofort nach Empfang der Mitteilung über den U-Bootkrieg brach die amerikanische Regierung die Beziehungen mit der unsrigen ab und, wie ich schon oben darlegte, bedeutete das Krieg. Die Tatsache, daß ich gleichzeitig mit der Erklärung des uneingeschränkten U-Bootkrieges dem Präsidenten unsere Friedensbedingungen vertraulich mitteilen durfte, konnte nichts mehr an der Sachlage ändern, welche seit dem amerikanischen Ultimatum vom 18. April 1916 bestand.

In obigem habe ich nochmals versucht, möglichst kurz und objektiv den Kampf zu schildern, den ich führte, um den Eintritt der Vereinigten Staaten in den Weltkrieg zu verhindern. Die psychologischen Momente, welche die Stimmung hüben und drüben verbitterten, erwähnte ich nur nebenbei. In diese Rubrik gehören u. a. die Propaganda, die mit dem Munitionshandel verbundenen, unendlich übertriebenen sogenannten deutschen Verschwörungen in den Vereinigten Staaten, das Berliner Diner zu Ehren des amerikanischen Botschafters Gerard und die Mexiko-Depesche. Alle diese Dinge sind propagandistisch mit Erfolg gegen uns ausgenutzt worden; den Krieg haben sie aber nicht herbeigeführt, was sich schon chronologisch nachweisen läßt. Die „Propaganda" und die „Verschwörungen" endigten mit der Heimkehr Dernburgs, Papens und Boy-Eds also schon vor Ablauf des Jahres 1915. Von da ab bis zur Katastrophe habe ich noch über ein Jahr vertraulich mit der amerikanischen Regierung verhandelt. Wie man auch sonst über die anderen erwähnten Vorgänge denken mag, jedenfalls sind sie propagandistisch erst verwendet worden, als der Bruch schon erfolgt und dadurch alles verloren war. Es ist nicht anders. Die Wahl lag für die deutsche Regierung zwischen einem Verständigungsfrieden durch amerikanische Vermittlung und dem U-Bootkriege nebst dem daraus folgenden Kriege mit den Vereinigten Staaten, der uns die Niederlage bringen mußte.

Nur ein psychologisches Moment soll hier berührt werden. Die gehässige Beurteilung und Behandlung, die Wilson uns Deutschen später während des Krieges angedeihen ließ, sind nur durch die Abweisung seiner Friedensvermittlung zu erklären. Ihm stellte sich die Sache so dar, daß alles, was die Entente-Propaganda von uns sagte, unbedingt wahr sein müsse, denn sonst hätten wir den angebotenen Verständigungsfrieden gewählt und nicht den U-bootkrieg. Infolgedessen predigte er einen Kreuzzug gegen das autokratische und militaristische Deutschland, das die Weltherrschaft erringen wolle. Ein ähnlicher Gesinnungswandel Wilsons trat im Laufe der politischen Entwicklung auch gegenüber den Alliierten ein, als diese seine Intervention ablehnten. Dadurch wurde der Präsident gegen Ende des Jahres 1916 zum ersten Male wirklich neutral, weil er die Erfahrung gemacht zu haben meinte, daß „die Alliierten auch nicht besser als die Deutschen seien", und daher keine Bevorzugung mehr verdienten.

Meine Heimkehr aus Amerika und den Aufenthalt in Deutschland habe ich in meinem erste Buche beschrieben. Nachzutragen wäre hier nur, daß damals meine Kandidatur als Reichskanzler vom Reichstage aus betrieben, und daß ich auch von Bethmann und Valentini dem Kaiser als Bethmanns Nachfolger vorgeschlagen wurde. Seine Majestät ging insoweit darauf ein, als er sich bereit erklärte mich zu ernennen, wenn die Generäle zustimmten, was sie natürlich nicht taten, da ich von meiner amerikanischen Zeit her den Ruf hatte, Frieden schließen und das Reich reformieren zu wollen. Ich hatte schon mit den Sozialdemokraten über den Eintritt in die Regierung verhandelt. Scheidemann und Wolfgang Heine hatten mich mehrfach besucht. Aus diesen Gesprächen ist mir besonders erinnerlich, daß mir Heine sagte, ich dürfte nicht ihn oder einen anderen akademisch gebildeten Sozialdemokraten in die Regierung nehmen, sondern Gewerkschaftler wie Ebert, denn die Akademiker verlören zu schnell ihren Anhang in der Partei. Solche Gedanken wurden erst ein Jahr später von Prinz Max von Baden realisiert, als es zu spät war, um noch etwas zu retten. Damals 1917 endete die Krisis damit, daß nach Eliminierung Bülows, der mich als Staatssekretär hätte haben wollen, Michaelis Reichskanzler wurde, Kühlmann Staatssekretär des Auswärtigen Amts, und ich Botschafter in Konstantinopel — ein Posten, den ich nur annahm, weil Michaelis und Kühlmann mir beide erklärten, daß sie Frieden schließen wollten, und ich die wenig erfreuliche Aufgabe haben sollte, die Türken auf diesen Weg zu führen. Ich war mir damals, wie heute rückblickend, vollkommen bewußt, daß wir keinen guten Frieden mehr bekommen konnten, wie es sechs Monate früher möglich gewesen wäre. Vor dem Eintritt der Vereinigten Staaten in den Krieg hätte ich gar zu gern die Leitung der Auswärtigen Politik Deutschlands übernommen, um meinem Vaterlande und der Welt einen Verständigungsfrieden und den Wiederaufbau zu bringen. Mit Amerika als Feind war die Aufgabe aber fast unlösbar. Immerhin muß ich doch jetzt sagen, daß noch vieles hätte gerettet werden können, falls wir schon 1917 das innerpolitische Steuer energisch nach links gedreht, dann in Brest-Litowsk und Bukarest mustergiltige Frieden geschlossen, die türkische und bulgarische Front verstärkt und, auf die intakte Armee im Westen gestützt, mit dem Feinde verhandelt hätten. Das Verhängnis genialer Feldherrn scheint indessen in der Weltgeschichte immer das gleiche zu sein. Wie Hannibal gegen Italien, Napoleon gegen Rußland große Unternehmungen mit zu geringen Mitteln begannen und deswegen nach glänzenden Siegen zum Schluß unterlagen, so wollten auch unsere Kriegshelden das Glück zwingen durch eine Offensive, zu welcher die Kräfte nicht mehr reichten. Unter den größten Feldherrn aller Zeiten entgingen einem ähnlichen Schicksale eigentlich nur Cäsar und Friedrich der Große, und zwar weil sie nicht ausschließlich Soldaten, sondern in noch höherem Maße Politiker waren. Ein Krieg kann auf die Dauer nur politisch gewonnen werden. An der mangelnden Erkenntnis dieser weltgeschichtlichen Wahrheit sind wir zugrunde gegangen. Die Gerechtigkeit erfordert indessen hervorzuheben, daß das Auswärtige Amt konsequent versucht hat, die oben erwähnten Fehler zu vermeiden. Es half aber nichts, da die militärischen und Marine-Stellen immer den Ausschlag gaben. Die Diplomaten wurden ausgeschaltet, wenn sie nicht Order parierten: so wie z. B. Jagow. Ich habe mich oft gefragt, ob wir wohl die Kriege von 1866 und 1870 gewonnen haben würden, wenn Bismarck nicht mit eiserner Energie daran festgehalten hätte, daß die politische Leitung dem Staatsmanne vorbehalten bleiben müsse.

Als ich zu jener Zeit in Berlin war, stand ich in regem Meinungsaustausch mit meinem dort wohnenden alten Freunde Lichnowsky, der sehr zu Unrecht in Acht und Bann getan worden ist. Er gab selbst immer zu, eine „Dummheit" begangen zu haben, als er seine Ansichten über unsere Vorkriegspolitik während des Krieges zu Papier brachte und dieses Papier obenein aus der Hand gab. Er hat für diese „Dummheit" bitter leiden müssen, aber der hier folgende Brief zeigt, daß er sich um unser armes Vaterland schwere Sorgen machte.

Kuchelna (Oberschlesien), den 12. Juni 1917.
Lieber Freund!

. . . .

Ich habe oft über unsere letzten Unterhaltungen nachgedacht und mich gefreut, mit Ihnen in allem Wesentlichen übereinzustimmen.

Nur glaube ich nicht, daß, wie heute die Verhältnisse liegen, eine Demokratisierung der Regierung in parlamentarischem Sinne durchführbar ist, noch weniger aber, daß dies, selbst falls es gelänge, zu einem für uns annehmbaren Frieden, d. h. ohne Gebietsabtretungen oder Entschädigungen führen würde. Die Gegner würden auch von dem neuen Regime Entschädigungen und außerdem Elsaß-Lothringen verlangen und das neue Manifest Wilsons bestärkt mich in dieser Ansicht.

Ich sehe nur eine Hoffnung, wenn sie auch noch so gering ist. Wenn wir den Russen, deren Kriegsmüdigkeit doch immer mehr zutage tritt, in der polnischen und serbischen Frage goldene Brücken bauten, so wäre es doch vielleicht denkbar, daß sie nicht weiter mitmachen, und daß dadurch die Aussichtslosigkeit aller Siegeshoffnungen bei unseren Gegnern zur Erkenntnis gelangte. Natürlich setzt dieses Programm einen starken Druck auf Oesterreich voraus, wozu aber die dortige Friedenssehnsucht eine Möglichkeit schafft. Ebenso müßte die Türkei veranlaßt werden, in der Dardanellen- und der armenischen Frage Entgegenkommen zu zeigen. Der Verzicht auf die Errichtung Polens und auf Annexionen im Osten dürfte uns doch nicht allzuschwer fallen.

Gelingt dies nicht, und gelingt vielmehr der Entente die Russen wieder mobil zu machen und von neuem an den Kriegskarren zu spannen, so sehe ich allerdings nur noch einen langen Krieg voraus und ein böses Ende.

Vielleicht haben Sie Gelegenheit in diesem Sinne zu wirken? . . . . . .

In alter Freundschaft

gez. Lichnowsky.

Alles Sorgen hat nichts geholfen, und das beklagenswerte deutsche Volk mußte den Kelch der Leiden bis zur Neige leeren.

Zum Schlusse des Kapitels über meine amerikanische Zeit lasse ich noch einige Briefe folgen, die sich auf die damaligen Fragen beziehen. Sie stammen alle von weltbekannten Persönlichkeiten, von Jagow, der als einziger in Berlin konsequent an demselben Strange gezogen hat wie ich in Washington, von House, von dem Oesterreich-Ungarischen Minister Czernin und schließlich von Hanfstaengel, der jetzt Pressechef von Hitler ist, und damals in Amerika lebte.

Klein-Oels (Schlesien), 10. IV. 19.
Lieber Graf Bernstorff!

Unser neulicher Austausch von Reminiscenzen hat in mir allerhand Gedanken erweckt. Vor allem Ihre Erwähnung des Kais. Memorandums, welches Sie Wilson unterbreiten sollten, ohne den Autor zu nennen. Vielleicht wäre es richtiger gewesen, um dem Dokument noch mehr Credit zu geben, auch seine Herkunft vertraulich mittheilen zu lassen. Wenn ich damals nicht gewollt habe, so entsprach es dem allgemein von mir befolgten Grundsatz, die Person des Kaisers möglichst nicht in den Vordergrund treten zu lassen, ihn nicht persönlich zu engagiren. Mehr durch den Anschein, als es wirklich der Fall, war unsere Politik ja in den Ruf des sic voleo sic jubeo, der Abhängigkeit von Kaiserl. Eingebungen und Launen gerathen. Ich habe es immer für einen großen Fehler gehalten, und die Folge hat gezeigt, wie schädlich es sowohl für die Person, wie die Sache auf die anderen Nationen gewirkt hat. Der größte Schulfall dieses falschen modus procedendi ist für mich immer der Besuch in Tanger gewesen, zu dem ja Bülow-Holstein den Kaiser eigentlich gegen seinen besseren Instinkt gezwungen haben. In dem Fall vom Herbst 16 aber war diese Zurückhaltung vielleicht ein Fehler, meine Vorsicht vielleicht eine übertriebene. Ich frage mich daher, ob man nicht nachträglich versuchen sollte, den Fehler — wenn es einer gewesen ist — noch gutzumachen, indem man Wilson jetzt noch wissen ließe, daß das Memorandum vom Kaiser *selbst* stammte. Schaden könnte es meo voto nicht mehr, andrerseits aber Wilson den Beweis liefern, daß der Kaiser persönlich friedlich gestimmt war und den U-Bootkrieg sowohl wie den Conflikt mit America vermeiden wollte. Thatsächlich ist das der Fall gewesen. Ich entsinne mich, daß der Kaiser, nachdem er mehrere und verschiedentliche Vorstöße pro U-Bootkrieg zurückgewiesen hatte, einmal sagte, er würde sich das stets als ein Verdienst anrechnen, America aus dem Kriege herausgehalten zu haben. Leider ist er nachher umgefallen, hat sich breitschlagen lassen. Sein größter Fehler während des Krieges ist ja überhaupt gewesen — nicht daß er persönlich eingegriffen hat — sondern daß er anderen immer zu sehr nachgegeben, zu sehr auf die Führerrolle verzichtet hat (und dabei noch die Apparencen derselben hat wahren wollen). Der Kaiser war damals thatsächlich in einer schlimmen Lage. Von Marine und Armee bedrängt, die ihm klar machten, der U-Bootkrieg würde unsere einzige und schnelle Rettung sein, von der öffentlichen Meinung bestürmt, hat er nachgegeben. Und der Kanzler, unter dem Druck derselben Factoren, ließ ihn auch im Stich, d. h. er gab es auf, seine Autorität gegen den U-Bootkrieg einzusetzen. Alle Factoren die dabei mitgewirkt haben, aufzuzählen, hat keinen Zweck mehr. Zwei Leute, die persönlich nicht für den U-Bootkrieg waren, schilderten mir damals die Lage ganz richtig so: „Wenn wir einen (Compromiß-)

Frieden machen, *ohne* vorher den U-Bootkrieg versucht zu haben, so wird das Volk dem Kaiser immer den Vorwurf machen, vor dieser „ultima ratio", die uns einen „vollen Sieg" gebracht hätte, aus Weichheit und Feigheit zurückgeschreckt zu sein. Es wird immer als Makel der Entschlußlosigkeit an der Krone haften bleiben." Und ein nationalliberaler Abgeordneter sagte mir nach dem Beschluß des U-Bootkrieges: „Ja, wir haben ihn vielleicht noch mehr aus *inneren* als aus äußeren Gründen machen müssen." Die Verhetzung des Volkes durch die gewissenlose Tirpitziade war thatsächlich viel größer, als Sie das ultra mare sich denken konnten. Selbst mancher Sozialist war innerlich nicht mehr Gegner des U-Bootkrieges, Kriegspsychose! Würde Wilson, wenn er dies alles erfährt, — auch daß der Kaiser durch die Verhältnisse zu dem Entschluß quasi von der öffentlichen Meinung gezwungen ist (Argument: Hungerblockade) — nicht doch die Dinge noch etwas unparteiischer beurtheilen und milder gestimmt werden? Ließe sich nicht Wilson durch House vertraulich informiren? Namentlich auch über die Autorschaft des Kaiserlichen Memorandums? De facto trägt ja auch Wilson dadurch einen Theil der Mitschuld, daß er so lange gezögert, nicht früher sich zur Friedensvermittlung entschlossen hat.

Wenn der Weg durch House jetzt nicht gangbar erscheint, habe ich mir gedacht, ob der americanische Journalist Wiegand, der jetzt im Adlon wohnt, nicht ein geeigneter Canal wäre. Wenn Sie es nicht gern thun wollten, was ich bei Ihrer amtlichen Stellung vollständig verstehen könnte, so würde ich gern bereit sein, es auf meine Verantwortung zu thun. Ich bin vollständig Privatmann. „Indiscretionen" sind an der Tagesordnung. Und ich könnte Wiegand sehr gut sagen, ich hätte damals die Autorschaft aus den besagten Gründen nicht preisgeben wollen, hielte das aber nachträglich für einen Fehler, und wünschte deshalb, daß Wilson über den Vorgang aufgeklärt würde. Ich habe Wiegand immer als zuverlässig und gut intentionirt kennen gelernt. Wiegand wäre auch deswegen kein ganz ungeeigneter Mittelmann, als durch *ihn,* das heißt durch das Interview, welches Tirpitz ihm gab, die U-Bootfrage zuerst in die Welt geschleudert worden ist. Bitte überlegen Sie Sich die Sache, die natürlich ganz *unter uns* bleiben muß.

Ich komme allerdings erst in 14 Tagen wieder nach Berlin, und vielleicht thut Eile noth.

Gegen das Schuldgeschrei von außen und innen müßte etwas geschehen, ist meo voto bisher viel zu wenig geschehen. Ich denke dabei wirklich nicht an persönliche Unannehmlichkeiten. Jemand, den Sie auch für unvoreingenommen und für einen klugen Beurtheiler halten werden, schreibt mir seit Wochen in dem Sinn — es ist Monts. Er selbst hat schon mehrere Artikel darüber geschrieben. Aber er sagt, der Einzelne könne nicht viel, und ermahnt mich, jüngere Kräfte in Berlin mobil zu machen. Aber was soll ich thun?...

Der Zusammenbruch der Armee, die erzwungene Flucht nach Holland, sind schon genügende Flecken in unserer Geschichte. Wenn wir jetzt mit einer Art Sündermiene, auch nur mit dem *Anschein* als admittirten wir selbst den Vorwurf der „Schuld" an den Conferenztisch treten, so bleibt das für uns ein ewiges Schandblatt in der Geschichte, das die Nachwelt nicht verstehen wird. Auch unser Volk selbst, wenn es einmal den jetzigen hysterischen Krankheitszustand überwindet, wird das fühlen, dagegen reagiren und es seinen jetzigen Lenkern zum bitteren Vorwurf machen. *Momentan* mögen taktische Gründe diese Haltung vortheilhaft erscheinen lassen. A la longue und sachlich beurtheilt, halte ich es für einen nicht wieder gut zu machenden Fehler, der sich schwer rächen wird, nach innen und nach außen. Wenn der Vergleich auch hinkt, wie alle Vergleiche: aber wie anders und mit welcher Stirn erschien Talleyrand auf dem Wiener Congreß! Und man kann nicht behaupten, daß ihm der Erfolg fehlte.

Ich las diesen Sommer u. a. — um mir die deutsch-englischen Beziehungen in den verschiedenen Phasen zu vergegenwärtigen — nochmal die Erinnerungen Ihres Vaters „Der Kampf um Preußens Ehre". Ja, wo ist diese Ehre hin? Sollen wir eine mehrhundertjährige ruhmvolle Geschichte damit abschließen, daß wir ein gehässiges und falsches Urtheil unserer Feinde selbst mit einem Schuldbekenntnis unterschreiben? Noch niemals hat eine Nation das gethan.

Mit besten Grüßen, stets Ihr aufrichtig ergebener

gez. Jagow.

Münster i. W., 2. September 1919.

Lieber Graf Bernstorff!

Wiegand hatte mir das Interview nicht geschickt, obgleich er es mir versprochen hatte. Diese vergangenen Dinge haben ja auch nur geringen Werth angesichts des furchtbaren Chaos, das der Krieg hinterlassen hat. Wird sich daraus jewieder ein Kosmos bilden? Oder ist Europas Hegemonie ausgespielt. Wenn man den Banquerott fast aller europäischen Staaten sieht, glaubt man wirklich in einen ausbrennenden Krater zu blicken. Trotz alledem kann und soll man die Hoffnung auf eine bessere Zukunft nicht aufgeben. Und für diese hat die Klarstellung der Vergangenheit doch ihren positiven Werth. Vor allem aber ist es für die dramatis personae wichtig, die Ereignisse richtig zu stellen. Die jetzige Fluth von Veröffentlichungen ist mehr geeignet, den Thatbestand zu verdunkeln als zu klären. Denn meist sind es Kampfschriften. Subjektive Betrachtung, oft gesteigert zur Tendenz und absichtlichen Entstellung. Der ärgste von der Art scheint Tirpitz zu werden. Er ist zurückgezogen oder zurückgestellt, offenbar wird es umgearbeitet, Sensationsmittheilungen sind schon bis nach America verbreitet! Auch in diesen Publikationen äußert sich das herrschende Chaos.

Mir haben die Fülle und die Ueberstürzung der Ereignisse oft das Gedächtnis verwirrt. Leider habe ich nur wenig Aufzeichnungen. Um so mehr möchte ich mir die Dinge reconstruiren, wie sie thatsächlich waren.

Sie erwähnen in Ihrem Brief die letzte Phase vor dem Krieg mit America. Es ist ja genügend bekannt, daß ich immer ein Gegner des U-Bootkrieges war. Ich übersah die Folgen. Die schwere Schädigung der Neutralen, die diese mehr oder weniger auf die Seite der Gegner drängen mußte. Besonders America. Erklärte sich letzteres gegen uns, so gab es überhaupt keine Neutralität mehr auf der Welt. (Denn die kleinen Kläffer zählen nun einmal nicht.) Was das bedeutete, haben wir beim Friedensschluß gesehen. Leider reichte mein Einfluß nicht aus, ich wurde vielen ein Stein des Anstoßes, den man je eher je besser wegräumen mußte. Bethmann ließ sich auf die schiefe Ebene drängen. Die Marine ging ganz systematisch zu Werke. Erst den kleinen Finger, dann die ganze Hand. Ich glaubte nicht an den Enderfolg dieser Kriegführung, d. h. nicht an einen so radikalen, daß wir die ganze Welt bezwingen konnten. Die Uebermacht der Feinde wurde so groß, das Kräfteverhältnis zu ungleich.

Mein Streben war es, über alle Zwischenfälle mit America so lange hinweg zu kommen, bis Wilson, der sich auf die Friedensplattform gestellt hatte, gewählt war, und seine Friedensvermittlung anbieten konnte. Wilson wurde gewählt, aber er zögerte mit einer Aktion.

. . . .

Als wir Gerard in der Ihnen bekannten Weise auf Urlaub schickten, habe ich ihm dringend nahegelegt, W. zu einem Friedensschritt zu veranlassen. Es war auf einem Essen im Hotel Adlon, zu dem Hale mich mit G. eingeladen hatte. Gerard sagte mir damals, daß Heckscher u. a. auf meine Beseitigung arbeitete und Bülow dahinter stecke. Das war mir allerdings keine Revelation. Ein weiterer Versuch war der, auf den sich das Wiegandsche Interview bezieht. Der Gedanke des allgemeinen Friedensangebotes von Anfang Dezember war nicht, wie Helfferich es darstellen möchte, von ihm erfunden, er stammte von Burian. Zuerst hatte ich einige Bedenken dagegen, aus verschiedenen Gründen, u. a. auch, weil man W. damit zuvorkam. Ich habe mich dann aber bald davon überzeugen lassen, daß der Schritt richtig war, und ihn noch ganz vorbereitet (er wurde bekanntlich erst kurz nach meinem Rücktritt bekanntgegeben). Das Volk litt und war müde, die Stimmung wurde flau, man mußte sie dadurch heben, daß man bewies, daß *wir* nicht die Schuld an der Kriegsverlängerung trugen und daß weiter gekämpft werden mußte. Denn ich habe eigentlich keinen Augenblick geglaubt, daß die Feinde unser Angebot annehmen würden......... Lehnten die Feinde aber ab, so blieb die Bahn für Wilson doch noch offen. Es mußte ihn im Gegenteil günstiger für uns stimmen, weil es auch ihm bewies, daß wir nicht die Friedensfeinde waren. Eine Vermittlung Wilsons konnte *keine* Macht ablehnen, ohne Gefahr zu laufen, ihn ernstlich zu verschnupfen. Aber vielleicht hat England deswegen in Washington entgegengearbeitet. Wilson zögerte immer weiter, bei uns drängte alles zur Katastrophe — oder wenigstens zu dem Schritt, den ich als solchen ansah. Der Einfluß von Helfferich, der nun für den U-Bootkrieg war, wirkte auf den Kanzler auch dahin. (Daher wohl seine Darstellung.) Ende November folgte mein Rücktritt, die O.H.L. hatte sich auch gegen mich gewandt.......... Im Grunde bin ich aber der Ansicht, daß es doch Einflüsse von Politikern wie Stresemann und Consorten waren, die via Bauer und andere gegen mich gearbeitet hatten. Spahn sagte mir einmal, ich gelte ja als „Seele" des Widerstandes gegen den uneingeschränkten U-Bootkrieg. Ich ließ durch den Kanzler die Vertrauensfrage stellen. Ob er die Sache so formuliert hat, habe ich Grund zu bezweifeln. Er wünschte auch, mich fallen zu lassen, da er sich der Illusion hingab, Zimmermann würde für ihn ein besserer trait d'union zu vielen Parlamentariern und zu Ludendorff sein. Der Zauber währte nicht lange. Die Form meiner Entlassung hat mich gekränkt, sonst war sie mir persönlich nur angenehm. Freilich sah ich — ohne Ueberhebung — voraus, daß die Dinge sachlich nur schief gehen würden. Das Bankett für Gerard, die Erklärung des U-Bootkrieges und die Mexicodepesche gaben dieser Ahnung bald recht. Ich habe die Dinge nur noch aus der Entfernung verfolgt, und mich oft an den Kopf gefaßt über den haarsträubenden Unsinn. Mit Zimmermann glaubten die fanatischen U-Bootkrieger freie Bahn zu haben. Er war im Herzen immer pro U-Boot, und schwamm immer mit dem Strom und mit den lautesten Schreiern. Deshalb galt er für „stark"........ Ob er gesagt hat, wir hätten mit unserem Friedensangebot Wilson zuvorkommen müssen, weiß ich nicht, halte es aber für sehr möglich, zumal da er wegen des Friedensangebotes (an dem er ganz unschuldig war, das aber schon in seine Amtsführung fiel) von den Intransigenten anfangs sehr angegriffen wurde. Das Unheil nahm nun seinen Lauf. Ob ich noch genügenden Einfluß gehabt hätte, es zu hindern, weiß ich nicht. Voraussichtlich wäre ich — statt Ende November — im Januar gegangen. Daß W. damals zu einem positiven Friedensangebot bereit gewesen ist, habe ich erst nach Jahr und Tag erfahren. Aber man wollte ja keinen amerikanischen Frieden! Eine völlige Verkennung der Dinge. Denn ein Friede, wie unsere Heißsporne ihn träumten, war schon seit der Marneschlacht nicht möglich gewesen. Wäre auch ein Unglück für Deutschland gewesen. Die Annexion Belgiens war an sich ein Unsinn, aus außenpolitischen und innenpolitischen Gründen. Unsere eventuellen „Ziele" konnten nur im Osten liegen. Hieran habe ich von Anfang an festgehalten, allerdings nicht ohne dadurch in Widerspruch mit fast der gesamten „öffentlichen Meinung" zu gerathen. Jetzt haben wir nur minus! Meines Erachtens hätten wir auch mit Wilson einen ganz günstigen Frieden bekommen können — allerdings niemals auf Kosten Englands, wie unsere jeden politischen Augenmaßes entbehrenden Herren es wollten.

. . . .

Ich weiß nicht, ob Sie meine kleine Schrift gelesen haben und ob Ihnen darin auf Seite 91 (Schluß) eine Bemerkung über eine „mysteriöse" Reise Tyrells nach Washington aufgefallen ist[1]). T. fuhr angeblich zum Besuche von Spring-Rice, thatsächlich aber verfolgte er politische Nebenzwecke. Er hat selbst nachher einem Freunde gesagt: „If I had failed in my mission", würde ich meine Carriere geschädigt haben. Ebenso hinsichtlich Wilsons, er wäre ein Mann, den man unter Umständen gebrauchen könnte. T. fuhr damals mit einem deutschen Schiffe und wurde deshalb von der Jingopresse angegriffen. Etwa um den Zweck der Reise zu vertuschen? Ich erfuhr die Sache im Sommer 14, habe aber immer geglaubt, daß es sich vielleicht um eine „wohlwollende Neutralität" Americas für gewisse Fälle gehandelt hätte. Weiter glaubte ich könnte Wilson nicht gehen. . . . .

Von einem gewissen Interesse ist es, daß auch zwischen mir und Tyrell im Frühjahr 14 ein geheimes Rendez-vous verabredet wurde, und zwar mit Zustimmung Greys. Der Ort war schon bestimmt. Aber es verzögerte sich immer wieder — T. konnte angeblich nicht fort — dann kam die Krise dazwischen.

. . . .

Ich will, wenigstens vorläufig, nicht über den Krieg schreiben. Die Dinge liegen noch zu nah, und ich müßte dabei vieles berühren — Controversen und Kämpfe innerer Natur — was mir jetzt nur schädlich erscheint. Aber es liegt mir daran, die Dinge unter den Mithandelnden klarzustellen. Daß Sie den Ministerposten abgelehnt haben, kann ich Ihnen nicht verdenken. Unter den jetzigen Verhältnissen ist keine ersprießliche Arbeit möglich. De facto ist das ganze jetzige Regime ja auch schon banquerott und die Dinge sind so verfahren, daß nichts zu machen ist. Aber es wird weiter gewurschtelt. Auf Kosten des Vaterlandes. Nun

---

[1]) Diese Reise fand im Jahre 1913 statt; ich reiste mit dem gleichen Schiff.

will man den auswärtigen Dienst „reformiren". Als ob es daran gelegen hätte. Thatsächlich war ja manches abänderungsbedürftig. Aber die parlamentarischen Besserwisser werden nur völlig desorganisiren.

Mit den besten Grüßen bin ich Ihr aufrichtig ergebener

gez. Jagow.

Münster i. W., 12. IX. 1919.

Lieber Graf Bernstorff!

Besten Dank für Ihren Brief vom 6. und das Wiegandsche Interview. Ich sah letzteren als ich vor einigen Tagen in Berlin war. Seine Frau war eben aus America angekommen und sagte, Wilson sei jetzt der bestgehaßte Mann im Lande. (Aber sie gibt wohl hauptsächlich die Stimmung der Deutschamericaner wieder.) Wiegand selbst meinte, die Ratification würde nur mit einigen Amendements erfolgen. Ich kenne die americanischen Zustände zu wenig, möchte aber doch glauben, daß Wilson seinen Willen durchgedrückt, der Affront wäre zu groß.

. . . .

Wiegand schreibt jetzt nicht mehr für die Sun, sondern für Hearst. Es ist auch für mich keine Frage, daß man hätte versuchen müssen, mit Wilsons Hilfe Frieden zu schließen. Das Einsetzen des unumschränkten U-Bootkrieges in jenem Moment war jedenfalls der verhängnisvollste Fehler.

Sie erwähnen in Ihrem Brief, daß Tyrell über die Nichtveröffentlichung unserer Abkommen geklagt hätte. Aber nur das portugiesische war fertig, das mesopotamische noch nicht. Und die Engländer bestanden darauf, das portugiesische Abkommen nur gleichzeitig mit dem Windsorvertrag zu veröffentlichen, der ja bekanntlich in formellem Widerspruch zum ersteren stand. Hätten wir nur das portugiesische Abkommen — ohne das mesopotamische — veröffentlicht, so wäre bei uns ein Sturm über das „perfide Albion", von dem wir uns nasführen ließen, ausgebrochen. Alle Basser- und Stresemänner, Heydebrandts, und bis weit in die Reihen der Freisinnigen hinein, hätten losgeschrien, und die Situation wäre nur schlimmer geworden. Wenn Lichnowsky dies den Engländern, die die Bedeutung der öffentlichen Meinung ja anerkennen, richtig explicirt hätte, so würden sie gewiß Verständnis für unser Zögern gehabt haben. Aber L. sah die Dinge nur durch die Londoner Brille und dachte nur daran, die Welt recht bald mit einem persönlichen Erfolg zu überraschen. Vielleicht sah Tyrell das Unheil kommen und den

Einfluß der Entente auf Grey zunehmen und hat er gehofft, durch die Veröffentlichung des Agreements noch ein Gegengewicht in der öffentlichen Meinung zu unseren Gunsten zu schaffen. Denn T. war neuerdings für eine Verständigung mit Deutschland.
Mit besten Grüßen stets der Ihre

gez. Jagow.

Münster i. W., 19. September 1919.

Lieber Graf Bernstorff!

Helfferich II hatte ich angefangen, aber bald wieder bei Seite gelegt, da ich anderes zu lesen hatte. So war ich noch nicht zu dem von Ihnen bezeichneten Passus gekommen und habe ihn erst auf Ihre Anregung durchgelesen.

Helfferich hat sich, soviel ich weiß, über alles Aufzeichnungen gemacht, ich leider nicht, und die einzelnen Peripetien des U-Bootkrieges — auch des internen Krieges mit der Marine — sind mir nicht mehr gegenwärtig. So auch nicht H's Scriptum vom 5. VIII. 15. Daß das A. A. den Gedanken nicht unterstützt haben sollte, ist mir aber mindestens zweifelhaft. Mein ganzes Streben ging ja dahin, die Rechte der Neutralen bei dem U-Bootkrieg zu garantieren, und vor allem keinen Conflikt mit America zu haben. Wenn die Schonung der Neutralen durchgesetzt wurde, so glaube ich — ohne mich rühmen zu wollen — mir ein gut Theil des Verdienstes beimessen zu können, durch Beeinflussung des Kanzlers und durch mein Votum bei dem gemeinsamen Vortrag (mit der Marine) bei S. M. in Bellevue. Ueber die U-Bootfrage habe ich allerdings hauptsächlich direct mit dem Kanzler, als verantwortliche Instanz, verhandelt, und weniger mit Helfferich. Er spricht immer von „seinen Freunden im Amt". Wen er damit bezeichnen will, weiß ich nicht recht, ich möchte annehmen Zimmermann.

Ich möchte ferner annehmen, daß der Gedanke nicht an der mangelnden Unterstützung des A. A., sondern an dem Widerstand der Marine (vielleicht auch an der Schwierigkeit des Kanzlers, sich zu bestimmten Entschlüssen durchzuringen) und vor allem an dem Arabic-Zwischenfall vom 19. 8. gescheitert ist. Aber, wie gesagt, ich entsinne mich dieser Phase nicht mehr genau.

In dem Helfferichschen Buche ist ja das Bestreben sehr auffällig, sein Wirken immer in den Vordergrund zu schieben. De facto wurde sein Einfluß auf den Kanzler und seine Einwirkung auf die allgemeinen Fragen erst in einer späteren Phase, 1916, als er schon Staatssekretär des

Innern war, ausschlaggebend, da er dem Bedürfnis Bethmanns nach langen dialectischen Erörterungen jeder Frage entsprach, Redeübungen zu denen ich weder die Zeit, noch die nöthige Stimmung hatte.

Sehr bedauerlich ist es gewesen, daß Bethmann nicht schon 1915 den Abschied von Tirpitz annahm. Ich glaube, ich war der einzige, der dringend zurieth, und sagte, einmal würde es doch dazu kommen müssen, und je eher, je besser. Aber alle anderen waren „aus Rücksicht auf die öffentliche Meinung" für die Beibehaltung des populären Mannes. Es hätte uns noch manchen Kampf erspart; und Tirpitz wurde bei der immer größeren Aufpeitschung der öffentlichen Meinung pro U-Bootkrieg nur noch mehr der „Volksheros".

Verzeihen Sie den flüchtigen Brief, ich wurde fortwährend gestört, wollte aber gern noch heute Abend antworten, da ich morgen fortfahre.

Mit besten Grüßen Ihr aufrichtig ergebener

gez. Jagow.

Münster i. W., 6. Oktober 1919.

Lieber Graf Bernstorff!

Die Tirpitzerinnerungen sind erschienen, wie zu erwarten war, von vorn bis hinten eine Tendenzschrift — mit recht persönlicher Färbung — gegen unsere „Politik" und deren Leiter. So unangenehm dieses Gezänk ist, werde ich doch auf das sensationelle Pamphlet, das natürlich von den T-Anhängern in den Himmel gehoben wird, etwas entgegnen müssen. Man weiß allerdings nicht, wo anfangen und aufhören. Ich will mich natürlich darauf beschränken, was meine Person und meine Amtsführung betrifft. Auch das hat kaum ein Ende — die Ausschmückung mit angeblichen Aeußerungen etc. etc.

Den U-Bootkrieg möchte ich möglichst wenig berühren. Die Darstellung aller Peripetien und Kämpfe würde zu lang, auch fehlt mir vieles Material. Zudem war ich bei der Entscheidung Januar 17 nicht mehr im Amt. Vertheidigen könnte ich sie nicht, möchte aber aus begreiflichen Gründen die damals Verantwortlichen auch nicht angreifen. *Ganz* werde ich aber um eine Erwähnung des U-Bootkrieges doch nicht herumkommen. Tirpitz sagt, daß es richtig gewesen wäre, ihn 1916 zu führen. Würden Sie die große Freundlichkeit haben, mir zu sagen, ob der anliegende Entwurf eines Passus — namentlich was die americanische Kriegsstimmung und Kriegsmöglichkeit betrifft — auch Ihrer Ansicht entspricht? Sie sehen, daß ich Sie nicht etwa als Zeuge aufgeführt habe, ich will mich überhaupt Namensnennungen möglichst enthalten, und werde mich selbstverständlich nicht darauf berufen, daß ich Sie jetzt in der Sache consultire!

Verzeihen Sie diese Belästigung. Für eine möglichst baldige Antwort wäre ich Ihnen sehr dankbar!

Mit besten Grüßen Ihr sehr ergebener

gez. Jagow.

Bitte, corrigiren Sie, was Ihnen gut scheint, in dem Concept und senden Sie mir dann letzteres gütigst zurück.

The Hague, August 4, 1920.

Dear Count Bernstorff,

We arrived here yesterday fo two weeks of quiet and rest.

I have just read your „Three Years in America" and I want to thank you for the kindly things you say of me and of America. Your book should be an important historical record, and I believe as time goes on the German people will recognize the wisdom of the counsel you gave your Government [1]).

I am, my dear Count Bernstorff,
Sincerely yours,

gez. E. M. House.

Cannes, March 20, 1926.

Dear Count Bernstorff,

Thank you for your letter of March 14th. I am glad you like what I said of you in The Intimate Papers. As a matter of fact, I did not say all that I wished for the reason that I thought it would be better to take a detached attitude. When my papers are all published within the next ten or fifteen years you will come in for your full credit. You

---

[1]) Wir kamen hier gestern an, um zwei Tage Stille und Ruhe zu genießen.

Ich habe soeben Ihr Buch gelesen und möchte Ihnen danken für die freundlichen Worte, die Sie über mich und Amerika geschrieben haben. Dieses Buch soll ein wichtiges historisches Dokument werden, und ich glaube, daß mit der Zeit das deutsche Volk einsehen wird, wie klug der Rat war, den Sie Ihrer Regierung gaben.

are the one man in Germany who occupied a great office during the war who had understanding of the situation not only during the war but later during the trying period of reconstruction. If Germany had followed your counsels a different story might be written today [2]).

With all good wishes,
Sincerely yours,

gez. E. M. House.

Grundlsee (Steiermark), 1. Juni 1920.

Euer Exzellenz!

Obwohl ich nicht die Ehre habe, persönlich von Ihnen gekannt zu sein, so nehme ich mir doch als ehemaliger College die Freiheit, Ihnen zu schreiben, um Ihnen ehrlich und offen zu sagen, mit wie viel Interesse und *Bewunderung* ich Ihr Buch gelesen habe. Was haben Sie nicht alles vorausgesehen und wie richtig haben Sie alles beurteilt.

Erst durch Ihr Buch, verehrte Exzellenz, habe ich eine Menge erfahren, was ich nicht ahnte — aber Exzellenz selbst wissen auch nicht, daß die Wilson-Episoden *noch* eine Fortsetzung im Frühjahr 18 hatten, wie ich dies in meinem nächstens erscheinenden Bande öffentlich klarstellen werde.

Die ebenso thörichte wie gewalttätige Politik Ludendorffs auf der einen Seite wie die maßlosen Indiscretionen Wiener unverantwortlicher Factoren haben sich glänzend ergänzt und *jeden* Frieden zerschlagen.

Wenn Sie Excellenz es gestatten, würde ich Ihnen gerne jenen Theil meines Buches, der über Wilson und das Frühjahr 18 handelt *vorher* senden, da ich das größte Gewicht darauf legen würde zu erfahren, ob Sie meine Gedankengänge theilen.

Ich bin Euer Exzellenz mit größter Hochachtung ergebenster

gez. Ottokar Czernin.

---

[2]) Besten Dank für Ihren Brief vom 14. März. Ich freue mich, daß Ihnen gefiel was ich in den „Intimate Papers" über Sie schrieb. In Wirklichkeit habe ich nicht einmal alles gesagt, was ich gern geschrieben hätte, weil ich es für besser hielt gegenüber dem Buche eine unbeteiligte Haltung einzunehmen. Wenn alle meine Papiere in den nächsten 10 bis 15 Jahren veröffentlicht sind, werden Sie die volle Anerkennung erhalten, die Sie verdienen. Sie sind der einzige Deutsche, der während des Krieges ein hohes Amt innehatte, und der die Sachlage erkannte, nicht nur während des Krieges sondern auch während der harten Zeit des Wiederaufbaues. Wenn Deutschland Ihren Rat befolgt hätte, würde heute die Weltgeschichte anders geschrieben werden.

Donnerstag, New York, 29. Juli 1920.

Sehr verehrte, liebe Exzellenz!

Soeben habe ich Ihr prachtvolles Buch „My three years in America" in der Scribner'schen Ausgabe gelesen und bin noch ganz unter dem gewaltigen Eindruck der in dieser Weise noch einmal durcherlebten Ereignisse.

Wie oft habe ich nicht an Sie gedacht in den letzten Jahren. Wie genau erinnere ich mich noch Ihrer Skepsis in puncto Unrestricted Submarine Warfare! Damals am 14. Februar 1917, als ich Ihnen an Bord des Friedrich VIII. Lebewohl sagte, waren Ihre Worte in puncto verschärften U-Bootkrieges die folgenden: „Ja, wenn sie es können, dann gut. Wenn sie es aber *nicht* können, ..."

Ich erinnere mich noch genau an diese zweifelnde Haltung Ihrerseits, denn Ihre damals geäußerte Skepsis in puncto U-Boot war diametral meiner eigenen Anschauung entgegengesetzt und kam mir im innersten Herzen so vor, als gebreche es Ihnen an Optimismus. Wie sehr sollten Sie jedoch Recht behalten! Schon vom 23. März ab, als die russische Revolution ausbrach, konnte man erkennen, welch schwerer Fehler begangen worden war.

Die Seite 383 in Ihrem Buch enthält für mein Gefühl die völligste Rechtfertigung Ihres Kurses in Washington: Kerensky plus Wilson plus Bernstorff!

Das Hirn bleibt einem einfach stehen, wenn man an die unerhörten diplomatischen Möglichkeiten dieser Combination denkt.

Oh, wie sehne ich mich danach, Sie, verehrte Exzellenz, wieder einmal zu sehen.

Ihr Buch wird unfehlbar hier einen ganz gewaltigen Eindruck machen, umsomehr, als heute eine Menge Leute wieder „denken".

Ich würde so gerne wissen, was Sie selbst für Hoffnungen haben und worin Sie heute unser Heil sehen. Es ist unendlich traurig, daß es nicht sein sollte, daß eine Politik, wie die Ihre, in Washington vom Erfolg gekrönt wurde. Die Deutsche Geschichte würde dadurch, daß einmal eine solche Verständigungspolitik zum Ziele geführt hätte, fürwahr um Vieles reicher geworden sein.

Bitte, empfehlen Sie mich freundlichst Ihrer verehrten Frau Gemahlin und seien Sie selber von Herzen gegrüßt von Ihrem Ihnen und den Ihren das Beste wünschenden, aufrichtig ergebenen

gez. Ernst Hanfstaengel.

IV. Kapitel

KONSTANTINOPEL

In Konstantinopel fand ich nach langer Zwischenzeit nur Weniges verändert. Wohl lag der schwere Druck der Kriegsjahre auf dem hartgeprüften Lande, wohl hatte die jungtürkische Regierung für besseres Pflaster und für Straßenbahnen gesorgt, die übrigens in das Bild der romantischen Bergstadt schlecht paßten. Im ganzen genommen war aber der Charakter von Stadt, Land und Volk der gleiche geblieben, wenn es mich auch manchmal bedünken wollte, daß die geheimnisvolle Palaisregierung Abdul Hamids das orientalische Wesen wahrheitsgetreuer zum Ausdruck brachte, als der mißglückte jungtürkische Versuch der Nachahmung europäischer Regierungsmethoden. In allen Ländern der Welt spielt der Wunsch, zur Macht zu gelangen, in den politischen Kämpfen eine ebenso große Rolle, wie der Wunsch, dem Vaterlande zu dienen. Man würde indessen den Jungtürken Unrecht tun, wenn man annehmen wollte, — wie das in Deutschland seit dem Zusammenbruche häufig geschehen ist, — daß sie ausschließlich von dem ersteren Wunsche beseelt waren. Jedenfalls sind einige ihrer Führer von dem besten Willen erfüllt gewesen, aber auch sie konnten, um mich trivial auszudrücken, nicht aus ihrer eigenen Haut heraus, auch sie vermochten weder in sich selbst noch in ihrer Umgebung die Widerstände des orientalischen Wesens und des historischen türkischen Nationalcharakters zu überwinden.

Hierbei denke ich in erster Linie an den — später in Berlin von einem Armenier ermordeten — Großvizir Talaat Pacha, den ich während meiner Konstantinopeler Tätigkeit hochachten und lieben gelernt habe. Bei völliger Integrität war er ein Mann von seltenen Gaben, die es ihm ermöglichten, den steilen Aufstieg vom einfachen Telegraphenbeamten zum leitenden Staatsmanne zurückzulegen, und zwar zum Staatsmanne im wahrsten Sinne des Wortes. Weder im Auftreten noch im Denken klebten ihm Wesenszüge des Emporkömmlings an. Als Großvizir erweckte Talaat Pacha immer den Eindruck eines „grandseigneurs", und seine politischen Gedankengänge hafteten nie am Kleinlichen. Ich habe keinen Türken gekannt, den man ihm ebenbürtig an die Seite stellen könnte. Auch er versprach mir allerdings oft mehr, als er zu halten vermochte. Vielleicht wußte er, als er es versprach, daß das ebenso geheimnisvoll wie Abdul Hamid waltende „Komitee für Einheit und Fortschritt" die Ausführung verhindern würde, vielleicht hoffte er seinen Willen durchzusetzen, was ihm leider nicht so oft gelang, wie es für uns und die Türkei gut gewesen wäre. Wie dem auch sei, jedenfalls hat Talaat Pacha meistens den rechten Weg erkannt, und er wuchs mit jedem Tage — namentlich nach jedem Besuche in Europa — immer mehr in seine große Aufgabe hinein. Wenn es irgendeinem Staatsmanne hätte gelingen können, das alte Osmanische Reich zu reformieren, so wäre es Talaat Pacha gewesen, vorausgesetzt, daß er seine Macht und seinen Einfluß zu befestigen vermocht hätte. Wie ich schon oben erwähnte, spreche ich hier überhaupt nicht von der heutigen türkischen Republik, die zu kennen ich nicht den Vorzug habe.

Der stets vorhandene große Gegensatz zwischen Wollen und Vollbringen erzeugte bei dem Großvizir eine anmutige Mischung von Skeptizismus und leichtem Zynismus, welche den Charme dieser reizvollen Persönlichkeit erhöhte. Als ich ihm immer und immer wieder wegen der armenischen Frage zusetzte, sagte er mir einmal lächelnd: „Was wollen Sie denn? Die Frage ist erledigt, es gibt keine Armenier mehr", womit er gleichzeitig seine eigene Mitschuld an dieser türkischen Sünde und die nach seiner Ansicht übertriebenen europäischen Darstellungen derselben geißeln wollte. Ein anderes Mal, als im Jahre 1917 von dem bevorstehenden internationalen Sozialisten-Kongresse in Stockholm viel für die Sache des Friedens erwartet wurde, ernannte Talaat Pacha, in Ermangelung wirklicher Sozialisten, drei Mitglieder des türkischen Parlaments ad hoc zu Sozialisten, damit sie die Türkei auf dem Kongresse vertreten könnten. Seitdem bezeichnete der Großvizir mir gegenüber diese drei Herren immer scherzend als seinen Sozialisten-Ersatz.

Die staatsmännische Begabung Talaat Pachas erscheint um so erstaunlicher, als er naturgemäß nach europäischen Begriffen völlig ungebildet war. Mit Mühe hatte er sich als Großvizir Kenntnis der deutschen und französischen Sprache angeeignet. Als ich vor dem Konstantinopeler Kaiserbesuch von dem früheren Großvizir, dem ägyptischen Prinzen Said Halim, auf der Rennbahn mit der Bemerkung begrüßt wurde, daß ich wohl mit den Vorbereitungen außerordentlich viel zu tun habe, erwiderte ich scherzend: „Quidquid delirant reges, plectuntur Achivi." In diesem Augenblick trat Talaat Pacha hinzu und sagte anerkennend zu mir: „Oh Sie sprechen Arabisch." Da die im Orient übliche Höflichkeit mir verbot, die Sache aufzuklären, kam ich eine Zeit lang in den leider falschen Ruf, in Aegypten die arabische Sprache erlernt zu haben, woraus die Folgerung gezogen wurde, daß ich demnächst auch der türkischen mächtig sein würde. Nachdem ich Talaat Pacha näher kennengelernt hatte, wußte ich, daß ich in ähnlichen Fällen keine Höflichkeit walten zu lassen brauche, denn er machte nie ein Hehl aus seiner Vergangenheit und Herkunft. In der Münchner Kunstausstellung, die später in Konstantinopel veranstaltet wurde, sagte er mir, er habe den Auftrag erhalten, für den Sultan ein Bild zu kaufen, doch verstände er von solchen Dingen nichts, und ich möge doch das Bild aussuchen.

Besonders erinnerlich ist mir der Abschiedsbesuch geblieben, den mir Talaat Pacha nach seinem Rücktritte abstattete. Wir beklagten gemeinsam den militärischen Zusammenbruch, ohne gegenseitig Vorwürfe zu erheben. Da sagte Talaat Pacha ruhig: „Deutschland kann nichts dafür, daß es so schlechte Bundesgenossen gehabt hat."

Auch der bedeutendste Staatsmann bleibt immer ein Kind seiner Zeit und seines Volkes, woraus kein gerecht Urteilender ihm einen Vorwurf machen wird. Mit diesem Vorbehalte gedenke ich meiner ständigen und herzlichen Beziehungen zu Talaat Pacha mit ungetrübter Freude. Ich habe alle wichtigen Geschäfte mit ihm persönlich erledigt, denn er allein hatte genügenden Einfluß im Komitee, um das Verabredete auch durchzuführen. Sein Minister des Aeußeren, Nessimi Bey, war ein angenehmer aber machtloser Mann, der seinen Posten hauptsächlich der Tatsache verdankte, daß er die französische Sprache gut beherrschte. Bei diplomatischen Verhandlungen pflegte er recht langatmig zu werden und dadurch seine Mitkontrahenten nervös zu machen.

Nach dem Zusammenbruche habe ich Talaat Pacha nur einmal in Berlin bei einem gemeinsamen Freunde getroffen. Damals begann man gerade von dem Untersuchungsausschusse der Nationalversammlung zu sprechen, und es war für die Sinnesart des früheren Großvizirs bezeichnend, daß er mir sagte, wenn mir wegen der armenischen Frage Vorwürfe gemacht werden sollten, so möge ich ihn als Zeugen rufen. Er werde gern bezeugen, daß ich ihn ständig ermahnt hätte, die Armenier gut zu behandeln.

Neben Talaat hat bekanntlich Enver Pacha in erster Linie den Eintritt der Türkei in den Krieg veranlaßt. Als ich nach Konstantinopel kam, waren dort alle führenden Persönlichkeiten unsere treuen Verbündeten. Das lag in der Natur der Sache, denn die Orientalen sind fast ausnahmslos gute Diplomaten. Die Türken hatten daher erkannt, daß sie verloren seien, wenn wir ihnen nicht zu einem leidlichen Frieden verhelfen konnten. Ein Abfall von dem Bündnis mit Deutschland hätte ihnen damals nichts mehr geholfen. Die Entente würde etwaige Versprechungen ebensowenig gehalten haben, wie sie sich durch die vereinbarten 14 Punkte Wilsons binden ließ.

Ich habe diese Auffassung immer amtlich vertreten, weil ich der Ansicht war, daß wir nicht, aus Furcht vor einem Abfall der Türkei, in einzelnen Fragen der Konstantinopeler Regierung so viel Nachgiebigkeit zu erweisen brauchten, wie wir es getan haben. Die Türken waren nun einmal auf Gedeih und Verderb mit uns verbunden, und infolgedessen mußte das Ziel unserer Politik sein, ganz selbständig einen leidlichen Ausweg aus den Gefahren zu finden, welche alle Mächte des Vierbundes bedrohten, selbst wenn wir dabei die Türkei zwingen mußten, auf einige ihrer Wünsche zu verzichten.

Zur Zeit des Eintritts der Türkei in den Krieg lag die Sache anders.

Damals haben Talaat und Enver Pacha unter deutschem Einfluß eine ausschlaggebende Rolle gespielt und die teilweise widerstrebende Konstantinopeler Regierung mitgerissen. Ob sie uns und der Türkei dadurch einen wirklichen Dienst erwiesen, ist eine andere Frage, die sich heute nicht mehr entscheiden läßt, weil wir nicht nachträglich feststellen können, ob die Türkei in der Lage gewesen wäre, der Entente gegenüber ihre Neutralität zu wahren und die Meerengen geschlossen zu halten. Wenn sie dies zu tun vermocht hätte, so wäre das für uns die günstigere Lösung der Frage gewesen, denn es lag nicht in unserem Interesse, den Krieg durch den Eintritt der Türkei zu einem Weltkriege zu gestalten. Die Türken haben uns nur *einen* Dienst erwiesen, nämlich durch Sperrung der Zufuhr nach Rußland durch die Meerengen. Im übrigen war das Bündnis mit der Türkei für uns eine schwere moralische, finanzielle und militärische Belastung. Ob Rußland auch ohne die Sperrung der Meerengen zusammengebrochen wäre, ist ebenfalls eine Frage, die sich heute nicht mehr entscheiden läßt, die ich aber bejahen möchte.

Said Halim Pacha, der während der kritischen Zeit Großvizir war, hat mir gesagt, die türkische Regierung wäre in ihrer überwiegenden Mehrheit von vornherein entschlossen gewesen, auf unserer Seite in den Krieg einzutreten, sie habe nur Zeit gewinnen wollen, um die nötigen Rüstungen vorzunehmen. Wenn diese Aeußerung als historische Wahrheit und nicht nur als diplomatische Reflexion „ex post" zu betrachten ist, so haben die türkischen Minister bei Beginn des Krieges nach orientalischer Art mit verteilten Rollen gespielt, denn Djemal Pacha hat öffentlich eine der Entente freundliche Haltung an den Tag gelegt. Andrerseits war der Finanzminister Djavid Bey tatsächlich ein Gegner der türkischen Kriegspolitik und bewies dies durch seinen Rücktritt aus dem Kabinett, als die Entscheidung gefallen war. Da wir nicht annehmen können, daß die klugen türkischen Diplomaten nur aus Liebe zu uns leichtsinnig in den Krieg eingetreten sind, so müssen wir als ausschlaggebendes Motiv betrachten, daß die Eroberung Konstantinopels für Rußland der Zweck des Krieges war. Mithin gab es für die Türkei keine andere Hoffnung auf Rettung als durch einen deutschen Sieg, den sie infolgedessen herbeizuführen suchte. In dieser Hinsicht war es bezeichnend, daß die Türken nach dem Zusammenbruche Rußlands siegestrunken wurden und uns dadurch vermehrte Schwierigkeiten bereiteten. daß sie im Kaukasus Annexionen nachliefen. Damals gab es eine ganz kurze Zeit, wo die Türken für einen guten Separatfrieden zu hohem Preise zu haben gewesen wären. Sie hielten eben ihren Krieg für siegreich beendet, wobei sie übersahen, daß die Westmächte zwar anfangs in den Krieg gezogen waren, um Deutschland niederzuhalten, daß sie aber durch den Verlauf des Kampfes sich auch angeregt fühlten, die orientalische Frage nach ihren eigenen Wünschen zu regeln.

Wie auch die Weltgeschichte über die deutsche und türkische Politik im Weltkriege urteilen wird, an der einen Tatsache dürfte sie schwerlich rütteln, daß Talaat Pacha in schwerer Zeit ein treuer Freund Deutschlands gewesen ist. Seinen Anteil an der armenischen Sünde hat er mit dem Tode gebüßt. In dieser Frage blieb er ein Kind seines Volkes. Auch die Staatsmänner anderer Länder haben indessen oft dadurch gesündigt, daß sie nicht wagten, den Vorurteilen ihrer Volksgenossen mit zornigen Brauen entgegenzutreten, und es wäre ungerecht, an einen türkischen Staatsmann, selbst einen solchen von der Bedeutung Talaat Pachas, den europäischen Maßstab anzulegen.

Bei meiner Ankunft in Konstantinopel wurde ich mit der Nachricht empfangen, daß der Kaiser in 14 Tagen dem Hof des Sultans einen Besuch abstatten werde. Diese Reise war noch nicht vorgesehen, als ich mich in Berlin und im Hauptquartier vor Antritt meines Postens abmeldete. Der Kaiser hatte damals lediglich die Absicht, dem König von Bulgarien einen Gegenbesuch zu machen, da zu einer Fahrt bis zum Bosporus kein Anlaß vorlag. Auch hatte die Berliner Regierung mit Recht Bedenken, ob in Konstantinopel die Person des Monarchen genügend gesichert sei, da dort viele Staatsangehörige der Ententeländer verblieben, und noch mehr Anhänger der Entente unter den Peroten vorhanden waren. Die türkische Regierung legte aber aus Prestigegründen großen Wert darauf, daß keine Bevorzugung der Bulgaren stattfände. Sie verbürgte sich für die Sicherheit der Person des Monarchen und erreichte durch ihren geschickten Botschafter in Berlin, Hakki Pacha, daß ihr Wunsch, den Kaiser in Konstantinopel zu empfangen, erfüllt wurde.

Ich hatte vor meiner Abreise von Berlin Hakki Pacha näher kennengelernt. Es boten sich hierzu mehrfache Gelegenheiten, da sich damals Djemal Pacha und der Finanzminister Djavid Bey dort auf Besuch befanden, und ihnen zu Ehren gesellige und politische Zusammenkünfte veranstaltet wurden. Hakki Pacha war, namentlich am europäischen Maßstab gemessen, nach dem Großvizir, der hervorragendste türkische Staatsmann. Er hatte eine gründliche diplomatische und völkerrechtliche Bildung, sowie angenehme Formen und zeigte große Gewandtheit im Verhandeln. Ferner genoß er als früherer Großvizir hohes Ansehen in seiner Heimat, sodaß er dort immer den einem Diplomaten so nötigen starken Rückhalt fand.

Mir war die Aussicht auf einen so baldigen Kaiserbesuch natürlich nicht angenhm, da ich mich gern vorher auf meinem Posten neu eingelebt hätte, und da außerdem die Botschaft noch nicht eingerichtet war. Ich hatte mich zunächst in die notdürftig möblierte Sommerbotschaft nach dem am oberen Bosporus gelegenen Therapia begeben, und fuhr jeden Tag zur Erledigung der Geschäfte in die Stadt. Man kann sich kaum einen größeren Kontrast vorstellen, als zwischen einerseits der idyllischen Ruhe des märchenhaft schönen Botschaftsparks in Therapia, der Fahrt auf dem Bosporus mit ihren entzückenden Bildern von glänzenden Palästen, herrlichen Gärten und lustig springenden Delphinen — das alles in ein tiefes Blau eingehüllt, von dem ein Nordländer nur zu träumen vermag — und andrerseits der Hitze sowie dem Gestank der Stadt und dem rastlosen Betriebe auf der Botschaft, deren immer überfüllte große Eingangshalle schon den Anschein erweckte, als trete man in einen Bahnhof. Oben in den Empfangsräumen standen noch überall halbverpackt die Möbel Kühlmanns, während die meinigen sich in Washington befanden. Ich hatte aus dem letzteren Grunde den Posten in Konstantinopel zuerst ablehnen wollen, weil es mir unmöglich erschien, mich dort noch einmal neu einzurichten. Kühlmann wollte indessen von einer Ablehnung aus diesem Motive nichts hören, sondern veranlaßte, daß die Gelegenheit ergriffen wurde, um die Botschaft aus amtlichen Mitteln wenigstens mit dem Allernotwendigsten auszustatten. Auch zeigte sich die amerikanische Regierung entgegenkommend, indem sie den Abtransport meiner Einrichtungsgegenstände aus Washington erlaubte. Doch trafen dieselben erst im Frühjahr 1918 in Konstantinopel ein.

Daher galt es jetzt mit tunlichster Beschleunigung Ordnung in das Chaos zu bringen und die Botschaft, so gut es eben ging, zum Empfange des Kaisers einzurichten. In diese fieberhafte Tätigkeit fiel die Nachricht von dem Ableben der Königin von Bulgarien. Infolgedessen wurde der Kaiserbesuch vier Wochen aufgeschoben, was für uns eine große Erleichterung bedeutete. Ich erzählte oben, daß ich die erste Reise des Monarchen nach Konstantinopel miterlebte, und ich konnte daher meine damaligen Erfahrungen nutzbar machen. Abgesehen von den Unterschieden, die sich aus den Persönlichkeiten ergaben, verliefen die Besuche fremder Herrscher in Konstantinopel immer nach dem gleichen Programm. Der Kaiser hatte eine sehr ausgesprochene Vorliebe für die Türken und ihre herrliche Hauptstadt. Er kam dorthin stets in der allerbesten Stimmung. Niemals habe ich ihn so guter Laune gesehen wie anläßlich der beiden Besuche in Konstantinopel. Diese Sympathie teilte sich den Türken mit, die ein sehr feines Gefühl dafür haben, ob man ihnen gewogen ist oder nicht. Infolgedessen standen die Kaisertage unter dem Zeichen einer wahren Herzlichkeit. Die Türken betrachteten den Kaiser als den Träger der deutschen türkophilen Politik, und er selbst nahm auch gern diese Rolle auf sich. Als ich den Monarchen auf der Bosporusfahrt an seinen ersten Besuch erinnerte, erwähnte er die bekannte Tatsache, daß Bismarck damals ein Gegner dieser Reise gewesen sei. Der Kaiser fügte hinzu, er habe nach seiner Rückkehr in die Heimat dem Reichskanzler geweissagt, daß der Tag kommen werde, an dem die Türken als unsere Verbündeten in den Krieg ziehen würden, wovon Bismarck nichts habe hören wollen. Mit großer Lebhaftigkeit sagte der Monarch, er werde den Türken niemals vergessen, daß sie zu ihm gehalten hätten, als alle seine Verwandten ihm den Krieg erklärten.

Das traditionelle Hohenzollernwetter blieb dem Kaiser in Konstantinopel immer treu. Ebenso wie vor 28 Jahren strahlte die Herbstsonne während des ganzen Besuches täglich aus wolkenlosem Himmel und trug viel zu dem orientalischen Glanze des Empfanges bei. Der Einzug in die reichgeschmückte und durch eine unendliche Menschenmenge belebte Stadt bot ein unvergeßliches Schauspiel. Ein Sohn des Sultans fuhr dem Kaiser bis an die Station entgegen, wo die Bahn zum ersten Male an das Marmarameer herantritt. Ihm schlossen sich Enver Pacha und ich an, sowie der Militärbevollmächtigte und der Marineattaché. Der Sultan befand sich in Konstantinopel auf dem Bahnhofe, umringt von allen türkischen Würdenträgern, Enver Pacha spielte den Dolmetscher und fuhr bei dem Einzuge mit den beiden Monarchen in dem ersten Wagen. Die türkische Regie funktionierte ausgezeichnet, wenn auch recht drastische und echt türkische Mittel angewandt wurden, um den Erfolg zu sichern. So hatte man tausende von mehr oder minder verdächtigen Personen kurzerhand auf die Inseln abtransportiert, während andrerseits dafür gesorgt worden war, daß sich auffallend viele Frauen auf den Straßen befanden, damit der kulturelle Fortschritt unter dem jungtürkischen Regimente ad oculos demonstriert würde. Nirgends versteht man es so gut wie in der Türkei, die Gunst eines flüchtigen Gastes durch Errichtung Potemkinscher Dörfer zu gewinnen.

Die türkische Armee kam bei dem Besuche zu ihrem Rechte, indem der Kaiser unter dem Geleite Liman von Sanders Pachas das Schlachtfeld an den Dardanellen besichtigte, wo dieser zur Führung türkischer Truppen hervorragend geeignete deutsche General glänzende Lorbeeren um die Osmanischen Fahnen gewunden hatte. Auch über das zur Abfahrt nach Syrien bereitstehende deutsche Asienkorps hielt der Monarch eine Parade ab. Der Vorliebe des Kaisers entsprechend wurde ihm viel Zeit gelassen, die Moscheen, das alte Serail und die übrigen Wunderbauten Stambuls zu besuchen. Im übrigen hatte ich im Einvernehmen mit dem türkischen Hofe bei der Aufstellung des Programms besonderen Wert darauf gelegt, daß möglichst viele Personen Gelegenheit erhielten, den Monarchen zu sehen, bezw. mit ihm zu sprechen, weil anderenfalls unvermeidlich Verstimmungen eingetreten wären. Der bejahrte Sultan mußte möglichst geschont werden, und so wurde die Einrichtung getroffen, daß nur die Abendtafeln bei ihm in Dolmabagde stattfanden, während die Mittagstafeln in Yildiz, wo der Kaiser wohnte, abgehalten wurden, und die Einladungen dazu von deutscher Seite ausgingen. Dem Kaiser fiel der für Kriegszeiten übertriebene orientalische Luxus so sehr auf, daß er, der in Yildiz als Hausherr galt, nach der ersten Mittagstafel eine Verkürzung der Menus anordnete. Diese Verfügung schien den türkischen Hofbeamten sehr sonderbar, und ein Satiriker hätte wohl fragen mögen, wem die infolgedessen erzielte Ersparnis zugute gekommen ist. Jedenfalls gaben diese Mittagstafeln im kleinen Kreise dem Kaiser Gelegenheit, mit den maßgebenden osmanischen Würdenträgern längere Unterhaltungen zu führen. Ich entsinne mich besonders eines Tages, wo der Scheich ül Islam zwischen dem Kaiser und mir saß, und der Monarch sich mit dem höchsten mohamedanischen Geistlichen vermittelst eines Dolmetschers in ein reges Gespräch über islamische Kunst und Gebräuche vertiefte. Wenn auch nicht bei diesem Anlasse, so wurde doch dem Kaiser die Erfahrung nicht erspart, daß Unterhaltungen durch Dolmetscher große Gefahren in sich bergen. Nach den Abendtafeln pflegte sich der Sultan mit seinem Gaste auf kurze Zeit allein zurückzuziehen, wobei nur Enver Pacha als der beste türkische Kenner der deutschen Sprache zugezogen wurde. Es ist später von dem Sultan mir gegenüber die Behauptung aufgestellt worden, daß der Kaiser bei einer dieser Gelegenheiten versprochen hätte, in dem türkisch-bulgarischen Konflikte über die Maritzagrenze eine Entscheidung zugunsten der Türkei herbeizuführen. Der Kaiser hat dies stets abgeleugnet. Vermutlich sind seinerseits auch nur unverbindliche höfliche Redewendungen gefallen, die unserem vermittelndem Standpunkte in dieser Frage entsprachen.

Abgesehen von den Unterredungen der beiden Monarchen wurden die politischen Fragen an dem Tage, wo der Kaiser sich an den Dardanellen befand, eingehend auf der Hohen Pforte besprochen. An diesen Verhandlungen nahmen deutscherseits Staatssekretär von Kühlmann, Gesandter von Rosenberg und ich teil, während die Türkei durch Talaat Pacha, Nessimi Bey und Hakki Pacha vertreten war. Die osmanische Regierung wollte die günstige Gelegenheit benutzen, um in ihrem Sinne eine Erweiterung der deutsch-türkischen Bündnisverträge zu erreichen. Diese stellten meines Erachtens schon eine societas leonina zu unseren Ungunsten dar, die Kaiserliche Regierung wollte aber unter allen Umständen den Abfall der Türkei verhindern, um aus Prestigerücksichten den Vierbund bis zu dem Friedensschlusse intakt zu erhalten. Daraus ergab sich deutscherseits die Neigung, alle türkischen Wünsche zu erfüllen, in der Hoffnung, daß die Osmanische Regierung schließlich bei dem Friedensschlusse freiwillig auf einige ihrer Forderungen verzichten würde, wenn es sich darum handelte, um ihretwillen den Krieg fortzusetzen. Insbesondere war Kühlmann der festen Ueberzeugung, daß die Türkei über alle Fragen würde mit sich reden lassen, falls sie eine allgemeine Anerkennung der Aufhebung der Kapitulationen erreichte. Infolgedessen führten wir die Verhandlungen unter dem Gesichtspunkte einer freundschaftlichen Unterredung behufs möglichster Herabminderung der türkischen Wünsche. Im wesentlichen wurden diese erfüllt, und in einem Zusatzvertrage niedergelegt, den der Großvizir und ich bald darauf unterzeichneten.

Der Kaiser sagte sich zu einem Nachmittagstee auf der Botschaft an und bestimmte, daß der Empfang der deutschen Land- und Seeoffiziere sowie der deutschen Kolonie bei diesem Anlasse stattfinden solle. Dadurch entstand für mich ein schwer zu lösendes Problem. Die Zahl der einzuladenden Damen und Herren ließ sich zwar begrenzen, aber nicht ohne starke Verstimmungen zu verursachen, die der Sache geschadet hätten. Es war diese Gelegenheit die einzige, die den Deutschen gegeben wurde, den Kaiser zu sehen, und ich beschloß daher, den Kreis soweit wie irgend möglich zu ziehen. So waren annähernd tausend Personen anwesend.

Die deutsche Schule hatte sich im Garten der Botschaft aufgestellt und begrüßte den Monarchen durch Singen eines deutschen Liedes, welches er auf dem Balkon stehend anhörte. Seine Majestät war tief beeindruckt von der wunderbaren Schönheit des Blickes von dieser Stelle. Wer einmal abends dort gestanden hat, wird niemals das unvergleichliche Panorama der herrlichsten Stadt der Welt aus dem Gedächtnis verlieren. Die untergehende Sonne hatte den Bosporus und das Marmarameer mit einem rötlichen Schimmer übergossen, aus dem die weißen Paläste und Minarets an den Ufern emporragten, und aus der Ferne grüßte uns der sagenumwobene Olymp in feuriger Glut über die Prinzeninseln, die Perlen des Marmarameeres, hinweg. Wohl hatte der Kaiser recht, als er mir sagte, daß keine andere deutsche Botschaft dem Aehnliches bieten könne. Die Begeisterung Seiner Majestät fand einen Ausdruck in der scherzhaften Wendung, daß er mit mir tauschen möchte.

Weniger erfreut war der Kaiser über die sonstige Anordnung des Empfanges, da er offenbar nicht erwartet hatte so viele Menschen begrüßen zu müssen. Bei dem Abschiede sagte mir Seine Majestät in vorwurfsvollem Tone, daß er noch nie eine derartig überfüllte Botschaft gesehen habe. Indessen nahm der Monarch gleich wieder einen freundlichen Ton an, als ich ihm meine Gründe erklärte und sagte, daß die Deutschen in Konstantinopel alle den Wunsch gehabt hätten, Seine Majestät zu sehen. Ich hatte den Monarchen aber doch nicht von der Richtigkeit meiner Auffassung überzeugt, denn ein Jahr später, als ich ihn in Spa zum letztenmal sah, machte mir der Kaiser noch eine Bemerkung über das „schreckliche Fest auf der Botschaft". Auch in diesem Falle war meine Auffassung offenbar zu demokratisch für den Monarchen, dem leider nie die Wahrheit aufgegangen ist, daß das deutsche Kaisertum demokratisch sein oder untergehen mußte.

Auf einer Bosporus-Fahrt besuchte der Kaiser auch die Sommerbotschaft in Therapia, die zu der damaligen Jahreszeit nicht mehr bewohnt war, aber trotzdem nicht übergangen werden durfte, weil dort an der schönsten Stelle des Parkes ein Ehrenfriedhof für die in der Türkei gefallenen Deutschen angelegt worden ist. Seine Majestät legte Kränze nieder an den Gräbern des Feldmarschalls v. d. Goltz, des Botschafters von Wangenheim und des Militärattachés von Leipzig, die an dieser herrlichen Stelle die ewige Ruhe genießen, ohne den Zusammenbruch ihres Vaterlandes haben erleben zu müssen. Die bekannte Abneigung des Kaisers für die moderne deutsche Kunst trat auch bei dieser Gelegenheit zutage, indem er das große, von dem Bildhauer Kolbe am Eingang des Friedhofes errichtete und damals noch nicht fertiggestellte Grabmal scharf kritisierte. Der Auftrag hierzu war von meinem Amtsvorgänger Kühlmann gegeben worden, ich war also nicht verantwortlich, doch halte ich dieses Werk Kolbes für durchaus künstlerisch und schön. Trotzdem der anwesende Kriegsminister von Stein die Allegorie noch schärfer als der Monarch tadelte, hat Kolbe doch seine Arbeit zu Ende geführt, auf die ich später noch einmal zurückkommen werde. Das Denkmal stellt den Todesengel dar, der einen nackten Verwundeten in den Armen hält.

Das Ende des Kaiserbesuches bedeutete für mich den Anfang des Konstantinopeler Alltags, der reichlich mit Arbeit besetzt war. In der einen Richtung galt es, die Bemühungen Kühlmanns, einen erträglichen Frieden herbeizuführen, nach Möglichkeit zu fördern. Meine eigene Tätigkeit galt hauptsächlich der Hebung der Türkei, damit sie den Feinden Widerstand leisten konnte, und damit gleichzeitig der Wiederaufbau von Land und Volk nach dem Kriege vorbereitet würde.

Ich erwähnte oben, daß ich Lord Cromer für den bedeutendsten Staatsmann halte, dem ich im Leben nähergetreten bin. Sein Beispiel schwebte mir vor, und ich dachte daran, die Türkei zu einem deutschen Aegypten zu machen. Die Voraussetzungen hiezu waren ein Verständigungsfrieden und ruhige konsequente Arbeit mit Liebe zum türkischen Volke. Zunächst war die finanzielle Frage zu ordnen, und der türkische Finanzminister Djavid Bey wollte zu diesem Zwecke nach Berlin reisen. Privatbrieflich schrieb ich folgendes an Kühlmann:

Konstantinopel, 15. Dezember 1917.
Mein lieber Kühlmann!

Schon bevor ich Ihren gütigen Brief vom 11. d. M. erhielt, hatte sich die Lage hinsichtlich Djavid Bey's Besuch in Berlin geändert und damit auch meine eigene Auffassung. Gleichzeitig mit diesem Briefe geht mein amtlicher Bericht ab. Wenn Djavid Bey bereit ist, uns wirtschaftliche Zugeständnisse zu machen, so liegt kein Grund vor, ihn zu stürzen. Indessen glaube ich, daß er nur durch die gegenwärtige politische Situation bekehrt worden ist, sowie durch den Kampf, welchen der Anhang von Ismail Hakki gegen ihn führt. Augenblicklich sind wir nun einmal hier die Stärkeren und werden es bis zum Friedensschlusse bleiben. Was dann kommt, wird natürlich von der Art des Friedens abhängen. Deshalb sollten wir jetzt mit Djavid so viele feste Abmachungen, wie nur irgend möglich unter Dach und Fach bringen.

Die innere Lage macht der hiesigen Regierung viel Sorgen. Fethy Bey scheint eine ziemlich starke Opposition hinter sich zu haben unter der Flagge das Land vor der Korruption zu retten. Vorläufig betrachte ich diesen tugendhaften St. Georg, welcher den Drachen der Korruption töten will, mit viel Skepsis. Ich möchte annehmen, daß er nur an die Macht gelangen will, und diese dann auch nicht viel anders anwenden wird wie die gegenwärtigen Inhaber derselben.

Hoffentlich gelingt es Ihnen, den Frieden mit Rußland zustande zu bringen. Leider konnte ich die Reise Nessimi's nach Berlin nicht verhindern. Die Leute hier wollen gar zu gern etwas tun, um die allgemeine Stimmung zu heben und den Eindruck zu erwecken, daß wir dicht vor dem Frieden stehen.

. . . .

Die Finanzfragen blieben meine Hauptsorge, und ich schrieb bald darauf an meinen Freund Bussche, der damals Unterstaatssekretär war.

Konstantinopel, 22. Dezember 1917.

Mein lieber Bussche!

Wie Sie aus meinem amtlichen Telegramm ersehen haben werden, hege ich schwere Besorgnisse hinsichtlich der in Berlin bevorstehenden Verhandlungen mit Djavid Bey. Ich sehe voraus, daß infolge der politischen Lage, Friedensverhandlungen usw. niemand Zeit für Djavid haben wird. Der Staatssekretär und Rosenberg sind in Brest-Litowsk, und Sie werden genug zu tun haben, um mit ihnen die Verbindung aufrecht zu erhalten. Nun sind die hiesigen wirtschaftlichen Verhältnisse allmählich so verworren und schwierig geworden, daß es der eingehenden Arbeit *einer* Person mit Djavid erfordern wird, um reinen Tisch zu machen. Köbner, Finanzattaché der Botschaft, ist zwar sehr gewandt und weiß vollkommen Bescheid, aber er hat doch nicht die Autorität mit einem so geriebenen Fuchse wie Djavid Bey zu verhandeln, der seinerseits in wirtschaftlicher Beziehung die türkische Staatsgewalt in der Hand hat, wenigstens solange wir uns mit ihm vertragen. Darüber sollten wir uns nicht täuschen, daß wir jetzt hier unbedingt die Stärkeren sind und bis zum Friedensschlusse alles durchsetzen können, was wir wollen. Nach dem Friedensschlusse wird die Sache ganz anders liegen, und wir müssen daher unsere Ernte jetzt einbringen, solange das Wetter gut ist. Meines Erachtens sollte eine Persönlichkeit in Berlin ernannt werden, die im Auftrage der Regierung die gesamten Verhandlungen führt, damit Djavid nicht wie das letzte Mal mit vielen Herren verhandelt und gewissermaßen wie eine Biene von Blume zu Blume fliegt und den Honig aussaugt, sodaß für uns nichts mehr übrig bleibt. Wer diese Persönlichkeit sein soll, muß ich Ihnen überlassen. Einige hiesige Herren schlagen Helfferich vor. Ich weiß nicht, ob er frei ist. Auch kann ich mich nicht selbst anbieten, da meine Anwesenheit hier als notwendig bezeichnet worden ist. Köbner wird am 1. Januar morgens in Berlin eintreffen, also dort zwei Tage vor Djavid anwesend sein und könnte dem betreffenden Herrn genau Vortrag halten. Djavid gedenkt 2 bis 3 Wochen in Berlin zu bleiben. In der Zeit könnte alles geregelt werden, wenn sich nur jemand findet, der genügend Zeit und Autorität hat, um mit Djavid zu verhandeln. Ich könnte ja auch noch Dieckhoff nach Berlin schicken, der hier diese Angelegenheit bearbeitet, aber was in erster Linie nötig ist, kann ich von hier aus nicht liefern, nämlich die Persönlichkeit, die an der Spitze die Verhandlungen leitet.

Ich kann Ihnen nicht dringend genug ans Herz legen, daß dies unsere letzte Gelegenheit ist, um unsere wirtschaftliche Zukunft hier zu sichern. Wenn wir es nicht tun, werden wir hier nach dem Kriege eine klägliche und lächerliche Rolle spielen. Das jetzige, uns freundliche Ministerium wird unter dem Vorwurfe der Korruption zusammenbrechen, und das nächste alles Heil vom Westen erwarten. Ich weiß, daß man in Berlin kein Vertrauen zu Djavid Bey hat. Indessen ist im Himmelreiche bekanntlich mehr Freude an einem bekehrten Sünder als über tausend Gerechte. Deshalb meine ich, daß wir die Gelegenheit ergreifen sollten, mit Djavid die deutsch-türkische wirtschaftliche Zukunft ein für allemal zu regeln. Natürlich geht dies nicht ohne Konzessionen hinsichtlich der Vorschüsse. Indessen ist es ja ausgeschlossen, daß die Türkei jemals die Schuld bezahlt. Jede türkische Anerkennung dieser Schuld wäre das Papier nicht wert, auf dem sie geschrieben stände. Wenn wir der Türkei entgegenkommen, so stützen wir das gegenwärtige uns freundliche Ministerium und bekommen alles, was in diesem Lande wirtschaftlich zu holen ist. Vielleicht findet mein letzter Vorschlag in Berlin Gnade, nämlich, daß dort nur die großen Prinzipien entschieden werden und alles übrige hier erledigt würde.

. . . .

Inzwischen hatte sich Herr von Gwinner, Generaldirektor der Deutschen Bank, an mich gewandt mit einem dringenden Notschrei und Hilferuf wegen der Bagdadbahn. Seine Stimmung gegen die Türkische Regierung war derartig erregt, daß er die Forderungen der Bagdadbahn eventuell mit militärischer Gewalt eingezogen haben wollte. Ich schrieb ihm:

Konstantinopel, 1. Januar 1918.

Mein sehr verehrter Herr von Gwinner!

In den vier Monaten meines hiesigen Aufenthaltes beschäftigte ich mich täglich eingehend mit der Bagdadbahn, sodaß mir deren Nöte nunmehr völlig bekannt sind. Hier und in Berlin sind alle darin einig, daß der Bahn geholfen werden muß. Nur über die Mittel hierzu gehen die Ansichten auseinander. Ich mußte auf Grund der hiesigen Verhältnisse zu der Ueberzeugung gelangen, daß es ein Versuch am untauglichen Objekt gewesen wäre, wenn wir ein Ultimatum an Enver Pacha gerichtet hätten.

Meine Gründe sind die folgenden:

1. Die schlauen Türken wissen ganz genau, daß wir die *militärische* Hilfe doch leisten müssen, weil der Sonderfriede mit Rußland uns den Krieg auf Tod und Leben mit England bringt. Letzteres kämpft hauptsächlich um Belgien und Arabien. An diesen beiden Punkten *müssen* wir also siegen oder untergehen.

2. Enver Pacha's Stellung ist so geschwächt, daß er nur von uns und vom Großvizir um unseretwillen gehalten wird. Er kann garnicht mehr viel durchsetzen.

3. Wenn wir hier etwas erreichen wollen, müssen wir den Helm absetzen und in Zivil vor die Leute treten mit pekuniären Versprechungen in der einen Hand und Drohungen von Entziehung solcher Vorteile in der anderen — Zuckerbrot und Peitsche. — Hier ist man den Militarismus gründlich satt. Forderungen, die von militärischer Seite aufgestellt werden, begegnen schon um dessentwillen einer besonders heftigen Opposition.

Ich verstehe Ihr Mißtrauen gegen Djavid Bey. Indessen ist er jetzt auf Grund der veränderten Verhältnisse bereit, mit uns zu einer allgemeinen Verständigung zu gelangen. Aus dem Saulus wurde ein Paulus. Ich habe daher wiederholt und dringend gebeten, daß man in Berlin diesen Weg beschreiten möge. Die jetzigen Verhandlungen mit Djavid Bey halte ich für die beste, wahrscheinlich aber auch die letzte Gelegenheit, um hier alle unsere Wünsche durchzusetzen. Ich garantiere Ihnen, daß wir so nicht nur die Bagdadbahn, sondern auch die ganze Türkei sanieren werden.

Damit mein Standpunkt in Berlin auch mündlich vertreten werde, habe ich Herrn Leg.-Sekr. Dieckhoff nach Berlin entsandt, der Ihnen diesen Brief übergeben und Sie eingehend über die hiesigen Verhältnisse informieren wird. Er ist seit längerer Zeit Referent für die Bagdadbahn und andere derartige Fragen.

. . . .

Auf die Einzelheiten der Berliner Verhandlungen will ich hier nicht eingehen, doch verliefen sie nicht nach Wunsch. So schrieb ich auch darüber an Gwinner.

Konstantinopel, 5. Februar 1918.

. . . .

Im Anschluß an meinen Brief vom 1. d. M. möchte ich Ihnen heute streng vertraulich eine Zeile schreiben.

Den mit Djavid Bey in Berlin geführten Verhandlungen gegenüber habe ich das Gefühl des Pilatus: „Ich wasche meine Hände in Unschuld." Von vornherein vertrat ich den Standpunkt, daß wir kategorisch alle Forderungen Djavid's ablehnen sollten, bis er sich schriftlich verpflichtet hatte, die unsrigen zu erfüllen. Unsere politische Stellung der Türkei gegenüber ist jetzt so stark, daß wir diesen Standpunkt ohne Bedenken hätten einnehmen können. Es ist nicht geschehen, und wir haben einfach garnichts erreicht. Ich sehe daher wieder das übliche Diplomatenlos mir winken, — genau wie jetzt vor einem Jahr in Amerika — d. h. man hört nicht auf uns, und nachher macht man uns für die Folgen verantwortlich. Wie denkt man sich in Berlin, daß wir hier etwas erreichen sollen, wenn man dort alle Pressionsmittel aus der Hand gibt? Vielleicht ist noch etwas zu retten, wenn man sich in Berlin entschließt Djavid Bey nicht zu gestatten im März wieder dorthin zu kommen, sondern ihm sagt, es solle hier verhandelt werden. In Berlin hat man ja nie Zeit für türkische Dinge, die dann schließlich „inter pocula" übers Knie gebrochen werden. Ich schreibe Ihnen dieses, weil Sie so freundlich waren, meine Hilfe in der Bagdadbahn-Frage in Anspruch zu nehmen. Vielleicht gelingt es Ihnen, die betreffenden Ressorts in Berlin zu beeinflussen. Der Staatssekretär und Unterstaatssekretär sind ganz meiner Ansicht, aber beide haben sich nicht um diese Dinge kümmern können, weil Brest-Litowsk sie voll in Anspruch nahm.

. . . .

Da sich obiger Brief mit einem solchen von Gwinner kreuzte, schrieb ich wieder.

Konstantinopel, 9. Februar 1918.

. . . .

Aus dem meinigen vom 5. d. M. werden Sie ersehen haben, daß auch ich von dem Ergebnisse der in Berlin mit Djavid Bey geführten Verhandlungen sehr wenig erbaut bin. Es herrscht eben in Berlin die Auffassung, daß unser Hauptbestreben noch immer dahin gehen muß, die Türken bei guter Laune zu erhalten. Solange diese Parole gilt, werden wir nicht weiter kommen. „Steter Tropfen höhlt den Stein", und deshalb hoffe ich schließlich mit meiner Ansicht durchzudringen, daß wir der Türkei zwar nach jeder Richtung helfen, dafür aber verlangen sollen, daß sie sich wirtschaftlich ganz von uns beherrschen läßt. Dieses Programm ist das einzige, welches den Interessen *beider* Länder entspricht, da die Türkei aus sich selbst heraus nicht gesunden kann. Es läßt sich auch durchführen, weil die Türken jetzt ganz auf uns angewiesen sind und uns weder nützen noch schaden können. In dieses Programm muß natürlich die Bagdadbahn voll und ganz aufgenommen werden.

. . . .

Ein wiederholter Hilferuf Gwinners erhielt folgende Antwort von mir:

Konstantinopel, 23. März 1918.

. . . .

Ihre Mißstimmung gegen die Türkei kann ich vollkommen begreifen. Wir haben uns bisher unseren hiesigen Freunden gegenüber sehr nachgiebig gezeigt, vermutlich zu nachgiebig. Doch läßt sich diese Frage schwer entscheiden, weil der Wert der Schließung der Dardanellen ein nicht leicht zu berechnender Faktor ist. Bis zum Zusammenbruche Rußlands basierte die hiesige deutsche Politik einfach auf der Auffassung, daß wir beinahe jeden Preis für die Schließung der Dardanellen zahlen könnten. Jetzt ist Rußland zusammengebrochen, und es kann uns daher in Zukunft politisch gleichgiltig sein, ob die Türkei von uns abfällt oder nicht, da sie uns im übrigen als Bundesgenossen in politischer, finanzieller, wirtschaftlicher und moralischer Beziehung nur eine Last ist. Nebenbei bemerkt, halte ich einen solchen Abfall für ausgeschlossen, weil die Türkei bei einem Separatfrieden die arabischen Landesteile abtreten müßte, welche sie durch unsere Hilfe wiederzugewinnen hofft. Also haben wir in politischer Beziehung von den Türken nichts mehr zu erwarten, während sie von uns noch sehr viel wollen.

Nun komme ich zur wirtschaftlichen Frage. Nach dem Kriege wird es uns wirtschaftlich außerordentlich schlecht gehen. Einen Verständigungsfrieden, wie ich ihn vor einem Jahre mit Wilson verabredet hatte, werden wir niemals abschließen, weil unsere maßgebenden Kreise das nicht wollen. Der Wirtschaftskrieg wird daher in der einen oder anderen Form weitergehen. Davor könnte uns nur ein wirklicher deutscher Sieg retten, den ich für ausgeschlossen halte, da wir England schwerlich und Amerika schon garnicht besiegen können. Wenn wir also mit einem Wirtschaftskriege rechnen müssen, so erscheint es mir notwendig, die Rohstoffe zu nehmen, wo wir sie finden können. Das hiesige Quantum ist zwar gering, aber in der Not frißt der Teufel Fliegen. Ich bin daher der Ansicht, daß wir im Mai mit Djavid so verhandeln müßten, wie wir es mit den Bolschewikis getan haben. Ich würde ihm sagen, wir wären bereit, das Geld, welches wir den Türken gegeben haben, als Subvention für die Verteidigung der Dardanellen zu betrachten, unter der Bedingung, daß die Türken ihrerseits ein Liquidationsgesetz einbrächten und uns alles, was sie an Rohstoffen besitzen, ausliefern sowie unsere sonstigen Forderungen beglichen. Sie müßten sich wirtschaftlich mit uns genau so verbünden, wie sie es politisch getan haben. Wenn sie das nicht wollten, würden wir ihnen weder die Schulden erlassen, noch ihnen eine weitere Anleihe geben. Djavid, der kein Staatsmann, aber ein schlauer kleiner Handelsmann ist, würde eine solche Stellungnahme respektieren, wahrscheinlich sogar bewundern und würde dann auch ehrlich unser Freund werden. Er versucht immer soviel herauszuschlagen wie er kann, und wer wollte ihm verdenken, daß er dieses Verfahren einschlägt, da es bisher immer zu dem gewünschten Ziele geführt hat?

Ich glaube mit der Geldverweigerung kämen wir ebensoweit, wie mit der Anwendung der Geschütze der „Goeben".

. . . .

Ich habe obige Briefe in meine Darstellung eingefügt, weil ich annehme, daß der Leser durch Briefe am ehesten und wahrhaftigsten in die Stimmung der damaligen Zeit zurückgeführt wird. Dinge, die heute kein Interesse mehr haben, wie z. B. Floskeln und Personalien, streiche ich immer in den eingefügten Briefen.

Die Friedensfrage machte mir schwere Sorgen. Friedrich der Große hat es das „Miracle de la Maison de Brandebourg" genannt, daß Peter III. in Rußland den Thron bestieg und mit ihm Frieden schloß. In ähnlicher Lage war der Russische Zusammenbruch für uns ein Wunder, das uns retten konnte, nachdem wir die erste Gelegenheit ein Jahr vorher verpaßt hatten. Ich schrieb darüber an Erzberger.

Konstantinopel, 18. Dezember 1917.

Mein sehr verehrter Herr Erzberger!

Es war mir eine außerordentlich große Freude, von Ihnen zu hören. Ihr freundlicher Brief weckte in mir die Erinnerung an manchen gemütlichen Abend in Berlin.

. . . .

Die letzten Nachrichten aus Deutschland enttäuschten mich einigermaßen. Wenn der Friede mit Rußland nicht zustande kommt und das Preußische Abgeordnetenhaus die Wahlrechtsvorlage nicht annimmt, so sind wir doch schließlich genau so blamiert wie vor einem Jahr. Was nützt es immer zu sagen, daß wir einen Verteidigungskrieg führen und daß wir uns demokratisieren wollen, wenn wir bei dem „hic Rhodus hic salta" immer versagen. Ich hoffe, daß der Friede mit Rußland zustande kommen wird. Wenn wir aber Lenin und Trotzki ebenso zu unversöhnlichen Feinden machen, wie wir es mit Wilson getan haben, so weiß ich wirklich nicht, wie wir aus diesem Kriege jemals herauskommen werden.

Mit dem hiesigen Aufenthalte bin ich recht zufrieden. Es gibt soviel Arbeit, daß man die sonstige geistige Oede von Konstantinopel nicht unangenehm empfindet. Allzuviel dürfen wir von den Türken nicht mehr erwarten, besonders nicht, da wir uns auch hier nie recht zu einer einheitlichen konsequenten Politik entschließen können.

. . . .

Der immer hoffnungsvolle Erzberger antwortete mir mit dem folgenden Briefe, der einen Verständigungsfrieden mit Rußland in Aussicht stellte, diese Voraussetzung für einen weiteren guten Verlauf, die sich leider niemals erfüllte.

In meinen Papieren fanden sich noch zwei Briefe an Erzberger, die ich hier nach dem seinigen folgen lasse.

Berlin W., den 23. Dezember 1917.
Euer Exzellenz!

. . . .

Derzeit steht die allgemeine Lage bei uns günstig. Ich hoffe bestimmt, daß der Friede mit Rußland zustandekommt. Nach meinem Dafürhalten werden die Bolschewiki unbedingt darauf dringen, daß der demokratische Frieden für die ganze Welt gelten soll und werden nicht zulassen, daß wir später nach dem Westen einen imperialistischen Frieden abschließen. So haben mir die Bolschewiki wiederholt erklärt. Wir müssen deshalb zufrieden sein, wenn es unseren Unterhändlern gelingt herauszuschlagen, daß wir nur eine bestimmte Frist, vielleicht einen Monat an den demokratischen Frieden im Westen gebunden sind. Ich bin trotz allem so optimistisch zu glauben, daß, wenn erst der Friede mit Rußland geschlossen ist, der allgemeine Friede bald folgen wird. Unsere Gegner müssen dann einsehen, daß ihre Pläne uns gegenüber gescheitert sind, denn unsere Verhältnisse bessern sich dann mit jedem Tag mehr.

Zwei Schwierigkeiten sehe ich allerdings dem Frieden mit Rußland im Wege stehen. Ich denke dabei nicht so sehr an den Umstand, daß die heutige Regierung nicht am Ruder bleibt, als an die armenische Frage, welche von der Türkei auch einige Opfer fordern dürfte, denn zweifellos werden die Bolschewiki ein autonomes Armenien verlangen; und ferner endlich an die Frage der Ausgestaltung des Selbstbestimmungsrechts der Völker.

Manche deutsche Kreise, die Ihnen ja bekannt sein dürften, wollen diese Forderung nur als eine Schutzhülle für den Annexionismus anerkennen und glauben, daß die Russen so ungeschickt und einfältig seien, wie die Annexionisten sich das vorstellen. Eine schwere Enttäuschung dürfte diesen Kreisen sicher sein.

Die Wahlrechtsvorlage dürfte trotz aller Bedenken zustandekommen. Die erste Lesung schreckte mich nicht ab. Es kann sein, daß die Vorlage bereits im Februar angenommen wird. Wir arbeiten jedenfalls stark daraufhin.

Völlig stimme ich mit Euer Exzellenz darin überein, daß ich mir das Ende und den Ausgang des Krieges gar nicht vorstellen kann, wenn wir mit Rußland nicht zum Frieden kommen und uns die Bolschewiki auch noch zu Feinden machen. Das darf unter keinen Umständen eintreten.

Was Euer Exzellenz über die Türkei schreiben, habe ich bereits in einer amtlichen Denkschrift im Februar 1916 niedergelegt, als ich von meiner Reise aus der Türkei zurückkam. Es freut mich, aus Ihrem Briefe zu ersehen, daß Ihnen Ihr dortiger Aufenthalt zusagt.

Indem ich die freundlichen Wünsche aufrichtig erwidere ......

gez. M. Erzberger.

Konstantinopel, 1. Januar 1918.

Sehr verehrter Herr Erzberger!

Nach den heutigen Nachrichten ist ja der Frieden mit Rußland so gut wie gesichert. Auch ich glaube, daß der allgemeine Frieden sehr bald folgen wird. Unsere westlichen Feinde werden die öffentliche Meinung in ihren Ländern nicht bei der Stange halten können, sobald unsere Bereitwilligkeit zu einem Verständigungsfrieden mit Rußland eine unbestrittene Tatsache geworden ist. Darin lag unser diplomatischer Fehler vom vorigen Jahre, daß wir Wilson gegenüber diese Bereitwilligkeit nicht klar und öffentlich ausgesprochen haben. Genau die gleiche Lage wie heute hätten wir damals herbeiführen können, nur mit dem Unterschiede, daß es sich zu jener Zeit um Wilson, jetzt um Lenin handelt.

Wenn der Frieden mit Rußland abgeschlossen ist, wird es vor allem nötig sein, in irgend einer Weise Wilson wieder vor den Friedenswagen zu spannen, damit er nicht ständig die anderen aufhetzt. Bisher haben wir Wilson völlig ignoriert, was wohl richtig war, solange Lenin unsere Geschäfte besorgte. Von jetzt ab wird aber Wilson die Hauptperson sein. Es dürfte möglich sein, an ihn heranzukommen, indem wir uns wieder dem Oberst House nähern, der stets auf die Kriegsziele der Entente drückt. Trotz meiner persönlichen Freundschaft mit House war es mir natürlich nicht möglich, mit ihm in Verbindung zu bleiben. Aber den Frieden werden wir mit ihm machen müssen. Anders dürfte es nicht gehen.

Ich hoffe, daß wir hinsichtlich der Türkei bei den bevorstehenden Verhandlungen mit Djavid Bey einen groß angelegten Plan für die Regenerierung der Türkei ausarbeiten werden. Seitdem ich hier bin, kämpfe ich für diesen Plan, aber wie Sie wissen, gibt es bei uns immer viele bureaukratische und militärische Hindernisse, die man überwinden muß, wenn man eine konsequente und einheitliche Politik zustande bringen will.

. . . .

Konstantinopel, 30. März 1918.

. . . .

In militärischer Beziehung ist in letzter Zeit alles sehr schön gegangen, aber unsere Politik finde ich nicht ganz so erfreulich. Wir haben bei den bisherigen Friedensschlüssen zu viel verlangt. Vestigia terrent! Die anderen werden sich nicht ermutigt fühlen, mit uns Frieden zu schließen. Indessen gelingt es vielleicht sie zu zwingen, was ich persönlich allerdings hinsichtlich Englands und Amerikas für ausgeschlossen erachte.

Ich füge den Brief eines Ihrer hiesigen Freunde bei. Er sowie Ihr anderer Freund Schade und der Reisebegleiter Ihres Kollegen Pfeiffer sehen hinsichtlich der hiesigen Verhältnisse denn doch *zu* schwarz. Ich will durchaus nichts beschönigen, aber tatsächlich ist die türkische Regierung jetzt ernstlich bemüht, Ausschreitungen zu verhindern. Es war vielleicht ein Fehler, die tatsächlich vorgekommenen Greuel der armenischen Banden öffentlich zu erwähnen. Indessen erschien dies notwendig, um das Vorrücken der türkischen Truppen trotz des damals noch bestehenden Waffenstillstandes zu rechtfertigen. Außerdem war es der türkischen Regierung sehr angenehm, eine nachträgliche Entschuldigung für ihre früheren Sünden zu finden. In letzter Zeit hat sie abgewiegelt. Es gehört zu meinen täglichen Aufgaben, die hiesigen maßgebenden Kreise zu ermahnen, die Christen und Juden gut zu behandeln und ich kann sagen, daß es mir bisher immer gelungen ist, Torheiten zu verhindern oder wenigstens rechtzeitig rückgängig zu machen.

Am bedenklichsten sind die Ernährungsverhältnisse. Es herrscht tatsächlich Hungersnot, die nur dadurch verschleiert wird, daß sich niemand darum bekümmert, ob die armen Leute sterben, sowie daß die andern alle am Kriegswucher beteiligt und daher selbst die höchsten Preise zu bezahlen bereit sind. Auch in dieser Frage bemühe ich mich, die Regierung zum Einschreiten zu bewegen. Ob sie dazu die Energie haben wird, muß sich erst zeigen. Im Allgemeinen wäre der Zeitpunkt günstig, da das Ministerium Talaat infolge der Wiedereroberung von Erzerum, Trapezunt etc. eine sehr starke Stellung hat.

Trotz aller Schattenseiten der hiesigen Verhältnisse muß man doch immer wieder betonen, daß kein Mensch der Türkei vor dem Kriege so viel zugetraut hätte, wie sie geleistet hat. Man muß den Jungtürken wenigstens eine ruhige Probezeit gönnen, ehe man sie verdammt. Seitdem sie das Land regieren, folgten Revolutionen und Kriege ununterbrochen aufeinander. Ich bin noch immer überzeugt, daß wir dieses Land reformieren können, wenn wir uns selbst zu einer konsequenten Politik aufraffen. Auch hier sind wir zu sprunghaft und unstet vorgegangen. In dieser Beziehung hoffe ich schließlich durchzudringen. Wenn nicht, wird es kein Vergnügen sein, für alles, was hier geschieht, die Verantwortung zu übernehmen. Nach meinen bisherigen Erfahrungen in meinem Berufe, definiere ich den „Diplomaten" immer als einen Mann, auf den man nie hört, den man aber hinterher für den Ausgang verantwortlich macht.

. . . .

gez. J. Bernstorff.

Die obigen Fragen behandelte ich auch in den folgenden zwei Briefen an den Großindustriellen Lindenberg und den Generaldirektor Heineken vom Norddeutschen Lloyd, mit denen beiden ich sehr gute Beziehungen hatte.

Konstantinopel, 16. Februar 1918.

Mein sehr verehrter Herr Lindenberg!

. . . .

Was die Türkei anlangt, so ist es ja immer leicht, mit Schlagworten zu arbeiten. In gewisser Beziehung ist der Vergleich mit dem ausgeblasenen Ei vollkommen richtig. Das Land ist infolge von acht Jahren ununterbrochenen Krieges ausgesogen und menschenarm. Es müßte also wie eine Kolonie neu aufgebaut werden. Außer Petroleum und Kohle gibt es hier wohl kaum Rohstoffe, die sofort verwendbar wären. Insbesondere fehlt es an Transportmitteln. Es müßte zunächst mit Hebung der Landwirtschaft und mit Bahnbauten begonnen werden, wozu wir das nötige Kapital zu geben hätten. Das alles braucht Zeit. Wenn wir indessen für den Anfang erreichen, daß wir die Ausbeutung des Petroleums und der Kohle erhalten und daß die nötigen Bahnen von uns gebaut werden, so wird unsere Industrie für ihre nach dem Kriege im Auslande zunächst sehr beschränkte Tätigkeit ein dankbares Feld haben. Selbstverständlich dürfen wir nicht glauben, daß wir schon in der nächsten Woche große Erträge haben werden.

. . . .

gez. J. Bernstorff.

Konstantinopel, 30. September 1918.

Mein sehr verehrter Herr Generaldirektor Heineken!

Haben Sie herzlichsten Dank für die freundliche Uebersendung des Jahrbuches 1917/18 des Norddeutschen Lloyds. Ich habe dasselbe mit großem Interesse gelesen und dabei der guten alten Zeiten gedacht, da wir beide noch gemeinschaftlich in Amerika arbeiten durften.

Die in Ihrer Einleitung berührte Frage des Eintritts Amerikas in den Weltkrieg wird die Politiker und Historiker bis an das Ende aller Dinge beschäftigen. Diese Frage hängt unzertrennlich zusammen mit dem anderen jetzt so viel erörterten Problem der deutschen Kriegsziele. Ein wirklich klares Urteil über die erwähnte Frage wird sich erst abgeben lassen, wenn der Krieg beendigt ist. Den „Verständigungsfrieden" konnten wir haben, ohne daß Amerika in den Krieg eintrat. Damals wollten wir aber keinen „Verständigungsfrieden" und wollten auch nicht die Friedensvermittlung der Vereinigten Staaten gestatten. Den „Gewaltfrieden" hätten die Vereinigten Staaten wie Sie in Ihrer Einleitung so richtig bemerken, niemals zugegeben, ohne selbst in den Krieg einzutreten. Deshalb glaube ich eben, daß alle diese nunmehr historisch gewordenen Probleme sich erst dann werden einigermaßen sicher beurteilen lassen, wenn der allgemeine Friede unterzeichnet ist. Immerhin ist in letzter Zeit etwas Klarheit geschaffen worden. Die Anhänger des „Verständigungsfriedens" verurteilen unsere letzte Politik Amerika gegenüber, weil ihr Ziel damit in weite Ferne gerückt wurde. Die Anhänger des „Gewaltfriedens" billigen die erwähnte Politik, weil ihr Ziel sowieso mit unbedingter Sicherheit zum Kriege mit Amerika führte. Jede konsequente Politik, selbst eine falsche, ist immer noch besser als eine inkonsequente. Hier lag unser Fehler Amerika gegenüber. In Deutschland war damals keine klare Entscheidung getroffen worden, welche Politik verfolgt werden sollte. Ich wußte daher bis zum letzten

Moment nicht, welche Richtung siegen würde. Dadurch kamen wir bei den Amerikanern in den Ruf, falsch gewesen zu sein, während wir tatsächlich selbst noch nicht wußten was wir wollten.

....
gez. J. Bernstorff.

Abgesehen von den zwei großen Fragen des Friedensschlusses und der Auferstehung der Türkei, gab es noch manche andere, die in diese zwei Kernstücke der Konstantinopeler Botschaft hineinspielten, so die arabische, bulgarische, jüdische und Kaukasus-Frage. Es würde den Rahmen dieses Buches weit überschreiten, wenn ich eine Geschichte der Türkei während des Weltkrieges schreiben wollte bis zum Porzellanfrieden von Sèvres, den Mustafa Kemal glücklich zerschlagen hat. Es handelt sich hier nur um persönliche Erinnerungen an meine Tätigkeit, die sich am lebendigsten in Briefen spiegelt, wenn solche vorhanden sind. Privatbriefe pflegen mehr von der vraie vérité, wie der Franzose sagt, zu geben als amtliche Erlasse und Berichte, die mir auch garnicht zur Verfügung stehen wie bei meinem ersten Buche, über dessen Zeit der Parlamentarische Untersuchungsausschuß alle Dokumente veröffentlicht hatte.

Ueber die Arabische Frage habe ich besonders mit dem späteren Reichskanzler Franz von Papen korrespondiert, der vorher Militärattaché bei mir in Washington war und damals als Generalstabsoffizier an der türkischen Front stand. Mein erster Brief ist vom 21. Oktober 1917 datiert und lautet:

Mein lieber Herr von Papen!

Ich war sehr erfreut zu hören, daß sich die Verhältnisse bei Ihnen günstig entwickelt haben. Jeder Konflikt wäre unangenehm gewesen. Hoffentlich werden Sie nun auch die erwünschten Erfolge haben.

Ich würde Sie wirklich sehr gern im Laufe des Winters in Jerusalem besuchen, aber wer weiß, ob man hier abkömmlich sein wird? Es wäre mir sehr angenehm einmal die dortigen Verhältnisse aus der Nähe zu sehen, und besonders auch die Judenfrage zu studieren, die uns oft Mühe macht.

Der Kaiserbesuch ist glänzend verlaufen. Das Glück begünstigte uns dabei in jeder Weise, so daß diesmal die offizielle Begeisterung den tatsächlichen Verhältnissen entsprach.

Stets Ihr
gez. J. Bernstorff.

Im obigen Brief wird die Judenfrage erwähnt. Es war damals die Zeit der Balfour-Deklaration, und auch ich hatte mit Talaat Pacha über die Errichtung eines Jüdischen Nationalheims in Palästina verhandelt. Talaat war bereit, mir alles zu versprechen, was ich wollte, wenn Palästina nach dem Kriege türkisch bliebe, aber er wiederholte immer wieder bei jeder Gelegenheit die Worte: Ich will gern Ihnen zu Liebe das Nationalheim der Juden errichten, aber ich sage Ihnen, daß die Araber die Juden totschlagen werden. In dieser Frage schrieb ich am 1. November an Georg Bernhard, damals Chefredakteur der „Vossischen Zeitung", die zwei Vertreter nach Konstantinopel gesandt hatte: die Herren Dr. Julius Becker und Emil Ludwig. Auch sonst waren viele deutsche Journalisten damals in Konstantinopel, da ein Austausch von Besuchen stattfand.

Konstantinopel, 3. November 1917.

Mein sehr verehrter Herr Bernhard!

Selbstverständlich werde ich für Herrn Dr. Julius Becker mein Möglichstes tun. Bisher ist er hier nicht eingetroffen. Er kommt übrigens im richtigen Augenblicke, da in Palästina — wo nebenbei bemerkt heute das Trommelfeuer begann — eine große Spionagegeschichte gespielt hat, welche die Judenschaft sehr aufregte. Der Großrabbiner fährt jetzt auch nach Palästina, sodaß genügend Informationen über die Lage der Juden zu haben sein werden. Talaat gab mir die bündigsten Versicherungen, daß aus der Spionagesache keine Verfolgungen entstehen würden. Es ist ja auch ohne weiteres klar, daß Djemal Pacha weder Dr. Becker, noch den Großrabbiner nach Palästina reisen lassen würde, wenn er eine Judenverfolgung beabsichtigte. Außerdem ist Falkenhayn jetzt an Ort und Stelle, so daß Djemal's Selbstherrlichkeit etwas beschnitten ist. Diese Fragen gehören hier zum täglichen Brot. Dafür sorgt schon Dr. Ruppin.

Morgen Abend haben wir auf der Botschaft einen Bierabend — oder wie man es sonst nennen will — für die deutsche Presse nebst ihren türkischen Freunden. Zu unserer Freude hat Herr Ullstein gestern bei uns gefrühstückt. Der Besuch scheint gut zu verlaufen. Weniger Glück hat Dr. Emil Ludwig, den ich wärmstens an Djemal empfahl. Dieser war auch ganz willig, aber das deutsche Oberkommando machte bisher noch Schwierigkeiten. Dr. Ludwig scheint nicht besonders traurig darüber zu sein, daß er vorläufig nicht reisen kann.

Der Kaiserbesuch und die italienischen Siege haben die hiesige Stimmung sehr günstig beeinflußt. Lassen Sie sich nicht durch gegenteilige Behauptungen irreführen. Unsere hiesigen Schwierigkeiten werden erst bei den Friedensverhandlungen beginnen, wenn wir Mesopotamien und Armenien für die Türken wiedergewinnen müssen. Soweit es sich von hier aus beurteilen läßt, scheint diese Kanzlerkrise doch besser zu verlaufen als die vorige, da es immerhin einen Fortschritt bedeutet, daß die betreffenden Kandidaten erst mit dem Reichstage verhandeln, bevor sie den Posten annehmen oder ablehnen. Wir sind hier in solchen Augenblicken schlecht daran, da wir nicht wissen, ob die zu uns gelangenden Telegramme nur Stimmungsbilder sind oder auf sicheren Informationen beruhen. Jedenfalls sieht es heute hier so aus, als würde Bülow Kanzler. Meine Sympathien in dieser Richtung sind Ihnen bekannt und wenn es so werden sollte, hoffe ich nur, daß Kühlmann mit ihm bleiben wird. Das wäre wohl die idealste Lösung.

Konstantinopel hat wirklich nur zwei Nachteile, die große Ueberzahl mehr oder weniger amtlicher deutscher Stellen und die dadurch entstehende Unbeliebtheit der Deutschen, sowie die Entwertung des Papiergeldes. Wir nähern uns der Assignaten-Wirtschaft, und es wird nichts anderes übrig bleiben, wie die Gehälter aller hier wirkenden Deutschen in Gold zu zahlen. Es ist aber immerhin eine große Annehmlichkeit in dieser Jahreszeit am offenen Fenster mit dem Blicke auf den Bosporus zu sitzen, und man bedauert die Freunde in Berlin, dessen Novemberhimmel nicht gerade reizvoll ist.

. . . .

gez. J. Bernstorff.

Ich kehre nun zu der Korrespondenz mit Papen zurück.

Nablus, 21. XI. 17.

Verehrteste Exzellenz!

Der Wunsch E. Exz. Jerusalem zu besuchen wird ja nun leider durch die Ereignisse überholt sein. Wir haben sehr böse Tage hinter uns.

Der Zusammenbruch der Armee — nachdem sie einmal ihre guten Stellungen, in denen sie so lange gesessen hat, verlassen mußte — ist so komplett, wie ich mir nie habe Etwas träumen lassen.

Ohne diese völlige Auflösung würden wir heute noch südlich Jerusalem stehen können. Aber jetzt reißt die 8. Armee vor jeder Kavallerie-Patrouille aus. Viele Gründe haben zu diesem traurigen Resultate geführt — in der Hauptsache die völlig mangelnde Operationsfähigkeit der Truppe und ihrer Führung. Der einzelne Mann schlägt sich sehr brav. Aber die guten Offiziere sind gefallen und die übrigen ausgerissen. Wir haben allein in Jerusalem 200 Offiziere und 5—6000 Ausreißer eingefangen.

Enver drängt natürlich sehr, Jerusalem mit den letzten Mitteln zu halten — der politischen Wirkung wegen. Militärisch ist es falsch, denn diese aufgelöste Armee kann nur wieder rangiert werden, wenn man sie gänzlich vom Feinde loslöst und mit neuen Divisionen ausstatten kann, die aber nur nach Monaten heranzubefördern sind.

Jetzt ist es ein Spiel um Tage!

Bedauerlicherweise hat die türkische Regierung gestern auch den lateinischen Patriarchen aus Jerusalem ausgewiesen und zwar unter sehr brüsker Form. Dem spanischen Konsul wurde nicht gestattet, mit ihm zu unterhandeln.

Exz. v. Falkenhayn hatte schon seinerzeit mit Enver Pacha darüber gesprochen und gebeten, die Ausweisung aufzuheben, da keinerlei militärischen Gründe bei dem alten Herrn dafür sprachen. Gestern hat nun Exz. v. F. nochmal auf das Unnötige und Schädliche der Maßnahme aufmerksam gemacht — wollte aber nicht eingreifen, da es sich um eine rein politische Angelegenheit der Türkei handle.

Es ist nun auf meine Bitte dem Patriarchen ein Auto zum Transport von Jerusalem nach hier zur Verfügung gestellt worden, wohin er unter Begleitung des Oblt. Graf Galen eskortiert wurde. Hier haben wir ihn untergebracht und mit Auto nach Nazareth weiterbefördert, wo er verbleibt. Ich erwähne das, damit rechtzeitig festgestellt wird, daß wir uns auf alle denkbare Weise des Patriarchen angenommen haben. Denn wer die Entente-Presse kennt, wird ja erwarten können, wieweit die „zwangsweise Verschleppung" dieses hohen geistlichen Würdenträgers durch die „Deutschen" ausgeschlachtet werden wird! Diese Maßnahme der Türkei ist jedenfalls höchst unpolitisch gewesen. Gern hätte ich mich mit Er. Exz. vorher über diesen Fall in Verbindung gesetzt, um eine eventuelle Einwirkung anzuregen — aber mir sind ja hier auch die Hände gebunden. So habe ich wenigstens die Sache nach Möglichkeit abzuschwächen gesucht..........

Er. Exzellenz aufrichtig ergebener

gez. F. von Papen.

Nablus, 27. XI. 17.

Verehrteste Exzellenz!

Meinen Zeilen vom 24. d. betreffend Ausweisung des lateinischen Patriarchen bitte ich heute noch eine kurze Bemerkung folgen lassen zu dürfen — in Erinnerung an das allzeit große Interesse, das Er. Exzellenz immer den wirtschaftlichen Fragen entgegengebracht haben.

Wie Er. Exzellenz bekannt, ist die Frage der Weiterführung der Operationen allein und ausschließlich eine Transportfrage. Ueber die *unsagbar klägliche* Transportlage und ihre Ursachen werden Exzellenz ja gleichfalls unterrichtet sein. Alle Verbesserungsversuche, die von uns in dieser Hinsicht getroffen sind, konnten nur Flickwerk sein und werden niemals durchgreifen können, solange nicht der gesamte Betrieb in fachmännische Hand kommt.

Wenngleich die militärische Lage sich im Augenblick wieder gebessert hat und die Armee erneut zu Widerstand und selbst Angriff gebracht werden konnte, wird der tatsächliche Ausgang sich infolge des Kräfteverhältnisses m. E. nicht wesentlich beeinflussen lassen. Wenn bis zum Beginn der heißen Jahreszeit unsere Gegenoperation auf Jerusalem abgeschlossen sein soll, muß die Versammlung der erforderlichen Kräfte doch bis spätestens Mitte März beendet sein.

Dies setzt einwandfreies Arbeiten der Bahn und Besserung der Betriebslage durchaus voraus. Wenn also vom rein militärischen Gesichtspunkt die ganze Frage — und es handelt sich ja nicht um den rein örtlichen Besitz von Jerusalem, sondern in Voraussetzung des englischen Weitermarsches auf Aman-Dera, um den Besitz ganz Westarabiens, — an sich der Aufwendung aller verfügbaren Mittel wert ist, so gewinnt sie m. E. eine noch größere, entscheidende Bedeutung vom wirtschaftspolitischen Standpunkt.

Der Aufbau unserer Friedenswirtschaft mit der Türkei kann m. E. nur *allein* dadurch auf eine solide Grundlage gestellt werden, wenn wir einen entsprechenden Einfluß auf die Verkehrswege haben und sie im Interesse der Türkei, wie im eigenen wirtschaftlich organisieren.

Heute ist voraussichtlich die einzige und letzte Gelegenheit, diese Angelegenheit — durch die militärische Lage gezwungen — zu regeln. Wenn daher aus letzterem Grunde sich die Heimat heute entscheiden muß, ob sie diesen zweifellos sehr großen Anforderungen an Personal und Material nachkommen kann, so bin ich gewiß, daß Er. Exzellenz die wirtschaftspolitischen Gründe — als ausschlaggebend für unsere Zukunft mit der Türkei — bei diesen Erwägungen scharf unterstreichen werden.

Die Patriarchenfrage ist ja nun zufriedenstellend gelöst — was jedenfalls sehr zweckmäßig war.

Ich darf bitten, diese vorstehenden Auslassungen nicht als von dienstlicher Stellung ausgehend zu betrachten — ich glaube sie Er. Exzellenz nur als persönlichen Beitrag zur gegenwärtigen Lage unterbreiten zu sollen.

Mit der Versicherung alter Anhänglichkeit
    Er. Exzellenz ergebener
                      gez. Franz v. Papen.

Konstantinopel, 10. 12. 17.

Mein lieber Herr von Papen!

Seit Ihrem freundlichen Briefe vom 21. d. M. hat sich anscheinend die Situation bei Ihnen sehr verbessert. Heute lese ich allerdings in dem englischen Berichte, daß die Feinde Hebron besetzten. Was das bedeutet, kann ich von hier aus nicht ermessen. Auch ist es wohl besser, über militärische Dinge nicht zu schreiben, da man nie weiß, ob dieser Brief sicher in Ihre Hände gelangt.

Folgendes kann aber jeder lesen. Diese fortgesetzte Ausweisungspolitik ist rein blödsinnig; sie nützt garnichts in militärischer Hinsicht, verschlimmert den Ruf der Türkei immer noch mehr, und schließlich wird die Sache uns doch angehängt. Ob Armenier, Juden oder Griechen, es bleibt immer die gleiche Dummheit. Das Land wird teils aus nationalistischen, teils aus selbstsüchtigen Motiven entvölkert.

Ich spreche immer wieder mit Talaat, Enver und Nessimi über diese Dinge, aber die Türken sind nun einmal auf diesem Gebiete unbelehrbar. Eine gewisse Entschuldigung liegt ja in den Spionage-Affären, und ich bin selbst überzeugt, daß fast die gesamte Bevölkerung Jerusalems die Eroberung der Stadt durch die Engländer mit Freuden begrüßen würde.

. . . .

Konstantinopel, 27. Dezember 1917.

Mein lieber Herr von Papen!

Unsere letzten Briefe kreuzten sich. Herzlichsten Dank für den Ihrigen vom 27. d. M. Die Fragen, welche Sie erwähnten, sind hier unser tägliches Brot, und wir widmen denselben die größte Aufmerksamkeit. In militärischer Beziehung dürfte alles geschehen, was General von Seeckt nach seiner jetzigen Reise an die Front verlangen wird. In wirtschaftlicher Beziehung aber streite ich mich noch mit Berlin herum, beinahe ebensosehr wie seinerzeit in Washington. Es würde alles schnell erledigt werden, wenn Herr von Kühlmann, der die hiesigen Verhältnisse kennt und ebenso beurteilt wie ich, mehr freie Zeit hätte. Leider sind aber er und seine hervorragendsten Mitarbeiter so sehr durch die Friedensverhandlungen mit Rußland in Anspruch genommen, daß wir nur die Berücksichtigung eines Nebenkriegsschauplatzes erwarten dürfen. Immerhin hoffe ich schließlich durchzudringen und bei den Verhandlungen, welche jetzt in Berlin mit dem türkischen Finanzminister stattfinden, einen guten Schritt vorwärts zu kommen.

. . . .

gez. J. Bernstorff.

Salt, den 24. Mai 1918.

Verehrteste Exzellenz!

Seitdem ich zum letzten Male von Eurer Exzellenz hörte, hat sich bei uns vieles verändert, wie die Ereignisse beweisen nicht zum Schaden der allgemeinen Sache.

Ich befinde mich seit Anfang April als Chef der 4. Armee in Salt. Durch meine nahe dienstliche Stellung zu General Djemal Pascha und durch die sich seitdem im Ostjordan abspielenden Ereignisse, habe ich einen gewissen Einblick in die Verhältnisse hier gewinnen können und da, wie Eure Exzellenz wissen, wir hier einen Zweifrontenkrieg führen, in dem sich die Politik sehr stark mit dem rein Militärischen mischt, glaube ich, daß es Eure Exzellenz interessieren wird, einiges über die gegenwärtige Lage hier zu hören.

Der gegenwärtige Besuch des Gouverneurs von Syrien, der mit einer Anzahl Senatoren und geistlicher Würdenträger hierher gekommen ist, um die 4. Armee zu ihrem letzten Erfolge im Ostjordanlande zu beglückwünschen, gibt mir besonderen Anlaß, Eure Exzellenz um eine, wenn irgend angängige Mitwirkung bei der Lösung der schwebenden Fragen zu bitten.

Wie Eurer Exzellenz bekannt, arbeitet der Engländer unermüdlich mit Geld und anderen Mitteln an der Lösung der arabischen Frage. Es ist unverkennbar, daß seine Propaganda seit Jahresfrist weiten Boden gewonnen hat. Wenn auch die militärische Mitwirkung der mit den Engländern arbeitenden Scherifen bisher nicht das von diesen gewünschte Maß erreicht hat, so ist doch nicht zu verkennen, daß gerade in der letzten Zeit eine besonders erhebliche Tätigkeit herrscht, um die verschiedenen feindlichen Gruppen zu einer zusammenfassenden Mitwirkung zur Eroberung des Ostjordanlandes zu veranlassen.

Militärisch ist diese Lage für uns recht unbequem. Wir haben uns mit Erfolg der englischen Angriffe vom Jordan her erwehren können, aber wir sind nicht in der Lage, dauernd neue Kräfte und neue Mittel für die Aufrechterhaltung des Betriebes der Hedschasbahn und die Besitzerhaltung des Hedschas oder auch nur der Strecke bis Maan aufzuwenden. Anderseits ist wohl zu verstehen, daß sich die türkische Regierung nicht entschließen kann, den Hedschas oder die Bahnlinie aufzugeben. Indessen stehen wir hier vor halben militärischen Maßregeln, die noch immer der Keim zu Mißerfolgen gewesen sind.

Mir scheint, daß der letzte Erfolg der 4. Armee politisch hätte besser ausgewertet werden können und noch ausgewertet werden kann, aber die vielfachen Bemühungen meines Armeeführers, der wie Euer Exzellenz wissen, in der arabischen Frage eine durchaus versöhnliche Politik treibt und sich bemüht, eine Verständigung herbeizuführen, haben zu nichts geführt.

Die Gründe liegen auf der Hand. Enver Pascha und der Marine-Minister, der Inaugurator der Politik, die uns in diese schwierige Lage gebracht hat, werden sich zu Konzessionen nicht entschließen können. Und doch ist die Zeit gekommen, wo absolut gehandelt werden muß, wenn nicht diese ganze Frage zum Nachteil der Türkei und nicht zuletzt auch zu unserem, vollkommen verfahren werden soll.

Bei der großen Bedeutung, welche die Lösung der arabischen und syrischen Frage auch für unsere Orientpolitik hat, glaube ich deshalb Eurer Exzellenz persönliches Interesse im gegenwärtigen Zeitpunkt besonders anrufen zu sollen, um wenn irgend möglich auch einen Druck unsrerseits zu Gunsten einer baldigen Verständigung in dieser Frage herbeizuführen.

Djemal Pascha, mein Armeeführer, wie auch Tassim Bey sind überzeugt, daß wir zu einer Verständigung gelangen können, auch ohne die Frage des Kalifats anzuschneiden. Es würde genügen, dem Scherifen eine autonome Stellung in Mekka und Medina einzuräumen. Die syrische Frage würde durch diese Regelung gar nicht berührt werden. Nur wenn wir nicht zu einer Verständigung gelangen, werden die im Kerak- und Madabagebiet befindlichen Stämme sich dem Scherifen anschließen und den Aufstand auch in weitere nördliche Gebiete herübertragen. Die Stellungnahme der Drusen dürfte dann wenig zweifelhaft sein. Auch vom rein militärischen Gesichtspunkte aus ist die Erhaltung der Gebiete um Kerak für uns eine Lebensfrage wegen der Ernährung der Armee. Die Sache drängt demnach von allen Seiten zu einer Lösung. Die Teilnahme deutscher Truppen an den hiesigen Kämpfen und der seit Jahren betriebene Aufwand großer Geldmittel zur politischen Beruhigung der Stämme — Geldmittel, die nicht von der Türkei stammen — sollten uns zu einer energischen Stellungnahme gegenüber der türkischen Regierung in dieser Frage berechtigen und verpflichten. Gegenwärtig kämpft die Armee, deren Chef ich bin, mit der Front gegen die Engländer und verteidigt ihren Rücken mit halben, unzulänglichen Maßnahmen gegen eine immer drohender werdende Aufstandsbewegung, die sie schließlich in eine sehr unangenehme Lage bringen kann.

Vielleicht haben Euer Exzellenz die Güte, dieser Frage vom dortigen Gesichtspunkte aus einmal näher zu treten und die maßgebenden Stellen zu einer wirklich entscheidenden Stellungnahme zu veranlassen.

Euer Exzellenz persönliches Wohlbefinden ist hoffentlich das beste. Man ist auf diesem verlorenen Posten so abgeschnitten von aller Verbindung mit der Außenwelt, daß ich seit langem nichts mehr von Konstantinopel gehört habe. General von Seeckt hat leider auch mein zweites Gesuch um Rückversetzung nach Deutschland abgelehnt, so daß ich wohl noch einige Zeit hier aushalten muß.

In der Hoffnung, gelegentlich von Eurer Exzellenz zu hören und mit der Bitte, mich der Frau Gräfin und den Herren der Botschaft angelegentlich zu empfehlen, bleibe ich Eurer Exzellenz in alter Anhänglichkeit ergebener,

gez. F. Papen.

Konstantinopel, 14. Juni 1918.

Mein lieber Herr von Papen!

Haben Sie herzlichsten Dank für Ihren freundlichen Brief vom 24. v. M. Die in demselben erwähnten Fragen sind von außerordentlicher Bedeutung. Indessen laborieren wir hier an einer solchen Menge von wichtigen Fragen, daß die arabische noch nicht viel Hoffnung hat, an die Reihe zu kommen. Jedoch verbessert sich die Stimmung in den leitenden Kreisen und wir haben schon von autoritativer Seite Artikel gelesen, welche einen türkisch-arabischen Dualismus als die Zukunft des osmanischen Reiches bezeichnen. Ich lasse in meinen vielen Unterredungen über die Lage in Syrien und Palästina niemals eine Gelegenheit vorübergehen, die türkisch-arabische Versöhnung zu predigen: „Steter Tropfen höhlt den Stein." Hier muß man aber noch mehr Geduld haben, als wir in Amerika brauchten. Dabei liegt natürlich die Gefahr nahe, daß der Ausgang hier der gleiche sein könnte, wie dort, indem die Katastrophe eintritt bevor die Frage gelöst ist. Hier wie dort denke ich immer an den seligen Sisyphus.

Hoffentlich habe ich bald einmal die Freude, Sie zu sehen. Ich lasse Ihnen immer Grüße bestellen, durch die militärischen Herren, welche nach dem Süden reisen. Uns geht es allen gut, trotz vieler Arbeit, oder gerade deshalb, da hier sehr wenig Zerstreuung vorhanden ist.

gez. J. Bernstorff.

Salt, 18. VII. 18.

Verehrteste Exzellenz!

Sehr vielen Dank für die letzten gütigen Zeilen. Ich glaube gern, daß der Komplex der Fragen recht groß ist, aber die Aussichten auf Vorwärtskommen scheinen mir trotz Allem doch günstiger als damals d'outre mer. In unserer Angelegenheit haben wir wenigstens erfreuliche Fortschritte zu verzeichnen, da die Gegenpartei neuerdings selbst Verhandlungen angeregt hat. Es wird jetzt also festzustellen sein, was gefordert wird, um entsprechend den Boden in Cospoli vorzubereiten. So wie man bisher hierin gearbeitet hat, kann es keinesfalls fortgehen, da wir den Winter hindurch nicht mehr durchhalten können.

Ich beabsichtige übermorgen nach Kalat el Hesa (halbwegs Maan) zu fahren und will dann einen kurzen Urlaub antreten.

Falls Er. Exzellenz Mitte August in Cosp. oder Therapia sein werden, würde ich die Ehre haben Er. Exzellenz persönlich über den Stand der Frage zu unterrichten und mich außerordentlich freuen Er. Exz. wieder zu sehen.

Ew. Exzellenz ergebener

gez. Franz v. Papen.

Es folgen ein Brief an Kühlmann und zwei an meinen Freund Haniel, der sechs Jahre lang bei mir in Washington Botschaftsrat und damals im Auswärtigen Amt war, da diese Briefe inhaltlich zusammengehören.

Konstantinopel, 16. Dezember 1917.

Lieber Kühlmann!

Aus den Preßtelegrammen ersehe ich, daß Wilson meinen Freund, den Oberst House, nach Europa geschickt hat. Diesen Herren charakterisierte ich Ihnen hier mündlich. Falls Ihnen Haniel Folgendes nicht gesagt hat, möchte ich meinen früheren Mitteilungen hinzufügen, daß der amerikanische Gesandte im Haag, Garrett, der hauptsächlichste Vertrauensmann Wilson's und House's ist. Er ist, glaube ich, der *einzige* Diplomat, welcher den Wilson-House'schen *Privat*schiffer hat. House teilte dies seinerzeit mir mit und ebenso dem amerikanischen Journalisten Karl von Wiegand, den House damals solange wie möglich als Privatgesandten in Deutschland benutzen wollte. Ich nehme daher an, daß House nach dem Haag reisen wird, es sei denn, daß die gegenwärtigen schlechten englisch-amerikanisch-holländischen Beziehungen dies unmöglich machen. Vielleicht ist auch der Verkehr unterbrochen. Doch sind dies Fragen, die ich von hier aus nicht beurteilen kann. Immerhin wollte ich Ihnen von Obigem Mitteilung machen, da es vielleicht möglich ist, durch irgend einen Neutralen oder sonstigen Vertrauensmann an House oder Garrett heranzukommen.

Ferdinand Stumm und Frau kennen die Garretts sehr gut aus Washington; doch können sie wohl jetzt nicht miteinander in Verbindung treten.

Stets in alter Freundschaft der Ihrige,

gez. J. Bernstorff.

Konstantinopel, 21. Oktober 1917.
Mein lieber Herr von Haniel!

Haben Sie herzlichsten Dank für Ihren freundlichen Brief vom 5. d. M. Der gute Lansing scheint wirklich unsere sämtlichen Depeschen gelesen zu haben, was indessen nun schon ziemlich gleichgültig ist, da wir doch einmal im Kriege sind. Wenn dieser vorüber ist, werden alle vernünftigen Leute einsehen, bezw. durch die Geschichtsschreibung erfahren, daß soweit die Botschaft in Betracht kommt, immer nur der Wunsch vorhanden war, den Frieden aufrechtzuerhalten, bezw. denselben mit anderen Ländern wiederherzustellen. Ich glaube nicht, daß man irgend etwas in Amerika veröffentlichen kann, dessen wir uns zu schämen brauchten.

Der früher erwähnte Mann ist mir gänzlich unbekannt. Ich kann ihn hier auch nicht verwenden, da die Zensur jede Korrespondententätigkeit ausschließt. Alles, was hier geschieht, machen wir selbst in einem Nebenhause der Botschaft; ein Verfahren, das nicht ganz einwandfrei ist, aber doch wohl schließlich den hiesigen Verhältnissen entspricht. Wenn Mars nicht mehr die Stunde regiert, werden wir uns auch in diesen Fragen etwas mehr zivilistisch und westeuropäisch benehmen müssen. Wenn Sie den Mann verwenden können, so ist es mir recht, sonst kann sein Brief wohl einfach unbeantwortet bleiben.

Mein amtliches Telegramm über den Kaiserbesuch werden Sie gelesen haben. Dieses Telegramm enthielt „la vraie vérité". Es ist fabelhaft, wie wohl sich S. M. hier immer fühlt. Er machte öfters mir und anderen gegenüber den Witz, daß er mit mir tauschen möchte. Er hat ja recht, die Sonne, die Natur, die Architektur und die Antiquitäten sind prachtvoll. Die orientalischen „dessous" sieht ein hoher Herr auf Besuch natürlich nicht.

Ueber die politische Seite des Besuches werden Sie von Kühlmann und Rosenberg alles gehört haben. Beide wiederzusehen, machte mir große Freude. Kühlmann war außerordentlich nett und gemütlich, — ganz der alte, — und hat alle uns belästigenden persönlichen und politischen Fragen im Handumdrehen gelöst. S. M. war sehr gut gelaunt und gnädig, teilte mir persönlich den „Wirkl. Geh. Rat" mit, wobei er bemerkte, daß er Stambul auf das Patent geschrieben habe und gab mir noch obendrein einen Orden und meiner Frau eine Photographie.

. . . .

Konstantinopel, 20. November 1917.

. . . .

Ueber den Verlauf der Kanzlerkrisis habe ich mich sehr gefreut. Wir sind nun in eine ruhige Entwicklung geraten, die uns den Parlamentarismus in einer für Deutschland geeigneten Form bringen wird. Damit ließ sich natürlich gute Propaganda in Amerika machen; aber können Sie denn überhaupt Telegramme hinüberbekommen? Ob wohl die Preußische Wahlvorlage durchgehen wird? Wenn nicht, dürfte auch Hertling bald wieder fallen. Die ganze Kaiser-Umgebung rechnete mit einer Periode rascher Kanzlerwechsel, die andauern würde, bis alle inneren Fragen gelöst seien.

Lenin scheint ja jetzt gesiegt zu haben. Wenn dem so ist, kann die Czernin'sche Friedensdemarche inszeniert werden. Ich hatte so gehofft, Czernin hier bei uns im kleinen Kreise oder bei Pallavicini zu sehen; aber nun will Kaiser Karl am 10. Dezember ohne Czernin herkommen, da dieser sich nicht von den Delegationen trennen kann. Der stets pessimistische Pallavicini behauptet, Kaiser Karl könne wegen Jerusalem überhaupt nicht herkommen, doch ist bei dem alten Herrn wohl der Wunsch der Vater des Gedankens, da ihm der Kaiserbesuch sehr unbequem ist.

. . . .

Mit dem letzten Kurier schrieb ich Kühlmann eine Zeile über meinen Freund House, weil ich dachte, daß vielleicht etwas zu machen wäre. Nach der Zeitung befinden sich zwei McCormicks im Gefolge von House: Cyrus und Vance. Der erstere ist der Chef des Harvester-Trust, sowie einer der Haupttrustees von Princeton, und als solcher besonderer Freund von Wilson. Früher hatte ich viele Beziehungen zu ihm, und er war wegen seiner Fabrik in Neuß leidlich deutschfreundlich. Der letztere ist Major von Harrisburg gewesen, spielte immer eine politische Rolle in Pennsylvania, war schließlich „Campaign Manager" von Wilson und gilt als kommender Mann. Harold McCormick, der mir sein Buch schon vor vier Monaten schickte und nun wohl durch Kühlmann's Politik inspiriert wurde, es ihm zu widmen, ist der jüngere Bruder des ersteren und Mitinhaber des Harvester Trusts. Das Ehepaar gehörte zeitweilig zu meinen besten Freunden in Amerika. Ich habe bei ihnen in Chicago gewohnt und sie auch sonst viel in New-York gesehen. Besonders die Frau, Edith Rockefeller, war sehr deutschfreundlich, kam oft nach München, ließ sich von Kaulbach malen und verkehrte viel mit anderen dortigen Künstlern. Ich glaube nicht, daß Vance McCormick mit den beiden Harvester-Brüdern verwandt ist, jedenfalls nicht nahe. Harold McCormick's Idee ist ja eigentlich nur die von Wilson, der ja selbst ein solches Clearing House bilden wollte.

Hier herrscht momentan wegen Jerusalem recht deprimierte Stimmung. Auch unsere O. H. L. ist wütend. Leider vertragen sich unsere hiesigen Generäle garnicht untereinander; die echte deutsche Einigkeit! Es ist schwer, eine Lösung der Frage zu finden, da man Enver nicht zwingen kann, und er selbst doch eigentlich militärisch unfähig ist. Er müßte einen Generalstabschef haben, der ihm und allen hiesigen deutschen Generälen wirklich imponierte, sodaß sie Order parieren und nicht gegeneinander arbeiten. Aber wo eine solche Persönlichkeit finden? Wenn General Hoffmann jetzt im Osten entbehrlich wäre, würde er wohl der Mann sein, aber er würde sich auch nicht opfern wollen. Kurzum, die vermittelnde Tätigkeit ist hier noch viel schwieriger als in Washington und New-York.

Mit herzlichsten Grüßen von uns beiden stets der Ihrige

gez. J. Bernstorff.

Zunächst folgen einige Briefe an meinen Neffen Albrecht Bernstorff, der damals Attaché im Auswärtigen Amt war.

Konstantinopel, 12. Januar 1918.
Mein lieber Albrecht!

Anscheinend liegt die Verspätung des Personals für die Botschaft jetzt nur noch an den Paßvorschriften unserer Verbündeten, die in dieser Beziehung mit jedem Tage verrückter werden. Eine unglaubliche Menge von Schiebern bösester Sorte kommt hier mit jedem Balkanzuge an, während alle Leute, die wirklich hier gebraucht werden, mit Schwierigkeiten aller Art zu kämpfen haben, ehe sie die Reise antreten können. Der glücklicherweise sehr energische General von Lossow hat heute einen solchen Schieber, der ohne Einreiseerlaubnis hier ankam, mit dem Konventionalzuge zurückbefördert. Hoffentlich wird dieses Beispiel ein „vestigia terrent" für Seinesgleichen bedeuten.

. . . .

Marschall Liman sagte mir neulich, daß er doch vielleicht Deinen Bruder Heini hierher holen könne. Ich habe ihn noch nicht bestimmt darum gebeten, weil ich eigentlich niemandem raten kann, sich in die hiesige schlechte militärische Situation hineinzubegeben. So gut unsere militärische Organisation zu Hause ist, so schlecht ist sie hier, weil man nicht von vornherein *einen* deutschen Offizier zum Vorgesetzten aller andern und diesen einen Enver sowie unserer O. H. L. gegenüber für alles verantwortlich gemacht hat. Jetzt zanken sich alle deutschen Generäle untereinander, und das Resultat ist: „plectuntur Achivi". Das einzige Gute dabei ist, daß die Stellung des Botschafters dadurch erhöht und erleichtert wird. Aber lieber wäre es mir schon, wenn die Sache militärisch besser ginge. . . . .

Konstantinopel, 19. März 1918

. . . .

In Berlin ist man ja immer sehr kritisch veranlagt, und selbst Bismarck wurde stets angegriffen, als er noch im Amte war. Immerhin hätte wohl manches anders gemacht werden müssen. Man hätte zum Reichskanzler eben einen Diplomaten machen sollen, der das Ausland wirklich kannte. Nur ein solcher Kanzler, der obenein stets mit seinem Abschiedsgesuche in der Tasche herumgeht, kann uns den Frieden bringen. Nur soll man mich mit dieser Aufgabe verschonen. „Ich danke Gott an jedem Morgen, daß ich nicht brauch für's Röm'sche Reich zu sorgen" usw.

Dein Wunsch hinsichtlich Deines Bruders Victor kam leider zu einem sehr ungünstigen Moment. Neben vielen andern Fehlern hat Falkenhayn auch den begangen, einen übergroßen deutschen Stab mitzubringen, der nun liquidiert werden muß. Infolgedessen werden jetzt fortwährend deutsche Offiziere nach Hause geschickt, anstatt daß der Prozeß in der umgekehrten Richtung geht. . . . .

Konstantinopel, 9. April 1918.

. . . .

Das Bild, welches Du von den Berliner Zuständen malst, ist nicht gerade erfreulich. Ich bin schon lange der Ueberzeugung, daß ausschließlich die wirtschaftliche Lage über die Frage des Friedens entscheiden wird. Die eine oder die andere Seite wird eines Tages nicht mehr weiterkämpfen *können.*

Früher fürchtete ich, daß wir es sein würden, und deshalb wollte ich Wilson's Frieden annehmen. Von hier aus kann ich nicht ermessen, ob wir jetzt auf Grund der Vorräte aus der Ukraine und den neuen angegliederten Landesteilen unbeschränkt lange Zeit durchhalten können. Das ist, wie gesagt, meiner Ansicht nach die einzige ausschlaggebende Frage. Auf die Vernunft der Menschen zu rechnen, wäre nach vierjähriger Kriegspsychose gewagt.

Wir waren in letzter Zeit hier sehr beschäftigt, teils durch Neueinrichtung der Botschaft, teils durch den bulgarisch-türkischen Konflikt.

. . . .

Was den bulgarisch-türkischen Konflikt anlangt, so begreife ich nicht, warum man ihn nicht in Bukarest erledigt hat. Nach einer oder der anderen Richtunng hin hätte dies dort geschehen können und müssen. Es war gleichgültig, für wen wir optierten, denn beide würden sich gefügt haben, wenn sie wußten, daß ein unabänderlicher Beschluß Deutschlands vorlag. Gerade dies wissen wir aber noch nicht einmal heute, da Militär und Zivil verschiedener Ansicht sind.

Konstantinopel, 3. August 1918.

. . . .

Mir ist die Berliner Krisis auch sehr nahe gegangen. Es war für mich ein ungewohnt angenehmer Zustand, einen persönlichen Freund an der Spitze des A. A. zu haben. Indessen hat sich wohl die Kühlmann'sche Art, Politik zu machen, überlebt. Lavieren geht nicht mehr. Es muß nach allen Seiten Farbe bekannt werden, nach innen sowie nach außen, und in letzter Richtung Bundesgenossen, Neutralen sowie Feinden gegenüber. Unsere Bundesgenossen verlieren vollkommen das Vertrauen, weil sie nicht wissen, was wir wollen. Woher sollen sie es auch erfahren, da wir es selbst nicht wissen? Mein Lösungswort ist: „Vollkommene Aufrichtigkeit nach innen und nach außen." Dazu gehört aber, daß der Führer unserer Politik jederzeit bereit ist, sein Portefeuille hinzuwerfen und sich in den Reichstag zur Opposition zu setzen. Kühlmann hat leider denselben Fehler begangen wie Bethmann. Anstatt rechtzeitig kategorisch die Kabinettsfrage zu stellen, wartete er, bis er hinausgeworfen wurde.

Hoffentlich wird Bussche in der Wilhelmstraße bleiben. Ich hoffe auch, daß Hintze hier einen Besuch abstatten wird. Irgend etwas muß jedenfalls geschehen, um unsere Bundesgenossen wieder in Reih und Glied zu bringen. Ich freue mich sehr für den tüchtigen und außerordentlich angenehmen Vietinghoff, daß er in die nächste Umgebung des Staatssekretärs kommen soll.

. . . .

Der letzte vorhandene obige Brief an meinen Neffen berührte Kühlmanns Ersetzung als Staatssekretär durch Hintze. Deshalb setze ich meine letzten Privatbriefe an Kühlmann an diese Stelle.

Therapia, 6. Juli 1918.

Lieber Kühlmann!

Sie hatten die Güte, mir durch Ihren freundlichen Brief vom 30. d. M. eine Aufzeichnung über Aeußerungen des Botschaftsrats Edhem Bey zu übermitteln. Diese enthielten für mich keine Ueberraschung, da man hier tagtäglich solche Drohungen mit einem Separatfrieden hören kann. Die letzteren sind in erster Linie als Erpressungsmittel zu betrachten. Diese Methode wird von oben herunter angewandt, indem Talaat, Enver, Halil und Djemal uns immer erzählen, sie seien die wahren Stützen des Bündnisses. Wir müßten ihnen daher politische Vorteile verschaffen, damit sie ihre Bündnispolitik rechtfertigen und sich selbst halten könnten.

Andernfalls würden sie gestürzt werden und eine Entente-freundliche Regierung ans Ruder gelangen. Etwas Wahres liegt ja in dieser Deduktion, da die genannten Herren zu sehr mit uns kompromittiert sind, um unseren Feinden vertrauenswürdig zu erscheinen.

Wenn ich früher einen englisch-türkischen Separatfrieden für ausgeschlosssen hielt, weil England den Preis für einen solchen nicht hätte zahlen können, so hat sich meine Ansicht infolge der gänzlichen Zerrüttung Rußlands und des Verlaufs der Kaukasusangelegenheit einigermaßen gewandelt. Falls England heute auf einen Separatfrieden mit der Türkei genügend Wert legt — das ist aber eben die Frage — so brauchten die britischen Staatsmänner den Türken nur den ganzen Kaukasus, Nordpersien, die *nominelle* Souveränität in den arabischen Gebieten und reichlich Geld anzubieten. Dafür könnten sie jeden Tag einen Separatfrieden haben. Der moralische Eindruck, welchen ein Zerbröckeln des Vierbundes hervorrufen würde, namentlich weil dies obenein das Ende unserer dreißigjährigen Orientpolitik bedeutete, wäre natürlich sehr groß. Indessen dürften wir militärisch durch einen solchen Separatfrieden eher gestärkt werden, da uns jetzt die Türkei mit ihren großen Ansprüchen nur zur Last fällt. Wir könnten also vielleicht einem türkischen Separatfrieden mit aller Seelenruhe entgegensehen und die Wirkungen desselben am ehesten neutralisieren, indem wir unsern hiesigen Freunden sagten, sie sollten nur ruhig Frieden machen, wenn sie einen solchen zu günstigen Bedingungen haben könnten. Indessen habe ich über diese großen Fragen der hohen Politik nicht zu entscheiden, wäre dazu auch garnicht in der Lage, da man von der Peripherie aus immer nur eine einseitige Auffassung haben kann. Für die Entscheidung einer so wichtigen Frage fehlen hier manche Unterlagen, welche nur der Zentrale zur Verfügung stehen. Ich halte es aber für unbedingt erforderlich, daß die obigen Möglichkeiten bei Berliner Entscheidungen in Betracht gezogen werden. Dies ist bei den Verhandlungen in Batum leider nicht geschehen. Sie wissen aus meinen Telegrammen, daß ich mit den Batumer Ereignissen durchaus nicht einverstanden war. Unsere dortigen Herren trieben Macht-Politik ohne Macht und verlangten dann, daß die von ihnen begangenen Fehler in Konstantinopel wieder gutgemacht werden sollten. Das ist viel leichter gesagt als getan. Des Türken stärkste Waffe ist die passive Resistenz, die er immer anwendet, wenn ihm etwas nicht paßt. Das haben wir bei Falkenhayn zur Genüge erlebt, und jetzt geschieht mutatis mutandis das gleiche. Wir können hier reden, anordnen und protestieren soviel wir wollen, es wird im Kaukasus einfach nicht darauf reagiert und Kress hat nicht die Macht, unsern Willen durchzusetzen. Die militärische Politik würde nur Sinn gehabt haben, wenn wir gleich mindestens ein deutsches Armeekorps in den Kaukasus hätten werfen können. Da dies nicht möglich war, so kann unsere bisherige Politik nur führen entweder zu einem nicht sehr glänzenden deutschen Rückzuge, den man allenfalls durch Mißverständnisse erklären und beschönigen kann, oder zu einer ernstlichen Störung des deutsch-türkischen Bündnisses. Letzteres Resultat wäre ich immer bereit in den Kauf zu nehmen, wenn wir dadurch einen wirklichen politischen Gewinn erzielten, aber die Begeisterung für die Kaukasusvölker kann ich nun einmal nicht teilen, da diese Leute weder besser noch zuverlässiger sind als die Türken. Es ist doch nicht zu leugnen, daß die Militärs vom ersten Augenblicke an den Kaukasiern den Rücken gegen die Türken gestärkt haben. Was dabei herauskommen sollte, ist mir niemals klar geworden. Daran ist indessen nichts mehr zu ändern. Auch heute kämen wir am besten aus der Sache heraus, wenn wir den Türken mehr Entgegenkommen zeigten und dafür Konzessionen verlangten. Sonst wird die Sache zu Konsequenzen führen, die uns unangenehm sein und mir obenein werden zur Last gelegt werden. Seit Beginn der Kaukasusfrage habe ich schon oft gedacht, daß es mir ebenso gehen wird wie in Amerika, nämlich, daß man mich hinterher für die Folgen einer Politik verantwortlich macht, die ich von vornherein mißbilligte.

. . . .

Therapia, 12. Juli 1918.

Mein lieber Kühlmann!

Traurigen Herzens schreibe ich Ihnen heute ein paar Zeilen, um Ihnen zu sagen, wie lebhaft ich es bedauere, daß Sie aus dem Amt geschieden sind, in welchem Sie trotz aller unendlichen Schwierigkeiten große Erfolge erzielt und uns dem Ende dieses schrecklichen Krieges näher gebracht haben. Wie Sie wissen, bin ich nur unserer alten Freundschaft zuliebe hierher gegangen, da ich nach meinen Washingtoner Erfahrungen die diplomatische Laufbahn reichlich satt hatte. Nachdem Sie aber in das Auswärtige Amt eingezogen waren, glaubte ich, mit der vorgesetzten Behörde wieder die Beziehungen gegenseitigen Vertrauens herstellen zu können, ohne welche die Bekleidung eines diplomatischen Postens unmöglich ist. Wie ich jetzt mit Berlin auskommen werde, muß die Zukunft lehren. Ich sehe dem Verlaufe mit völliger Ruhe entgegen, da ich schlimmere Erfahrungen als die Washingtoner nicht mehr machen kann.

Als ich Ihren Rücktritt mit dem hiesigen bulgarischen Gesandten besprach, sagte er, Sie würden sicher zurückgeholt werden, sobald man bei uns wirklich die Absicht habe, Frieden zu machen. Dieser Auffassung schließe ich mich an und hoffe, daß sie zu einer richtigen Prophezeiung werden möge.

Mit den herzlichsten Grüßen verbleibe ich in alter Freundschaft stets der Ihrige

gez. J. Bernstorff.

Die erste Bemerkung des folgenden Briefes an meinen Freund Bussche bezieht sich darauf, daß Kühlmann mir telegraphiert hatte, ich solle nach Bukarest fahren, um die Friedensverhandlungen mit Rumänien zu führen. Diese Anordnung wurde dann rückgängig gemacht. Ordre und Contreordre waren, so viel ich weiß, Ausflüsse der verschiedenen Phasen des Kampfes Kühlmanns mit der Obersten Heeresleitung.

Konstantinopel, 23. Februar 1918.

Mein lieber Bussche!

Beinahe wäre ich heute unterwegs nach Bukarest gewesen. Die Sache hätte mich sehr interessiert, wäre für mich aber einigermaßen schwierig gewesen, weil meine türkischen Freunde immer versucht haben würden, mich vorzuspannen, um Constanza für Rumänien zu retten.

Der Zweck meines heutigen Briefes ist, Ihnen folgendes streng vertraulich mitzuteilen. Nach einem gemeinsamen Frühstücke hatte ich gestern Gelegenheit zu einer längeren Unterredung mit Nessimi Bey, der mir deutlich sagte, daß der Vierbund den Frieden mit Rußland hätte haben können, wenn wir weniger verlangt hätten. Trotzki's Politik sei gewesen, die Einheit Rußlands aufrechtzuerhalten und, um diesen Zweck zu erreichen, würde es gewisse Gebietsteile abgetreten haben. Er hätte aber nicht die Zerstückelung Rußlands mit seiner Namensunterschrift gutheißen können. Nessimi sagte zwar, daß er dies ausschließlich *mir* erzähle, weil er wisse, wie befreundet ich mit Kühlmann sei, und weil dieser selbst einen glimpflichen Frieden mit Rußland hätte machen wollen. Ich nehme aber an, daß die türkischen Friedensunterhändler doch hier allgemein verbreiten, wir bezw. unsere Militärpartei sei daran schuld, daß der Friede mit Rußland nicht zustande komme. Ich würde dies Kühlmann selbst schreiben, wenn er nicht gerade auf Reisen wäre. Uebrigens dürfte es ihm nicht neu sein. Nessimi glaubt aus dem oben angeführten Grunde, daß Trotzki auch jetzt keinen Frieden schließen wird, weil unser Ultimatum die Anerkennung der Selbständigkeit der Ukraine etc. verlangt.

. . . .

Anschließend folgen noch zwei Briefe an Bussche.

Konstantinopel, 2. März 1918.

. . . .

Heute möchte ich Ihnen einige Zeilen schreiben über Dinge, die sich zu amtlicher Berichterstattung nicht eignen.

Seitdem wir hier die hervorragende Persönlichkeit des Generals von

Seeckt haben, veränderte sich die militärische Organisation vollkommen. Seeckt ist nicht nur fähig, sondern auch willens, alles selbst in die Hand zu nehmen. Nachdem Falkenhayn abberufen und Liman nach Nazareth abgereist ist, beherrscht Seeckt die Lage unbedingt, namentlich da er mit Enver Pacha sehr gut steht und ihn zu behandeln weiß.

Gleichzeitig ist auch ein neuer Vertreter des Kriegministeriums hergekommen in der Person des Majors Meyer, welcher die militärwirtschaftlichen Fragen in seiner Hand konzentriert. Letztere waren bisher von verschiedenen zum Teil nicht ganz einwandfreien, nur halbmilitärischen Persönlichkeiten behandelt worden.

Diese verschiedenen Aenderungen haben die Stellung unseres Militär-Bevollmächtigten sehr beeinträchtigt, da er es bisher war, der mit Enver verhandelte und die militärwirtschaftlichen Fragen behandelte. Ich weiß nicht recht, wie die Sache gehen wird, wenn General von Lossow wiederkehrt, und würde mich nicht wundern, wenn er demnächst den Wunsch aussprache, an die deutsche Front zu gehen. Wie Sie aus meinen Berichten wissen, schätze ich den General von Lossow sehr, sowohl als Mitglied der Botschaft als auch in geschäftlicher Beziehung, da er frei von dem üblichen Militarismus ist und der obersten Heeresleitung manchmal mutig entgegengetreten. Ich kann mir aber kaum vorstellen, daß ihm die gegenwärtigen Verhältnisse auf die Dauer gefallen werden, obgleich sie tatsächlich weit besser sind als sie waren. Es ist eben nicht anders wie, daß gegenwärtig für einen General an der Botschaft kaum etwas zu tun übriggeblieben ist. Ich erwähne dies, weil ich neulich hörte, daß man im Auswärtigen Amte wegen der langen Abwesenheit Lossow's besorgt gewesen sei. Meine Beziehungen zu General von Seeckt sind sehr angenehme, und er bespricht Fragen, welche in das politische Gebiet hinüberreichen, vollkommen offen und loyal mit mir. Indessen dürfte er sich die Einmischung eines Militär-Bevollmächtigten kaum gefallen lassen.

. . . .

Konstantinopel, 15. März 1918.

. . . .

Was zunächst die hohe Politik anlangt, so kann ich den Türken eigentlich nicht verdenken, daß sie nehmen was sie kriegen können. Ihre kaukasische Politik wurde zuerst von der O. H. L. durchaus unterstützt und jetzt erklärt letztere plötzlich, die Türken seien an allem schuld. Hinterher ist es natürlich für diese viel schwerer sich zurückzuziehen, als wenn sie garnicht erst vorwärts gegangen wären. Wie Sie wissen, bin ich durchaus nicht dafür, den Türken immer nachzugeben. Ich vertrete im Gegenteil den Standpunkt, daß wir eine „do ut des" Politik verfolgen sollten. Dazu gehört aber, daß wir zunächst selbst wissen, was wir wollen, und es den Türken klar und deutlich sagen. Wenn die Herren Militärs immer erst Versprechungen machen und nachher sagen, es sei nicht wahr, daß sie solche gemacht hätten, ist es nicht leicht, hier Politik zu treiben. „Vor Tische las man's anders", heißt es in Wallenstein.

. . . .

Ich habe also augenblicklich meine liebe Not mit der hiesigen Politik. Die Unterhandlungen in Batum sind denn doch mit einem ungewöhnlichen Maß von Ungeschick geführt worden. Es ist merkwürdig, wie wenig Leute lernen können, daß die Form in der Türkei wichtiger ist als die Sache. Man kann mit der Zeit hier alles erreichen, wenn man die richtige Form anwendet. Fehlt es aber an dieser, so geht alles schief.

. . . .

Hier stoßen wir wieder auf das Rätsel der Persönlichkeit, welches in der Türkei die Hauptrolle spielt. Immer weise ich in meinen Berichten auf dieses Problem hin. *Ein* Mensch erreicht etwas mit den Türken, ein anderer nichts. Daraus müssen wir die Konsequenzen ziehen, wenn wir auch anerkennen dürfen, daß den betreffenden deutschen Beamten oder Offizier vielleicht gar kein Vorwurf trifft.

. . . .

Mit herzlichsten Grüßen von Haus zu Haus stets der Ihrige

gez. J. Bernstorff.

Es folgen vier Briefe an Ferdinand Stumm, der mein Mitarbeiter in Washington war und damals Direktor der Nachrichtenabteilung des Auswärtigen Amtes wurde.

Konstantinopel, 29. Dezember 1917.

Lieber Herr von Stumm!

Da Sie nun wirklich in's Auswärtige Amt eingetreten sind, wünsche ich Ihnen von ganzem Herzen Glück dazu.

M. E. hat Ihre jetzige Abteilung des Auswärtigen Amtes bisher zu viel Propaganda gemacht. Anscheinend liegt ja bei uns das Geld auf der Straße. Sonst hätte man wohl kaum auf den Einfall kommen können, auf Reichskosten hierher eine Oper zu senden, deren Propaganda-Wirkung gleich Null gewesen wäre, indem sie doch nur den Peroten und nicht den Türken Freude gemacht haben würde, ganz abgesehen davon, daß hier noch alle Vorbedingungen fehlen, um eine erstklassige Oper einigermaßen zu leiten. Wenn man in der Türkei Propaganda machen will, so kann sie nur auf administrativem, wirtschaftlichem, sanitärem und pädagogischem Gebiete liegen, d. h. die Verwaltung muß durch uns verbessert werden, desgleichen die wirtschaftlichen Verhältnisse der unteren Klassen, wobei Schulbildung helfen kann und Hospitäler die hygienische Basis bilden müßten. Wenn wir unser Können auf diesen Gebieten einsetzen, so läßt sich die Türkei regenerieren und wir werden sie dann auch zu unserem eigenen Nutzen wirtschaftlich beherrschen. Nur muß das Militärische nach dem Frieden so gut wie ausgeschaltet werden.

Dem Frieden mit Rußland scheinen wir jetzt wirklich nahe zu sein. Was die Gerüchte über einen türkischen Sonderfrieden anlangt, so ist das nur der alte Schwindel. England wird doch den Türken nicht Arabien wieder aushändigen, um uns einen Bundesgenossen abspenstig zu machen, der uns augenblicklich nur eine Last ist. Uebrigens seitdem das Schwarze Meer wieder offen ist, und die Russen militärisch hinter ihre alte Grenze zurückgehen, sind die Türken wieder ganz glücklich.

. . . .

Konstantinopel, 19. Januar 1918.

. . . .

Das Theater-Unternehmen ist ja inzwischen mit Schaden an eine hiesige Gesellschaft abgegeben worden. Die ganze Sache liegt vor Ihrer Zeit, und ich würde Sie daher garnicht mehr mit derselben belästigen, wenn nicht Alexander Pangiri heute mit Ismail Hakki nach Berlin führe und Sie wahrscheinlich mehrfach damit anöden wird. Ich möchte empfehlen, daß Sie die Sache möglichst als eine Theater-Geschäftssache abschieben, damit das Auswärtige Amt und die Botschaft in Zukunft möglichst wenig damit befaßt werden, sonst wird sich immer weiter eine üble Gesellschaft von Schiebern an die Botschaft anhängen und uns nur diskreditieren. Sie wissen ja, was das hier für eine Gesellschaft ist, und dabei wird die Sache täglich schlimmer, weil Kriegsgewinnler wie die Pilze aufschießen und die Spekulation amerikanische Dimensionen annimmt.

Wir befanden uns allerdings hier lange Zeit in völliger Unkenntnis der Tatsache, daß in Berlin eine schwere Krisis ausgebrochen war. Als diese dann schließlich bekannt wurde, erzeugte sie hier eine tiefe Depression und ziemlich viel Mißstimmung gegen uns. Die Leute hier brauchen den Frieden mit Rußland dringend und rechneten mit demselben bereits wie mit einer vollendeten Tatsache. Wenn der Großvizir nicht leider nach Brest-Litowsk gefahren wäre, so würde die Sache weniger unangenehm sein. So aber wird er sich ziemlich blamiert vorkommen, wenn er ohne den Frieden zurückkehren muß. Sowieso ist allmählich im Parlament und im Komitee eine starke Opposition gegen das Ministerium

Talaat entstanden, und zwar nicht aus politischen Gründen, sondern wegen der Korruption, welche allgemeine Erbitterung verursacht. Alles Geld, welches aus Deutschland kam oder im Lande vorhanden war, ist in wenige Hände zusammengeflossen, während die große Masse verarmt ist oder gar verhungert. Mit Ihnen hoffe ich, daß ein Frieden mit der Ukraine die Situation retten wird.

. . . .

Konstantinopel, 2. Februar 1918.

. . . .

Was das Theater anlangt, so kommt es zunächst auf eine Frage an, die ich von hier aus nicht beantworten kann, nämlich inwieweit beabsichtigt wird, nach dem Kriege hier die sogenannte Kulturpropaganda weiter zu betreiben. In das „Freundschaftshaus" wird ja auch ein Theater hineingebaut, das sich zu diesem Zwecke verwenden ließe, wenn dieses Haus jemals fertig wird. In finanzieller Hinsicht scheinen die Aussichten dazu gut zu sein, da Jäckh behauptet, von Bosch jede Summe Geldes erhalten zu können. Indessen wird bis dahin wohl noch viel Wasser aus dem Schwarzen in das Marmara-Meer fließen. Wenn jedoch unabhängig von dem „Freundschaftshause" weitere Kulturpolitik getrieben werden soll, so würde es sich jedenfalls empfehlen, der Ucto zu helfen, denn die hiesigen Ställe, die man Theater nennt, verderben jegliche Stimmung für einen künstlerischen Genuß. Joseph Schwarz ist wirklich ein großer Künstler — aber seine Konzerte machten doch den Eindruck eines vollständigen Mißerfolges wegen der Aufmachung und der mangelhaften Reklame. Das hiesige Publikum ist eben an Gutes nicht gewöhnt und müßte erst erzogen werden. Auf diesem Wege würde ein anständiges Theater einen großen Schritt vorwärts bedeuten. Die Ucto würde dadurch den Vorteil haben, alle Konkurrenten tot zu machen. Wir könnten daher viel von ihr verlangen und dürften uns nicht finanziell über's Ohr hauen lassen. Letzteres ist meistens die Absicht der hiesigen Schieber. Kurz gesagt, hängt die Entscheidung lediglich von der Frage ab, wieviel die Ucto verlangt und ob wir bereit sind, soviel Geld auszugeben.

Die hohe Politik ist recht unerfreulich. Ich habe gar keine Zuversicht, daß es zum Frieden mit Rußland kommen wird. Jetzt sind auch Finnland und die Ukraine dem Bolschevismus verfallen. Ich fürchte, Trotzki liegt viel mehr an der sozialen Revolution als am Frieden. Hoffentlich bleibt es wenigstens bei dem Waffenstillstand, denn sonst werden unsere Bundesgenossen unzuverlässig werden.

. . . .

Therapia, 13. Juli 1918.
....

Den Wechsel im Auswärtigen Amt bedauere ich natürlich lebhaft. Ganz abgesehen von der politischen Seite der Frage, tut es mir leid, einen persönlichen Freund im A. A. zu verlieren. Wie die Dinge einmal liegen, wird der neue Herr auch nicht viel erreichen können.

Herr von Hintze wird zunächst genug zu tun haben, unsere Bundesgenossen wieder in Reih und Glied zu bringen. Unser plötzlicher Frontwechsel in der Kaukasusfrage hat hier stark verschnupft, namentlich da wir schon durch die bulgarische Frage schwer belastet waren. Nachdem wir nun einmal mit den Türken verbündet sind, ist es für uns nicht leicht, ihnen zu sagen, daß wir sie politisch für minderwertig halten und ihnen daher jeden Landerwerb mißgönnen. Wir sollten politisch immer mit den Türken gehen und dafür wirtschaftliche Kompensationen verlangen. Eine solche Politik ist nicht nur deshalb notwendig, weil sie von der Einsicht geboten wird, sondern auch weil wir garnicht in der Lage sind, eine andere zu führen. Wenn wir die Türken politisch drücken, so leisten sie passiven Widerstand und alles geht schief, während sie andrerseits selbst einsehen, daß sie wirtschaftlich ohne uns nicht prosperieren können.

Mit herzlichsten Grüßen stets der Ihrige
gez. J. Bernstorff.

Ich erwähnte oben, daß der Kaiser den Heldenfriedhof im Botschaftsgarten von Therapia besuchte. In dieser Angelegenheit schrieb ich an Stresemann, mit dem ich damals schon in sehr guten Beziehungen stand.

Konstantinopel, 19. März 1918.

Sehr verehrter Herr Dr. Stresemann!

Schon lange hatte ich den Wunsch Ihnen einmal zu schreiben, doch schob ich es immer wieder auf, da ich wußte, daß Sie ebenso wie ich, mit Arbeit überlastet waren und daher kaum erfreut sein würden, akademisch-politische Betrachtungen zu lesen. Jedenfalls habe ich Ihre Tätigkeit mit großem Interesse verfolgt und mich namentlich darüber gefreut, daß Sie jetzt das allgemeine Stimmrecht in Preußen und damit die ganze Situation retteten.

Heute entschloß ich mich zu diesem Briefe, weil ich hörte, daß Sie sich für die sehr verfahrene Angelegenheit des Heldenfriedhofs im Botschaftsgarten in Therapia interessieren. Humann hat mir diese Erbschaft überlassen, da er sich naturgemäß jetzt mit der Sache nicht mehr befassen kann.

Am 1. Mai d. J. soll mit dem Friedhofe Schluß gemacht werden, weil es unmöglich ist, das Begraben im Park ins Grenzenlose fortzusetzen.

Da ein starkes Defizit vorhanden war, beging Humann vor seiner Abreise leider die Unvorsichtigkeit, den Kriegsminister um eine finanzielle Beihilfe zu bitten. Infolgedessen erhielt letzterer die Möglichkeit, sich in eine Sache einzumischen, die ihn eigentlich nichts angeht, weil die Geldmittel bisher vollkommen privatim aufgebracht wurden, und über den Park doch nur ich — oder höchstens noch das Auswärtige Amt — zu verfügen haben. Obenein mißfiel unglücklicherweise der Entwurf Kolbe's dem Kriegsminister, als er im Oktober mit S. M. den Friedhof besuchte. Nun verlangt Herr von Stein einen neuen Entwurf, wodurch wieder viel Zeit verloren geht, ganz abgesehen davon, daß Kolbe garnicht imstande sein wird, nach den Regeln der Königlich Preußischen amtlichen Kunst zu arbeiten. Wie ich höre, haben Sie sich auch für Kolbe interessiert. Um die leidige Angelegenheit zu Ende zu führen, müßten wir also

1. Geld haben und
2. müßte der Kriegsminister sich wieder desinteressieren.

Letzteres wäre eigentlich keine unberechtigte Forderung, da die Sache den Kriegsminister nur dann etwas angeht, wenn er Geld zu geben braucht. Ich habe die Angelegenheit Baron Bussche unterbreitet, weil der Staatssekretär jetzt für solche Dinge keine Zeit hat. Ich selbst und alle anderen Beteiligten finden den Entwurf sehr schön. Nachdem Baron Bussche die Sache übernommen hat, wird wohl nur noch die finanzielle Seite der Frage zu regeln sein. In dieser Beziehung haben Sie schon früher kräftig geholfen. Vielleicht findet sich irgend ein Kriegsgewinnler, der einen weiteren Betrag beisteuert. Vielleicht gibt auch der Kriegsminister seinen Widerspruch gegen Kolbe's Entwurf auf.

. . . .

Wie gesagt, ich würde Sie nicht mit diesem Briefe belästigt haben, wenn ich nicht gehört hätte, daß Sie ein Hauptförderer des ursprünglich sehr schönen Planes gewesen sind. Damals rechnete man nicht damit, daß wir hier Jahre lang eine größere Okkupations-Armee und Flotte haben würden nebst Hospitälern usw. Dadurch ergeben sich naturgemäß viel Todesfälle, die zwar sicher als solche auf dem Feld der Ehre betrachtet werden müssen, aber doch nicht gerade die Beisetzung des Betreffenden im „Heldenfriedhofe" der deutschen Botschaft rechtfertigen. Ich hatte den Eindruck, daß auch S. M. die Ausdehnung der Sache übertrieben fand. Bitte befassen Sie sich nicht weiter mit ihr, wenn Sie dazu keine Neigung haben. Ohnehin bedarf dieselbe vermutlich einer gewissen Diskretion, da die amtlichen Stellen manchmal übertrieben empfindlich sind gegen Einwirkung von außen.

. . . .

Mit herzlichsten Grüßen der Ihrige

gez. J. Bernstorff.

Berlin, den 27. März 1918.

Sehr verehrter Herr Graf Bernstorff!

Ihre Mitteilungen über den Friedhof im Botschaftspark in Therapia haben mich außerordentlich interessiert. Auf Grund Ihres Briefes werde ich mich nach meiner Rückkehr von einem kurzen Erholungsurlaub sofort mit Herrn von dem Bussche in Verbindung setzen und versuchen, den Kriegsminister wieder aus dieser Sache herauszubuxieren. Wie ich Ihnen inzwischen telegraphisch schon mitteilte, liegen bei der Firma Gebr. Arnhold in Dresden etwa 25,000 Mark, die ich seinerzeit für diesen Friedhof in Therapia gesammelt habe, bereit. Ich bitte, mir freundlichst mitzuteilen, ob diese Summe genügen würde, um die Angelegenheit zu Ende zu führen. Sollte dies nicht der Fall sein, so würde ich, falls die Summe nicht zu bedeutend ist, den Versuch machen, die noch fehlende Summe durch Privatsammlung aufzubringen. Mit Herrn Humann, der inzwischen wohl wieder in Berlin eingetroffen ist, werde ich mich in Verbindung setzen, da ich durch ihn vielleicht auch weitere Nachrichten erhalten kann.

Daß der Entwurf Kolbes dem Kriegsminister mißfallen hat, bedauere ich außerordentlich. Ich hatte seinerzeit den Kriegsminister gerade für Kolbe, auf Vorschlag von Herrn Humann interessiert. Können Sie mir nicht über Kolbe einige Mitteilungen machen und vielleicht eine Zeichnung übersenden? Ich möchte doch dann einmal mit Herrn von Stein sprechen. Allerdings ist dies ein sehr eigentümlicher Herr, und er wird sehr schwer von seiner Auffassung abzubringen sein.

Ich diktiere diese Zeilen auf der Reise nach meinem Wahlkreis und bitte daher, den Telegrammstil zu entschuldigen. Sobald ich wieder etwas aufatmen kann, werde ich Ihnen gern ausführlich schreiben und darf Sie auch bitten, mich zunächst einmal über die finanzielle Seite der Angelegenheit näher zu unterrichten.

Für die freundlichen Zeilen betr. meine politische Tätigkeit sage ich Ihnen meinen besten Dank. Ich betrachte die Wahlrechtsfrage in Preußen in diesem Sinne für erledigt und hoffe, daß wir dadurch im Inneren zum Frieden kommen werden. Bringt uns dann das Vorgehen unserer Truppen die Sicherung unserer politischen und wirtschaftlichen Zukunft, dann kann man wieder mit Freuden der zukünftigen Entwicklung entgegensehen.

Ich wünsche Ihnen aufrichtig guten Erfolg bei der Vertretung der deutschen Interessen am Bosporus und bin mit den besten Grüßen und Empfehlungen Ihr sehr ergebener

gez. Stresemann.

Konstantinopel, 9. April 1918.
Sehr verehrter Herr Stresemann!

Haben Sie herzlichsten Dank für Ihren freundlichen Brief vom 27. d. M. und für das Geld. Leider fehlen noch immer ungefähr 70,000 Mark.

Der Unterstaatssekretär v. d. Bussche ist jetzt genau informiert über die ganze Sachlage. Auch die verschiedenen Kolbe'schen Entwürfe liegen ihm, bezw. dem Kriegsminister vor. Kolbe ist entschieden ein sehr bedeutender, aber allerdings moderner Künstler. Die von dem Kriegsminister verpönte Allegorie ist jedenfalls der beste Entwurf, auch schon deshalb, weil es sich nicht um einen rein militärischen Friedhof handelt. Die Marine verlangt, daß ein Matrose abgebildet werde. Auf diese Weise werden wir niemals fertig werden, deshalb plädiere ich unbedingt für die Allegorie.

Der bulgarisch-türkische Konflikt ist recht unangenehm. M. E. sollten unsere maßgebenden Stellen sich einigen, entweder für den einen Bundesgenossen zu optieren oder für den anderen. Dann müßten wir aber denjenigen, der nachgeben soll, freundlich doch bestimmt dazu zwingen.

Keiner von beiden kann uns seit dem russischen Zusammenbruche noch irgend wie schaden.

Mit herzlichsten Grüßen stets der Ihrige

gez. J. Bernstorff.

Zum Schlusse des Kapitels Konstantinopel will ich noch einen Brief an meinen getreuen Washingtoner Mitarbeiter Alexander Fuehr setzen, dessen Name in meinem ersten Buche oft genannt wird. Er arbeitete damals in Genf für unsere Berner Gesandtschaft.

Konstantinopel, 15. Juni 1918.
Mein lieber Fuehr!

Ich habe den Eindruck, daß unsere Tätigkeit in der Schweiz etwas übertrieben wird. Eine solche Menge von Menschen kann doch kaum dort notwendig sein. Die Berichte, welche wir aus Bern bekommen, sind meistens nicht das Papier wert, auf dem sie geschrieben sind. Wir scheinen noch immer auf dem Standpunkte zu stehen, daß Propaganda, wie sie bei uns verstanden wird, etwas nützt. Gewisse Dinge sind für den Export nicht geeignet, z. B. U-Boot-Filme, die selbst hier zu Gegendemonstrationen führen. Wenn man uns in Amerika erlaubt hätte, die Propaganda so zu betreiben, wie wir es während der letzten zwölf Monate im kleinen Kreise taten, so hätte es vielleicht gar keinen Krieg gegeben. Für solche Erörterungen ist es jetzt leider zu spät, aber es wäre immerhin gut, wenn wir aus der Geschichte unserer Propaganda lernen wollten. Hier schickt man auch immer mehr Deutsche her, während ich auf dem Standpunkte stehe, daß eine Reduktion der Zahl unserer hiesigen Landsleute um die Hälfte die gegenseitigen Beziehungen um das Doppelte verbessern würde.

Arbeit gibt es hier ebenfalls sehr viel. Es tauchen immer neue Fragen auf, ehe die alten erledigt sind. Vor sechs Monaten hatten wir nur die bulgarische Angelegenheit. Jetzt ist die kaukasische dazu gekommen, von der arabischen, jüdischen usw. garnicht zu reden. Dabei haben wir hierzulande — wie man in Amerika sagt — „our fingers in every pie". Es fällt in der Türkei kein Sperling vom Dache, ohne zum mindesten passive Mitwirkung des deutschen Botschafters.

. . . .

In alter Freundschaft der Ihrige

gez. J. Bernstorff.

V. Kapitel

REICHSTAG

Das Ende meiner Konstantinopeler Tätigkeit war auch das Ende meiner diplomatischen Laufbahn. Am 3. Oktober 1918 rief mich der oben erwähnte Vietinghoff an den Fernschreiber, um mich im Auftrage von Hintze zu fragen, ob ich bereit sei, dessen Nachfolger als Staatssekretär zu werden. Ich antwortete, daß ich zunächst wissen müßte, unter welchem Reichskanzler ich arbeiten und welche Politik befolgt werden sollte. Darauf konnte mir Vietinghoff keine Antwort geben, und am nächsten Tage kam er wieder an den Fernschreiber mit der Meldung, daß Prinz Max von Baden Reichskanzler und Solf Staatssekretär werde. Diese Lösung war mir sehr erfreulich, da ich aus alter Freundschaft für Prinz Max den Posten als Staatssekretär unter ihm angenommen haben würde aber dadurch in alle die Gewissenskonflikte und Pflichtenkollisionen geraten wäre, auf die ich später zu sprechen kommen will. Ich blieb also zunächst in Konstantinopel, während in Berlin sich die Korrespondenz mit Wilson entwickelte, über die man mich nicht konsultierte. Daß ich darüber nicht weiter traurig war beweist der folgende Brief an Solf und dessen Antwort.

Konstantinopel, 14. Oktober 1918.
Verehrtester Herr Staatssekretär!

Zu der schweren und undankbaren Aufgabe, welche Sie übernommen haben, möchte ich Ihnen von ganzem Herzen Glück und Erfolg wünschen. Ich werde es niemals vergessen, daß Sie zu den wenigen gehörten, die seiner Zeit bei meiner Rückkehr aus Amerika mir freundlich entgegengekommen sind, und meinen Standpunkt in der Frage teilten. Nun ist leider alles so gekommen, wie ich es voraussah. Mir wäre es viel lieber gewesen, wenn mir die nachfolgenden Ereignisse Unrecht gegeben hätten.

Falls ich Ihnen durch meine alte persönliche Freundschaft mit House, dem Vertrauensmanne Wilson's, behilflich sein kann, so stehe ich Ihnen, nicht nur als Beamter sondern auch als Privatmann, gern zur Verfügung.

. . . .
Stets der Ihrige

gez. J. Bernstorff.

Berlin, den 23. Oktober 1918.

Sehr verehrter Herr Botschafter!

Für die sehr freundlichen Worte vom 14. d. Mts. sage ich Ihnen meinen herzlichsten Dank. Ich fühle mich Ihnen durch gemeinsame Grundstimmungen und Gedanken verbunden und freue mich besonders, mit Ihnen zusammen arbeiten zu können. Ich hätte Sie gern zu Rat und Hilfe hierher gerufen, aber Konstantinopel ist zu weit und jetzt zu wichtig.

Mit herzlichsten Grüßen, Ihr sehr ergebener

gez. Solf.

Ich konnte mich aber nicht enthalten dem Reichskanzler ein Telegramm zu senden, das dem Sinne nach lautete: „Da ich wohl der einzige lebende Deutsche bin, der Wilson persönlich kennt, möchte ich bemerken, daß es zwecklos sein dürfte, sich an ihn zu wenden, wenn wir nicht gleichzeitig den unbeschränkten U-Bootkrieg einstellen, da Wilson sich durch diesen persönlich gekränkt fühlt."

Ob das Telegramm die Veranlassung war, oder die allgemeine politische Lage zuhause und in der Türkei, kann ich nicht sagen, jedenfalls erhielt ich vom Reichskanzler die Weisung, mit tunlichster Beschleunigung nach Berlin zu kommen. Dieser amtliche Auftrag erwies sich einerseits als sehr angenehm, da er mich davor bewahrte, in die Hände unserer Feinde zu fallen, war aber andrerseits schwer auszuführen, da wir in Konstantinopel nicht recht wußten, welche Wege noch offen waren. Wir hatten schon in letzter Zeit Fliegerangriffe auf Konstantinopel erlebt. An einen derselben erinnere ich mich besonders, der von meinem Arbeitszimmer auf der Botschaft sehr gut sichtbar war. Der Khedive von Egypten, der am Bosporus als von den Engländern Verbannter lebte, war gerade zu Besuch bei mir, als der Angriff erfolgte. Mit dem Khediven hatte ich, seitdem ich bei ihm akkreditiert war, freundschaftliche Beziehungen, die noch heute andauern.

Ich entschloß mich, meinem besten Konstantinopeler Mitarbeiter Legationssekretär — jetzigen Ministerialdirektor — Dieckhoff mitzunehmen, und in einem Torpedoboot abends nach Constanza zu fahren. Wer noch niemals in einem Torpedoboot auf dem Schwarzen Meere gefahren ist, kann sich kaum vorstellen wie unangenehm die Empfindungen sind, die dabei ausgelöst werden. Ich wurde zum ersten Male in meinem Leben seekrank, obgleich ich ohne dieses Ergebnis sechszehn mal über den Atlantischen Ozean und mindestens ebenso oft über den Kanal und die Nordsee gefahren bin. Das Torpedoboot war obenein ein alter Kahn, den wir in Odessa von den Russen erbeutet hatten. Indessen nehmen auch die kleinen materiellen Leiden des Lebens ein Ende, und wir landeten am nächsten Tage gesund in Constanza, wo wir im deutschen Offizierskasino frühstückten und ausgezeichneten Stör aßen. Sobald wir einen Eisenbahnzug erreichen konnten, fuhren wir nach Bukarest weiter. Rumänien war noch fest in der Hand der deutschen Truppen. Wir spürten nur einmal den Kriegszustand, als wir wegen einer zerstörten Eisenbahnbrücke zu Fuß über eine Notbrücke gehen mußten. Hauptsächlich wohl wegen dieses Aufenthaltes kamen wir ziemlich spät abends in Bukarest an, wo ich Alfred Horstmann, einen alten Freund aus Washington, als Vertreter des Auswärtigen Amts fand, der uns auf der Bahn abholte und in seine Wohnung führte. Er hatte einige Gäste bei sich, was Dieckhoff und mich in Verlegenheit setzte, denn wir waren wohl noch nie so ungeeignet um in einen Salon zu treten. Man kann sich denken, wie wir nach einer solchen mehr als 24stündigen Reise aussahen. Wir blieben bis zum nächsten Abend in Bukarest, wo wir im deutschen Offizierskasino bei Feldmarschall von Mackensen frühstückten. Mit diesem unterhielt ich mich sehr gut. Er zeigte für die diplomatische Seite des Krieges und für hohe Politik im allgemeinen ein Verständnis, wie ich es bei unseren hervorragenden Generälen nur noch bei Seeckt gefunden habe. Unsere Weiterreise nach Berlin war ein recht unsicheres Unternehmen; bei der Durchfahrt durch Budapest hörten wir in den Straßen lebhaftes Schießen, aber man ließ uns unbelästigt unsere Fahrt fortsetzen, so daß ich am 31. Oktober im Hôtel Adlon in Berlin anlangte und mich am 1. November bei Prinz Max und Solf melden konnte. Mit ersterem ging ich lange im schönen Garten des Reichskanzlerpalais spazieren, was wir bis zur Revolution täglich zweimal wiederholten. Die alten Bäume dieses Gartens haben „so manchen Sturm erlebt". Meine Leser erinnern sich gewiß der Bismarck'schen Bemerkung: er habe Caprivi mehr als alles andere übelgenommen, daß er einen dieser Bäume hätte umschlagen lassen.

Für Prinz Max hegte ich neben freundschaftlichen Empfindungen ein tiefes Mitgefühl. Wenn er sein Amt ein Jahr früher angetreten hätte, so wäre er mit seinem Idealismus der richtige Mann gewesen, um einen leidlichen Frieden zu erreichen. Er würde Vertrauen im Auslande und bei der deutschen Linken haben gewinnen können. Die Frieden von Brest-Litowsk und Bukarest wären anders ausgefallen. Der Weg zu weiteren Friedensschlüssen hätte offengestanden. Jetzt aber war die herrliche Armee, die unser Vaterland vor dem Feinde geschützt hatte, von der Uebermacht geschlagen worden. Die bisherigen Fehler der Reichsregierung hatten ihre Folgen getragen. Nun gab es zunächst nur eine Aufgabe, nämlich die Monarchie zu retten, nicht etwa nur aus prinzipiellen Gründen, denn die Weltgeschichte ist weder monarchisch noch republikanisch, sondern evolutionistisch. Die Monarchie mußte aber von uns gerettet werden, weil es keinen anderen Weg gab, dem deutschen Volke eine geordnete und geeignete Vertretung dem Feinde gegenüber zu gewähren. Eine Revolution dagegen mußte Deutschland in der Stunde der größten Gefahr lahmlegen. Diese „Forderung des Tages" wurde von dem Reichskanzler bei unseren täglichen Spaziergängen vertrauensvoll und offen mit mir besprochen, nachdem er mir gesagt hatte, daß er mich zu diesem Zwecke von Konstantinopel geholt habe. Ich war mir sofort darüber klar, daß wir beide dasselbe wollten, nämlich die Monarchie retten, es handelte sich nur darum, wie sich das gemeinsame Ziel erreichen ließ, da die Situation eine sehr schwierige war. Dieses Vertrauensverhältnis dauerte leider nur neun Tage bis zur Revolution und ist durch unsere erste Unterredung begründet worden, nachdem der Prinz mich um vollkommene Offenheit gebeten hatte.

Der Kanzler begann damit, mich zu fragen, ob ich auch Wilsons Noten dahin verstehe, daß die Abdankung des Kaisers notwendig sei. Diese Frage mußte ich bejahend beantworten. Die zweite Frage lautete: Wer soll es dem Kaiser sagen? Worauf ich erwiderte: Das müssen Sie tun. Darauf schüttelte der Prinz den Kopf und lehnte kategorisch ab, mit den Worten: das kann *ich* als badischer Thronfolger und deutscher Fürst nicht tun, worauf ich schnell sagte, dann hätten Sie auch nicht Kanzler werden dürfen. Diese Offenheit, die er anscheinend nicht gewohnt war, hat dem Prinzen sichtlich gefallen, denn er bat mich noch am ersten Tage, nur ja in Berlin zu bleiben; nach Konstantinopel könne ich doch nicht mehr zurückkehren. Er werde schon einen Platz für mich im Auswärtigen Amte finden. Mit dieser ersten Unterredung im Garten des Reichskanzlerpalais begannen für mich unhaltbare Verhältnisse, die erst endeten als ich auf einem Sitz im Reichstage landete, nach dem ich trachtete seit der Stunde, wo ich Konstantinopel verließ. Ich wollte keinesfalls Prinz Max im Stich lassen, der sich so vertrauensvoll an mich wandte, aber ich hatte wie Archimedes keinen locus standi, von dem aus ich Irgendetwas, geschweige denn die Welt aus den Angeln heben konnte. Prinz Max hatte keinen starken Willen und keine hinreichende Gesundheit für den Reichskanzlerposten in so schwerer Zeit. Er schlief nur mit Hilfe starker Schlafmittel, was mich an eine Anekdote von Bismarck erinnerte. Dieser setzte einmal Friedrich Wilhelm IV. hart zu, als die Königin in das Zimmer trat und sagte: Quälen Sie den König nicht so. Er hat heute Nacht nicht geschlafen. Bismarck erwiderte nur: „Ein König muß schlafen."

Die „Erinnerungen" des Prinzen Max geben eine gute und richtige Darstellung der letzten Tage vor der Revolution, die ich miterlebte. Von meiner Seite sind nur einige Nachträge zu liefern, die des Reichskanzlers Bemühungen, die Monarchie zu retten, klarer hervortreten lassen. In den „Erinnerungen" ist nicht erwähnt, daß Prinz Max mich zu Scheidemann sandte, mit dem ich die Frage in einer sehr langen Unterredung besprechen sollte. Dieser wünschte ebensosehr wie ich die Revolution zu verhindern, doch legte er dabei am meisten Gewicht darauf, daß seine Partei noch nicht regierungsfähig sei und erst regieren lernen müsse. Darin hat er nur allzu Recht behalten, obgleich das „Nicht regieren können" mehr ein deutscher Nationalfehler als ein Parteigebrechen zu sein scheint. Auch trägt das Ausland die Hauptschuld an dem Mißgeschick der deutschen Republik. Jedenfalls war Scheidemann damals aufrichtig von dem Wunsche beseelt, in einer konstitutionellen Monarchie zu leben. Er trieb durchaus nicht zur Revolution, forderte aber die Abdankung des Kaisers zugunsten seines Enkels als conditio sine qua non für die Erhaltung der Monarchie, die er dann aber mehr oder weniger garantierte. Mit dieser Ansicht Scheidemanns stimmte damals fast jedermann in Berlin überein, der die inner- und außerpolitischen Verhältnisse kannte. Die Revolution konnte nur vermieden werden durch *rechtzeitige* Abdankung des Kaisers. Das hat Prinz Max klar erkannt, der Monarch aber leider nicht. Wenn der Kaiser rechtzeitig dem Rat des Kanzlers gefolgt wäre, so würde sein Enkel noch heute auf dem Throne sein. Gleich nach meiner Unterredung mit Scheidemann besuchte ich auf Weisung des Reichskanzlers auch Clemens Delbrück, den damaligen Chef des Zivilkabinetts, der mir keine Hoffnung auf die Abdankung des Kaisers machte. Als diese am 9. November erfolgte, kam sie zu spät, um die Revolution zu verhindern. Zu spät! Diese Worte stehen am Eingang fast aller Revolutionen der Weltgeschichte, und doch lernen die Monarchen nie daraus. Zum 9. November habe ich dem Berichte der „Erinnerungen" des Prinzen Max nur sehr weniges hinzuzufügen. Als der neue Reichskanzler Friedrich Ebert sich mit den übrigen Anwesenden vom Prinzen Max verabschiedet hatte, blieb dieser in seinem Arbeitszimmer mit mir allein zurück. Dann sagte er mir, er habe die Gesandten der deutschen Staaten in ein anderes Zimmer bestellt, um die Frage zu besprechen, ob er versuchen solle als Reichsverweser die Ordnung wieder herzustellen. Ohne Zustimmung der deutschen Fürsten wolle er das Amt des Reichsverwesers nicht übernehmen. Ich redete ihm nach Möglichkeit zu, was er auch in den „Erinnerungen" erwähnt, ohne mich besonders zu nennen. Dann bat er mich, ihn zu den Gesandten zu begleiten. Ich kann mich nicht entsinnen, welche Herren an der Besprechung teilnahmen. Erinnerlich ist mir nur, daß der bayrische Gesandte Graf Lerchenfeld dem Prinzen ebenso warm zuredete, wie ich es vorher getan hatte. Er sah in der Reichsverweserschaft die letzte Möglichkeit, die Revolution zu verhindern. Bei dem traurigen letzten Frühstück des Prinzen im Reichskanzlerpalais, an dem ich allein teilnahm, bemühte ich mich weiter in dem gleichen Sinne. Den Schluß dieser Tragödie bildete der in den „Erinnerungen" beschriebene Abschiedsbesuch des Prinzen bei Ebert, wo auch dieser noch für die Reichsverweserschaft eintrat. Doch der Prinz wollte den Versuch nicht mehr unternehmen. Ausschlaggebend war wohl seine Pietät gegen den Kaiser, von dem er keinen Auftrag hatte. Vielleicht war es auch zu spät. Immerhin war die Not des Vaterlandes so groß, daß der Versuch hätte unternommen werden müssen. Ich komme immer wieder darauf zurück, daß die Vertretung Deutschlands vor dem Auslande für dieses im Herzen des Kontinents liegende Land, die Lösung aller anderen Fragen ausschlaggebend beeinflußt. Man kann sich nicht ausdenken, welchen Unterschied es für Deutschland und die Welt bedeutet haben würde, wenn unsere Feinde in Versailles nicht ohne Widerstand hätten jeden politischen Unsinn beschließen können, der ihnen einfiel. Ich lasse vier spätere Briefe des Prinzen Max folgen, die Licht auf die obigen Fragen werfen. Nur der letzte behandelt die Bildung einer neuen großen Mittelpartei.

Salem in Baden, den 7. Juni 1922.

Lieber Graf!

Ich kenne nur einen Auszug Ihres Artikels aus dem „Demokratischen Deutschland" im Berliner Tageblatt, aber ich möchte Ihnen heute schon danken für die verständnisvollen Worte, die Sie gefunden haben. Es wird auch mir immer klarer, daß die Geschichte mir den Vorwurf machen wird, nicht mit der genügenden Rücksichtslosigkeit die Abdankung des Kaisers betrieben zu haben. Allerdings, glaube ich, darf man nicht vergessen, wie die Flucht des Kaisers ins Hauptquartier bereits den ersten revolutionären Schritt darstellte, und eine staatsmännische Lösung beinahe ausschloß.

Ich habe durch alle möglichen mündlichen und schriftlichen Aufklärungen über die kritische Zeit viel Neues erfahren, und es ist ein geradezu schrecklicher Gedanke, daß die Veröffentlichung der Abdankung in der Zeitung vom 9. früh aller Wahrscheinlichkeit nach genügt hätte, den Ausbruch der Revolution zu verhindern. Waren wir dann einmal über den 9. November hinweg, so hätten die eintreffenden Waffenstillstandsbedingungen eine ganz neue Situation geschaffen: das deutsche Volk hätte noch einmal mit ungeteiltem Zorn sich gegen den Feind gewendet, wenn auch nicht mehr zum Kampfe, so doch zur moralischen Abwehr.

. . . .

Es würde mir eine besondere Freude sein, Sie einmal wiederzusehen, um über Vergangenes und Gegenwärtiges zu sprechen.

Mit besten Grüßen

gez. Max Prinz von Baden.

Salem, den 17. Juni 1922.

Mein lieber Graf Bernstorff!

Ich erfahre vertraulich von dem früheren Kriegsminister Scheuch, daß der Schriftsteller Nowak in einem in Kürze erscheinenden Buche über den Zusammenbruch Deutschlands eine Darstellung über das Schießverbot vom 9. November gibt, die mit meiner und General Scheuchs Erinnerung nicht übereinstimmt. Nowak soll sich dabei auf Ihr Zeugnis berufen. Er sagt sich nun auf den 26. dieses Monats in Salem an, um mir sein Manuskript zur Berichtigung vorzulegen. Ich wäre Ihnen zu großem Dank verpflichtet, wenn ich bis zu diesem Tage eine kurze Darstellung von Ihnen haben könnte, wie sich Ihrer Erinnerung nach der strittige Vorgang abgespielt hat. Ich zögere absichtlich, Ihnen mein eigenes Erinnerungsbild schon jetzt zu geben, um das Ihre unbeeinflußt zu erhalten.

Ich möchte noch bemerken, daß Scheuch großes Gewicht darauf legt, daß Nowak nichts von meiner vorherigen Orientierung durch ihn erfährt. Ich habe allerdings auch den Eindruck, daß diesem begabten Journalisten gegenüber große Vorsicht am Platze ist.

Die Lektüre Ihres vollständigen Artikels hat meinen Wunsch gestärkt, mit Ihnen möglichst bald über die Vergangenheit zu sprechen. Hoffentlich findet sich bei meiner Reise nach Gmunden im Spätsommer Gelegenheit, Sie in München zu treffen. Es würde mir natürlich auch eine besondere Freude sein, Sie in Salem begrüßen zu können.

Mit herzlichstem Dank für Ihren freundlichen Brief und den Ausdruck Ihrer mir so wertvollen Gesinnung.

Ihr sehr ergebener

gez. **Max Prinz von Baden.**

Salem, den 3. Dezember 1922.

Mein lieber Graf!

Für die Uebersendung des Auszugs aus Friedrich Rudolf Zenkers Machwerk danke ich Ihnen vielmals. Die Sache ist so sinnlos und lächerlich, daß ich beinahe glaube, General Groener tut ihr zu viel Ehre an, wenn er Strafantrag stellt. Ich habe neulich in einem ähnlichen Fall nach Beratung mit Reichsgerichtspräsidenten Simons die Stellung eines Strafantrages mit folgender Begründung abgelehnt:

„Auf die Anfrage vom 21. d. M. erwidere ich ergebenst, daß ich wegen des Artikels „Das Ehrhardtlied" in Nr. 37 der „Sächsischen Landeszeitung" keinen Strafantrag stelle. Wollte ich jede Publikation verfolgen, die, statt meine Politik zu bekämpfen, meine Person verunglimpft, so würde ich aus den Prozessen überhaupt nicht herauskommen. Meine Politik gedenke ich vor einem anderen Forum zu vertreten."

Aus Ihrem Artikel habe ich einen Auszug im „Berliner Tageblatt" gelesen. Es ist mir eine große Genugtuung, daß Sie in so überzeugender und kraftvoller Weise die damalige Linie verteidigen, die ja auch die Ihre war und auf der alleine die Monarchie gerettet werden konnte. Ich freue mich deshalb sehr auf den ganzen Artikel, in der mir in Aussicht gestellten Nummer des „Demokratischen Deutschland" und danke Ihnen im voraus dafür.

Mit bestem Gruß,

Ihr sehr ergebener   gez. Max Prinz von Baden.

Salem, den 8. 9. 26.

Mein lieber Graf!

Es gereicht mir zur großen Freude, ganz mit Ihren Ansichten übereinzustimmen. Die Notwendigkeit, das Gefüge des Staates vor Erschütterungen zu bewahren, muß jedem klar werden, der beobachtet, wie viel Aufruhrstoff noch in den Massen ist, und wie groß die Gefahr, daß es bei einem neuen Umsturz nicht wieder gelingen möchte, die ordnungsliebenden Elemente zum Sieg über den bolschewistischen Machthunger zu führen. Ich habe gerade in letzter Zeit darüber sehr interessante Nachrichten erhalten. Darum scheint auch mir der Gedanke, einen Mittelblock zu schaffen, der stabil genug wäre, um bei Koalitionen nach rechts oder nach links sich als der führende Teil zu erhalten, eine allein aussichtsreiche Lösung zu sein.

Ich habe schon lange ähnliche Gedanken gehabt. Es scheint mir das Problem zu sein, die Katholiken zu sprengen, um einen Teil des Zentrums, der nicht der Proletarierpartei Wirths beitreten möchte, zu dem Mittelblock hinüberzuziehen. Dazu ist Vorbedingung, daß man das Zentrum nicht erschreckt, und ich gebe zu bedenken, ob nicht ein Parteiname, der das Wort „Liberal" enthält, Kulturkampf-Reminiscenzen auftauchen läßt. Ich hatte schon einmal die Hoffnung, die Ruhrbesetzung würde die Deutschen zusammenschweißen, damals sagte ich in einer Rede: die neue Einheitspartei sollte sich nennen: christlich-national, denn sie würde weder dem Zentrum allein die Vertretung der christlichen Idee, noch den Deutsch-Nationalen allein die der nationalen Gesinnung überlassen.

Ich habe gewartet, daß diese große Partei kommen sollte, und Ihr Brief hat mich mit einer Hoffnung erfüllt, daß sie vielleicht endlich auf dem Marsch ist.

Stets Ihr sehr ergebener

gez. Max Prinz von Baden.

Auf den 9. November folgten recht traurige Tage. Bei uns herrschte völlige Anarchie, die nur allmählich unterdrückt werden konnte. Für das ordnungsliebende deutsche Volk war dies eine eigentümliche Erfahrung, die nicht ohne Einfluß auf die spätere historische Entwicklung geblieben ist. Monatelag wurde auf den Straßen Berlins geschossen. Wenn ich von dem Hôtel Adlon zum Auswärtigen Amt ging, mußte ich mich an den Häusern entlang drücken. In demselben Hôtel wohnten Fürst und Fürstin Bülow, die bald von dem Mittelpunkt der Stadt fortzogen, um mehr Ruhe zu haben. Meine Frau hatte sich in Berlin wieder mit mir vereinigt, nachdem der Zusammenbruch der Türkei eine Trennung notwendig gemacht hatte. Wir bewohnten Zimmer, deren Fenster nach dem Hofe hinausgingen, während das Ehepaar Bülow auf den Pariser Platz blicken konnte. Unsere Zimmer waren naturgemäß im November sehr dunkel, und als Bülows auszogen, wollte meine Frau gern deren Zimmer nehmen, die wir mit Herrn Louis Adlon besichtigten. Wir standen alle drei mitten im Zimmer, als eine Gewehrkugel durch das Fenster geflogen kam und den Spiegel über dem Kamin zertrümmerte. Nach diesem Erlebnis wünschte meine Frau in unseren Hofzimmern zu bleiben.

Zwei Erinnerungen aus jener Zeit sind mir besonders lebendig geblieben: einmal der Tag der Beisetzung der Opfer der Revolutionskämpfe, wo die rote Fahne zwei Stunden lang auf dem ehrwürdigen alten Gebäude des Auswärtigen Amtes flog, und während dieser Zeit alle Beamten als Proteststreik das Haus verließen. Es war dies das erste und letzte Mal in meinem Leben, daß ich mich an einem Streik beteiligte. Ferner der Tag, wo die Kommunisten, die damals Spartakisten hießen, sich der Stadt und der Regierung bemächtigen wollten und stark bewaffnet an den beiden Eingängen zur Wilhelmstraße standen, während die Reichsregierung keine Truppen zur Verfügung und deshalb die ganze sozialdemokratische Partei auf die Straße gerufen hatte.

Die Wilhelmstraße war schwarz von Menschen, darunter viele Frauen, und alle standen Kopf an Kopf dicht gedrängt ohne Waffen von „Unter den Linden" bis zur Leipziger Straße, ein imposanter Anblick. Der Deutsche ist wirklich kein Revolutionär, wenn er auch in der Politik auf Abenteurer und Hochstapler hineinfällt. Die Spartakisten schossen nicht, und damit war die Entscheidung gefallen, daß Deutschland keine Sowjetrepublik werden sollte. Wir alle, die jene Zeit mitgemacht haben, mußten wohl täglich Seelen- und Gewissenskämpfe durchmachen. Die Sowjets sandten schon damals viele Funksprüche in die Welt, die sie an den Volksbeauftragten Haase richteten und die im Auswärtigen Amte mitgelesen wurden. Einer dieser Funksprüche hat mich damals stark beeinflußt. Er lautete dem Sinne nach: „Wenn ihr eine durchgreifende Revolution machen wollt, müßt ihr alle alten Beamten wegjagen. Wenn diese bleiben, wird die Revolution mißlingen."

So klar war es mir vorher nicht gewesen, daß es die Pflicht aller Beamten sei, im Dienst zu bleiben, um die Ordnung möglichst bald wieder herzustellen, und nur der Gewalt zu weichen, bis wir dieses Ziel erreicht hatten.

Damit war kein Richterspruch vor dem Forum der Weltgeschichte gesprochen, daß der Kaiser uns des Eides entbunden hatte. Die Frage, die zu entscheiden war, hieß: Wo liegt das Heil für unser Volk und Vaterland? Damals hatte ich keinen Zweifel, daß die Republik die einzige Möglichkeit war. Rückblickend muß ich ja leider zugeben, daß sie sich als regierungsunfähig erwiesen hat, weil sie abgesehen von dem elenden Druck durch das Ausland nicht die genügende Zahl entsprechender Männer produzierte. Friedrich Ebert hat Großes geleistet, indem er die Ordnung wieder herstellte, und Gustav Stresemann war der einzige Deutsche, der bisher die Fähigkeit bewies, Deutschland wieder eine Stellung in der Welt zu erobern. Beide Männer konnten aber nicht ersetzt werden, als Krankheit sie dahinraffte. Schon von Anfang an verliefen die Personalfragen nicht glücklich. Prinz Max hatte zuerst Konrad Haussmann an die Spitze der Waffenstillstandskommission stellen wollen. Warum dann Erzberger die traurige Fahrt nach Compiègne unternehmen mußte, weiß ich nicht, doch wäre Haussmann dazu geeigneter gewesen, wenn man nicht das einzig Richtige tat, die Sache rein militärisch aufzuziehen. Erzberger die Waffenstillstandskommission übergeben, hieß von vornherein eine Nebenregierung schaffen, denn er war nun einmal ein Arbeitsmarder. Er konnte von keiner Sache hören, ohne sie selbst erledigen zu wollen. Was immer von ihm und über ihn gesagt worden ist, er war sehr intelligent, fleißig und ein warmer Patriot katholischer Färbung. Sein unglückliches Ende hat er nicht verdient, wenn er auch nicht die Vorbildung und die Kinderstube hatte, um alle die großen Dinge zu gutem Ende zu führen, die er unternahm. Falls er am 9. November in Berlin gewesen wäre, hätte er sicher irgend einen energischen Schritt unternommen, um die Revolution zu verhindern. Er war aber an dem Tage schon auf dem Wege nach Compiègne. Damit begann der Kampf zwischen dem Auswärtigen Amte und der Waffenstillstandskommission, ein Kampf, der sich bald zu einem persönlichen Duell zwischen Erzberger und meinem Vetter Ulrich Brockdorff-Rantzau entwickelte, in welchem schließlich der letztere unterlag. Wie immer in solchen Fällen kann die Weltgeschichte heute nicht mehr entscheiden, wer recht gehabt hat. Ich hatte mich leider zwischen die beiden Protagonisten eingeklemmt, indem ich nach dem Rücktritt des Prinzen Max noch im Auswärtigen Amt blieb, was ich nicht hätte tun sollen, da in dem damaligen Deutschland in einer Beamtenstellung keine Politik zu machen war. Selbst Rantzau als Minister ist schließlich daran gescheitert, daß er in der Nationalversammlung keinen Rückhalt hatte. Ich sollte die Friedensverhandlungen auf Wunsch von Solf vorbereiten, ein Wunsch, dem sich dann Rantzau anschloß. Diese

Vorbereitungen waren indessen eine höchst unnötige Beschäftigung, da tatsächlich doch keine Friedensverhandlungen stattfanden. Wir wollten diese groß aufziehen wie eine Genfer Abrüstungskonferenz mit Rede und Gegenrede, während wir uns tatsächlich Siegern gegenüber befanden, die noch ausschließlich haßerfüllt und rachsüchtig waren. Clemenceau dachte garnicht daran, sich die Siegesfreude verderben zu lassen oder die Welt wieder aufzubauen. Wie sein Vorfahre Brennus hatte er nur einen Gedanken, nämlich „Vae victis". Er trägt daher auch in erster Linie die Schuld, wenn wir heute noch in einer verrückten Welt leben. Seit Versailles hat sich kein Staatsmann gefunden, der die Dame Europa aus den Gleisen Clemenceaus herausführte. Diese Dame hatte bekanntlich schon als „mythologische Frau" einen üblen Ruf, da sie sich von einem Ochsen entführen ließ. Bei der Stimmung des Hauptgegners war wirklich eine Vorbereitung der Verhandlungen, wie wir sie betrieben, z. B. mit vierzig Sachverständigen, garnicht am Platze. Nicht einmal Talleyrand hätte in Versailles etwas erreicht. Ein Freund erinnerte mich kürzlich daran, daß ich damals immer gesagt hätte: „Wenn ich nach Versailles fahren müßte, würde ich keine Delegation, sondern nur einen Hofrat mitnehmen." Dieser Kelch ging aber an mir vorüber.

Rantzau war sehr begabt und intelligent, aber er hatte schwere Belastungen, nämlich sein ungewöhnlich starkes Mißtrauen, das an Verfolgungswahn grenzte, und seine Unfähigkeit, auch nur die kleinste freie Rede in größerem Kreise zu halten. Dazu kam seine persönliche Empfindlichkeit, die jede sachliche Differenz zu einer persönlichen werden ließ. Wenn er von jemandem sprach, sagte er nie: „der ist dieser oder jener Ansicht", sondern „der ist für mich oder gegen mich".

Zu jener Zeit nahm Rantzau mich immer mit in die Kabinettssitzungen, wenn Friedensfragen auf der Tagesordnung standen. Er war ein Spätaufsteher, da er die Nacht zum Tage machte. Erzberger dagegen hatte schon stundenlange Arbeit hinter sich, wenn er im Kabinett um 10 Uhr erschien, voller Gedanken und Vorschläge, über die immer Differenzen entstanden, da Rantzau Aufschub bis zum nächsten Tage verlangte, um sich vorzubereiten.

Der folgende Briefwechsel mit einem mir gutbekannten Journalisten wirft auf obige Verhältnisse Licht.

Heilbronn, 20. 2. 1919.

Euere Exzellenz!

mögen mir verzeihen, wenn ich mich mit der Bitte um eine Information unmittelbar an Sie wende.

Die Rechte hat in diesen Tagen die Unterstellung der Waffenstillstandskommission bezw. Erzbergers unter das Auswärtige Amt verlangt.

Erzberger hat dies zurückgewiesen. Ein Minister könne nicht unter einem anderen Minister stehen.

Aber ist es denn nicht richtig, daß die Waffenstillstandskommission in engster Fühlung mit dem A. A. stehen und dem Staatssekretär untergeordnet sein muß? Unser auswärtiger Dienst besteht doch zur Zeit im wesentlichen in den Waffenstillstands- und Friedensverhandlungen. Der Staatssekretär erscheint ja als expropriiert, wenn Erzberger selbständig neben ihm arbeitet. Es scheint mir fast, als ob derlei Erwägungen auch kürzlich beinahe zu seinem Rücktritt geführt hätten. In der Oeffentlichkeit ist nichts bekannt geworden, wie diese Dinge eigentlich geschlichtet wurden. Ich bin mir darüber nicht im klaren und wäre Eurer Exzellenz für ein Wort der Belehrung zu größtem Dank verpflichtet.

. . . .

gez. Schairer, Leiter der Neckarzeitung.

Berlin, 25. Februar 1919.

Sehr verehrter Herr Schairer!

In Ihrem freundlichen Briefe vom 20. ds. Mts. haben Sie allerdings die Finger auf eine Wunde gelegt. Früher dachten wir, daß die Waffenstillstandskommission *einmal* in Funktion treten würde, während sie durch die Erpresserpolitik unserer Feinde zu einer stehenden Institution geworden ist. Ich persönlich glaube, daß es überhaupt nicht zu Friedensverhandlungen kommen wird. Es wird ein Waffenstillstandsabkommen auf das andere folgen und das letzte wird Präliminarfrieden heißen. Alles übrige wird der Völkerbund machen. Für diese bedauerlichen Aussichten trägt aber die Waffenstillstandskommission nicht die Schuld, sondern die Tatsache, daß wir nicht schon im Dezember das zweite Waffenstillstandsabkommen wegen der finanziellen Fragen abgelehnt haben. Zwischen meinem Bureau und dem des Herrn Erzberger ist jetzt eine reinliche Scheidung eingetreten, sodaß er die inneren Fragen hat und ich die äußeren. Natürlich bleibt die Entscheidung in wichtigen Angelegenheiten dem Reichsminister des Auswärtigen vorbehalten.

Ihr sehr ergebener

gez. J. Bernstorff.

Hierher gehört auch ein Brief an meinen Freund Haniel, der damals bei der Waffenstillstandskommission war.

Berlin, 24. Februar 1919.

Mein lieber Herr von Haniel!

. . . .

Ob sich überhaupt eine Differenz zwischen unseren Ansichten ergibt, wird erst aus den heutigen Verhandlungen klar werden. Wenn die Entente uns ein anständiges Lebensmittelprogramm bis zur Ernte vorlegt und uns die Bezahlung möglich macht, d. h. kurz gesagt, wenn sie uns nicht die Pistole auf die Brust setzt und dabei verlangt, daß wir unser eigenes wirtschaftliches Todesurteil unterschreiben sollen, so haben Sie vollkommen recht. Ich habe aber immer noch das Gefühl, daß die Leute uns zugrunde richten wollen, und in dem Falle sollten wir verlangen, daß sie es selbst tun und nicht dazu die Form eines Vertrages wählen. Der Mensch kann nur einmal sterben, und es ist ein Kennzeichen eines anständigen Menschen, ob er gegebenenfalls anständig zu sterben vermag. Mutatis mutandis gilt meines Erachtens von Völkern das Gleiche. Der Hauptfehler ist schon im Dezember gemacht worden. Damals mußte das Finanzabkommen abgelehnt und dabei erklärt werden, wirtschaftliche Dinge gehörten nicht in den Waffenstillstandsvertrag. Solche Fragen würden nur im Frieden oder garnicht unterschrieben. Doch darüber zu trauern, ist nun zu spät. Wir hätten dann auch eine reinliche Scheidung mit Erzberger gehabt, während wir jetzt immer nur notdürftig Gegensätze überbrücken.

Stets der Ihrige

gez. J. Bernstorff.

Darin waren Rantzau und Erzberger der gleichen Meinung, daß bei irgendwelchen Verhandlungen mit den Gegnern nur sehr wenig zu erreichen sei. Aus dieser Uebereinstimmung zogen sie aber verschiedene Konsequenzen, indem Rantzau sich auf die Ablehnung eines Vertrages vorbereitete, während Erzberger schließlich einen Vertrag unterschreiben wollte, um zunächst einmal Frieden zu erhalten und dann alle Kräfte dem Wiederaufbau zu widmen. Zur damaligen Zeit gab es für mich nur eine Lösung der Frage, da ich Beamter des Auswärtigen Amtes war und Rantzau gegenüber loyal sein mußte, was ich auch gewesen bin, obgleich er selbst allerdings manchmal glaubte, ich wollte sein Nachfolger werden — gerade was ich am wenigsten wünschte. Bei meinen guten Beziehungen zu Erzberger mußte ich aber zu vermitteln suchen, was niemals gelang. Als Rantzau schon in Versailles war und ich in Weimar bei Ebert, entstand zwischen diesem und mir ein Vertrauensverhältnis, an das ich mit Freuden zurückdenke. In diese Zeit fällt der Versuch Eberts, eine Versöhnung zwischen Rantzau und Erzberger herbeizuführen, zu welchem Zwecke Scheidemann, Erzberger und ich nach Spa fuhren, wohin Rantzau von Versailles kam. Letzterer sprach erst mit mir allein und begann die Konversation mit den erregten Worten: „Erzberger gebe ich nicht die Hand", worauf ich erwiderte: „dann hättest Du auch nicht herkommen sollen, denn dadurch wird die Differenz ganz auf das persönliche Gebiet übertragen und hoffnungslos verschärft". Schließlich ging die Begegnung in urbanen Formen vor sich, aber ohne sachlichen Erfolg.

Einige Zeit darauf besuchte mich mein jetzt verstorbener Freund Carl Melchior, der auf dem Wege nach Versailles war und fragte, ob ich etwas an Rantzau zu bestellen habe. Ich dankte ihm und antwortete: „Bitte teilen Sie Rantzau mit, daß Hermann Müller mir heute bei einer zufälligen Begegnung sagte, er glaube nicht, die Rantzauische Politik durchhalten zu können, da die Massen hungerten und Frieden haben wollten." Melchior hat sicherlich nicht mehr bestellt, als ich gesagt hatte. Trotzdem erhielt ich nach einigen Tagen von Rantzau ein ziemlich melodramatisches Telegramm mit dem Inhalte: Ich sehe mit Befremden, daß auch Du mich verlassen willst usw. Die Rolle des Brutus lag mir nicht, und ich antwortete Rantzau ruhig, daß es meine Pflicht sei, ihn über die Lage zu unterrichten. Auch gab ich der Presse das folgende Interview, um zu verhindern, daß meine Person in die Erörterungen gezogen würde.

Berlin, den 30. Mai 1919.
Für Wolff-Bureau.

Französischen Presseäußerungen zufolge scheint in Paris die Ansicht zu bestehen, daß es leichter sein würde, den Botschafter Grafen Bernstorff zur Unterzeichnung des feindlichen Friedensvertragsentwurfes zu bewegen, als den derzeitigen Führer der Deutschen Friedensdelegation in Versailles.

Von einem Vertreter des W. T. B. um seine Meinung über diese Presseäußerungen gebeten, erklärte Graf Bernstorff:

„Die Auffassung, daß ich etwa eher geneigt sein könnte, die feindlichen Friedensvorschläge zu unterzeichnen als Graf Brockdorff-Rantzau, hat mich in hohem Grade überrascht. Es ist ganz selbstverständlich, daß sich kein Deutscher finden wird, der seinen Namen unter ein Dokument setzen würde, das einem Todesurteil gegen sein Vaterland gleichkommt. Wenn unsere Gegner aufrichtig den Abschluß des Friedens wünschen, so gibt es nur einen Weg: sie müssen die unannehmbaren und unausführbaren Bestimmungen des uns vorgelegten Vertragsentwurfes abändern."

Hiermit nimmt meine Darstellung Abschied von Rantzau. Theoretisch hatte er sicher Recht, daß der Versailler Vertrag nicht unterschrieben werden durfte, aber rückblickend muß man wohl zugeben, daß eine Ablehnung des Friedensvertrages nur möglich gewesen wäre, wenn das deutsche Volk von der Etsch bis an den Belt den einmütigen Willen gezeigt hätte, sich nötigenfalls dem Untergange zu weihen, wie einst König Teja und seine Volksgenossen am Vesuv. Da aber eine solche heroische Gesinnung nicht vorhanden und auch nicht zu entzünden war, nachdem unser Volk fünf Jahre hindurch unerhörte Leiden, Entbehrungen und Enttäuschungen mit bewundernswürdiger Ausdauer erduldet hatte, blieb nichts anderes übrig, wie der Gewalt zu weichen und den Vertrag zu unterschreiben, obgleich wir wußten, daß wir die Bedingungen desselben niemals erfüllen könnten.

Uebrigens ist es eine der üblichen deutschen Illusionen, wenn bei uns teilweise geglaubt wird, wir hätten durch Ablehnung des Versailler Vertrages schließlich bessere Bedingungen erhalten. Diese Auffassung ist grundfalsch. Die Franzosen wären damals mit ebensoviel Vergnügen in Deutschland eingefallen wie sie es einige Jahre später taten, als sie unberechtigt das Ruhrgebiet besetzten. Auch damals hätte sie niemand am Vormarsch gehindert. Die Stimmung gegen Deutschland war in der Welt noch zu stark, ungefähr wie sie heute wieder ist. Nachdem wir einmal das Unglück erlebten, den Weltkrieg zu verlieren, gibt es für uns nur ein Mittel wieder zur Geltung zu gelangen, nämlich die neue Weltordnung von innen zu reformieren, wie es Stresemann mit Erfolg versucht hat. Von außen geht es nicht, weil dadurch die Kriegskoalition wieder gegen uns zusammengeführt wird.

Zu denen die glaubten, daß eine Ablehnung des Versailler Vertrages bessere Bedingungen für uns bringen würde, gehörten auch einige meiner alten Freunde, z. B. Lichnowsky und der bekannte Nationalökonom Professor Lujo Brentano, wie ihre nachstehenden Briefe zeigen.

26. März 1919.
Lieber Freund!

Leider habe ich aus der Rede Erzbergers entnommen, daß die Regierung sich mit dem Verlust Posens abgefunden hat, zu meiner nicht geringen Genugtuung aber feststellen können, daß in puncto Oberschlesien Festigkeit besteht.

Obwohl zweifellos noch eher die Möglichkeit vorliegt, auf Posen als auf Oberschlesien oder Danzig zu verzichten, so bedaure ich doch lebhaft, daß man einen solchen Verzicht vorzeitig ausspricht, statt ihn als letzte Karte und für den Fall äußerster Not zu reservieren.

Ich stehe wie Sie wissen auf dem Standpunkt, daß wir überhaupt unsere Grenzen wenigstens im Osten behalten können, wenn wir uns nur dazu entschließen, auf das österreichische Danaergeschenk zu verzichten (mit Ausnahme etwa von Westschlesien).

Unsere Gesamtlage hat sich ja inzwischen insofern gebessert, als die ungarischen Vorgänge die Entente veranlassen dürften, einen möglichst *schleunigen* Frieden zu schließen und nicht auf harten Bedingungen zu bestehen!

Die Nachricht von Rücktrittsabsichten Clemenceaus weist nach dieser Richtung. Bleibt daher unsere Regierung und Friedensdelegation nur *fest* und lehnt alle Forderungen ab, die irgendwie über eine für uns günstige Auslegung der 14 Punkte Wilsons hinausgehen, so ist das Spiel schon halb gewonnen, dann ist man genötigt, mit uns zu *verhandeln,* denn es fehlt den Gegnern jede Möglichkeit uns zu *zwingen!* Was wollen sie machen? Sie können weder den Krieg wieder anfangen, noch uns verhungern lassen, noch auch weitere Gebiete besetzen. Wenn wir richtig operieren, geraten die anderen in Verlegenheit, und wir können unsere Bedingungen machen für die baldige Herstellung des Friedens.

Ich würde zunächst alles ablehnen, keinesfalls aber frühzeitige Zugeständnisse machen. Dann ist auch Posen nicht verloren! Dasselbe gilt für hohe finanzielle oder unerträgliche wirtschaftliche Forderungen, oder für Eingriffe in souveräne Rechte des Staates. (Militär pp.).

Mit der Bitte in obigem Sinne wirken zu wollen, verbleibe ich in aller Freundschaft, Ihr

gez. Lichnowsky.

20. 5. 19.

Lieber Freund!

Auch wir bedauern sehr Sie nicht gesehen zu haben.

Sehr habe ich mich über Ihr letztes Interview gefreut.

Wenn wir nur *fest* bleiben und deutlich zeigen, daß wir es auf einen Bruch ankommen lassen, dann ist die Lage nicht hoffnungslos, trotz der schönen Reden von Lloyd George. Leider glaubt aber niemand, daß wir den nötigen Mut besitzen. Es ist aber unsere einzige Rettung.

Die Aussichten für Oberschlesien scheinen ja günstiger geworden zu sein?

Stärken Sie den Regierenden die Nerven und lassen wir uns ja nicht einschüchtern.

Ganz Ihr

gez. Lichnowsky.

Bitte lassen Sie mich wissen, wann ein geeigneter Abend im demokratischen Klub stattfindet.

München, den 22. März 1919.

Lieber Graf Bernstorff!

Ich komme soeben aus Bern, wo ich an der internationalen Völkerbundskonferenz teilgenommen habe. In Gesprächen mit sämtlichen Deutsch-Schweizern und sonstigen uns freundlich gesinnten Ausländern, die ich dort geführt habe (darunter mit dem früheren Bundespräsidenten Schultheß), habe ich den Eindruck gewonnen, daß man es als selbstverständlich voraussetzt, daß Deutschland die ihm von der Entente voraussichtlich gebotenen Friedensbedingungen *nicht* annimmt; insbesondere hat die vortreffliche Mrs. Buxton, eine der hervorragenden drei Engländerinnen, die an der Konferenz teilnahmen, mir dringend ans Herz gelegt, doch dahin zu wirken, daß Deutschland die maßlosen Friedensbedingungen, welche die Entente ihm stellen werde, zurückweise. Man möge in Deutschland nicht fürchten, daß dann der Krieg aufs neue wieder entbrenne; vielmehr seien Frankreich, England und Amerika ebenso kriegsmüde wie Deutschland, und lieber als den Krieg neu entbrennen zu sehen, würden sie sich zu Konzessionen verstehen. Aber nur auf dem Wege der Zurückweisung der französischen und englischen Maßlosigkeiten ließen sich solche erzielen. Ich hatte den Eindruck, daß es eine große Enttäuschung für diejenigen Angehörigen der Entente, die auch heute nicht im Haß gegen Deutschland untergehen, bedeuten würde, wenn Deutschland beim Abschluß des Friedens sich alles gefallen lassen wollte, was die Herren Clemenceau, Pichon und die englischen Tories ihm aufzuerlegen gewillt sind. Auch aus Briefen befreundeter Engländer kann ich berichten, daß in England die Entrüstung über die Deutschland seitens seiner Feinde zugefügte Behandlung täglich im Wachsen ist, daß sie in öffentlichen Versammlungen als „Infamie" bezeichnet wird, und daß wir uns um den Rest der Achtung der Welt bringen würden, wenn wir sie über uns ergehen lassen wollten. Ich erachte mich für verpflichtet, Ihnen von diesen Aeußerungen, die auch völlig meiner Ansicht entsprechen, Mitteilung zu machen.

Mit besten Grüßen Ihr ergebenster

gez. Lujo Brentano.

Ich lasse hier noch den letzten Brief folgen, den Rantzau im Leben mir schrieb. Er war damals Botschafter in Moskau, und ich führte die Abrüstungsverhandlungen in Genf. Der Brief ist sehr charakteristisch für Rantzau.

Moskau, den 2. Februar 1928.

Lieber Vetter!

Es war Anstandspflicht und *trotzdem* wirklich auch meine feste Absicht, Dir längst für Deinen so freundlichen und mir sehr wertvollen Brief vom 4. Dezember zu danken. Du kannst Dir aber kaum vorstellen, in welchem Wust von Arbeit ich hier beinahe ersticke, angefangen von den Arbeiten in Genf, bei denen die von Dir geleitete die wichtigste ist, bis hinunter zu jeder Einreiseerlaubnis nach Deutschland für die zahlreichen wißbegierigen und tatenlustigen Sowjetbürger, die gerade „unser geliebtes Vaterland" jetzt besonders gern aus nächster Nähe kennen lernen möchten.

Die Gründe für diese Wißbegierde werden Dir ebensowenig unerklärlich sein wie mir, aber schließlich bin ich bei der Erlaubniserteilung für jeden einzelnen der sympathischen Herren verantwortlich.

Meine Auffassung über unser Verhältnis zu Sowjetrußland und seinen Wert sind Dir — ich zweifle nicht daran — sicher ohnehin klar; trotzdem würde ich den größten Wert darauf legen, Dich einmal in Ruhe zu sprechen. Ich bin überzeugt, daß gerade Du bei Deinen unendlich zahlreichen, auch *innerpolitischen* Beziehungen sehr viel dazu beitragen könntest, mir meine Arbeit, die Du so freundlich als großartig bezeichnest, zu fördern und zu erleichtern; im täglichen Leben stellt sie im allgemeinen eine Kette ununterbrochener, mehr oder minder großer Mißverständnisse auf beiden Seiten dar. Mein Verdienst besteht vielleicht darin, bisher darüber hinweggekommen zu sein und die einzig vernünftige Linie tant bien que mal durchgeführt zu haben.

Was *Deine* Tätigkeit, lieber Vetter, anlangt, so hast Du mir hierbei sehr geholfen und damit der Sache selbst große Dienste geleistet. Tschitscherin wie Litwinow haben mir gegenüber, was ich selbstverständlich auch nach Berlin mitteilte, mit uneingeschränktem Dank und Anerkennung davon gesprochen. In der Oeffentlichkeit allerdings und besonders bei dem letzten Parteikongreß war Litwinow in seinem Urteil weniger überschwänglich und beinahe skeptisch, besonders bezüglich der Motive, durch die Deine Haltung bestimmt gewesen wäre; ich habe mir erlaubt ihn sehr deutlich darauf aufmerksam zu machen. Seine differenzielle Haltung ist natürlich durch die *Gesamtpolitik* der Sowjetregierung und ihre letzten Ziele begründet; ich brauche *Dir* das ja nicht näher auseinanderzusetzen und auch nicht, daß es bei dem allgemeinen Unverständnis, dem die Sowjetpolitik in Deutschland begegnet, für mich einen Eiertanz bedeutet, um zu dem für Deutschland als richtig erkannten Ziele durchzuwaten.

Meine Bitte an Dich geht heute dahin, ebenso wie das letzte Mal nach Möglichkeit den sowjetrussischen Standpunkt zu unterstützen. Ich würde es daneben nur für richtig halten, wenn Du Herrn Litwinow unter vier Augen recht eindeutig zu verstehen gäbest, daß die Angriffe auf Dich in der russischen Presse, die ja von der Regierung abhängig ist (besonders wegen Deines „Umfalles" in der Sicherheitsfrage; Du wirst sie gelesen haben), für Dich eine unerwartete Quittung darstellen; auf Dank hättest Du niemals in der Politik gerechnet, aber wenigstens auf loyale Objektivität. Im übrigen, bitte, wenn er und Madame Litwinow kommen, sei freundlich für sie und arbeite für den Rückhalt, den ich im Osten gegen den Westen mit tausend Mühen aufrecht zu halten suche, so glänzend weiter, wie Du es bei der letzten Konferenz getan hast.

In alter Freundschaft mit verwandtschaftlichen Grüßen stets der Deine

gez. U. B. Rantzau.

Als die Rantzau-Krisis eingetreten war, berief mich Ebert, um mir das Außenministerium anzubieten. In Anbetracht der vertrauensvollen Beziehungen, die sich zwischen uns gebildet hatten, beschloß ich, ihm unter vier Augen ganz reinen Wein einzuschenken, um meine Ablehnung zu motivieren, die Ebert sichtlich sehr unangenehm war. Ich sagte ihm dem Sinne nach folgendes:

„Ich habe drei Gründe, von denen jeder allein genügt, aber der dritte ist für mich der ausschlaggebende, wenn ich ihn auch in der Oeffentlichkeit nicht angeben will.

Ich bin der demokratischen Partei beigetreten und will für sie kandidieren. Die Partei gedenkt aber infolge der gegenwärtigen Krisis aus der Regierung auszutreten und den Versailler Vertrag abzulehnen. Wenn ich also jetzt Minister werde, habe ich ebenso wie Rantzau keine Stütze in der Nationalversammlung bezw. dem künftigen Reichstage. Sehr bald wird daher eine neue Krisis eintreten.

Ferner habe ich als Beamter Rantzau's Politik loyal mitgemacht, ich kann also nicht nach seinem Rücktritt eine andere Richtung einschlagen.

Endlich bin ich begreiflicherweise unseren Feinden besonders unsympathisch, da ich, bildlich gesprochen, während des Krieges im vordersten Schützengraben gelegen habe. In Washington wurde der Krieg entschieden. Wenn es nach mir gegangen wäre, hätten wir keinen Krieg mit Amerika bekommen. Unsere Feinde veranstalteten daher — was ich verstehe — gegen mich eine geradezu ekelhafte Propaganda. Ob sie alles glaubten was sie schrieben und sagten, weiß ich nicht, jedenfalls ist die Folge davon gewesen, daß die öffentliche Meinung in den feindlichen Ländern es glaubt.

Sie wollen jetzt den Versailler Vertrag unterschreiben lassen und den Versuch machen, sich mit den Feinden zu verständigen. Die Leiden

Deutschlands und der Welt sind so schwer, daß sie nur auf internationalem Wege zu lindern sind. Wenn Sie mich zum Außenminister ernennen, werden Sie sich Ihre Aufgabe sehr erschweren. Ich kann noch nützliche Arbeit leisten, aber nur im Reichstage oder im Völkerbunde, wo ich frei und ungebunden für neue Ideen eintreten kann, die ich für aufbauend halte und die nicht vom Schmutz des Krieges befleckt sind.

Sie sagen freundlicherweise, ich könne bald irgendeine Botschaft haben, die ich wollte, wenn ich eine Zeitlang Minister gewesen sei, aber wer garantiert Ihnen, daß ich das nötige „Agrément" erhalte?"

Wenn ich heute rückblickend an diese Unterredung denke, bin ich noch der Ansicht, daß ich damals recht hatte. Ich würde bei der Aufbauarbeit immer den Haß unserer bisherigen Feinde gespürt haben, der sich erst gegen Ende meiner politischen Laufbahn gelegt hat. Außerdem erhielt ich nachträglich mehrfache Bestätigungen für meine Auffassung, die meistens durch unseren damaligen Botschafter in London kamen. Lord Hardinge sagte diesem, seine Regierung werde protestieren, falls ich, Rantzau oder Rosen das Auswärtige Amt übernehmen würden. So geschehen bald nach dem Versailler Vertrage, und vielleicht sind Rosens geringe Erfolge als Minister durch obige englische Stimmung zu erklären. In späterer Zeit wiederholte sich ähnliches, als ich zum Kongreß von Aberystwith nach England fuhr, wo Lord Tyrell sehr lebhaft gegen meine Anwesenheit auftrat. Er verabredete sogar mit meinem früheren Freunde Valentine Chirol einen heftigen Artikel in der „Times" gegen mich. Dabei hat er Sthamer gegenüber die Katze aus dem Sack gelassen, indem er äußerte, meine „Kriegserinnerungen" seien eines der besten und interessantesten Bücher, die über den Krieg geschrieben wären. Wenn die deutsche Regierung meine Ratschläge befolgt hätte, so wäre es den Engländern kaum gelungen, die Vereinigten Staaten in den Krieg hineinzuziehen.

Schließlich hat sich auch Herriot schrecklich aufgeregt, weil ich zum Kongreß nach Lyon fuhr. Als Privatperson habe ich mich aber in meiner Freiheit durchaus nicht mehr beschränken lassen, wenn ich auch auf das Vergnügen verzichten mußte, Herriot zu sehen. Dabei hat dieser Herr immer behauptet, eine Verständigung mit Deutschland zu wünschen. Eine solche mit Frankreich wünsche ich auch, aber außer Briand und Paul Boncour bin ich selbst in Genf keinem französischen Staatsmann begegnet, der bereit war, dazu auch nur die ersten Schritte zu tun. Höchstens wäre noch Loucheur zu nennen. Mit letzterem hatte ich oft bei Tisch lange Unterredungen. Wir fanden uns außerhalb der Politik in unserer beiderseitigen Vorliebe für Voltaire. „L'homme aux quarante écus" erschien uns wie eine Weissagung der Zeit nach dem Weltkriege.

Obige Unterredung mit Ebert beendigte meine Beamtenlaufbahn. Die gewonnene Freiheit wollte ich benutzen, um als Parlamentarier an dem Wiederaufbau meines Vaterlandes und der Welt mitzuwirken.

Der Mensch bewertet die großen Ereignisse die er erlebt, namentlich diejenigen, bei welchen er mitwirkt, in ihrer Bedeutung oft falsch. Goethes bekanntes Urteil über die epochemachende Wirkung von Valmy wurde durch die Geschichte bestätigt. Andere, selbst die Bedeutendsten, gingen in ihrem Urteile fehl. Wußte Luther, daß er die Freiheit des Geistes schuf und damit das Mittelalter beendigte? Man könnte viele Beispiele anführen, die uns im Urteile über unsere Zeit bescheiden zu machen geeignet sind. Vielleicht bedeutet der Weltkrieg garnicht den Beginn einer neuen Epoche. Vielleicht ist die Zunahme der reaktionären Regierungen in der Welt ein Zeichen, daß wir nur ein Zwischenspiel im Zeitalter des Imperialismus erlebten. Vielleicht werden die Schrecken des Weltkrieges keine bleibende friedliche Wirkung ausüben. Auch wer an den ewigen Fortschritt der Menschheit glaubt, weiß, daß dieser nur spiralförmig vor sich geht. Jedenfalls erscheint uns Mitlebenden der Wandel zwischen der Vorkriegszeit und der Gegenwart abgrundtief. So groß erscheint uns dieser Wandel, daß wir wie Oscar Wildes Gastgeber, ein amerikanischer Sezessionist, sagen könnten: „Sie hätten erst unseren Mond, den Sie so bewundern, vor dem Kriege sehen sollen."

Als ich Rantzau bei seiner Abreise aus Weimar auf den Bahnhof geleitet hatte, kehrte ich in das Schloß zurück, wo die bisherigen Diensträume des Auswärtigen Amtes verödet waren. Alle Beamten hatten sich nach Berlin begeben, um ihr weiteres Schicksal abzuwarten. Nur dem „neuen Herrn", Hermann Müller, begegnete ich, der sich auf den Sessel gesetzt hatte, den ich nicht einnehmen wollte. Zuerst war er ziemlich verzweifelt, da er nach Paris mitteilen mußte, daß die deutsche Regierung die feindlichen Bedingungen annehmen würde, er aber nicht recht wußte, wie er das machen sollte. Ich bot ihm an, eine Note für ihn aufzusetzen, da sonst anscheinend niemand mehr zu finden war. Schließlich trieben wir beide zusammen noch Friedrich Gaus auf, der später in der großen Zeit der Deutschen Republik Rechtskonsulent und Hauptmitarbeiter Stresemanns war. Unter Mitwirkung von uns dreien kam Hermann Müllers erste Note zustande. Ich fuhr dann mit ihm nach Berlin zurück, da er noch manches mit mir besprechen wollte.

Die Eisenbahnzüge waren damals immer überfüllt, und wir saßen zu mindestens sechs Personen in unserem Abteil. Das Gespräch drehte sich vorwiegend um die bevorstehende Unterzeichnung des Versailler Vertrages und um die Frage, wer für Deutschland dieses Dokument unterzeichnen sollte, das bestimmt war, Europa in eine furchtbare, noch heute andauernde Krisis hineinzuführen, weil darin jeder Aufbauplan fehlte. Dernburg machte die Bemerkung, es müsse jemand sein, der einen schwarzen Rock besitze. Hermann Müller fiel schnell und freudig ein: „Das schließt mich aus", worauf ich ihn daran erinnerte, daß das alte osmanische Reich meistens etwa nötige schlechte Friedensschlüsse durch einen Armenier hätte unterzeichnen lassen. Er müsse, fuhr ich fort, in diesem Falle analog verfahren, wobei ich bei diesem Scherze nicht annahm, daß der arme Hermann Müller selbst wenige Tage später die Reise nach Versailles antreten würde.

Ich war nun frei und konnte mein Leben neu einrichten. Meine Frau wünschte auf dem Lande zu wohnen, da sie für eine Inkarnation mehr als genügend große Geselligkeit hinter sich hatte, und sich ihrem Garten und ihren Büchern widmen wollte. Damit war ich vollkommen einverstanden, nur wollte ich weiter politisch wirken, um am Wiederaufbau Deutschlands und der Welt mitzuarbeiten. Beide Wünsche ließen sich sehr gut vereinigen, wenn wir unsere bisherige Sommer- und Urlaubsexistenz in Starnberg in eine permanente verwandelten, und ich nebenbei einen Sitz im Reichstag erlangte.

Der Uebergang vom Diplomaten zum Parlamentarier war nicht so einfach wie ich mir das als Neuling vorstellte. Ich mußte zunächst das Ende der Nationalversammlung sowie die Reichstagswahl abwarten. In der Zwischenzeit hatte ich reichlich zu tun, mein erstes Buch zu schreiben, wozu mich der Untersuchungsausschuß der Nationalversammlung anregte, und ferner eigene Hemmungen auf dem neuen Wege zu überwinden.

Jeder Diplomat hat eine Abneigung gegen öffentliches Reden und, wenn er durch die Umstände dazu gezwungen wird, hält er sich an ein wohlvorbereitetes Manuskript, weil er die Gefahren kennt, die auf internationalem Gebiete durch Reden entstehen können. Der Parlamentarier indessen muß frei sprechen, wenn er sich nicht um jede Wirkung bringen will. Wer nicht zum Redner geboren ist, wird nie ein solcher zu werden vermögen, aber jeder der Gedanken hat, wird lernen können, sie frei und einigermaßen wirkungsvoll vorzutragen. Das war wohl mit der bekannten Anekdote über Demosthenes gemeint, denn nur die Technik läßt sich lernen, nicht die Kunst. Goethe sagt mit Recht:

> Es trägt Verstand und rechter Sinn
> Mit wenig Kunst sich selber vor.

Meine ersten Versammlungsreden waren mir selbst eine Qual, und wahrscheinlich noch mehr meinen Hörern, da ich immer mit meinem Manuskript in Konflikt geriet. Dann erlebte ich eines Tages in Magdeburg eine Wiedergeburt. Ich sprach dort eines Sonntagmorgens in dem sehr großen Zirkus Blumenfeld vor einer Versammlung von mehreren tausend Menschen und entdeckte auf dem Podium zu meinem Schrecken, daß die Beleuchtung zu schlecht war, um das Manuskript zu lesen. Also mußte ich nolens volens zum ersten Male ganz frei sprechen. Seitdem habe ich nie mehr ein Manuskript vor mir gehabt. Wenn auch meine Reden keine oratorischen Leistungen waren, so habe ich wenigstens niemals durch dieselben Unannehmlichkeiten gehabt und mich meiner Gegner ganz gut erwehren können.

Für alle Deutschen, die ihr Vaterland und die Freiheit mehr liebten als irgendwelche Theorien, kam es damals nach Beendigung des Weltkrieges darauf an, das Einleben in die neuen Verhältnisse zu erreichen, für die von der Nationalversammlung eine legale Basis geschaffen worden war. Dieser Versuch, an dem ich mit möglichst gutem Willen teilgenommen habe, ist leider mißlungen. Die Weltgeschichte scheint es keiner großen Nation gönnen zu wollen, ihre Revolutionen ohne vorherige Diktaturen zu beenden. Cromwell, Napoleon, Stalin, Hitler sind so viele Beweise für diese Annahme, aber noch niemals war die Diktatur eine permanente Einrichtung, sondern sie führte zur Demokratie, namentlich in Westeuropa, wohin wir nach unserer Kultur gehören. Der Genius Bismarcks hat Deutschland geschaffen, doch auch der Genius ist keine permanente Institution, wie wir zu unserem Schaden erfuhren, denn das Fehlen des Genius Bismarcks war wohl der Hauptgrund des unglücklichen Weltkrieges.

In Westeuropa führte der historische Weg von der Revolution über den Liberalismus zur Demokratie. In Deutschland fehlte die Zwischenstufe, wie ich schon oben ausführte, infolge des vorzeitigen Ablebens Kaiser Friedrichs. Darin ist einer der Hauptgründe zu finden für das Scheitern der deutschen demokratischen Republik. Stein hat ähnlichen Gedankengängen schon hundert Jahre früher eine schöne Fassung gegeben, indem er sagte, daß man die Zahl der freien Männer in Preußen vermehren müsse.

Was wir in der deutschen Republik erreichen wollten und mußten, wenn sie leben sollte, war die Zahl der Liberalen vermehren, deren es nur wenige gab. Selbst innerhalb der demokratischen Partei war ihre Zahl verhältnismäßig gering, denn die meisten Demokraten hielten Liberalismus für gleichbedeutend mit Manchestertum, was in unserem sozialen Zeitalter natürlich einen schweren aber unberechtigten Vorwurf involvierte. Wir deutschen Liberalen in der Republik betrachteten das Manchestertum als eine überwundene historische Kategorie, den Liberalismus aber als eine rein geistige Weltanschauung, die noch heute mit Schillers Posa als „Gedankenfreiheit" bezeichnet werden kann. Wir wollten auch nicht das Zeitalter des Liberalismus zurückführen, denn dieser ist als politischer Begriff in allen Ländern rückläufig und überwunden. Doch kann andrerseits die Regierungsform der Demokratie nicht ohne liberale Erziehung von Bestand sein. Wir wollten also gewissermaßen innerhalb der Demokratie den Liberalismus schnell nachholen.

Von solchen Erwägungen ging ich aus, als ich in Berlin mit einigen Freunden den „Demokratischen Klub" gründete, dessen erster Präsident ich war, und der natürlich heute mit vielem anderen in den Orkus versunken ist. Die Erziehung des deutschen Volkes zu Liberalismus und Demokratie ist einstweilen leider mißlungen.

Ich begnügte mich indessen nicht mit Arbeit in dem Klub und der Presse, sondern trat auch in den ersten Reichstagswahlkampf der Republik ein. Den Auftakt hiezu bildete der Parteitag, der in Berlin stattfand. Bei dieser Gelegenheit hielt ich die programmatische Rede über die auswärtige Politik. In dieser sprach ich unter anderen folgende Sätze, denen ich treu geblieben bin, bis ich mich aus der Politik zurückzog.

„Ich möchte dringend raten, daß wir uns nicht mehr darüber streiten, ob der Friede hätte unterzeichnet werden sollen oder nicht. Für den Politiker, der die auswärtigen Beziehungen behandelt, ist die Vergangenheit von Interesse insofern, als er daraus lernen kann. Für die zukünftige Politik hat aber die Vergangenheit keinen praktischen Wert. An jedem Tage müssen die Probleme der auswärtigen Politik neu aufgebaut werden.

Wir wollen demnach den Vertrag von Versailles als ein Gegebenes betrachten, indessen immer wieder auf seine Revision durch friedliche diplomatische Mittel dringen. Ich glaube also, daß die nächste Aufgabe der deutschen Außenpolitik ist, den Eintritt in den Völkerbund zu betreiben."

Mein erster Versuch in den Reichstag zu gelangen mißglückte, doch habe ich diesen Fehlschlag nie bedauert, da ich dabei sehr viel gelernt habe. Der Wahlkreis Düsseldorf-West hatte mir angeboten, dort zu kandidieren, und ich gab mich der Illusion hin, ihn gewinnen oder richtiger ausgedrückt, dort die 60,000 Stimmen erkämpfen zu können, die nach unserem Wahlrecht nötig waren, um ein Mandat zu erringen. Ich freute mich, unser Industriegebiet kennen zu lernen, was ich bei dieser Gelegenheit gründlich tat, da ich 48 Reden an ebensovielen verschiedenen Orten hielt. Die ganze Gegend war aber damals noch politisch zu sehr in den Händen der Sozialisten und des Zentrums, als daß ich hätte durchdringen können. In keiner meiner Ansprachen versäumte ich, den Wunsch auszusprechen, daß wir zu freundlichen Beziehungen mit Frankreich gelangen möchten. Ich sagte immer ungefähr mehr oder weniger das Folgende:

„Eine Versöhnung mit unseren Nachbarn im Westen wäre an sich durchaus wünschenswert und würde ein großes Glück für die ganze Welt bedeuten. Man stelle sich nur vor, wieviel die Kultur und die Weltwirtschaft gewinnen würden, wenn der deutsch-französische Gegensatz sich in eine gemeinsame Arbeit für die idealen und materiellen Güter der Menschheit verwandeln sollte. Man denke sich eine Verbindung des Rheinisch-Westphälischen Industriegebiets mit dem Nordfranzösisch-Lothringischen Erz- und Kohlengebiete, dem sich das belgische und luxemburgische Industriegebiet ganz von selbst anschließen würde. Der Wiederaufbau Europas erhielte durch eine solche Arbeitsgemeinschaft einen Anstoß von so großer Triebkraft, daß alle anderen Hindernisse sich leicht überwinden ließen. Wenn die Franzosen ruhiger Ueberlegung fähig wären, müßten sie einsehen, daß der einzige Weg aus den Leiden der Gegenwart der ist, diese Leiden gemeinsam zu tragen. Leider scheint aber Keynes mit seiner Darstellung der französischen Politik Recht zu behalten. Er erklärt die Haltung Frankreichs durch die veraltete imperialistische Politik Clemenceaus und durch die Furcht vor der Rache Deutschlands. Nachdem der falsche Weg eines ungerechten Karthagofriedens einmal ergriffen worden sei, treibe das schlechte Gewissen die Franzosen immer weiter auf der falschen Bahn. Sie glaubten sich ausschließlich durch die Schwächung Deutschlands vor dessen dereinstiger Rache schützen zu können.

Solange sich die Haltung Frankreichs uns gegenüber nicht völlig verändert, muß eine französische Orientierung unserer Politik als eine Illusion betrachtet werden. Wenn aber die Auffassung von Keynes sich als falsch erweisen und in Frankreich eine Stimmung entstehen sollte, die uns eine annehmbare wirtschaftliche Existenz auf nationaler Basis gönnte, so würde die heutige deutsche demokratische Republik nur zu froh sein, eine politische, kulturelle und wirtschaftliche Annäherung an Frankreich zu suchen."

Im übrigen wurde ich schon in meinem ersten Wahlkampfe von meinen Gegnern als „Reisender für den Völkerbund" bezeichnet. Doch davon will ich später zusammenhängend sprechen.

Wie es einem manchmal im Leben geht, bringt gerade die scheinbare Nichterfüllung eines Wunsches eine vollere Befriedigung der gehegten Hoffnungen. Infolge meiner Niederlage im Ruhrgebiet war es mir möglich in meiner engeren Heimat zu kandidieren, an der mein Herz hing. Schleswig-Holstein wählte wegen der dortigen Volksabstimmung später zum ersten Reichstage als das übrige Deutschland. Ich hatte wenig Hoffnung dort aufgestellt zu werden, da Schleswig-Holstein damals für die demokratische Partei ein völlig sicherer Wahlkreis war, und die Abgeordneten der Nationalversammlung daher gern wieder kandidieren wollten. Aus Kollegialität mochte ich auch nicht in den Wahlkreis fahren, bis ich aufgestellt war, da es mir widerstrebte, mit Parteifreunden in den Wettbewerb zu treten. Schließlich wurde ich aber doch vom Schleswig-Holsteinischen Parteitage aufgestellt, was ich in erster Linie wohl Professor Otto Baumgarten von der Kieler Universität und Haupt-

Schriftleiter Johannes Rathje von der „Kieler Zeitung" verdankte. Noch wenige Tage vor der Wahl hatte ich ein Telegramm erhalten, daß ich zum Parteitage kommen müsse, wenn die Aufstellung gelingen solle. Ende gut, alles gut. Nach einem zweiten sehr heftigen Wahlkampfe zog ich Anfang 1921 in den Reichstag ein, wo ich sieben Jahre blieb. Als Gymnasiast in Ratzeburg war ich einmal bestraft worden, weil ich mich an einem Wahlkampfe beteiligte. Jetzt hatte ich dort als Kandidat vor einer stattlichen Versammlung auftreten dürfen.

In der demokratischen Reichstagsfraktion habe ich mich immer sehr wohl gefühlt. Die Gesinnung meiner Kollegen mir gegenüber war äußerst freundlich, und man ließ mir in auswärtigen Fragen ganz freie Hand. So habe ich die sieben Jahre hindurch immer die Fraktion im Plenum des Reichstages vertreten, wenn auswärtige Angelegenheiten zur Sprache kamen, und ebenso führte ich im „Auswärtigen Ausschusse" unsere Stimme. Wenn ich Kritik an der Fraktion üben wollte, so würde ich vielleicht sagen, daß sie zu viel Neigung zum Theoretisieren zeigte und zu wenig „Willen zur Macht", der die Quintessenz aller großen Politik ist. Das war indessen der Fehler des ganzen Reichstages.

Bei der Gründung der demokratischen Partei ist ein großes Unglück geschehen, das auch die Republik schwer geschädigt hat. Ich war damals noch Beamter, kann also von dem Verlauf der Dinge bei der Bildung der Partei in seinen Einzelheiten keine Darstellung geben. Das Ergebnis der Verhandlungen war aber sehr offenkundig, indem Stresemann nicht in die Partei aufgenommen wurde und statt dessen die „Deutsche Volkspartei" gründete, deren Führer er ward. So lange ich im Reichstag war, habe ich mich immer lebhaft bemüht, diesen Fehler wieder gutzumachen, indem ich die Fusion der beiden Parteien herbeizuführen suchte. Zeugnis hierfür ist zu finden in dem letzten der oben wiedergegebenen Briefe des Prinzen Max von Baden. Das Unglück war ein doppeltes, denn abgesehen davon, daß Stresemann bei weitem der bedeutendste deutsche Staatsmann der Zeit war, so kam dadurch ein tiefer politischer Riß in das sogenannte gebildete Bürgertum, um es nicht das liberale Bürgertum zu nennen. Vielleicht war es der tiefste im Volke vorhandene politische Riß, vergleichbar dem zwischen Sozialdemokraten und Kommunisten. Man brauchte nur einen einzigen Wahlkampf mitzumachen, um zu wissen, daß die demokratische und die deutsche Volkspartei immer dieselben Kreise zu gewinnen suchten und ihre Organisationen sich daher gegenseitig am heftigsten befehdeten. Die Volkspartei galt für die vornehmere von beiden. Als ich in Duisburg kandidierte, forderte ein Parteifreund sein Hauspersonal auf, demokratisch zu wählen. Ein braves Dienstmädchen antwortete: „Ich weiß nicht, ob ich das tun kann. In Duisburg wählen die besseren Leute alle Volkspartei." Mutatis mutandis argumentieren Millionen ähnlich und dabei entsteht die schwerste deutsche Nationalkrankheit, der Inferioritätskomplex.

Meine Jungfernrede im Reichstage hielt ich zur Zeit, als das Londoner Reparations-Ultimatum in der Luft lag. Ich sagte unter anderem, daß die gesamte deutsche auswärtige Politik aufgebaut werden müsse auf dem Gedanken der Durchführung der Solidarität der wirtschaftlichen Interessen aller Nationen. Von der rechten Seite des Hauses wurde mir zugerufen: „Sagen Sie das Briand". Heute, wo ich dieses schreibe, muß ich mit einer gewissen Heiterkeit daran denken, wie oft ich später in Genf diesen Rat befolgt und mit Briand, bezw. seinen Mitarbeitern entsprechenden Meinungsaustausch gehabt habe. Ich glaube noch heute, daß hier eine der Hauptaufgaben des Völkerbundes liegt.

Die finanzielle Frage spielte bei der Entscheidung des 10. Mai 1921 eine untergeordnete Rolle, weil sich ebensogut von unseren eigenen Angeboten wie von den Forderungen des Ultimatums sagen ließ, daß sie unerfüllbar seien. Wer war überhaupt in der Lage, die Leistungsfähigkeit Deutschlands richtig einzuschätzen? Wir mußten leider soviel zahlen wie wir zu leisten vermochten, weil wir im Weltkriege besiegt worden sind und aus keinem anderen Grunde. Deshalb lag schon ein gewisser Fortschritt darin, daß das Ultimatum die heuchlerische Lüge von der alleinigen moralischen Schuld Deutschlands am Kriege nicht mehr als die Grundlage der Reparationen aufstellte.

Bei der Entscheidung kam es fast ausschließlich auf die subjektive bezw. intuitive Beurteilung der außenpolitischen Lage an. Für jeden einzelnen war die Frage zu beantworten, wie der napoleonischen Politik Frankreichs am besten zu begegnen sei. Die ablehnenden Mitglieder des Reichstages haben sich wohl hauptsächlich dadurch bestimmen lassen, daß sie glaubten, die Franzosen würden doch auf alle Fälle in das Ruhrgebiet einmarschieren, und Oberschlesien sei unter allen Umständen verloren, so daß nichts anderes übrig blieb, als den französischen Imperialismus sich totlaufen zu lassen, ein Fall, der eintreten werde, sobald klar zu erkennen sei, daß die Reparationen mit Gewalt nicht eingetrieben werden könnten. Wir, die wir für die Annahme des Ultimatums gestimmt haben, gingen von der Ueberzeugung aus, daß wir, koste was es wolle, die Einheit des deutschen Volkes, Oberschlesien und das Ruhrgebiet retten müßten. Wir zweifelten nicht daran, daß die Franzosen, wenn sie einmal vorrückten, bis Würzburg oder Bamberg marschieren würden, um Süddeutschland vom Norden abzuriegeln. Deshalb erschien uns die Ablehnung des Ultimatums als gleichbedeutend mit der Zerstörung der Einheit des deutschen Volkes, dem Verlust des Ruhrgebietes auf lange und der Preisgabe Oberschlesiens auf alle Zeit. Unter diesen Umständen war die Annahme der gegnerischen Bedingungen unzweifelhaft als das kleinere Uebel zu betrachten, namentlich da die öffentliche Meinung der ganzen Welt, einschließlich der Neutralen gegen uns stand. So bitter diese Wahrheit auch schmecken mag, die Tatsache bleibt doch bestehen, daß damals das Ausland fast allgemein der

Ansicht war, wir wollten uns den Konsequenzen unserer Niederlage entziehen.

Die Annahme des Ultimatums unsrerseits mußte nach meiner Auffassung benutzt werden, um den Versuch zu machen, Oberschlesien zu retten. Sobald darüber Klarheit vorhanden war, daß diese Frage dem Völkerbunde überwiesen werden würde, ging ich, ganz gegen meine sonstige Gewohnheit der Zurückhaltung, zu dem damaligen Reichskanzler Wirth, um ihn zu bewegen, sofort unsere Aufnahme in den Völkerbund zu beantragen. Ich war der Auffassung, daß wir um Oberschlesien kämpfen müßten. Wir durften nicht immer abwarten, welches Los uns im Rat der Mächte gekiest wurde. Wirth verhielt sich nicht ablehnend, schickte mich aber zu Rosen, dem Minister des Aeußern. Damit war jede Aussicht auf eine günstige Entscheidung der Frage verloren, da Rosen ein heftiger Gegner der Idee des Völkerbundes war. Um diese handelte es sich hier aber garnicht, sondern darum, ob wir Oberschlesien ohne Kampf preisgeben wollten oder nicht. Deutschland darf sich nicht freiwillig ausschalten lassen, wenn seine Interessen von den anderen Mächten verschachert werden.

War ich in der Oberschlesischen Frage abgeblitzt, so wurde ich von der Regierung spontan herangezogen, als die langerwartete Beendigung des Kriegszustandes mit Amerika erfolgen und dorthin ein neuer deutscher Botschafter gesandt werden sollte. Zwar haben die Vereinigten Staaten von jeher die Neigung gehabt, im Vollgefühle ihrer autarkischen Macht internationale Fragen durch einseitige gesetzgeberische Maßnahmen zu regeln, wie wir es selbst schon oft bei handelspolitischen Verhandlungen erlebt hatten. Aber ein so einseitiger Friedensschluß wie der von Washington war immerhin ein Novum im Völkerrechte. Wenn ich diese Tatsache konstatiere, so will ich damit keinen Vorwurf gegen die Organe des amerikanischen Staates erheben, denn dieser Friedensschluß war jedenfalls besser als irgend eine Anerkennung des Versailler Vertrages, der Europa seit zwei Jahren in einem permanenten Kriegszustande erhalten hatte.

Bisher gingen in den Vereinigten Staaten zwei Bestrebungen nebeneinander her. Einerseits galt die politische Isolierung auf Grund des Vermächtnisses Washingtons als höchstes Dogma, während andrerseits die wirtschaftliche Verflechtung mit der ganzen Welt erstrebt wurde. Dieser Gegensatz erklärt bis zu einem gewissen Grade die Politik Wilsons und deren schließlichen Mißerfolg. Die wirtschaftliche Verflechtung führte dahin, daß Wilson zur Ueberzeugung kam, die politische Isolierung sei nicht mehr aufrechtzuerhalten. Da die amerikanische öffentliche Meinung dem europäischen Konflikte fernbleiben wollte, versuchte Wilson die beiden Strömungen dadurch in ein Bett zu leiten, daß er zwischen den kriegführenden Mächten einen Frieden ohne Sieg vermittelte, der gleichzeitig die Freiheit der Meere und damit des Welthandels sichern, sowie einen Völkerbund schaffen sollte, in welchem nach allgemeiner Abrüstung alle Konflikte durch Verhandlungen und nicht durch Gewalt entschieden würden. Diese Politik Wilsons, die eine bewußte Abkehr von dem Dogma der Isolierung bedeutete, scheiterte infolge der Erklärung des uneingeschränkten Unterseebootkrieges. Die Vereinigten Staaten traten in den Krieg ein, gaben dadurch vollends ihre politische Isolierung auf, und Wilson gewann den Krieg für die Entente. Doch habe ich hierüber schon oben ausführlich geschrieben.

Wir würden fehlgehen, wenn wir die langwierigen Verhandlungen des amerikanischen Kongresses über den Friedensschluß als den Ausfluß deutschfreundlicher oder deutschfeindlicher Gesinnung der verschiedenen Faktoren zurückführen wollten. Davon kann keine Rede sein. Es empfiehlt sich im allgemeinen, bei der Beurteilung der politischen Motive anderer Völker möglichst wenig mit der Vorliebe oder Abneigung gegen fremde Nationen zu rechnen. Ausschlaggebend ist immer die ideal- und realpolitische Richtung eines Volkes, die von wirtschaftlichen Interessen stark beeinflußt wird. Mit Recht hat ein deutschnationaler Historiker und Publizist in seiner Besprechung der ersten Botschaft Hardings darauf hingewiesen, daß wir darin der gleichen Ideologie begegneten, wie in den Reden Wilsons, und daß wir daher diese Ideologie als Gemeingut der amerikanischen Nation betrachten müßten. Die in den Vereinigten Staaten herrschende idealpolitische Richtung ist eben eine von der deutschen verschiedene, und diese wichtige Tatsache nicht erkannt zu haben, war einer der Hauptfehler unserer Politik, als noch die Möglichkeit vorhanden war, den Eintritt der Vereinigten Staaten in den Krieg zu verhindern. Den gleichen Fehler durften wir nicht wiederholen, als es sich darum handelte, die freundschaftlichen Beziehungen mit Amerika wiederherzustellen. An sich war dieses wünschenswerte Ziel mit den Vereinigten Staaten leichter zu erreichen als mit den Staaten der Entente, weil wirkliche politische Gegensätze zwischen Deutschland und Amerika vor dem Kriege niemals bestanden haben. Nur durch eine besonders unglückliche Verkettung von Umständen wurden die Vereinigten Staaten bewogen, in den Krieg einzutreten. Allerdings war seitdem durch den Krieg, die Propaganda und unsere eigenen Fehler in Amerika eine deutschfeindliche Stimmung erzeugt worden, die zunächst überwunden werden mußte. Die Amerikaner sind aber viel zu kluge Politiker und Geschäftsleute, um sich dauernd in ihren Maßnahmen durch solche Stimmungen beeinflussen zu lassen, nachdem einmal der Friedenszustand eingetreten war. In diesem Zusammenhange ist besonders bezeichnend, daß die Entschließung des Kongresses von der „Beendigung des Kriegszustandes mit der Kaiserlich Deutschen Regierung" sprach. Darin lag eine sicher beabsichtigte Freundlichkeit gegenüber der Deutschen Republik, welche, entsprechend der ganzen idealpolitischen Richtung der Amerikaner, deren Sympathie genoß. Der Tradition der Vereinigten Staaten entsprechend, forderte die Washingtoner Regierung, daß alle Verhandlungen dort geführt würden. Wichtige amerikanische Fragen hat man immer zuhause erledigen wollen, und diese Tradition kam durch Wilsons Fiasko in Versailles wieder voll zu Ehren. Es war daher anzunehmen, daß die Vereinigten Staaten die diplomatischen Beziehungen nach der Friedensproklamation wieder aufnehmen würden, damit eine deutsche Botschaft in Washington vorhanden sei, mit der über die Einzelheiten verhandelt werden konnte. Nach der Lage der amerikanischen Verhältnisse und Traditionen wäre ein Gelehrter von Weltruf am besten geeignet gewesen, um dort den zerrissenen Faden wieder anzuknüpfen. Wir Deutschen erinnern uns besonders gern der Namen Bancroft, White und Hill, deren Träger von amerikanischen Universitäten zur Berliner Botschaft gelangten. Die erfolgreichste Diplomatie der Welt, die englische, die fast immer und überall durch Berufsbeamte vertreten wird, ist wohl niemals in Washington so gut bedient worden, wie durch James Bryce. Ich habe mich in den Jahren 1914—17 oft gefreut, daß ich ihn nicht mehr als Gegner hatte. Washington ist eben ein Spezialistenposten und stellt andere Ansprüche als die europäischen Hauptstädte. Eingehen auf die dem Europäer fremde amerikanische Eigenart und völlige Vertrautheit mit der englischen Sprache ist unbedingt erforderlich, da jede andere Zunge in den Vereinigten Staaten eine ungangbare Münze ist. Ein Botschafter in Amerika muß jederzeit bereit sein, in freier englischer Rede, sei es in einer Versammlung, sei es nach einem Bankett, den Standpunkt seines Volkes und seiner Regierung zu vertreten. Der Reichstag hatte zwar den Wunsch ausgesprochen, daß ein Berufsdiplomat nach Washington gesandt werde, für die ersten Jahre schien aber ein politischer homo novus von Weltruf mehr am Platze, da er mit keiner der vielen mißlichen Erinnerungen aus der Kriegszeit belastet war.

Die hohe Politik sollte zunächst in den Verhandlungen mit den Vereinigten Staaten keine Rolle spielen. Unser Botschafter durfte nur als stiller Beobachter die große Washingtoner Konferenz verfolgen, zu der wir nicht geladen waren. Ich hielt es für kein Unglück, daß dem so war, denn wir allein von allen Völkern hatten schon völlig abgerüstet, und auf der Konferenz würden wir doch nur wie der Chor in der griechischen Tragödie zu allen Beschlüssen der anderen unseren Segen haben geben müssen. Vornehme Zurückhaltung gegenüber der Washingtoner Konferenz stand uns an, aber nicht Spott, wie er zum Teil in der deutschen Presse zu finden war.

Wenn wir aus unserem Unglücke lernen wollten, mehr als bisher außenpolitisch zu denken und zu empfinden, würde es den Deutschen nicht so schwer werden, zu erkennen, daß die idealpolitische Richtung des amerikanischen Volkes eine pazifistische ist. Allerdings ist der amerikanische Pazifismus anders geartet als der deutsche, der sich zu solchen törichten Vorschlägen hinreißen läßt, wie sie der Essener Pazifistenkongreß einbrachte, der die Reichswehr abschaffen wollte. Bei uns gibt es in politischen Fragen meistens leider nur ein haltloses Hin- und Hertaumeln zwischen Extremen. Es besteht aber zwischen der Gewaltpolitik und der Utopie „Nie wieder Krieg" noch ein Drittes, nämlich die Politik der Verständigung, welche die Quintessenz aller Diplomatie ist. Der amerikanische Pazifismus beruht auf der nationalen Erziehung zu wirtschaftlicher Betätigung und auf der idealen Auffassung, daß der Krieg ein Uebel sei, wenn auch manchmal ein notwendiges. Dagegen sind wir mehr oder weniger zum Kriege und in der Idee erzogen worden, daß der Krieg ein sittliches Stahlbad wäre. In letzterer Beziehung haben wir in Deutschland eine schwere Enttäuschung erlitten und recht trübe Erfahrungen gemacht. Gewiß ist der Unterschied der Auffassungen aus der geschichtlichen Entwicklung und der geographischen Lage zu erklären. Das ändert aber nichts an der Tatsache, daß wir solche Unterschiede verstehen und sie in unsere politischen Berechnungen einstellen müssen. Wenn wir dies früher getan hätten, so würden wir nicht durch theoretische Verherrlichung der Gewaltpolitik der Außenwelt den Gedanken beigebracht haben, daß wir eine solche Politik führten, als es garnicht der Fall war, und würden wir nicht später den heiligen deutschen Verteidigungskrieg durch die Aufstellung von Eroberungszielen entwürdigt haben. Der Versailler Vertrag hat bewiesen, daß wir einen Verteidigungskrieg führten, ein Beweis, den unsere Politik nicht erbringen konnte, weil deren Tonart anders gestimmt war. Aehnlich liegen die Dinge noch heute.

Als alle Voraussetzungen für die Wiederherstellung der diplomatischen Beziehungen mit Amerika nach obigen Ideengängen erfüllt waren, bat unsere Regierung mich, durch meinen Freund Haniel, der damals Staatssekretär des Auswärtigen Amtes war, nach Berchtesgaden zu fahren und den dort auf Ferien befindlichen Adolf Harnack zu fragen, ob er als mein erster Nachfolger nach Washington gehen wolle. Er brauchte sich nicht mehr als auf ein Jahr zu binden. Abgesehen von der politischen Wichtigkeit der Frage war mir dieser Auftrag auch in persönlicher Hinsicht sehr angenehm, da ich für Harnack eine sehr große Verehrung hegte. Ich hatte viele seiner Werke gelesen und bin noch heute der Ansicht, daß es keine schönere und packendere Darstellung unserer Religion gibt, als sein „Wesen des Christentums". Bei unserem Zusammentreffen sprachen wir daher zunächst von diesen Dingen, bevor wir zur Politik übergingen. Schließlich war die Fahrt in letzterer Beziehung ein Mißerfolg, da der große Gelehrte sich selbst das Prädikat „ungenügend" in der englischen Sprache gab. Für mich blieb aber diese kleine Reise eine schöne Erinnerung, wie an eine Fahrt zum heiligen Gral.

Wir befanden uns damals und befinden uns tatsächlich noch heute in einem Zeitalter, wo für uns die auswärtige Politik — verglichen mit der inneren — völlig ausschlaggebend ist. Ich erwähnte schon oben, daß dieses Verhältnis zwischen den beiden politischen Betätigungen wegen unserer geographischen Lage meistens in der deutschen Geschichte platzgegriffen hat, doch ist es nicht immer so evident gewesen wie seit dem Versailler Vertrag. Nur auf dem Gebiete der äußeren Politik kann die Lösung gefunden werden, die zum Wiederaufbau unseres Vaterlandes führt. Einst verstand es Bismarck meisterhaft, die Frage der deutschen Einheit durch eine geschickte auswärtige Politik zu lösen, nachdem es sich als unmöglich erwiesen hatte, dieselbe durch Mittel der inneren Politik zum Austrage zu bringen. Wir dagegen mußten notgedrungen auf dem auswärtigen Gebiete Hilfe suchen, da wir sonst unfehlbar zugrunde gingen.

Die deutsche auswärtige Politik konnte damals nichts anderes sein wie eine Defensivstellung gegen die napoleonische Politik Poincarés. Sie konnte zwar, wie in dem Wiesbadener Abkommen, den Versuch machen, die vernünftigen Elemente in Frankreich zu stärken. Sie mußte aber damit rechnen, daß dort die imperialistischen Kreise die Oberhand behalten und unsere Zahlungsunfähigkeit zum Vorwande nehmen würden, um die Einheit des deutschen Volkes zu zerreißen, deren Erhaltung vorläufig das einzige Leitmotiv aller deutschen Politik war.

Walter Rathenau ist der erste deutsche Staatsmann gewesen, der nach dem Versailler Vertrag den Versuch machte, ähnliche Erwägungen wie die obigen praktisch zu verwerten. Sein Weg führte ihn von dem Wiesbadener Abkommen über die Konferenz von Cannes zu der von Genua. Dieser Weg war voller Dornen. Briand, der in Cannes anfing die Kriegspsychose abzustreifen, wurde zur Strafe hierfür von Poincaré abgesägt, und in Genua erschwerte sich Rathenau selbst die Aufgabe ungeheuer durch den Vertrag von Rapallo. Wer heute auf diesen zurückblickt, kann nur mit Mephisto sagen: „Ein großer Aufwand, schmählich! ist vertan!" Damals waren in Berlin über Rapallo die Meinungen außerordentlich geteilt. Ich habe selbst in der Fraktion dagegen gesprochen. In den Tagen gab mein alter Freund, der Staatssekretär Haniel, der zu meinem großen Schmerze kürzlich verschieden ist, ein Frühstück zu Ehren des neuen amerikanischen Botschafters Houghton. Von diesem gesellschaftlichen Ereignis sind mir zwei Gespräche besonders erinnerlich geblieben. Houghton hatte nur eben den Hausherrn begrüßt, als er auf mich loskam mit den Worten: „All the Boys of the Metropolitan Club send you their love." Diese auffallend freundliche laute Ansprache machte mir damals große Freude, weil infolge der feindlichen Kriegspropaganda sogar in Berlin von meinen politischen Gegnern phantastische Gerüchte über meine Tätigkeit und Beziehungen in Washington verbreitet wurden. Zu bemerken wäre hier, daß der Metropolitan Club der vornehmste Washingtons ist.

Als Reichspräsident Ebert in das Empfangszimmer trat, standen Lichnowsky und ich im Gespräch zusammen in der Fensternische. Er kam auf uns zu mit den Worten: „Nun was sagen die früheren Botschafter zu Rapallo?" Lichnowsky platzte gleich heraus mit der Antwort: „Ich bin immer für Rußland." Darauf sah mich Ebert etwas verlegen an, und ich erwiderte: „Mir ist die Lösung der Reparationsfrage unter Wahrung der Einheit des deutschen Volkes die Hauptsache. Deshalb neige ich zum Westen." Der Präsident sagte: „Das meine ich auch" und begann von anderen Dingen zu sprechen.

Ich habe oben den Grundsatz für dieses Buch aufgestellt, daß ich nur von Selbsterlebtem schreiben will, damit ich unbedingt bei der Wahrheit bleibe. Deshalb will ich hier nicht auf Rapallo näher eingehen, da ich eben nicht dabei war und daher die Einzelheiten der Sache nicht kenne. Mein Widerstand dagegen hat indessen meine freundschaftlichen Beziehungen zu Rathenau keineswegs getrübt. In der Hauptsache, dem Ziele, waren wir einig, und er betrachtete mich als seine Hauptstütze in der Fraktion, wenn wir auch nicht immer über die Mittel einig waren. Ich fand z. B. das Wort „Erfüllungspolitik" ein unglückliches, ich wollte den Völkerbund als Mittel deutscher Politik benutzen, und endlich bat ich ständig Rathenau, sich persönlich vor Attentaten zu schützen, wozu er nie bereit war. Noch am Abend vor seinem Tode hatten wir eine lange Unterredung über alle diese Dinge, wobei ich ihm meine Sorgen anvertraute und ihm sagte, seine Erfüllungspolitik habe sich bewährt, doch schließlich glaube niemand, daß wir wirklich die Bedingungen des Versailler Vertrages und des Londoner Ultimatums erfüllen könnten. Wir folgten ihm aber darin, daß wir der Welt durch die Bestätigung guten Willens die Unerfüllbarkeit erweisen und dadurch eine günstigere Atmosphäre schaffen, sowie Poincaré die Möglichkeit entziehen wollten, in Deutschland einzumarschieren und die Einheit des deutschen Volkes zu zerreißen.

Eine Meinungsverschiedenheit zwischen uns bildete der Völkerbund. Rathenau betrachtete diesen als den Tummelplatz verbrauchter Staatsmänner, und er wollte daher lieber direkt mit den fremden Regierungen verhandeln. Ich sagte ihm ungefähr folgendes:

„Abgesehen davon, daß diesem Uebel leicht abzuhelfen wäre, ist der Vorwurf nicht ganz berechtigt. Wir sind gewiß mit der Haltung Balfours in der Oberschlesischen Frage sehr wenig einverstanden gewesen, wobei wir selbst nicht ganz unschuldig waren, weil wir dem Völkerbunde fernblieben. Balfour hat aber doch in Washington bewiesen, daß er noch immer einer der geschicktesten englischen Staatsmänner ist. Diplomatische Verhandlungen sind das Gebiet, wo das Alter noch am meisten Berechtigung hat. Goethe spricht ja auch von „des Greises leuchtend Aug' in der Versammlung." Es wäre kein Unglück, wenn Genf zum Sammelbecken der diplomatischen Erfahrungen der Welt würde. Aktivität ist gewiß nötig und nützlich, aber Lord Cromer schrieb in seinem klassischen

Buche: „Die Meisterwerke der Staatskunst sind größtenteils nicht Taten, sondern Enthaltungen von Handlungen."

Als ich von Rathenau für dieses Leben Abschied nahm, sagte er noch zum Schluß, er beabsichtige regelmäßig mit mir und den anderen zuständigen Parlamentariern intime Besprechungen über die auswärtige Politik zu haben.

Ich fuhr am Morgen des Verbrechens in meinen Wahlkreis nach Kiel, wo mich ein Parteifreund an der Bahn abholte und mich mit den Worten empfing: „Es ist ein Unglück geschehen." Ich fiel ihm gleich ins Wort mit der Frage: „Ist Rathenau ermordet worden?" So sehr war ich mit diesen Gedanken beschäftigt. Später schrieb ich den folgenden gezeichneten Artikel, um meinen Abscheu vor dieser Tat zum Ausdruck zu bringen. Hier war Talleyrands Wort angebracht: „C'est plus qu'un crime, c'est une faute."

Frankfurter Zeitung, Sonntag, den 3. September 1922.

„In dem Artikel eines jüdischen Mitbürgers in Nr. 539 Ihres geschätzten Blattes wird meines Erachtens mit Recht festgestellt, daß der Antisemitismus den Antrieb zur *Ermordung Rathenaus* bildet. Auch unser Parteifreund Korell hat in seiner schönen Rede am Sarge Rathenaus gesagt: „Er ist als Jude gefallen und als Persönlichkeit erlegen jener sogenannten Idee von der völkischen Reinheit, die nichts anderes ist wie eine materialistische Bekleidung eines niedrigen Instinktes." Korell fügte mit Recht hinzu: „Ohne daß wir Christen uns entschieden und entschlossen von dieser widerchristlichen Haltung abwenden, wird die Atmosphäre in Deutschland nicht besser werden."

Antisemitismus hat es stets gegeben und wird es immer geben, solange es Menschen gibt, denen es an Humanität fehlt und die mehr Wert darauf legen, die Eigenart anderer herabzusetzen, als sich selbst zur höchst erreichbaren Vollendung der Persönlichkeit zu führen. Mir ist der Antisemitismus stets äußerst unsympathisch gewesen, nicht nur weil ich in einem langen Leben viele besonders treue und zuverlässige jüdische Freunde gehabt habe, sondern weil ich als Politiker in dem Antisemitismus eine Schwäche sehe und in dieser wiederum immer die Sünde wider den heiligen Geist der Politik gesehen habe. Wer sich in einem Konkurrenzkampf von vornherein für minderwertig hält, wird denselben sicher nicht bestehen können. Darauf kommt es aber letzten Endes bei dem Antisemitismus hinaus, daß schwachen Seelen die Furcht eingeblasen wird, die geringe jüdische Minderheit könnte in geistiger, politischer und wirtschaftlicher Beziehung die Herrschaft über uns erlangen. Das deutsche Volk ist durch eigene politische Fehler in den Abgrund gestürzt und es leidet noch heute schwer unter seiner politischen

Unerfahrenheit, aber davon abgesehen ist es gesund an Geist und Leib. Sollen wir uns da vor den glänzenden Gaben unserer jüdischen Mitbürger fürchten? Sollen wir sie nicht lieber voll ausnutzen im Dienste unserer werdenden großdeutschen Republik, die aller Kräfte bedarf, um wie ein Phönix aus der Asche der militärischen Niederlage aufzuerstehen? Als *deutsch* gilt mir jeder, der die Sprache Goethes als die seine liebt und der den deutschen Staat aufbauen will auf den Grundlagen, die Friedrich der Große, Stein und Bismarck gefügt haben. Den Begriff des Deutschen anders zu fassen, scheint mir heutzutage gesucht, da doch nur wenige unserer Landsleute sich werden rühmen können, keinen Tropfen slavischen oder romanischen Blutes in den Adern zu haben. Der Begriff des Nationalen ist für mich ein historischer. Deutsch ist, wer sich historisch deutsch fühlt.

Der oben erwähnte Artikel gab mir Veranlassung, aus meiner Bibliothek so manchen Band herunterzunehmen, in dem die Gegensätzlichkeit der Juden zu uns, hinsichtlich der Rasse und des Geistes, in mehr oder weniger maßvoller Weise beschrieben war. Da stieß ich bei Treitschke, der doch wohl unseren Uebernationalisten als klassischer Zeuge gilt, auf folgenden Satz als Schlußergebnis: „Es kann nicht mehr bestritten werden, daß das Judentum eine Rolle nur dann noch spielen kann, wenn seine Mitglieder sich entschließen, Deutsche, Franzosen, Engländer zu werden, und vorbehaltlich der alten Erinnerungen aufgehen in dem Volke, dem sie staatsrechtlich angehören. Das ist die vollkommen billige und gerechte Forderung, die wir Abendländer zu stellen haben." Rathenau war gewiß ein solcher Jude, und doch wurde er von fanatischen Antisemiten ermordet. Er hatte an maßgebender Stelle an dem Aufbau der deutschen Industrie mitgewirkt, er hatte über die Zukunft des deutschen Volkes tiefsinnige und geistreiche Schriften verfaßt und schließlich stellte er sich während des Krieges und nach demselben in den Dienst des Vaterlandes, als seine großen Geisteskräfte uns bitter notwendig waren. Rathenau ist seit dem Kriege der erste deutsche Minister des Aeußern gewesen, der Erfolge erzielt hat. Unter seiner Führung gelang es, die öffentliche Meinung der Welt gegen uns umzustimmen, und das war die Vorbedingung für alle weitere Arbeit. Es wäre ein politischer Fehler gewesen, wenn wir Rathenaus Persönlichkeit nicht im Dienste der Republik verwandt hätten, ebenso wie es ein verhängnisvoller politischer Fehler war, ihn zu ermorden, ganz abgesehen davon, daß jeder Mord zu verurteilen ist.

Wenn einer die Schrulle hat, den Dichter der Loreley aus dem deutschen Parnaß auszuschließen, so möge er sich diesen schlechten Scherz erlauben. Er macht sich damit nur lächerlich. Aber in der Politik liegt die Sache anders. Das „plectuntur Achivi" gilt nicht nur von dem Cäsarenwahnsinn. Wenn das Volk rast, ist der Ausgang der gleiche. In England ist es niemandem eingefallen, den großen Staatsmann Disraeli wegen seiner Abstammung anzugreifen. Unsere Republik bedarf charakterfester Männer, die sich dem antisemitischen Taumel entgegenstellen, bevor weiteres Unglück geschieht. Bismarck dachte in dieser Frage anders wie seine deutschvölkischen angeblichen Anhänger, die den eisernen Kanzler loben und dabei seine Gründung zertrümmern, die die Fahne der Republik niederreißen und dazu das Lied des schwarz-rot-goldnen Hoffmann von Fallersleben singen. „Spotten ihrer selbst und wissen nicht wie." Bismarcks Ausspruch ist bekannt, daß er sich freuen würde, wenn einer seiner Söhne eine Jüdin heiratete. Er fühlte sich eben stark genug, die jüdischen Gaben und Fehler, sowie das jüdische Blut in den Schmelztopf der nationalen historischen Entwicklung aufzunehmen.

Wollen wir aus Schwäche unser Volk weiter verhetzen lassen? Wir sollten im Gegenteil an dem Grabe Rathenaus geloben, daß wir in Zukunft den politischen Kampf nur noch mit geistigen Waffen und dem Stimmzettel führen wollen. Möge es in der deutschen Republik nur noch *einen* Wettkampf zwischen Christen und Juden geben, nämlich den um den Preis, wer dem Vaterlande die *größten Dienste* leistet. Die Vorbedingung hierfür ist aber, daß das deutsche Volk in Zukunft die Leistungen seiner führenden Männer nur nach sachlichem Maßstabe beurteilt, und nicht nach deren Religion oder Blutzusammensetzung. Heute indessen muß uns noch die Schamröte darüber ins Gesicht steigen, daß ein hervorragender deutscher Staatsmann nur um deswillen ermordet wurde, weil er ein Jude war."

Für die Ermordung Rathenaus mußte das arme deutsche Volk büßen durch die vertragswidrige französische Invasion des Ruhrgebiets, denn diese zu verhindern hätte Rathenau sicher Mittel und Wege gefunden. Die Aussichten für uns besserten sich erst wieder, als Stresemann an das Ruder kam.

Inzwischen beschäftigte ich mich bis zur ersten Reichstagswahl 1924 — es fanden in dem Jahre zwei statt — hauptsächlich mit meinem Wahlkreis. Oben habe ich von der Gründung des „Demokratischen Klubs" in Berlin erzählt, und in dem selben Sinne beteiligte ich mich in meiner engeren Heimat an einer Wochenschrift der „Deutschen Einheit" und an der „Kieler Zeitung". Ich hatte mich wieder an die Eigenart der Schleswig-Holsteiner gewöhnt, deren Ruhe mir zu Beginn meines ersten dortigen Wahlkampfes ein unsicheres Gefühl gab. Der Beifall war so gering, daß ich schon den Kampf aufgeben wollte. Ein Kieler Parteifreund tröstete mich mit den Worten: „Worüber beklagen Sie sich eigentlich? Keine Primadonna bekommt hier mehr Beifall als Sie erhielten." Dann lernte ich meine Zuhörer genau zu beobachten und die Richtigkeit des Satzes zu würdigen, daß, wenn der Schleswig-Holsteiner sich auf dem Höhepunkt der Spannung und Aufmerksamkeit befindet, dies äußerlich fast ausschließlich an dem Ausgehen seiner Pfeife zu erkennen ist. Als 1928 der vierte Wahlkampf herankam, trennte ich mich nur sehr ungern von meinen Schleswig-Holsteinern. Die Arbeit im Völkerbund nahm mich damals fast ganz in Anspruch und das fortwährende Hin- und Her-Fahren in der Bahn von Starnberg nach Berlin, Kiel und Genf ging bei zunehmendem Alter über meine physische Kräfte. Wenn ich heute zurückblicke, bedaure ich nur, daß meine Schleswig-Holsteiner Wahlkämpfe nie in die schöne Jahreszeit fielen, wo die Buchen in frischem Grün prangen und die Sonnenstrahlen sich in den Meeren baden. Schließlich tost dort nicht immer, wie es in unserem Liede heißt „wild die Brandung, Flut auf Flut von Bai zu Bai".

Trotzdem wir nicht der gleichen Partei angehörten, bildete sich zwischen Stresemann und mir ein Vertrauensverhältnis, das den Hauptinhalt der letzten Kapitel dieses Buches bildet. Wie ich oben erzählte, hatten unsere Beziehungen schon während des Weltkrieges begonnen. Später, als Stresemann Minister war, verbrachten wir einmal die Weihnachtsferien zusammen in Lugano, und schließlich kam die ständige Berührung im „Auswärtigen Ausschusse" dazu. Stresemann hat Hindenburg soweit mit mir ausgesöhnt, daß dieser mich wieder amtlich mitarbeiten ließ. Die Schilderung dieser persönlichen Wechselbeziehungen soll den Schluß meines V. Kapitels bilden.

Die Reichspräsidentenwahl von 1925 wird von der Weltgeschichte wohl als der Todestag der Republik betrachtet werden. Wir Mitlebenden sahen damals nicht so klar, sonst hätten wir größere Anstrengungen gemacht, um einen anderen Verlauf der Wahl herbeizuführen. Deutschland hat sich seit dem Versailler Vertrage in einem „circulus vitiosus" befunden. Die deutsche Reaktion war das Produkt der französischen Nachkriegspolitik. Jeder nach Reaktion aussehende Schritt Deutschlands wurde von den Franzosen zur Entschuldigung für noch schärfere Maßnahmen benutzt, wodurch wieder die deutsche Reaktion gestärkt ward. So ging es immer weiter, bis ähnlich wie in der alten griechischen Tragödie gerade die Katastrophe herbeigeführt wurde, die man vermeiden wollte.

„Ne sutor ultra crepidam." Solange ich Mitglied des Reichstages war, habe ich mich dort ausschließlich mit den auswärtigen Angelegenheiten befaßt. Die Reichspräsidentenwahl bildete die einzige Ausnahme. Damals setzte ich mich in der Fraktion und in den interfraktionellen Besprechungen sehr energisch bei dem ersten Wahlgang für die Sammelkandidatur: Otto Geßler ein, und bei dem zweiten Wahlgange gegen die Sammelkandidatur der Linken: Wilhelm Marx. Die Kandidatur Geßler scheiterte teils an der eigenbrödlerischen sozialistischen Kandidatur, d. h. also an den Sozialdemokraten, die infolgedessen vor der Weltgeschichte ein gutes Stück Verantwortung dafür tragen, daß es heute keine deutsche

Republick mehr gibt, teils an höchst bedauerlichen Intrigen in den anderen Parteien. Gerade weil Geßler sich nicht unbedingt von der Parteidoktrin hat binden lassen, gerade weil er unbekümmert um die Schattierungen der einzelnen Regierungen, die doch in der Praxis immer das Gleiche tun mußten, seinen eigenen Weg vorwärts gegangen ist, gerade deshalb war er der geeignetste Kandidat.

Ein noch größeres Unglück für die Republik war es, daß bei dem zweiten Wahlgange Marx als Sammelkandidat der Linken aufgestellt wurde. Ich habe eine große persönliche Verehrung für Marx, aber die Linke durfte nicht einen, insbesondere in Schulfragen, ausgesprochen klerikalen Mann als Sammelkandidaten aufstellen. Wir sind doch das Volk des dreißigjährigen Krieges, und der Deutsche braucht in kirchlichen Fragen eine sehr sanfte Zügelführung, wenn er nicht widerspenstig werden soll. Ich glaube man kann mit Bestimmtheit sagen, daß Hindenburg bei der Wahl nicht gesiegt haben würde, wenn der „furor protestanticus" nicht gegen Marx hätte mobil gemacht werden können.

Ein Jahr später vertraute mir Stresemann die deutsche Vertretung in der vorbereitenden Abrüstungskommission des Völkerbundes an. Dabei fand zwischen uns dem Sinne nach das folgende Gespräch statt:

Stresemann: „Der Reichspräsident freut sich auch sehr, daß Sie diese Arbeit übernehmen wollen."

Ich lachend: „Das kann ich wirklich nicht glauben nach den schweren Konflikten, die Hindenburg und ich während des Krieges gehabt haben und die obenein vor dem Untersuchungsausschuß der Nationalversammlung ausgetragen worden sind."

Stresemann: „Da Sie die Sache nicht tragisch nehmen, will ich gestehen, daß Ihre Ernennung einige Ueberredung meinerseits gekostet hat. Als der Reichspräsident einwilligte, sagte er spontan: „Wenn ich gewußt hätte, daß die Amerikaner herüberkommen würden, hätte ich den U-Bootkrieg auch nicht gemacht. Aber ich verließ mich auf die Zusicherungen der Marine."

Stresemann: „Ich befand mich damals in der gleichen Lage, daß ich glaubte, die U-Boote würden die Amerikaner fernhalten."

Zwei Jahre vergingen. Da ließ mich der Reichspräsident — wiederum spontan — kommen, um Versöhnung mit mir zu feiern, indem er mir seine Anerkennung über meine Führung der Verhandlungen aussprach. „Ich habe es gern", sagte er, „wenn jemand seine Meinung offen und deutlich sagt." Dann folgte eine längere Unterhaltung, in welcher der Reichspräsident mich eingehend über alle Fragen der auswärtigen Politik examinierte. Bei dem Abschied fragte er:

„Glauben Sie an die Abrüstung?" Worauf ich antwortete: „Nicht zu meinen Lebzeiten." Der alte Herr lachte und schloß die Unterredung mit den Worten: „Dann werde ich sie wohl auch nicht erleben."

Obgleich ich gar kein Bedürfnis nach Anerkennung habe, von wem sie auch kommen mag, so freute mich doch diese Aussöhnung sehr, weil sie einen schönen menschlichen Zug des Reichspräsidenten darstellte. Ich war in diesem Falle der irdene Topf, und er der eherne. Er hatte es nicht nötig einen Irrtum zu bekennen, und er tat es freiwillig doch.

VI. Kapitel
VÖLKERBUND

In den Wintermonaten zwischen der deutschen Revolution und dem Versailler Vertrage baute man in Berlin große Hoffnungen auf den Völkerbund. Wer einmal die Geschichte Europas nach dem Weltkriege ausführlich schreiben wird, dürfte sich wundern, wie unfreundlich das Geschick den Gedanken des Wiederaufbaus behandelt hat. Die beiden Seiten stehen sich in der Gesinnung noch heute gegenüber, als dauerte der Krieg fort, weil der erhoffte „beau geste" der Sieger immer zu spät oder garnicht erfolgte. Ich kann nur ein Teilbild geben, wie ich es miterlebt habe, aber zweimal mindestens wäre nach meinen Erfahrungen eine vollkommene Aussöhnung der Welt möglich gewesen. Gleich nach dem Kriege, bevor man uns die Tür des Völkerbundes in das Gesicht zuschlug, und nach der Begegnung von Thoiry.

In meiner Eigenschaft als langjähriger Präsident der noch vor der Gründung des Völkerbundes geschaffenen „Deutschen Liga für Völkerbund", kann ich mich darauf berufen, daß der Völkerbundsgedanke in Deutschland schon zu einer Zeit wirksam war, als der gegenwärtige Völkerbund noch nicht bestand, und daß man in Deutschland, wie unser in Versailles vorgelegter Entwurf beweist, in der zielbewußten Verwirklichung des Völkerbundsgedankens erheblich weiter gehen wollte, als der gegenwärtige Völkerbundspakt. So scheint es mir auch weiterhin eine wesentliche deutsche Aufgabe zu sein, für die Vertiefung des Völkerbundsgedankens und die Vervollkommnung des heutigen Völkerbundes zu wirken und die Lücken, die er hier und da aufweist, nicht als Vorwand für eine Abkehr vom Völkerbund, sondern als Ansporn zu seinem tatkräftigen Ausbau anzusehen.

Die erste Abweisung Deutschlands durch den Völkerbund hat bei uns die Stimmung bis Thoiry sehr nachteilig, wahrscheinlich sogar entscheidend beeinflußt. Als die „Deutsche Liga für Völkerbund" nach der Revolution in Berlin gegründet wurde, fanden sich alle ein, die guten Willens waren und an den Wiederaufbau glaubten. Es war ein Traum! Dann folgte in Deutschland ein stetiges Sinken der Aktien des Völkerbundes, die beinahe auf Null standen, als ich nach Erzbergers Rücktritt zum Präsidenten der Liga gewählt wurde. Meine damaligen Auffassungen wiederzugeben, wäre nicht so einfach nach allem was seitdem geschehen ist, wenn nicht ein von mir gezeichneter Artikel vorläge, den ich als neugewählter Präsident der Presse gab und der hier folgt:

„Wie jeder ernste einzelne Politiker für eine sittliche Idee eintreten und gleichzeitig praktische Ziele verfolgen muß, so will auch die Liga ein Ideal hochhalten und die deutsche auswärtige Politik in einer bestimmten praktischen Richtung beeinflussen. Das Ideal ist die Herstellung eines wahren Völkerbundes, über dem die Majestät des Rechts thront, und der auf Grund einer vollen Durchführung des Selbstbestimmungsrechts der Völker jeder Nation das ihrige gibt und eine allgemeine Abrüstung ermöglicht. Unsere Gegner erklären dieses Ideal für eine Utopie. Selbst unser großer Kant hat gesagt: „Der Friedenszustand unter Menschen, die nebeneinander leben, ist kein Naturzustand, der vielmehr ein Zustand des Krieges ist, d. h. wenn gleich nicht immer ein Ausbruch der Feindseligkeiten, doch immerwährende Bedrohung mit demselben. Er muß also gestiftet werden." Gewiß wären wir Utopisten, wenn wir glaubten, den ewigen Frieden schon am nächsten Donnerstage herstellen zu können. Der ewige Friede ist ein Ideal, das wie alle sittlichen und religiösen Ideale auf Erden niemals realisiert werden dürfte. So oft das Ideal in menschlicher Gestalt unter uns wandelte, „hat man es von je gekreuzigt und verbrannt". Das hindert aber nicht, daß das Streben nach dem Ideal den besten Inhalt des Menschen- und Völkerlebens ausmacht, und daß die Weltgeschichte als das ständige Emporarbeiten der Menschheit zu der Verwirklichung einer sittlichen Idee zu betrachten ist.

Wer nicht aus sittlichen Motiven den Rechtsgang an die Stelle des Waffenganges setzen will, wer nicht an die Idee des Völkerbundes glaubt, sondern sie für eine Utopie hält, der sollte doch wenigstens als praktischer deutscher Politiker einsehen, daß das Streben nach einem wahren Völkerbunde für uns die einzige Rettungsmöglichkeit bietet, und daß eine anders gerichtete deutsche auswärtige Politik keinerlei Aussichten auf Erfolg bietet.

Lord Grey, der den Vorsitz der englischen Liga für Völkerbund übernommen hat, sagte kürzlich in einer Rede, die Hauptlehre des Weltkrieges bestehe darin, daß man nicht wie früher lediglich national empfinden dürfe, sondern auch internationales Gefühl haben müsse. In dieser Aeußerung spricht sich die Erkenntnis aus, daß der Weltkrieg selbst demjenigen Volke, welches durch denselben am meisten gewonnen hat, mehr Schaden als Vorteil brachte. Die gegenwärtigen Leiden der Welt sind eben so groß, daß sie nur auf internationalem Wege und durch internationale Mittel geheilt werden können. Einzelne Staaten erscheinen der heutigen Katastrophe gegenüber machtlos. Die Lord Grey aufgegangene Erkenntnis tut uns noch viel mehr bitter not, denn der Wiederaufbau Deutschlands, unsere große Hoffnung und unser höchstes politisches Ziel, kann, so bitter diese Wahrheit auch schmecken mag, nicht ohne fremde Hilfe verwirklicht werden. Internationales Empfinden läßt sich sehr gut mit starkem Nationalgefühl verbinden, wie die Zeit der schönsten Blüte deutschen Geisteslebens bewiesen hat. Der klassische Idealismus schuf erst das deutsche Nationalgefühl, das er aber mit der Erkenntnis des Weltbürgertums verband.

Die Idee des Völkerbundes hat durch die Friedensbedingungen und die Verfassung von Versailles so schweren Schaden gelitten, daß die Mehrzahl der Deutschen heute resigniert auf den Völkerbund als eine Utopie verzichten zu müssen glaubt, obgleich diese Idee nach der Revolution fast allgemeinen Anklang gefunden hatte. Auch die Tatsache, daß Wilson, der uns in Versailles eine so schwere Enttäuschung bereitete, bisher der Hauptvorkämpfer des Völkerbundes gewesen ist, beeinflußt die deutsche öffentliche Meinung gegen diese Idee. Wir dürfen aber nicht vergessen, daß trotz aller Mängel seiner gegenwärtigen Verfassung doch der Völkerbund zum ersten Male in der Weltgeschichte politische Wirklichkeit geworden ist — der Völkerbund, den der Königsberger Philosoph Kant als deutschen Begriff geprägt und als Menschheitsideal gefordert hat. Die Tatsache, daß Wilson aus diplomatischer oder geistiger Unzulänglichkeit in Versailles seinen Idealen untreu geworden ist, darf für uns kein Grund sein, unsere Auffassungen und Ansichten über die Völkerbundsidee zu ändern. Mag uns die Haltung Wilsons in Versailles noch so sehr enttäuscht haben, mag die heutige Verfassung des Völkerbundes noch so wenig den Idealen entsprechen, welche der Präsident selbst früher aufgestellt hatte, der Gedanke des Völkerbundes lebt trotz alledem und wird sich durchsetzen trotz der Unpopularität, die er gegenwärtig in Deutschland erleidet, weil es für uns und für die ganze Welt kein anderes Heilmittel gibt.

Ich halte es für die Aufgabe der deutschen auswärtigen Politik, den Kampf für den Völkerbundsgedanken da aufzunehmen, wo Wilson ihn seinen Händen entgleiten ließ. Vielfach wird der Einwand erhoben, daß Deutschland keine auswärtige Politik mehr treiben könne, weil es keine Macht habe. Gewiß ist zur Durchführung politischer Gedanken Macht erforderlich. Doch braucht diese Macht nicht ausschließlich eine militärische zu sein. Denken wir daran, wieviel es uns in dem Weltkriege geschadet hat, daß wir politisch rückständig waren, und die Macht der Ideen in der ganzen Welt gegen uns focht. Eine tiefe Kluft gähnte zwischen der archaischen politischen Romantik des deutschen Obrigkeitsstaates und dem aufklärenden Zeitgeiste Westeuropas, wo sich das englische Puritanertum mit dem Geiste der französischen Revolution vermählt hatte. Denken wir ferner an die starke propagandistische Wirkung, die sehr zu unserem Schaden ausgeübt wurde, einerseits von dem Bolschewismus zu einer Zeit, wo Rußland militärisch gänzlich machtlos war, und andrerseits von dem schwachen Belgien, das sich auf ein an ihm begangenes Unrecht berufen konnte. Die deutsche auswärtige Politik pflegte sich früher den Mächten zuzuwenden, die zum Absterben verurteilt waren. In Zukunft muß sie eine Politik der Ideen und der sittlichen Kraft sein. Mit einer solchen Politik kann ein Volk von 80 Millionen nicht ignoriert werden, selbst wenn es zerstückelt ist und weder eine Armee noch eine Flotte besitzt.

Der große Fehler der Versailler Friedenskonferenz, — und dieser Fehler wurde in Spa wiederholt — lag darin, daß man über den Wunsch, Deutschland zu bestrafen, und über die Beutegier der Sieger die Not der Welt vergaß. Jedem Deutschen kann nicht dringend genug empfohlen werden, die glänzende Darstellung zu lesen, die der Engländer Keynes von den Versailler Verhandlungen gegeben hat. Während die ganze europäische Völkerfamilie in immer tieferes Elend versank, beriet man in Versailles über die Forderungen zur Wiedergutmachung in einer Höhe, die selbst mit Gewalt nicht zu erpressen ist. Anstatt ein großzügiges Programm aufzustellen zu einem gemeinsamen Wiederaufbau der Welt durch alle Völker, schloß man die Besiegten aus dem neugeschaffenen Völkerbunde aus, der infolgedessen ein Torso und eine gegen Deutschland gerichtete Allianz geblieben ist. Die Schöpfung würde indessen durch den Eintritt Deutschlands und aller anderen Staaten völlig geändert werden. Der Kampf für die Reform des Völkerbundes bietet ein Feld für eine aktive auswärtige Politik, die ja vielfach bei uns gefordert wird. Eine solche Aktivität könnte nicht einmal bei der mißtrauischen Entente Anstoß erregen und würde uns die verlorenen Sympathien der ganzen Welt zurückgewinnen.

Den radikalen deutschen Parteien auf der Linken und rechten Seite kann das Programm der Völkerbundliga nicht gefallen. Der Linksradikalismus hofft auf die Weltrevolution, welche den Versailler Frieden über den Haufen werfen soll, während ein reformierter Völkerbund die demokratische Evolution zum Dogma erheben wird. Der Rechtsradikalismus dagegen glaubt, daß der Völkerbund mit seinen völkerversöhnenden Tendenzen dem Nationalismus und damit der Reaktion den Todesstoß versetzen wird. Wenn indessen die Flut des Nationalismus bei uns noch mehr steigen und uns überschwemmen sollte, wird die Entente nicht so naiv sein, uns zu Kräften kommen zu lassen, während wir immer daran festhalten müssen, daß wir in der sittlichen und wirtschaftlichen Wiedergeburt des deutschen Volkes das Hauptziel unserer Politik zu sehen haben. Anderenfalls werden wir immer Objekt und nicht Subjekt der Politik sein, und würde selbst der Zerfall der Entente unsere Lage nicht verbessern. Es kommt noch hinzu, daß wir den einmal unterschriebenen Friedensvertrag nach bestem Können und Gewissen erfüllen wollen. Das fordert die Loyalität und Ehrlichkeit, welche die Losung unserer Politik sein soll. Der Völkerbund ist aber ein Teil des Friedensvertrages und, trotz aller Mängel, noch immer der beste Teil, denn er enthält für uns wenigstens eine Hoffnung, die sonst überall in dem Vertrage fehlt. Nach den ausdrücklichen Bestimmungen des Versailler Friedens soll der Völkerbund diesen Frieden von Zeit zu Zeit revidieren. Durch den

Eintritt in den Völkerbund werden wir die Gleichberechtigung mit allen Nationen erhalten. Erst durch diese Gleichberechtigung und Gegenseitigkeit wird es möglich sein, eine Weltwirtschaft aufzurichten, die unbedingt erforderlich ist, um die Beziehungen der Länder untereinander wieder auf eine ersprießliche Basis zu bringen. Diese Weltwirtschaft kann nur auf dem Boden des Völkerbundes erblühen, und nur auf diesem Boden werden uns wirtschaftliche Hilfsquellen erwachsen, die uns die verlorenen Gebiete einigermaßen werden ersetzen können. Der Völkerbund muß eine internationale Weltwirtschaft organisieren, in die Deutschland eingefügt wird, weil unsere durch den Friedensvertrag gefährdete Lebensfähigkeit auf anderem Wege nicht gesichert werden kann. Diese Weltwirtschaft muß eine Organisation der schaffenden Arbeit sein. Die höchste Steigerung der Produktion Deutschlands ist erforderlich, um seinen Fortbestand zu sichern. Das gleiche gilt von allen anderen Ländern. Die Idee der wirtschaftlichen Gemeinschaft der ganzen Menschheit und der Ausdehnung des freien Verkehrs zwischen allen Völkern der Erde muß die Wirtschaftpolitik des Völkerbundes beherrschen.

Die meisten unserer politischen Ideale sind durch den Weltkrieg zertrümmert worden. Mit ganzem Herzen hängen wir aber noch an dem uns gebliebenen idealen Gedanken der Einheit des deutschen Volkes. Indessen ist das Selbstbestimmungsrecht der Völker ein Grundprinzip der Völkerbundsidee. Das Bekenntnis zu dieser Idee gibt uns also das Recht zu fordern, daß das Selbstbestimmungsrecht ebenso für uns gelten soll wie für alle anderen Nationen, und auf Grund dieser Idee müssen wir auch von den widerwilligen unter unseren bisherigen Feinden die Anerkennung der historischen Tatsache abringen, daß das deutsche Volk, soweit die deutsche Zunge klingt, eine nationale Einheit ist, die nur zeitweilig im Laufe unserer Geschichte durch dynastische Politik gelockert wurde."

Ich war mir bei der Gründung der „Liga für Völkerbund" vollkommen bewußt, daß diese in Deutschland nur wenig Arbeit würde leisten können. Der Deutsche ist gewohnt, die Politik und namentlich die auswärtige, seiner Regierung zu überlassen und sich selbst vorzubehalten, hinterher, meistens, wenn es schon zu spät ist, um Fehler zu vermeiden, die Schale seines Zornes über die gerade führenden Herren zu gießen. An dieser bedauerlichen politischen Sinnesrichtung haben weder das erste noch das zweite noch das dritte Reich irgend etwas geändert. Die nächste deutsche Republik wird wie die vorige den Versuch machen müssen, die Deutschen zur Politik zu erziehen. Wer schwimmen lernen will, muß vorher in das Wasser springen. Wenn ich als Präsident jemanden aufforderte, der Liga für Völkerbund beizutreten und für sie zu arbeiten, bekam ich fast regelmäßig als Antwort die Gegenfrage: Was sagt das Auswärtige Amt dazu?

Die Liga hatte indessen eine weitere Aufgabe, die nach meiner Auffassung ihre wesentlichste war. Die verschiedenen Ligen waren in einen Weltverband zusammengeschlossen worden, der nach zwei Richtungen arbeitet. Er will alle Fragen erörtern, deren sich der Völkerbund annimmt bezw. annehmen sollte, und er will durch ständige geographische Abwechslung seiner Kongresse den wahren Völkerbundsgedanken in alle Länder tragen. Seine Organisation ist der des Völkerbundes nachgebildet, indem eine Generalversammlung, ein Generalrat und ein ständiges Bureau bestehen. Letzteres hatte früher seinen Sitz in Brüssel, jetzt in Genf.

Der Weltverband forderte unsere Liga zum Beitritt auf und lud uns 1921 zur Generalratssitzung in Wien ein, wo die gegenseitigen gesellschaftlichen Beziehungen durchaus normal und korrekt waren. Während bei der interparlamentarischen Konferenz in Stockholm die Franzosen und Belgier noch fernblieben, um unseren Delegierten nicht zu begegnen, befleißigten in Wien gerade die Franzosen sich besonderer Liebenswürdigkeit gegen uns, sodaß ganz zwanglose Unterredungen zustande kamen, wie bisher noch auf keiner der internationalen Konferenzen, die seit dem Kriege stattgefunden hatten.

Hierbei gewann ich den Eindruck, daß die österreichische Regierung gut beraten war, als sie ihre Aufnahme in den Völkerbund beantragte. Sie gewann dadurch die Möglichkeit, ihre Interessen wirksamer zu vertreten, als wir es damals zu tun in der Lage waren. Gewiß hatte der Völkerbund in allen großen politischen Fragen versagt, aber er bestand nun einmal und ist berufen, wichtige Entscheidungen zu treffen. Daran wird dadurch nichts geändert, daß wir schmollend abseits stehen. Für einen Staat kommt es in erster Linie darauf an, seine Interessen zu vertreten: „Salus publica suprema lex." Hätten wir, als die Oberschlesische Frage an den Völkerbund verwiesen wurde, sofort unsere Aufnahme beantragt, brauchten wir uns heute nicht den Vorwurf zu machen, daß wir das wirksamste Mittel, unsere Sache zu fördern, außer acht ließen. Es muß jedem einleuchten, daß Polen als Mitglied des Völkerbundes in Genf ganz anderen Einfluß auf den Gang der Ereignisse ausüben konnte als das abwesende Deutschland. „Les absents ont toujours tort," sagt das französische Sprichwort. Außerdem entstand in allen Völkerbundskreisen eine starke Verstimmung gegen uns, weil wir als prinzipielle Gegner des Völkerbundes galten und weil wir unsere Aufnahme nicht beantragt hatten. Solche Imponderabilien beeinflussen selbstverständlich auch die Entschließungen des Völkerbundes.

Der Verlauf der Sitzung des Weltverbandes befestigte mich in dem Entschlusse, mich künftig in erster Linie den Arbeiten der deutschen Liga und des Weltverbandes zu widmen — Arbeiten, die ich für sehr nützlich für den Wiederaufbau und für die deutschen Interessen hielt, namentlich in der Frage der nationalen Minderheiten. Die Stellung als

Präsident unserer Liga war sehr schwierig, da diese ebenso wie der Weltverband eine rein private Vereinigung war, die aber bei ihrer Geburt den Segen der Regierung erhalten hatte.

Dieser Segen war auch ein materieller, indem die Liga eine Subvention erhielt, ohne die sie bei der allgemeinen Verarmung nicht leben konnte. Ich mußte mich als Präsident hindurchwinden durch meine eigenen Auffassungen, die des Auswärtigen Amtes, der Liga und des Weltverbandes. Wie sich ein Witzbold ausdrückte, wollte das Auswärtige Amt sich natürlich nicht einen Hund halten, der es selbst in die Beine biß. Ich erwähnte schon oben, daß der damalige Minister Rosen ein Gegner der gesamten Völkerbundsidee war. Er vertrat den Standpunkt, wir dürften keine Liga haben, damit diese nicht im Auslande den Eindruck erweckte, daß die deutsche Regierung in den Völkerbund eintreten wollte.

Unter den eben geschilderten Verhältnissen ist es wirklich ein Wunder, daß ich zehn Jahre Präsident der Liga sowie zeitweilig Vizepräsident und Präsident des Weltverbandes sein konnte, ohne daß jemals ein ernster Konflikt eintrat. Allerdings hatte ich über dreißig Jahre dem Auswärtigen Amte angehört und daher ausgezeichnete, zum Teil freundschaftliche Beziehungen zu den zuständigen Herren. Außerdem gelangte Stresemann bald zur Macht, mit dem ich bis zu seinem tief bedauerlichen Ableben in vollster Harmonie gearbeitet habe.

Ich erwähnte oben, daß die Frage der nationalen Minderheiten besonders eifrig von der Liga gepflegt wurde, die schon deshalb ein moralisches Anrecht auf Förderung seitens der Regierung hatte. Diese Frage führte auf dem Prager Kongreß des Weltverbandes zu sehr lebhaften Verhandlungen, die beinahe eine Auflösung des Weltverbandes veranlaßten, aber schließlich die Folge hatten, daß sich die Ligen als anerkannte Schützer der Minderheiten konstituierten.

Im Verlauf des Kongresses empfing uns Präsident Masaryk im Hradschin, wohl einem der schönsten Punkte der Erde. Ich war auf diese Begegnung sehr gespannt, nachdem wir beide als Gegner auf dem amerikanischen politischen Kriegsschauplatze mit einander gerungen hatten. Der Präsident tat das Richtige und Ritterliche, indem er mich in taktvoller Weise geradeheraus auf unseren Washingtoner Kampf ansprach. Wäre nur damals die ganze Welt schon soweit gewesen, den früheren Gegner zu achten! Herr Masaryk schien genau zu wissen, wie nahe ich daran war, den Kriegseintritt Amerikas zu verhindern.

Wie schön ist Prag, mit seinen Kirchen und Palästen, seinen blühenden Akazien an der Moldau, und seinen historischen Erinnerungen! Und doch! Waren es vielleicht gerade diese Erinnerungen an „Krieg und Kriegsgeschrei", die auf den Kongreß abfärbten? Reizte das große Bild von Huss vor dem Konzil von Konstanz, das über unseren Sitzungen thronte, zu gleichem Bekennermute? Wie dem auch sei, die Gegensätze platzten in allen Verhandlungen mit überraschender Schärfe aufeinander. Indessen war das Ergebnis immer insofern das gleiche, als die Heftigkeit der Rede stets dem Gegner zugute kam. Wie die Tschechen und Jugoslawen besiegt wurden, weil sie nicht Maß hielten, so ging es auch den Griechen und Polen, als sie mit überströmendem Fanatismus die Aufnahme der Türken, bezw. der Ost- und West-Ukrainer, in den Weltverband bekämpften. Dieser wurde immer mehr zu dem, was der Völkerbund sein sollte, zu dem Forum, vor dem die Unterdrückten ihre Klagen anbringen. In der Kommission war die Aufnahme der Türken beinahe gescheitert, weil man ihre Behandlung der Christen mißbilligte. Nach der Philippika des griechischen Delegierten im Plenum erfolgte die Aufnahme fast einstimmig. Ganz ähnlich erging es den Ukrainern, denen die Polen in gleicher Weise halfen.

Einen Augenblick gab es, wo sich die ganze Versammlung in ruhiger Harmonie befand, und zwar als Professor Aulard im Namen der französischen Delegation eine Resolution einbrachte, wonach die Aufnahme Deutschlands in den Völkerbund schleunigst herbeizuführen sei.

Von dieser Zeit ab, 1922, bin ich regelmäßig während der Völkerbundsversammlungen nach Genf gefahren. Es lag für mich nahe, an dem Sitze des Völkerbundes meine Eindrücke über diesen zu vervollständigen. Als Vorsitzender der deutschen Liga mußte ich Wert darauf legen, selbst die Atmosphäre von Genf zu kennen, und ich konnte andrerseits auch darauf rechnen, zu diesem Zwecke bei den führenden Persönlichkeiten Eingang zu finden. Von vornherein stand ich dort unter dem schmerzlichen Eindrucke, daß wir noch abgesperrt waren von der öffentlichen Meinung der übrigen Welt. Gleich nach meiner Rückkehr aus Genf sprach ich auf dem Elberfelder Parteitage über die Frage des Eintritts Deutschlands in den Völkerbund, und sagte ungefähr folgendes:

„Ich bin mir voll bewußt, daß die letzten Entschließungen über unsere auswärtige Politik von dem Leiter derselben intuitiv in camera caritatis gefaßt werden müssen. Die tiefsten Probleme dieser Politik eignen sich auch nicht zu öffentlichen Erörterungen. Indessen sollte in einer Demokratie sich doch jeder Staatsbürger über die faktisch vorhandenen Unterlagen zu diesen Problemen orientieren. Im vorliegenden Falle ist im Auslande die Auffassung verbreitet, daß Deutschland hauptsächlich darum nicht dem Völkerbunde beitritt, weil unsere öffentliche Meinung diesen Beitritt nicht wünscht. Ich lasse zunächst dahingestellt, ob diese Auffassung richtig oder falsch ist, jedenfalls besteht sie, und damit wird unserer öffentlichen Meinung eine Verantwortung aufgebürdet, die sie nicht tragen kann, ohne sich über die Frage genau zu orientieren. Ich kann auch nicht zugeben, daß die Frage des Eintritts Deutschlands in den Völkerbund das tiefste Problem der auswärtigen Politik, nämlich die Frage der westlichen oder östlichen Orientierung entscheidend beeinflußt. Der heutige Völkerbund ist noch keine überstaatliche Organisation, sondern nur ein Mittel zu diplomatischer und politischer Betätigung. Ebensowenig kann ich anerkennen, daß der Rapallo-Vertrag das erwähnte tiefste Problem betroffen oder auch nur der künftigen Entscheidung hierüber präjudiziert hat. Der Rapallo-Vertrag ist ein Friedens- und Handelsvertrag, der in dieser Hinsicht als mustergiltig bezeichnet werden kann. Wenn er mehr, wenn er gar eine östliche politische Orientierung bedeutete, so würde er ein grober politischer Fehler gewesen sein, denn es muß doch jedem einleuchten, daß die Lösung der Reparationsfrage — die Forderung des Tages — unmöglich wäre, wenn wir uns politisch östlich orientierten. Unsere öffentliche Meinung muß sich darüber klar werden, daß wir zunächst das Reparationsproblem lösen, und daß wir zu diesem Zwecke uns mehr als bisher politisch und diplomatisch betätigen müssen, denn unsere Stellung in der Welt kann nur auf diesem Wege wieder gewonnen werden. Lediglich auf dem wirtschaftlichen Wege läßt sich das Ziel nicht erreichen. Das können wir durch ein liebevolles und eingehendes Studium der Bismarckschen Diplomatie lernen, wenn auch selbstverständlich dessen Entscheidungen in einzelnen Fragen historisch bedingt waren und daher heute nicht mehr maßgebend sein können. Unsere wirtschaftliche Not, so groß sie auch ist, darf uns nicht an der Erkenntnis hindern, daß diplomatische Arbeit getan werden muß, um unsere Stellung in der Welt wieder zu erringen.

Die Frage unseres Eintritts in den Völkerbund ist deshalb aktuell geworden, weil England uns wiederholt dazu aufgefordert hat, und weil die stärkste Partei des Reichstages, die sozialdemokratische, die Regierung in einer Resolution ersucht hat, eine solche auswärtige Politik zu treiben, die zum Eintritt in den Völkerbund führte. Dieser hat sich in seiner letzten Tagung schon im voraus bereit erklärt, das Reparationsproblem zu übernehmen, und hat sich damit zum ersten Male zu der ihm ursprünglich zugedachten Hauptaufgabe bekannt, nämlich zu der zeitweilig notwendig werdenden Revision der Friedensverträge. Ob hierin ein Fortschritt liegt, müssen die zukünftigen Verhandlungen lehren. Es geht aber nicht an, daß Deutschland noch einmal, wie bei der oberschlesischen Entscheidung, in einer lebenswichtigen Frage ungehört verurteilt wird. Wenn wir damals in dem Völkerbunde gleichberechtigt anwesend gewesen wären, so würde die Entscheidung sicher günstiger für uns ausgefallen sein, vielleicht nur ein wenig, aber sicher besser, als bei der Verurteilung in contumacium. Wenn wir auch nur tausend Deutsche vor dem traurigen Schicksale des polnischen Jochs bewahrt hätten, so würde das schon den Eintritt in den Völkerbund gerechtfertigt haben.

Die Frage des Völkerbundes läßt sich vom pazifistischen, vom völkerrechtlichen und vom politischen Standpunkte aus betrachten.

Der Pazifismus hat, wie das bei einem militärisch erzogenen Volke nicht anders möglich war, bei uns immer wenig Boden gefunden. Jetzt ist er vollends diskreditiert, weil er weder den Krieg zu verkürzen, noch die Friedensverträge oder den Völkerbund nach seinen Idealen zu gestalten vermochte. Der Politiker kann daher, auch wenn er selbst den Pazifismus als das Ideal betrachtet, heute noch nicht seine Maßnahmen nach diesem Ideal formen, denn rings um uns herrscht der Imperialismus. Darum dürfen wir aber den Pazifismus nicht verachten, ebensowenig wie wir die Religion als Ideal um deswegen weniger schätzen, weil die Bergpredigt in den Kämpfen des Alltags nicht als bindendes Gebot betrachtet wird. Die pazifistische Stimmung ist in allen Völkern im Wachsen begriffen. Das haben wir vor dem Kriege nicht verstanden und infolgedessen in der Schiedsgerichts- und Abrüstungsfrage Obstruktion getrieben, die uns in den Ruf brachte, den Krieg als das ideale Mittel der Politik zu betrachten. Wenn wir diesen Ruf nicht gehabt hätten, läge jetzt die Schuldfrage ganz anders, und es wäre auch nicht möglich gewesen, die ganze Welt und insbesondere Amerika gegen uns in das Feld zu rufen. Unsere Mißachtung des Pazifismus hat uns daher großen Schaden gebracht, vielleicht sogar unsere Niederlage verschuldet. Die Staatsmänner der Entente haben immer dem Pazifismus ihre Huldigung dargebracht, weil sie der öffentlichen Meinung ihrer Länder diese Konzession machen mußten, selbst wenn sie imperialistische Maßregeln befürworteten. Während die Türkei, von einer Macht der Entente gegen die andere finanziert und ausgerüstet, den unsinnigen Porzellanfrieden von Sèvres zersprengen darf, wird das waffenlose Deutschland auf Grund des ebenso unsinnigen Friedens von Versailles weiter mißhandelt. So kann die Entente wahrlich das deutsche Volk nicht zum pazifistischen Ideal bekehren. Wir verlangen erst Gerechtigkeit und wahre Selbstbestimmung der Völker, dann Pazifismus. Deshalb ist das pazifistische Ideal auch kein zureichender Grund, um unsrerseits einen Antrag um Aufnahme in den Völkerbund zu stellen. Ausschlaggebend sind andere Motive. Immerhin dürfen wir nicht ein ähnliches Odium auf uns laden wie vor dem Kriege.

Mit der Fortbildung des Völkerrechts durch den Völkerbund, das heißt mit einer Organisation des Rechtsgedankens wäre wohl jeder Deutsche einverstanden, aber die Gegner unseres Eintritts in den Völkerbund sind der Ansicht, daß wir dadurch in der Freiheit unserer Entschließungen zu sehr beschränkt werden würden. Darin liegt meines Erachtens eine Ueberschätzung des heutigen Völkerbundes. Wir sehen doch, wie wenig die anderen Staaten sich durch den Völkerbund einschränken lassen. Infolge der verlangten Einstimmigkeit und der allgemeinen politischen Lage ist der Völkerbund vorläufig nur eine Diplomatenversammlung, in der mehr oder weniger wichtige Fragen besprochen und teilweise erledigt werden. Nur in den Formen des Eintritts unterscheidet sich der Völkerbund von anderen diplomatischen Konferenzen.

Die politischen Motive sind in der vorliegenden Frage die einzigen entscheidenden. Wichtige deutsche Interessen werden dadurch vernachlässigt, daß wir in Genf nicht vertreten sind. Alle bisherigen Sünden des Völkerbundes zugegeben, so ist zu bedenken, daß die Entente uns fortgesetzt durch den Obersten Rat, die Botschafterkonferenz, die Reparationskommission, oder wie sonst ihre schönen Institutionen alle heißen, ebensolche Ungerechtigkeiten hat angedeihen lassen. Trotzdem mußten wir mit ihnen verhandeln, weil jedes andere Vorgehen Selbstmord gewesen wäre. Wir mußten unsere Interessen zu wahren und unser Recht zu erkämpfen suchen. Der Kampf ums Recht ist die Losung der deutschen Politik. Wenn wir die Einladung nach Genua annahmen, so kann ich nicht einsehen, warum wir nicht aus denselben Gründen die Einladung Englands nach Genf annehmen sollten. Wir brauchen nur zu antworten, daß wir bereit seien, wenn England dafür sorge, daß unser Eintritt in den Völkerbund sich in würdigen Formen vollziehe. Nach meinen Genfer Eindrücken unterliegt es keinem Zweifel, daß unsere Aufnahme keinen Schwierigkeiten begegnen würde, und daß uns auch ein Sitz im Völkerbundsrate zuerkannt werden würde. Die Schlußrede des Vorsitzenden brachte dies zum Ausdrucke, indem er mit Absicht und Betonung sagte, es sei noch nie ein Staat abgewiesen worden, der Einlaß begehrt habe. Selbst wenn Frankreich seinen Widerstand nicht aufgeben sollte, so läge darin für uns kein Grund, von der Betreibung unserer Aufnahme abzusehen. Eine gute auswärtige Politik muß in der Zielsetzung ideal gerichtet sein, aber in der Technik derselben kommt es hauptsächlich darauf an, den Gegner ins Unrecht und sich selbst ins Recht zu setzen. Wenn Frankreich die Fortbildung und Universalierung des Völkerbundes verhinderte, so fiele das Odium auf Frankreich und nicht auf uns. Das wäre an sich schon ein politischer Gewinn.

Die im Auslande unterdrückten Minderheiten und alle sonstigen abgesprengten Landsleute wünschen dringend unseren Eintritt in den Völkerbund, damit sie dort einen Fürsprecher haben. Wie man auch sonst über die Genfer Versammlung denken mag, zweifellos wird nirgends so viel Einfluß auf die öffentliche Meinung der Welt ausgeübt wie dort. Und in Genf muß Deutschland schweigen! Als Walter Rathenau in seinem glänzenden Schwanengesange im Reichstage die Leiden der Saarländer schilderte, schwebte mir gleich der Gedanke vor, wie anders die Wirkung gewesen wäre, wenn diese Rede hätte in Genf gehalten werden können. Die Reden deutscher Staatsmänner werden im Auslande nur verstümmelt oder garnicht gelesen, unsere Zeitungen noch weniger, und unsere Diplomaten leiden noch unter der Absperrung durch die Kriegspsychose. Gilt es da nicht, jede Gelegenheit zu benutzen, um die deutsche Stimme zu Gehör zu bringen?"

Was auch immer die Gründe der deutschen Regierung waren, der Versuch wurde nicht gemacht, durch den Eintritt in den Völkerbund die französische Invasion zu verhindern und die Reparationsfrage zu lösen. Jetzt läßt sich nicht mehr sagen, ob Poincaré seinen vertragswidrigen Einbruch in Deutschland trotzdem ausgeführt hätte, aber alle uns wohlgesinnten Engländer waren damals der Ansicht, daß ein Vorgehen auf dem bezeichneten Wege die Invasion verhindert hätte. Man kann heute kaum den Gedanken fassen, daß uns vielleicht die Inflation in ihren schlimmsten Auswüchsen hätte erspart werden können. Wie dem auch sei, bis auf weiteres war das politische Bild verändert. Der Eintritt Deutschlands in den Völkerbund, der vor zwei Jahren die Forderung des Tages, vor einem Jahr noch sehr wünschenswert und möglich war, wurde jetzt unmöglich, weil Artikel I der Völkerbundsakte dem entgegenstand. Wir hätten zwar nach englischer Auffassung auf den Einwurf, daß wir die Verträge nicht erfüllten, damit erwidern können, daß Frankreich durch den Ruhreinfall den bestehenden Rechtszustand gebrochen hätte, aber dadurch wäre der faktische Zustand der Nichterfüllung unsrerseits nicht behoben worden.

Der damals vor dem Völkerbunde spielende Fall „Corfu" war deshalb für uns so lehrreich, weil unsere Lage „mutatis mutandis" die gleiche war. Das schwache Griechenland stand der italienischen Machtpolitik gegenüber wie wir der französischen. Wenn kein Dritter eingriff, mußte Griechenland den Verlust Corfus über sich ergehen lassen. Ebenso konnten wir die Franzosen nicht aus den besetzten deutschen Gebieten hinaustreiben. Gewiß gab es eine starke Minderheit in Frankreich, die lieber Geld nehmen wollte, als Annexionen zu vollziehen, aber auch diese folgte der Regierung Poincaré auf ihren imperialistischen Wegen, weil nun einmal die französische öffentliche Meinung in dem Wahne begriffen war, daß wir böswillige Schuldner seien. Die Frage war daher auch in unserem Falle unlösbar, wenn nicht ein Dritter eingriff. Der Versuch einer direkten Einigung mit Frankreich scheiterte, mußte scheitern, und wird vermutlich auch immer in Zukunft erfolglos bleiben, weil der französische Imperialismus eben keine Einigung ermöglichen will. Man behauptete in Frankreich immer, der deutschen Republik sympathisch gegenüberzustehen, aber in der Praxis trieb man das deutsche Volk in die Arme der Reaktion. Sah man vielleicht voraus, daß die Reaktion Deutschland noch mehr schwächen würde, als selbst Napoleon I. es gekonnt hat? Wie auch immer die deutsche Regierung gebildet werden mag, sie wird stets auf die englische Vermittlung mit oder ohne Völkerbund zurückkommen müssen.

Infolge des Dawesplanes und seiner Annahme änderte sich das Bild wieder. Im Reichstag sprach ich im Namen meiner Partei für die Annahme. Dabei war mir vollkommen klar, daß die Befriedung der Welt eines festeren Fundamentes bedürfe, als durch ein rein wirtschaftliches Abkommen gebaut werden konnte. Ebenso zweifellos war mir ferner die Absicht Englands, zum Bau dieses Fundaments den Völkerbund heranzuziehen. Deshalb mußte seitens der Mittelparteien darauf hingewirkt werden, daß Deutschland seine Haltung dem Völkerbunde gegenüber einer Revision unterzog. Die Abneigung, die bei uns gegen den Völkerbund bestand, war nach dessen bisherigen Leistungen vollkommen begreiflich, beruhte aber dennoch auf einem Grundirrtume. Alle Vorwürfe, die gegen den Völkerbund erhoben werden, gehen von der falschen Voraussetzung aus, daß er eine überstaatliche Instanz ist, die aus idealpolitischen Motiven die Welt verbessern müsse und, wenn er dies nicht täte, lediglich als eine Veranstaltung der Heuchelei zu betrachten wäre. Tatsächlich ist aber der Völkerbund nur eine Diplomatenversammlung, die nach Instruktionen handelt, gewissermaßen ein Spiegel, in dem uns ein Bild der augenblicklichen politischen Machtverhältnisse entgegentritt. Man kann also getrost folgern, daß wir bei jeder konkreten Frage vor dem Völkerbunde ebenso gut oder ebenso schlecht gefahren sind und fahren werden wie vor jeder anderen internationalen Konferenz. Bei den Tagungen der Völkerbundsligen kam klar zum Ausdrucke, daß weder die Ligen noch der Völkerbund selbst an die Verwirklichung eines pazifistischen Ideals denken, sondern nur den Wunsch haben, an der Lösung konkreter Fragen mitzuwirken, doch hängt der Erfolg natürlich davon ab, ob die Zeit reif ist für eine Befriedung der Welt oder nicht. Der Völkerbund kommt dabei nur als Mittel und nicht als Selbstzweck in Betracht. In diese Zeit, 1924, fiel der Kongreß der Völkerbundsligen, der damals eine außergewöhnliche Bedeutung hatte, weil bei diesem Anlasse zum ersten Male nach dem Weltkriege eine deutsche Delegation in normaler Weise nach Frankreich eingeladen war, und weil der Kongreß in Lyon stattfand, der Stadt, die Geist von dem Geiste ihres langjährigen Bürgermeisters Herriot ist, der als Ministerpräsident das Erbe Poincarés angetreten hatte.

Die Bevölkerung von Lyon, die Presse und die fremden Delegationen sahen alle die Anwesenheit einer deutschen Abordnung als das wichtigste Ereignis des Kongresses an und brachten dies mehrfach zum Ausdrucke. Keinem von uns Deutschen ist auch nur die geringste Unannehmlichkeit begegnet. Der Empfang war von Anfang an höflich und steigerte sich nach und nach zur Freundlichkeit, sodaß auf dem großen Empfange des letzten Abends eine Stimmung herrschte, wie es auf internationalen Kongressen vor dem Kriege üblich war. Offenbar hatten unsere Gastgeber zuerst einige Besorgnisse, daß Zwischenfälle eintreten könnten, doch wurde jede Gefahr dadurch vermieden, daß wir die Regie ganz den Franzosen überließen, die sehr geschickt die Reden und Einladungen an uns so regelten, daß die erwähnte Steigerung eintreten konnte. Wir mußten natürlich das unsrige dazu beitragen, aber man machte es uns leicht, wobei nicht zu übersehen ist, daß wir durchweg mit dem damaligen Frankreich zusammenkamen und nicht mit dem Poincarés. Ohne mich irgendwelchen Illusionen hinzugeben, war ich doch überrascht, daß uns so viele Gelegenheiten geboten wurden zu eingehenden Aussprachen mit den verschiedensten Kreisen der französischen Gesellschaft. Wenn darin auch kein politischer Erfolg gesehen werden soll, so erweiterte sich doch der eigene Blick für die Forderungen des Tages.

Bei dem Frankreich, das wir gesehen haben, stand die Entwaffnungsfrage im Vordergrunde des Interesses, dann folgte der Wunsch nach Reparationen, während alle anderen Probleme nur als Mittel zum Zwecke in Betracht kamen. Dementsprechend konnte ich in meiner öffentlichen Rede und in vielen Interviews, die verlangt wurden, ohne Widerspruch sagen, daß wir unsrerseits die Räumung des über den Frieden von Versailles hinaus besetzten deutschen Gebietes und volle Amnestie für die Märtyrer des passiven Widerstandes verlangten. Ich hatte vorher betont, daß Deutschland eine Republik sei und bleiben wolle, daß wir völlig entwaffnet wären, soweit internationale Beziehungen in Betracht kämen, und daß die Reparationsfrage durch unsere Annahme des Dawes-Berichtes erledigt sei. Es war auch nötig, die deutschen nationalistischen Demonstrationen zu erwähnen, da diese immer wieder uns gegenüber vorgebracht wurden. Ich benutzte die Gelegenheit, um darauf hinzuweisen, daß ein besiegtes und verstümmeltes Volk naturgemäß nationalistische Anwandlungen habe. Die Franzosen und Engländer wüßten ja aus ihren eigenen Erfahrungen, daß ein Land sich nach einer Revolution nicht so schnell beruhige, wie man es vielleicht wünschen möchte.

Wir haben jedenfalls in Lyon lernen können, wie sehr die Furcht vor einem neuen Kriege alle Schichten des französischen Volkes beherrscht. Jeder kehrte immer wieder zu diesem Thema zurück, und wurde erst freundlich, wenn man ihm klarmachte, daß selbst unsere Nationalisten nicht an einen Krieg dächten. Die Franzosen teilen unser Volk ziemlich naiv in Pazifisten und Nationalisten ein, und es war nicht leicht, ihnen begreiflich zu machen, daß eine Annäherung an die deutsche Nation nur dann von Wert und Dauer sein könne, wenn sie sich nicht allein auf Pazifisten gründete. Uebrigens fehlte auch in Lyon nicht der alte Streit um den Begriff des Pazifismus, da der Präsident des Kongresses, der frühere niederländische Finanzminister Treub, in seiner Eröffnungsrede gerade heraus erklärte, daß er kein Pazifist sei. Er stellte sich damit auf den Standpunkt, den die deutsche Liga konsequent einnahm, nämlich daß Völkerbund und Völkerbundsligen — einstweilen jedenfalls — nicht den Zweck haben, das Ideal des ewigen Friedens zu realisieren, sondern konkrete Fragen auf friedlichem diplomatischem Wege zu lösen.

Der Kongreß sprach sich dafür aus, daß Deutschland in den Völkerbund aufgenommen und uns ein ständiger Sitz im Rate eingeräumt werden solle. Zu diesem Beschlusse nahm ich den gleichen Standpunkt ein, den ich immer in Wort und Schrift in der Heimat vertreten habe. Ich sagte, der Augenblick für den Eintritt Deutschlands scheine nunmehr gekommen, nachdem England und Frankreich ihn wünschten, und die

Regelung der Reparationsfrage ihn erforderlich mache. Indessen wäre es besser, unseren Eintritt als Krönung des Verständigungsbaus in Aussicht zu nehmen. Ein vorheriger Antrag Deutschlands werde vielleicht nur neue Schwierigkeiten verursachen. Wenn aber die oben erwähnten Fragen alle geregelt seien, dann würden England und Frankreich im Einvernehmen mit Italien und Japan gewiß genügend Einfluß im Völkerbunde haben, um unsere Aufnahme und die Schaffung eines neuen ständigen Sitzes im Rate durchsetzen zu können. Auf letzteren lege die deutsche öffentliche Meinung einen entscheidenden Wert. Auch diese Bemerkungen fanden den Beifall der Versammlung, die im allgemeinen meine Reden sehr freundlich aufnahm. Dieser Eindruck wurde durch die Antworten des französischen und belgischen Vertreters verstärkt. So sehr dies einen Deutschen erstaunen mag, so war doch unverkennbar, daß auch die verständigungsbereiten Franzosen bei uns eine vollständige Renitenz in allen einschlägigen Fragen voraussetzten. Sie argumentierten ungefähr in dem Sinne, daß Erzberger und Rathenau ermordet worden seien, weil sie Verständigungswillen zeigten, und daß seitdem aus guten Gründen niemand ehrlich in deren Fußstapfen treten wolle. Sie waren überrascht und ungläubig, wenn man ihnen sagte, daß wir ehrlich den Dawes-Bericht zur Durchführung bringen wollten, und hörten es ungern, daß tatsächlich die Verständigung an Poincarés Politik gescheitert sei, die in Cannes und Genua einen Erfolg verhinderte und durch den Ruhreinfall einen Scherbenhaufen schaffte. Denn sie verurteilten zwar die Politik Poincarés und bewiesen dies bei den Wahlen, aber sie entschuldigten sie doch mit der vorausgesetzten deutschen Renitenz. Bei dieser Geistesverfassung mußte der Weg noch ein sehr langer sein, der zu der sogenannten moralischen Abrüstung führt. Begegnungen, wie die von Lyon könnten viel helfen, aber sie lassen sich schwer wiederholen. Auch war damals die Stellung der französischen und der deutschen Regierung noch zu schwach, als daß die führenden Männer in beiden Ländern sich allzusehr mit den Verständigungspolitikern des andern Landes kompromittieren konnten. Vorläufig glaubte man in beiden Ländern nicht an den guten Willen des anderen. Es kam eben darauf an, daß beide einen solchen Willen durch die Tat bewiesen, und dazu war zunächst nötig, daß man wußte, wie der andere empfand. Das damalige Frankreich wollte uns den Rhein nicht nehmen. War aber der Geist Poincarés definitiv überwunden?

Der Kongreß in Lyon war alles in allem die erfolgreichste Generalversammlung der Ligen, die ich besuchte, und wir quittieren dankend das Begrüßungstelegramm des Ministerpräsidenten Herriot, der den Verband als die Elite der Welt ansprach. Ebenso war die bald darauf zusammengetretene Völkerbundsversammlung die wichtigste, die bisher abgehalten wurde. Sie brachte das Genfer Protokoll und die Wendung der deutschen Politik zum Völkerbunde.

Das Genfer Protokoll sollte Frankreich die geforderte „Sicherheit" schenken und dazu brauchte man Deutschland. Unser Eintritt in den Völkerbund konnte damals als gesichert gelten. „Lieber spät als niemals" wird mit Livius derjenige sagen, der wie ich der Ansicht war, daß wir unsere Interessen innerhalb des Völkerbundes besser vertreten könnten, als außerhalb desselben. Wenn der Ausgang ein anderer gewesen wäre, hätte man von einer Genfer Tragödie der Irrungen sprechen müssen. So war es eine Komödie, die dort gespielt wurde, mit dem Ausklang: „Ende gut, alles gut". Die Regie funktionierte in Genf so schlecht, daß der Zuschauer den Eindruck gewinnen mußte, alle Hauptakteure täten ihr Möglichstes, um den Eintritt Deutschlands zu verhindern, während die meisten im Gegenteil ihn lebhaft wünschten.

Als Vorspiel wurde das „Mißverständnis von Henley" aufgeführt. Dieses beruhte darauf, daß Lord Parmoor auf seinem Landsitze in Henley, anläßlich der Unterzeichnung des Londoner Protokolls, Marx und Stresemann ein Frühstück gegeben hatte, bei dem der Eintritt Deutschlands in den Völkerbund verabredet werden sollte. Diese Verabredung mißglückte indessen irgendwie, und die englische Regierung glaubte, wir seien auf den Beginn des ersten Aktes in Genf vorbereitet, während in Deutschland die gegenteilige Ueberzeugung bestand, daß die Aufführung in diesem Jahre noch nicht stattfinden würde. MacDonald nahm nach seinen halbamtlichen Informationen an, daß seine warmherzige Einladung sofort einen gleichen Widerhall in Deutschland finden werde. Statt dessen blieb die Antwort drei Wochen aus, weil eben niemand auf die Einladung gefaßt war. Noch auffallender erscheint, daß auch die Franzosen nicht vorbereitet waren. Sie wurden durch die Rede des englischen Premierministers völlig überrascht. Herriot faßte sich allerdings gleich und goß schnell Wasser in den englischen Wein, wozu er wohl noch besonders dadurch angeregt wurde, daß MacDonald die Schuldfrage im deutschen Sinne besprochen und die oberschlesische Entscheidung des Völkerbundes getadelt hatte. Eine geschickte Regie, die auf den Eintritt Deutschlands hinarbeitete, hätte an Stelle dieses Intermezzos, das immerhin bei uns Zurückhaltung auslösen mußte, identische Erklärungen der beiden Großmächte veranstaltet, die gleichzeitig durch entsprechende Schritte der beiden Botschafter in Berlin hätten unterstützt werden müssen. Dann wäre Deutschlands Eintritt wohl sofort erfolgt. Gewisse Schwierigkeiten würde es in Genf noch gegeben haben, aber die dortige Stimmung hätte sie weggefegt. Es ist nicht zu leugnen, daß Frankreich und sein unbedingter Anhang lieber den Eintritt Deutschlands hinausschieben wollten, um die Ergebnisse der schwebenden Untersuchung über unsere Entwaffnung abzuwarten und um uns in der Sicherheitsfrage vor eine vollendete Tatsache zu stellen. Die Genfer Versammlung indessen wollte Deutschland durchaus in ihrer Mitte sehen; der Abwesende blieb während des ganzen Monats September dort die Hauptperson, und zwar gerade wegen der Sicherheitsfrage, da es jedem Unbefangenen einleuchtete, daß derjenige unentbehrlich sei, gegen den die Sicherheit verlangt wird. Deshalb hätte die Versammlung alle Widerstände beseitigt, wenn wir sofort mit Wärme in die offenen Arme MacDonalds gesunken wären. Indessen lag der Fehler der Regie eben darin, daß sie eine Stimmung voraussetzte, die in Deutschland garnicht vorhanden war und nach allem Vorhergegangenen nicht vorhanden sein konnte. Man sieht daraus, daß nicht nur wir in der Beurteilung fremder Nationen psychologische Fehler machen.

Wenn man uns schon 1924 in Genf sehen wollte, mußte der Hebel geschickt in Deutschland angesetzt werden, wo die Schwierigkeiten größer waren als bei dem Völkerbunde. Der Besiegte ist naturgemäß immer empfindlicher als der Sieger. Deshalb hätte Herriot sich auch andere Zuhörer aussuchen müssen, als er in bester Absicht öffentlich die Schärfen seiner Rede abdämpfen wollte. Der Vertreter der „Deutschen Allgemeinen Zeitung" oder die Gesamtheit der deutschen Pressevertreter wären hierzu viel geeigneter gewesen als unsere Menschenrechtler unter Einschluß Professor Försters. Französischerseits sagte man, dieser Empfang sei begreiflich gewesen, weil jeder sich zunächst an seine Freunde wende. Aber der Franzose sagt doch sonst sprichwörtlich „prêcher un converti". Wer Bekehrungsversuche machen will, muß sich an die Unbekehrten wenden, und wer Versöhnung sucht, darf sie nicht einseitig auf Kreise aufbauen wollen, die in der eigenen Heimat verdächtig erscheinen, weil sie allzu schnell mit allzu großer nationaler Selbstverleugnung die Versöhnung betreiben. Jeder verständige Politiker wird die Annäherung zwischen Deutschland und Frankreich wünschen. Auf dieser Hoffnung basiert die Zukunft Europas. Doch kann die Versöhnung nur erfolgen, wenn beiderseits das Prinzip anerkannt wird: nach einem ehrlichen Kampfe eine ehrliche Versöhnung.

Immerhin war es eine mutige Tat MacDonalds, die Schuldfrage zu erwähnen, wie er es tat. Doch bin ich der Ansicht, daß diese Frage nicht vom Politiker, sondern vom Historiker behandelt werden sollte, denn sie hat keinen praktischen Wert. Ausschließlich weil wir besiegt worden waren, mußten wir uns der Lösung der Reparationsfrage durch das Londoner Protokoll fügen. Unsere Lasten würden nicht um einen Pfennig verringert und unser Gebiet nicht um einen Quadratzentimeter vergrößert worden sein, wenn sich die ganze Welt zu der historischen Wahrheit bekennen würde, daß es eine moralische Schuld am Weltkriege garnicht geben kann, weil das Zeitalter des Imperialismus diesen Begriff nicht kannte. Vor dem Weltkriege trieben alle Mächte einen solchen Imperialismus, daß die Entladung zwangsläufig erfolgen mußte. Die entscheidende Frage war nur, welche Staaten ihren Imperialismus am geschicktesten betrieben. Die Klügeren blieben die Sieger. Die Katastrophe war aber so groß, daß auch die Sieger furchtbar litten, und deshalb trat als Reaktion gegen den imperialistischen Wahnsinn der Völkerbundsgedanke auf mit seiner neuen Moral. In Genf wohnen die Gedanken nur noch in dieser neuen politischen Sittlichkeit, aber in dem weltpolitischen Raume stoßen noch die imperialistischen Politiker vom Schlage Poincarés hart dagegen an. Die Schicksalsfrage Europas liegt in der Hand des Völkerbundes, der sich unter der Mitwirkung Deutschlands zu einem Instrumente des Friedens und der Gerechtigkeit entwickeln muß, wenn anders er das Vertrauen der Welt gewinnen will, das er heute noch nicht besitzt.

Schon zur Zeit der Völkerbundsversammlung in Genf konnte kein Zweifel darüber bestehen, daß diese Veranstaltung dazu dienen sollte, die Sicherheitsfrage zu lösen. Deshalb allein rief man uns so eindringlich nach Genf. Auch wenn wir diese Gelegenheit nicht hätten vorübergehen lassen, so wäre die Lösung der Sicherheitsfrage damals nicht geglückt, weil England mit Rücksicht auf seine Kolonien das Genfer Protokoll nicht unterzeichnen konnte. Immerhin wäre die Diskussion in Fluß geraten. Daran hat es später gefehlt, bis Stresemann die Initiative ergriff, die nach Locarno führte. Er hat mit großem Mut die Erfüllungspolitik wieder aufgenommen und für sie mit ebenso großem Geschick einen neuen Namen erfunden, damit sie eine breitere deutsche Front hinter sich habe. Ich bin an diesen Verhandlungen nicht beteiligt gewesen, aber ich habe Stresemann so viel ich konnte im Reichstage unterstützt und vorwärtsgetrieben. Ich hielt es für eine Illusion, zu glauben, daß die Franzosen jemals das linke Rheinufer ohne vorherige „Sicherheit" räumen würden. Daher war damals die Hauptaufgabe unserer Regierung auf außenpolitischem Gebiete, die „Sicherheitsfrage" in einer für Deutschland annehmbaren Form zu lösen.

Von dem Augenblicke an, wo Stresemann das Auswärtige Amt übernahm, war Deutschland wieder im Aufstieg begriffen. Es ist nun einmal nicht anders. Unsere zentrale Lage bringt es mit sich, daß in der deutschen Geschichte Freud und Leid immer von der auswärtigen Politik herkommen.

In die Zeit der Verhandlungen über die „Sicherheit" fiel der Warschauer Kongreß der Völkerbundsligen.

In Anbetracht des Zollkrieges mit Polen waren Ort und Zeitpunkt nicht gerade günstig für uns. Indessen muß anerkannt werden, daß die Aufnahme der deutschen Delegation hierunter nicht litt, sondern eine außerordentlich freundliche war, wie sich überhaupt die polnische Gastfreundschaft im glänzendsten Lichte zeigte. Es wäre aber ein Trugschluß, wenn man daraus praktische politische Folgerungen für die aktuellen deutsch-polnischen Beziehungen ziehen wollte. Die deutsche Minderheit in Polen muß geschützt werden, während der Korridor und Oberschlesien blutende Wunden bleiben. Höchstens könnte die vorsichtige Behauptung gewagt werden, daß in den polnischen Kreisen Warschaus sich die

Zahl derer vermehrt, die die Notwendigkeit einsehen, mit ihrem westlichen Nachbarn friedliche Beziehungen zu unterhalten.

Die Stimmung innerhalb des Kongresses zeugte deutlich dafür, daß die Entspannung seit dem Londoner Protokoll und namentlich seit den Sicherheitsverhandlungen bedeutende Fortschritte gemacht hatte. Das deutsche Ansehen war durch unser Aufrollen der Sicherheitsfrage entschieden erhöht worden, indem einerseits das Vertrauen in unsere Aufrichtigkeit gestiegen und andrerseits das deutsche Prestige dadurch vermehrt war, daß der bisher wichtigste Schritt zur Befriedung der Welt von uns ausging. Ich benutzte auch die Gelegenheit, um der Versammlung auseinanderzusetzen, daß unsere Bedenken gegen den Artikel 16 der Völkerbundsakte immer wiederkehren würden, solange die allgemeine Abrüstung nicht durchgeführt wäre. Dies sei der Endzweck und Hauptinhalt des Völkerbundsgedankens. Es wäre kein Vorwand, den wir in dem Artikel 16 suchten, um unsern Eintritt in den Völkerbund hinauszuschieben, sondern wir hegten ernste Besorgnis, daß das völlig abgerüstete Deutschland, das nicht einmal seine eigenen Grenzen schützen könne, zum Schlachtfeld seiner schwer bewaffneten Nachbarn werden würde. Deshalb müßten wir immer wieder diese Frage vorbringen, entweder vor oder nach unserem Eintritt in den Völkerbund. Sicherheit und Schiedsverträge hätten nur dann einen praktischen Wert, wenn sie zur allgemeinen Abrüstung führten.

Die Generalversammlung des Völkerbundes war im Herbst 1925 insofern in einer üblen Lage, als sie — teils widerwillig — der Führung der Großmächte folgen mußte und die Hauptfrage nur besprechen durfte, ohne selbst handelnd einzugreifen. Der Völkerbund erinnerte an eine Kompagnie Infanterie, die auf der Stelle tritt, ehe sie den Paradenmarsch beginnt. Dadurch entstand in Genf eine gewisse Mißstimmung, die nur Phantasten überraschen konnte und die sich im nächsten Frühjahr, in dem am wenigsten geeigneten Augenblick entlud.

Andrerseits aber war eine außerordentliche Entspannung zu bemerken, die im letzten Jahre dank der deutschen Außenpolitik eingetreten war. Der Deutsche, wenn auch nur als Privatmann anwesend, war nicht mehr der Feind, dem man aus dem Wege ging, sondern der Miteuropäer, den man suchte, da er zur Befriedung des Erdteils unentbehrlich ist.

Aus der gleichen Blume saugt die Biene Honig und die Spinne Gift. Deutsche Gegner des Völkerbundes sagten, die Generalversammlung habe wieder völlig versagt, weil sie in der Danziger- und Minderheitenfrage nichts oder nur Ungerechtes getan habe. Das ist nicht zu leugnen, aber andrerseits werden diese Angelegenheiten niemals in Genf die gebührende Rücksicht finden, wenn Deutschland nicht mitspricht. In Diplomatenversammlungen — und wer im Völkerbunde etwas anderes sieht, phantasiert — werden immer alle Fragen durch Kompromisse entschieden. In Genf durch Kompromisse zwischen der Macht und der Gerechtigkeit, manchmal mehr zugunsten der ersteren, manchmal der letzteren. Das kann garnicht anders sein, und wenn der Hauptinteressent abwesend ist, so beißen ihn die Hunde. Als ich einmal in Genf einem hervorragenden französischen Delegierten sagte, seine Freunde, die Polen und Tschechen, behandelten die deutsche Minderheit miserabel und vertragswidrig, antwortete er nur: Da kommen Sie doch in den Völkerbund und sagen Sie das hier öffentlich. Dem Manne kann geholfen werden.

Wer sich die deutsche Stellung in Genf als eine leichte vorstellt, befindet sich auf einem Holzwege. Zu reden, was gleichzeitig in Genf und in Deutschland gern gehört wird — das wäre eine Art von Quadratur des Zirkels. „Mutatis mutandis" war Graf Apponyi Meister dieser Kunst, aber die Ungarn sind politisch geschulter als wir und verstehen es besser, mit den Wölfen zu heulen, um ihre Ziele zu erreichen. Deshalb sind sie auch lange vor uns in den Völkerbund eingetreten. Dieser ist ein Nichts, wenn er nicht immer Gerechtigkeit fordert, und sollte man uns, ähnlich wie dem Grafen Apponyi vorhalten, daß auch wir hinsichtlich der Minderheiten in einem Glashause gesessen hätten, so ist die Antwort leicht: Man hat gegen uns Krieg geführt mit dem Vorgeben, eine höhere Moral als die unsrige zu besitzen. Nun zeige man uns diese höhere Moral. Wir warten darauf. „Hic Rhodus, hic salta." Der Weg zu den Vereinigten Staaten von Europa führt über glückliche Minderheiten und niederbrechende Zollschranken.

Einstweilen war indessen alles auf Locarno eingestellt, und Locarno wurde im Gegensatz zu Versailles wirklich ein Friedensschluß; nur ist die damalige Stimmung nicht genügend ausgenutzt worden, um reinen Tisch zu machen mit allen Kriegserinnerungen. Immerhin war Locarno ein Wendepunkt von großer Bedeutung. Nach Versailles waren die Sieger ebenso unzufrieden wie die Besiegten. Kein Te Deum ist nach Beendigung des Kampfes aus vollem Herzen als Dank für den Erfolg gesungen worden, sondern man dankte nur dafür, daß nun endlich das Blutvergießen und die Zerstörung des Eigentums vorüber waren. Allgemein und überall wurde Wilson gefeiert, weil er das pazifistische Ideal vertrat, das er freilich nicht zu realisieren verstand.

Wenn man sich fragt, warum der Krieg so lange dauerte und die Friedenstraktate so schlecht gerieten, dürfte die Antwort in der Tatsache liegen, daß die führenden Männer sich überall vor der angeblichen öffentlichen Meinung fürchteten, die sie zum Teil erst selbst geschaffen hatten. Das Problem der Kriegsschuldfrage hängt eng hiermit zusammen. Früher würde kein Staatsmann sich gescheut haben, die Folgen seiner Politik zu tragen, wenn sie zu einem siegreichen Frieden geführt hätten. Heute aber kämpft jede Regierung heftig darum, nur ja keine Schuld an den schauderhaften Zuständen zu haben, die der Krieg und der Friede hervorbrachten.

Obige Zusammenhänge wurden naturgemäß zuerst nicht so klar erkannt. Man diktierte den Frieden nach veralteten Ideen, und in diesen wurde weiter gearbeitet, weil man glaubte, doch noch soviel aus den Besiegten herauspressen zu können, um hinterher die Kriegspolitik zu rechtfertigen. Die Wahrheit, daß der Besiegte heutzutage und in der Zukunft niemals in der Lage sein wird, die ungeheuren Kriegskosten zu ersetzen, durfte nicht anerkannt werden, damit die Völker nicht zu schnell einsehen lernten, daß sie im Kriege hinter das Licht geführt worden waren. Erst als diese veralteten Methoden zu dem vollständigen Wahnsinn des Ruhreinfalls geführt hatten, trat das ein, was der Franzose selbst mit dem Sprichwort ausdrückt: „L'excès du mal en devient le remède."

Die deutschen Gegner von Locarno bekämpften uns Befürworter mit dem Argumente, daß wir für Locarno begeistert und deswegen Illusionisten seien. Der Vertrag mit allen seinen juristischen Paragraphen war überhaupt nicht geeignet, Begeisterung zu erwecken, sondern es handelte sich dabei um Sein oder Nichtsein. Ein Hamlet kann Selbstmordgedanken hegen, aber ein Volk muß leben. Es wäre unsinnig, wenn wir in unserer Lage eine auswärtige Politik zu führen erwartet hätten, die Begeisterung auslöste. Begeisterung ist eine Emanation des Gemüts, Politik eine solche des Verstandes. Wie oft hat uns Bismarck dies gepredigt! Wir erwarteten von Locarno weiter nichts wie die Schaffung einer Atmosphäre, in der Deutschland, geachtet im Rate der Völker, an seinem eigenen Aufbau und dem Europas arbeiten konnte. Stresemann hat bewiesen, daß auch ein unbewaffnetes Deutschland eine führende Rolle in der europäischen Politik spielen kann, weil unsere zentrale Lage ebenso unsere Stärke ist, wie sie früher oft unsere Schwäche war. Europa ist von uns abhängig wie wir von Europa. Die Anerkennung dieser Tatsache nennt man heute den Geist von Locarno.

Unsere früheren Kriegsgegner machten es einmal mehr der deutschen Republik so schwer wie möglich, dem Geist von Locarno in Deutschland zum Siege zu verhelfen. Die außerordentliche Märztagung der Völkerbundsversammlung, in der Deutschland aufgenommen werden sollte, endete bekanntlich mit einem vollkommenen Mißerfolge, für den die Führung des Völkerbundes die Schuld trug.

Eine solche Krisis war bei dem Eintritt Deutschlands zu erwarten, doch konnte man annehmen, daß sie erst nach der Aufnahme zum Ausbruche kommen würde. Sie mußte schon wegen des latenten Gegensatzes zwischen den großen und kleinen Staaten eintreten und wegen der Genfer Abneigung gegen das aufoktroyierte Locarno, hauptsächlich aber, weil Deutschlands Eintritt den Charakter des Völkerbundes vollkommen änderte. Bisher war dieser, wie mir einmal einer der bekanntesten Delegierten eines kleinen Staates sagte, ein Klub von Freunden, richtiger, ein Verein der Siegerstaaten, der seine Aufgabe darin sah, die Friedensverträge aufrechtzuerhalten, während der Völkerbund umgekehrt dazu geschaffen wurde, die Verträge zu modifizieren. Dafür gibt Baker's Buch über Wilson hinreichende Beweise. Wie man sonst über Wilson denken mag, jedenfalls ist er der Begründer des Völkerbundes, der ohne ihn nicht existieren würde. Er muß also am besten gewußt haben, wozu er sein Kind in die Welt setzte. Dieser Unterschied der Auffassungen muß einmal ausgetragen werden, weil er allen Plänen zu Reformen des Völkerbundes unterliegt und die Wünsche der Staaten nach Ratssitzen inspiriert. Unsere Regierung hatte recht, daß sie an Locarno festhielt und damit die Möglichkeit schuf zu einer inneren und äußeren Reform des Völkerbundes. Dieser muß erhalten werden, wenn auch aus keinem anderen Grunde, so schon deshalb, weil er es ist, der England an dem europäischen Kontinent festhält. Man braucht nur an die Parlamentsdebatten über Locarno zu denken, wo alle Parteien einig waren, daß eine freiwillige Isolierung Englands wegen seiner Völkerbundspolitik nicht mehr möglich sei.

Dabei hatte ich keinen Zweifel, daß für uns der Eintritt Kampf und wieder Kampf bedeuten würde, bis wir uns eine gesicherte Stellung im Völkerbunde erkämpft hätten, und daß unsere Delegierten in der ersten Zeit niemals einen beneidenswerten und leichten Stand haben würden. Oft habe ich mündlich und schriftlich dieser Meinung Ausdruck gegeben, schon darum, weil es zuerst im Weltverband der Ligen auch nicht anders war, obgleich dort viel mehr wahre Völkerbundsgesinnung herrschte als in der Genfer Institution.

Gerade, weil ich die Schwierigkeiten voll erkannte, hätte ich gern den Eintritt zu der Zeit erkämpft, als MacDonald einen entsprechenden Enthusiasmus erwirkt hatte, der nach meiner Auffassung die Hindernisse überwunden haben würde. Damals arbeitete der Völkerbund durch Schaffung des Genfer Protokolls an der Lösung des Sicherheitsproblems und bedurfte dringend unserer Mitwirkung. Ob wir das Genfer Protokoll in eine annehmbare Form hätten bringen können, ist allerdings eine andere Frage, aber jedenfalls brauchte uns damals der Völkerbund in seinem eigenen Interesse.

Nachdem MacDonalds Aufruf ohne Antwort verhallt war, blieb zur Befriedung der Welt kein anderer Weg wie der gewählte offen, denn das Genfer Protokoll war an Englands Widerspruch gescheitert, der Enthusiasmus verflogen und statt dessen in Genf eine Art Katzenjammer eingetreten. Zur Zeit der nächsten Generalversammlung konnte man dort deutlich erkennen, daß Locarno im Völkerbunde wenig Freunde hatte, weil Genf dabei zu kurz gekommen war.

Trotzdem mußte man annehmen, daß die langen Vorverhandlungen mit allen erreichten Sicherheiten die Gewähr für eine verabredungsgemäße Aufnahme Deutschlands böten. Wenn es anders kam, so lag dies an der Führung. Der Völkerbund hat immer glatt funktioniert, wenn England und Frankreich von vornherein völlig einig gingen. Andernfalls waren wie damals Intrigen zu erwarten, die dem Völkerbundsgedanken widersprechen und den Beweis liefern, daß wir noch in dem Zeitalter des Imperialismus leben. Hätten die Herren Briand und Chamberlain vollkommen aufrichtig im Geiste von Locarno gehandelt, so würden sie gemeinsam alle im Völkerbunde auftretenden Wünsche beiseite geschoben haben, bis Deutschland aufgenommen war. Nur eine solche Haltung war der Mächte würdig, die den Weltkrieg gegen uns für die Heiligkeit der Verträge geführt haben wollen. Es war auch die einzig praktische Politik, weil dann alle nach ständigen und sonstigen Ratssitzen strebenden Staaten ein Interesse daran gehabt hätten, Deutschland schleunigst aufzunehmen. Briand ließ sich aber mit Polen ein, und Chamberlain gab ihm nach, trotz der entgegengesetzten Haltung in England, wo namentlich die Völkerbundsliga einen bewundernswürdigen Kampf für „fair play" führte.

Einmal mehr war der Sieg auf der Seite der Kreise, die der Welt keinen Frieden gönnen wollen. Europa war wieder um Monate in seiner Entwicklung aufgehalten worden.

Der Kongreß des Weltverbandes der Völkerbundsligen sollte in dem gleichen Jahre in Dresden abgehalten werden, doch erschien es uns angesichts des Mißerfolges der Märztagung des Völkerbundes noch nicht opportun, den Versammlungsort nach Deutschland zu legen. Die aktivste und stärkste aller Ligen, die englische, sprang in die Bresche und lud den Weltverband nach London und Aberystwith in Wales ein. Die vorbereitenden Kommissionen tagten in der Hauptstadt und die Generalversammlung in dem hübschen Walliser Seebade.

Die Wanderungen in verschiedene Länder bringen dem Weltverbande ständig neue Eindrücke, die noch nie so stark waren wie in Aberystwith. Wohl sind wir überall freundlich aufgenommen und gastlich empfangen worden, aber eine so weitgehende Gastfreundschaft und eine solche Anteilnahme aller Klassen der Bevölkerung wie in Wales, haben wir nirgends erlebt. Schon in London hatten die Lords Cecil, Parmoor und Gladstone durch Veranstaltung geselliger Vereinigungen ihr Interesse an dem Kongresse bewiesen. Wer die englische Hauptstadt kennt, weiß aber, daß in deren unendlicher Größe und Geschäftigkeit nur ganz ungewöhnliche Ereignisse weitere Kreise ziehen. In Aberystwith dagegen war die ganze Stadt uns zu Ehren auf den Straßen, die, ebenso wie der Bahnhof, in reichem Flaggenschmucke prangten. Bürgermeister und Stadträte standen im historischen Ornate auf dem Bahnsteige, als der uns gestellte ausgezeichnete Sonderzug einfuhr. Wie der Empfang gestaltete sich der ganze Aufenthalt. Die Bevölkerung begleitete unsere Einfahrt mit Hochrufen und unsere Verhandlungen mit äußerstem Interesse.

In der öffentlichen Volksversammlung, die veranstaltet wurde, fanden sich so viele Menschen ein, daß der mit 3000 Sitzplätzen versehene Saal übervoll war. Ein großer Teil der internationalen Presse hat nach deren

Gepflogenheit bei der Berichterstattung über diese Volksversammlung besonders den schon oben erwähnten sogenannten Zwischenfall hervorgehoben, der sich vor meiner Rede abspielte, als der Vorsitzende mich einführte. Ein einzelner Mann begann im Hintergrunde des Saales zu schreien. Was er sagte, war am Vorstandstische nicht zu verstehen, doch hieß es nachher, er habe: „What about the Lusitania?" gerufen. Jedenfalls wurde der Mann sofort hinausgeführt und sein Geschrei durch lebhafte Hochrufe übertönt. Dergleichen kann in jeder öffentlichen Versammlung vorkommen. Obendrein war die Wirkung auf die Anwesenden eine für mich so günstige, daß ein humorvoll und zynisch veranlagter Delegierter meinte, ich hätte mir wohl nach berühmten Mustern ein kleines Attentat bestellt, um die Zuhörer meiner Rede zu gewinnen. Diese fand auch wirklich eine außerordentlich freundliche Aufnahme, obgleich ich unsern Standpunkt mit der denkbar größten Offenheit vortrug.

Wer sich mit dem Völkerbunde befaßt, weiß schon längst, daß dieser Gedanke in England mehr Freunde hat als in irgend einem anderen Lande. Trotzdem war die Haltung der Walliser Bevölkerung wohl für uns alle eine angenehme Ueberraschung. Keiner hatte geglaubt, daß die Anteilnahme der breiten Schichten und namentlich der studierenden Jugend eine so große sein würde, wobei ich natürlich nicht übersehe, daß Lokalpatriotismus und Fremdenindustrie hierbei mitwirkten. Solche Motive spielen aber überall eine gewisse Rolle, können also bei dem Vergleiche außer acht gelassen werden.

Eine zweite Ueberraschung bot uns das starke Hervorkehren des Wallisischen Stammescharakters und Gefühls. Die Redner sprachen immer von sich als den Vertretern einer kleinen Nation. Oft gebrauchten sie ihre eigene keltische Sprache, die im Umgange des Volkes anscheinend weit mehr noch verwandt wird als bei uns in Schleswig-Holstein das Plattdeutsche. Eine so friedliche Zwiesprachigkeit ist mir nirgends begegnet, höchstens vielleicht in den französischen Teilen Kanadas. In den Versammlungen wurde neben dem „God save the King" immer die Wallisische Nationalhymne gesungen. Auch sonst erfreute man uns durch sehr schöne keltische Kirchen- und andere Lieder.

Der Gesamteindruck war: eine durch Jahrhunderte hindurch erhaltene glückliche und treue Minderheit innerhalb eines starken Staates, der Freiheit gibt, weil er sich seiner eigenen Anziehungskraft bewußt ist. Dieses Erlebnis beeindruckte sehr nachdrücklich alle Delegierten, was mich bewog, in meiner öffentlichen Rede Wales als Muster für die Lösung der Minderheitenfrage hinzustellen. Wie einst das römische Reich, lasse das britische Imperium jeder Stammeskultur volle Freiheit.

Dieser Kongreß der Ligen war der letzte, an dem ich mit voller Arbeitskraft teilnehmen konnte. Ich war zwar bei dem Berliner des nächsten Jahres anwesend, und habe in Madrid sogar präsidiert, aber die

Vorbereitungen und Einzelheiten mußte ich anderen überlassen, da ich inzwischen, wie schon oben erwähnt, die Abrüstungsverhandlungen im Völkerbunde übernommen hatte, die mich fünf Jahre hindurch reichlich beschäftigten. Uebrigens war der Berliner Kongreß der Ligen ein voller Erfolg unter Mitwirkung von Reichskanzler Marx und Stresemann. Die feierliche Eröffnungssitzung fand unter außerordentlich zahlreicher Beteiligung der Oeffentlichkeit im Plenarsitzungssaal des Reichstages statt, wobei der bekannte französische Historiker Aulard auf dem Präsidentenstuhle saß. Ich begrüßte die Versammlung indem ich unter anderem sagte, daß dieser Tag ebenso wie der Tag des Eintritts Deutschlands in den Völkerbund die Krönung langjähriger Arbeit gewesen sei. Bei meinem ersten Auftreten in dem Weltverbande vor sechs Jahren seien in Deutschland nur wenige für den Eintritt Deutschlands in den Völkerbund gewesen. Jetzt sei die deutsche Liga für Völkerbund zusammengesetzt aus Vertretern aller großen Parteien des Reichstages, woraus man erkennen möge, daß Deutschland aufrichtig im Völkerbund mitarbeite. Der Weltverband erstrebe als Avantgarde des Völkerbundes ein Ideal. Als private, an keinerlei Instruktionen gebundene Organisation habe er den Völkerbund vorwärts zu treiben. Er müsse ihn freilich auch kritisieren. Einer der Hauptwünsche des Weltverbandes sei es, daß für den Völkerbund gelten möge das Wort: „Justitia fundamentum regnorum!"

Ich gehörte sechs Jahre hintereinander den Delegationen zu den Völkerbundsversammlungen an, drei mit Stresemann, ein Jahr mit Reichskanzler Hermann Müller, als Stresemann schon krank war, und zwei mit Curtius. Der Glanzpunkt dieser Zeit war der Herbst 1926 als Deutschland in den Völkerbund eintrat, und gleich darauf die Begegnung von Thoiry stattfand. Stresemann war damals anscheinend physisch noch ganz gesund und politisch auf der Höhe seines Wirkens, während Briand voller Hoffnung war, seine französischen Gegner überwinden zu können, trotzdem er die Erfahrungen von Cannes und Genua hinter sich hatte. Beide Staatsmänner empfanden auch Vertrauen zueinander, soweit dies bei Politikern verschiedener Nationen möglich ist, und Sir Austen Chamberlain spielte gern den „ehrlichen Makler", wie das meistens die Rolle Englands seit Versailles gewesen ist.

Mit dem letzteren der drei Locarno-Staatsmänner, heute dem einzigen Ueberlebenden, hatte ich an einem der ersten Abende der Generalversammlung in Genf eine lange Unterredung, die aber historischer und nicht politischer Natur war. Wir trafen uns auf einem der großen Empfänge, wobei Chamberlain mich sehr freundlich begrüßte. Ich sagte ihm, ich sei angenehm überrascht, daß er mich wieder erkannt hätte, da doch über zwanzig Jahre vergangen seien, seitdem ich ihm zuletzt in Highbury, dem Landsitze seines Vaters, begegnet wäre. Als ich nämlich in London Botschaftsrat war, fuhren meine Frau und ich einmal nach Birmingham zu einem Musikfeste, das Felix Weingartner dirigierte. An dem freien Sonntage besuchten wir Joseph Chamberlain auf seinem Landsitze und besichtigten mit ihm seine berühmten Orchideen. Er war damals die erste politische Persönlichkeit Englands, aber leider gegen Deutschland mißgestimmt, wegen unserer Ablehnug seines Bündnisangebotes, das noch heute ein Streitobjekt der Historiker bildet. Gegen uns persönlich war er indessen außerordentlich freundlich, als wir ihn besuchten. Nachdem ich seinem Sohne Austen gegenüber diese Erinnerung wachgerufen hatte, wurde dieser sehr interessiert und unterhielt sich lebhaft eine halbe Stunde mit mir, während die anderen Gäste im Saale sich wunderten, was wir wohl für ein politisches Problem lösen wollten. Mögen die Historiker sich auch weiter um das berühmte Bündnisangebot Joseph Chamberlains streiten, sein Sohn Austen ist jedenfalls überzeugt, daß es keinen Weltkrieg gegeben hätte, wenn wir auf seinen Vater gehört hätten, dessen Andenken er offenbar sehr hoch hält.

Nachdem ich die Abrüstungsverhandlungen ständig übernommen hatte, wurde ich von unserem Auswärtigen Amte auch zur Mitwirkung bei anderen Fragen herangezogen, die mit dem Völkerbunde zusammenhingen, so bei der Reorganisation des Sekretariats und insbesondere bei der Palästinafrage.

Ueber alle diese Angelegenheiten heute zu schreiben, ist nicht so einfach, da sie noch in der Gegenwart aktuell sind. Ueber die Abrüstung will ich zum Schlusse im Zusammenhange berichten, aber nur über die Zeit, in der ich die Verhandlungen führte. Einen Abschluß der Frage zu finden überlasse ich gern „à qui de droit".

Die Reorganisation des Sekretariates dürfte immer aktuell bleiben. Es geht mit dieser Frage wie — nach Treitschke — mit der Weltgeschichte, von der er sagt, daß jedes Zeitalter berechtigt wäre, sie neu zu schreiben. Die gerade herrschende Strömung des Völkerbundes wird immer das Sekretariat nach ihren Wünschen ummodeln wollen.

Was schließlich das „Deutsche Komitee Pro Palästina" anbelangt, dessen Vorsitz ich auf Wunsch des Auswärtigen Amts schon im Jahre 1926 übernahm, so habe ich infolgedessen viele Versammlungsreden über diese Frage gehalten. Am ausführlichsten sprach ich 1930 in Hamburg, und deshalb lasse ich hier diese Rede folgen, da sie meinen Standpunkt deutlich wiedergibt.

„Als Präsident des „Deutschen Komitees Pro Palästina" habe ich die Ehre, die heutige Versammlung zu eröffnen und Ihnen meinen herzlichsten Dank dafür auszusprechen, daß Sie so zahlreich erschienen sind. Insbesondere darf ich auch meinem Freunde, dem Herrn Bürgermeister Petersen danken, daß er heute zu uns gekommen ist.

Das Pro Palästina-Komitee ist gebildet worden unter warmer Förderung seitens der Reichsregierung, und diesem Komitee gehören führende Mitglieder aller Parteien an, sodaß wir sagen können, daß wir die berufenen Vertreter der Reichsregierung und der öffentlichen Meinung Deutschlands hinter uns haben. Das Programm lautet: Das Deutsche Komitee Pro Palästina zur Förderung der Jüdischen Palästinasiedlung wird in der Ueberzeugung, daß der Aufbau der im Palästinamandat vorgesehenen Heimstätte für das jüdische Volk als ein Werk menschlicher Wohlfahrt und Gesittung Anspruch auf die deutschen Sympathien und die tätige Anteilnahme der deutschen Juden hat, bemüht sein, die deutsche Oeffentlichkeit über das jüdische Kolonisationswerk in Palästina aufzuklären, die Beziehungen zwischen Deutschland und Palästina zu pflegen und allgemein die Erkenntnis zu verbreiten, daß das jüdische Aufbauwerk in Palästina ein hervorragendes Mittel für die wirtschaftliche und kulturelle Entwicklung des Orients, für die Ausbreitung deutscher Wirtschaftsbeziehungen und für die Versöhnung der Völker ist.

Sie werden mir vielleicht gestatten, noch einige Worte persönlicher Art zu sagen. Ich möchte daran erinnern, daß ich dazu gekommen bin, hier als Präsident des Pro Palästina-Komitees vor Ihnen zu stehen, weil ich während der zweiten Hälfte des Krieges Botschafter in Konstantinopel war. Die Idee der Errichtung eines nationalen Heimes für die Juden in Palästina ist nicht plötzlich am Ende des Krieges durch die Balfour-Deklaration neu aufgetaucht, sie bestand schon seit längerer Zeit, ist auch von der deutschen Regierung schon vor der Revolution aktiv betrieben worden, und zwar wurden diese Verhandlungen durch mich als Botschafter in Konstantinopel geführt. Damals schon bestand die Absicht unsrerseits, falls wir einen anderen Ausgang des Krieges erlebt hätten, als wir leider erlebt haben, eine ähnliche Forderung an die damals in Palästina herrschende Türkei zu stellen. Ich habe damals wochenlang unter Assistenz vieler Herren, die heute an diesem Werk tätig sind, in der Türkei mit dem Großvizir verhandelt, und er hat mir immer gesagt: Ich werde, was Sie verlangen, gern Ihnen zuliebe tun; aber ich sage Ihnen im voraus, daß mit den Arabern Schwierigkeiten kommen werden. Ich erwähne das, weil sich der Großvizir in dieser Beziehung als guter Prophet erwiesen hat, wenn es mir auch lieber gewesen wäre, wenn seine Prophezeiungen nicht in Erfüllung gegangen wären. Dann kam der Ausgang des Krieges, den wir leider alle kennen, und was wir wollten, ist von England in die Hand genommen worden durch die bekannte Balfour-Deklaration, aus der heute das Mandatsrecht entstanden ist.

Ich möchte auch hier nicht unerwähnt lassen, daß bekanntlich in der Balfour-Deklaration geschrieben steht, die Arbeit in Palästina solle unter allen Umständen unbeschadet der Rechte der Juden in ihrer jetzigen Heimat vor sich gehen. Wir, die wir als Nichtjuden uns für diese Frage interessieren, haben uns von Anfang an vorgenommen, daß wir in keiner Weise eingreifen oder uns auch nur einmischen wollen in die Differenzen, die es vielleicht innerhalb der Judenheit über dieses Problem geben kann. Das liegt uns vollkommen fern. Ich glaube: alle sind, ebenso wie ich, dadurch zur Beteiligung am Pro Palästina-Komitee gekommen, daß nach der Balfour-Deklaration die Palästina-Frage zu einer Frage des Völkerbundes geworden ist, und ich hoffe, alle meine Landsleute stimmen mit mir darin überein, daß, nachdem Deutschland Mitglied des Völkerbundes geworden ist, und wir in der Mandatskommission Platz genommen haben, es uns darauf ankommt, an allen Arbeiten des Aufbaus teilzunehmen, nicht nur da, wo spezielle deutsche Rechte in Betracht kommen, sondern überall, wo es sich um · kulturelle Werke überhaupt handelt. Zu solchen Kulturwerken gehört nach meiner Ueberzeugung mit in erster Linie der Wiederaufbau Palästinas, wie er hier von uns ins Auge gefaßt ist. Es gibt Leute, die befürchten, daß aus dieser Bewegung ein neuer Nationalismus entstehen könnte. Ich möchte, da ich rein persönlich spreche, darauf hinweisen; wenn es sich hier um die Schaffung eines neuen Nationalismus handelte, und wenn überhaupt nur ein solcher Gedanke vorhanden wäre, dann stände ich sicherlich nicht hier, um diesen Gedanken zu verteidigen. Denn es weiß jeder, daß ich in meiner Vergangenheit immer auf dem Standpunkte der Völkerversöhnung und Völkerverständigung gestanden habe. Ich würde auch niemals von diesem Gedanken abgehen. Ich bin noch heute der festen Ueberzeugung, daß es für das Gelingen des Werkes in Palästina notwendig ist, daß die beiden Völkerschaften, die sich in Palästina ansiedeln, bezw. angesiedelt haben, sich vertragen. Es muß eine Aussöhnung erfolgen, und es ist für uns eines der Hauptziele, daß wir dahin kommen.

Damit habe ich alles gesagt, was ich sagen wollte. Wir, die wir als Nichtjuden uns an dieser Arbeit beteiligen, haben es mit besonderer Freude begrüßt, daß jetzt eine über allen Differenzen stehende „Jewish Agency" vorhanden ist, die das Werk verantwortlich leitet. Wir glauben, daß in Zukunft eine gemeinsame Arbeit aller erfolgen kann, die sich für diese Frage interessieren. In dieser Gemeinsamkeit sehe ich die Hoffnung, daß es gelingen wird, den Palästina-Aufbau als Kulturwerk ersten Ranges durchzuführen."

Das „Deutsche Komitee Pro Palästina" stellte im Frühjahr 1933 seine Tätigkeit ein. Was mich persönlich anlangt, so hatte ich schon 18 Monate früher aus Gesundheitsrücksichten jede politische Tätigkeit aufgeben müssen.

Wenn ich auf die sechs Jahre zurückblicke, die ich dank meinen guten Beziehungen mit Stresemann im Völkerbund arbeiten durfte, so ist es hauptsächlich seine Persönlichkeit, die meine Erinnerungen verschönt. In Genf hat sich Stresemann von einem — allerdings bedeutenden — Reichstagspolitiker zu einem großen Staatsmann entwickelt. Er hatte erkannt, was der Welt und seinem eigenen Vaterlande Not tat. Doch die Zeit, seine Ideen durchzuführen, wurde ihm vom Leben nicht geschenkt. Seine und Briands Persönlichkeiten hätten vielleicht zusammen bei längerem Leben und Gesundheit, Erfolge erzielen können, die ihnen versagt geblieben sind, bis auf die Rheinlandräumung. Diese verlor obenein durch törichte Verspätung ihren moralischen Wert. Beide Staatsmänner wurden von Krankheit und politischen Gegnern beseitigt, bevor sie siegbringende Erfolge erzielt hatten, ohne die sich kein Staatsmann halten kann.

Die Gegner Briands und Stresemanns, die seitdem triumphierten, scheinen mir keinen Anlaß zu haben auf das stolz zu sein, was sie erreichten. Immerhin waren zur Zeit der beiden großen Staatsmänner Anfänge zur Versöhnung der Welt vorhanden, während seitdem nur von „Sicherheit" die Rede ist, d. h. von Wettrüsten, das bisher noch immer in der Weltgeschichte zu Krieg geführt hat. Kurz vor seinem Tode 1929, war Stresemann, schon schwer krank, zum letzten Male in Genf, wo er sich mehrfach durch mich vertreten ließ. Es ist mir besonders ein Tag erinnerlich, an dem wir zusammen bei dem damaligen Ratspräsidenten zu dessen üblichem Frühstück im Hôtel des Bergues eingeladen waren. Ich wurde nach Tisch an das Telephon gerufen, und fand Stresemann im Vorzimmer des Hotels fast ohnmächtig an die Wand gelehnt. Er bat mich, ihn in die Ratssitzung zu begleiten, und dort eventuell zu vertreten, da er wohl nicht die Kräfte haben würde, eine Debatte auszuhalten. Ich führte ihn an sein Automobil, immer mit dem Gefühl, daß er in meinen Armen sterben würde, doch erholte er sich etwas an der Luft, nachdem wir zusammen eine kleine Fahrt gemacht hatten. Indessen blieb ich unter dem Eindrucke dieses Erlebnisses, als Stresemann wenige Tage darauf abreiste, um in einem Schweizer Kurorte Erholung zu suchen. Nachdem ich die Stunde der Abfahrt seines Zuges erfahren hatte, sagte ich zu meiner Frau: „Fahren wir schnell auf den Bahnhof, denn Stresemann sehen wir doch nie lebend wieder." Vermutlich war es die Freude, dem Genfer Kampfe zu entrinnen, die auf ihn einwirkte, aber er fühlte sich bei der Abreise verhältnismäßig wohl, lachte und scherzte, wie es seine Art war. Seine letzten Worte zu mir waren: „Die Weihnachtsferien müssen wir wieder einmal zusammen in Lugano verbringen."

Zu einer Verabredung nach sachlichem Einvernehmen mit Stresemann fuhr ihm der demokratische Führer Erich Koch-Weser am nächsten Tage nach. Dieser wollte noch einen letzten Versuch machen, die liberalen Parteien zu einigen. Es war zu spät! Stresemann überlebte kaum die Völkerbundsversammlung, und kein anderer hatte die geistige Kraft, das deutsche Bürgertum zusammenzuführen, das schon begonnen hatte, auf andere Töne zu lauschen: „Fistula dulce canit, volucrem dum decipit auspex."

VII. Kapitel
ABRÜSTUNG

Der Völkerbund ist „zweier Zeiten Schlachtgebiet", auf dem der historische Prozeß durchgefochten wird zwischen den neuen und den alten Ideen der Politik; einerseits dem Gedanken der Herrschaft eines zukünftigen idealen und den Frieden sichernden Völkerrechtes, sowie andrerseits der Machtpolitik des Imperialismus. Obgleich dieser Kampf auf allen Gebieten des öffentlichen Lebens vor sich geht, ist doch die Abrüstungsfrage der Kernpunkt des Streites, weil das Wort Walter Rathenaus noch nicht Geltung hat, wonach „nicht Rüstungen, sondern moralische, intellektuelle und wirtschaftliche Kräfte die ausschlaggebenden Mittel der internationalen Politik geworden sind". Die Entscheidung dieses Kampfes wird nicht durch den Völkerbund oder durch die Regierungen herbeigeführt werden, sondern durch die Völker. Darüber muß sich jeder klar sein, der in Genf für die Abrüstung streitet. Eine unerläßliche Voraussetzung für den Erfolg dieses Kampfes ist die feste innerliche Ueberzeugung, daß die Völker die Abrüstung wollen und sie auch durchsetzen werden. Die Regierungen, die meistens noch in den Ideen des Imperialismus befangen sind, werden sich nicht bereit finden, eine ernsthafte Abrüstung vorzunehmen. Aber hinter den Regierungen stehen die Massen der Völker, die heute ebenso bestimmt die Abrüstung verlangen, wie sie früher die religiöse und politische Freiheit gefordert und auch erkämpft haben. Was die Völker ernstlich wollen, erreichen sie schließlich immer, und die Regierungen, die sich dem Willen der Völker widersetzten, haben in der Weltgeschichte immer das Nachsehen gehabt. Deshalb brauchen wir darüber nicht zu verzweifeln, daß die Abrüstung vorläufig garnicht vorwärts kommt. Die Frage muß „sub specie aeternitatis" betrachtet werden, wenn auch im täglichen Kampfe keine Gelegenheit zu einem Fortschritt versäumt werden darf. Diese meine Auffassung erleidet dadurch keine Aenderung, daß heute vorübergehend in der Welt mehr diktatorisch geführte Regierungen bestehen als sonst üblich. Doch ist immer wieder daran zu erinnern, daß der Völkerbund eine Diplomatenversammlung ist, die nach Instruktionen der Regierungen handelt. Bisher ist die Abrüstungsfrage im Völkerbund erörtert worden, während die Völker nur hie und da bei Wahlen ihre Stimme erheben konnten.

Die Abrüstungsfrage, die von dem Völkerbund behandelt wird, beruht in ihrem Ursprunge auf den viel besprochenen 14 Punkten des Präsidenten

Wilson. Nach diesen sollte bei dem Frieden eine Abrüstung herbeigeführt werden, die den einzelnen Staaten nur soviel Rüstungen gestattete, wie ihre innere Sicherheit erforderte. Bekanntlich sind die 14 Punkte in Versailles fast ganz unter den Tisch gefallen. Die Abrüstung ist aber, neben einigen anderen wichtigen Forderungen der 14 Punkte, in die Friedensverträge übergegangen und in dem Völkerbundpakt verankert worden. Sie muß heute als die Kernfrage des Völkerbundes betrachtet werden, weil wir uns nicht vorstellen können, daß der Völkerbund auf die Dauer bestehen und weiter ausgebaut werden kann, wenn die Abrüstung nicht durchgeführt wird. Die Völker werden niemals begreifen, daß eine Institution, die geschaffen ist um den Frieden zu erhalten, leben kann, wenn es ihr nicht gelingt, die Abrüstung mindestens allmählich in die Wege zu leiten. Die Abrüstung ist der Beweis für die Friedensliebe der Staaten. Ohne diesen Beweis werden die Völker weder an den Völkerbund noch an den Frieden glauben.

In Versailles hat man schon die Forderung auf Abrüstung verwässert, indem man an die Stelle des Wilson-Punktes die Bestimmung des Artikels VIII des Völkerbundspaktes setzte, wonach die nationale Sicherheit und die geographische Lage der Staaten für ihre Abrüstung maßgebend sein sollen. Dadurch wurde den Staaten, die nicht abrüsten wollen, Tür und Tor geöffnet, um Entschuldigungen zu finden. Immerhin blieb die Forderung auf Abrüstung bestehen. Diese hat noch eine andere Basis, die uns Deutsche besonders angeht. In der Präambel zum fünften Teil des Versailler Vertrages ist nämlich ausdrücklich erklärt worden, daß die uns auferlegte Abrüstung die Vorläuferin derjenigen aller anderen Staaten sein soll. Als ich später in die Abrüstungsverhandlungen eintrat, wurde allgemein von den anderen Teilnehmern anerkannt, daß die Abrüstungsforderung auf diesen beiden Grundlagen beruhe. Dazu kommt noch, daß Clemenceau in seiner Note vom 16. Juni 1919 unser Recht auf Abrüstung der anderen Staaten außerordentlich dadurch gestärkt hat, daß er es im Namen der Verbündeten noch erläuterte und einwandfrei feststellte, daß unsere Abrüstung der Beginn der allgemeinen Abrüstung sein sollte.

Demnach kann heute kein Zweifel darüber bestehen, daß eine bindende völkerrechtliche Verpflichtung zur allgemeinen Abrüstung fällig war, nachdem unsere Abrüstungsverpflichtung erfüllt wurde. Im ganzen Verlaufe meiner Verhandlungen ist auch niemals der Versuch gemacht worden, diese völkerrechtliche Verpflichtung abzuleugnen. Nur hin und wieder suchte man aus der angeblichen Langsamkeit und Unvollkommenheit der deutschen Abrüstung eine Entschuldigung dafür zu finden, daß sich die allgemeine Abrüstung nicht vorwärts bewegt habe.

Nach Abschluß des Locarno-Vertrages wurde die Vorbereitende Abrüstungskommission einberufen, weil nunmehr genügende Sicherheit vorhanden schien, um auch die Abrüstung zu fördern. Nicht unerwähnt darf hier bleiben, daß die früheren Verhandlungen des Völkerbundes, namentlich diejenigen über das gescheiterte Genfer Protokoll, dahin geführt hatten, die Trilogie: „Schiedsgericht, Sicherheit und Abrüstung" zum Leitstern des Völkerbundes zu machen, der auch der Wegweiser der Verhandlungen der Abrüstungskommission gewesen ist. Zu diesen Verhandlungen wurden die am meisten interessierten Staaten des Völkerbundes eingeladen, sowie die Vereinigten Staaten, die Sowjetunion und die Türkei. Die beiden letztgenannten Staaten traten jedoch erst später in die Verhandlungen ein.

Die ersten Besprechungen des Jahres 1926 waren allgemeiner Natur. Auf englisch-amerikanischer Seite bestand sichtlich der Wunsch, die Kommission zu einem Erfolge zu führen. Als Pressionsmittel wurde die Oeffentlichkeit der Verhandlungen bestimmt und der Versuch gemacht, Herrn Paul-Boncour zum Vorsitzenden zu wählen, wodurch er in höherem Maße für den Erfolg oder Mißerfolg der Arbeiten verantwortlich geworden wäre. Er lehnte aber den Vorsitz ab, um seine Aktionsfreiheit zu bewahren.

Die letztere Episode erscheint vielleicht geringfügig, beleuchtet aber doch grell die Situation in der Abrüstungsfrage. Frankreich beherrscht den Kontinent durch seine unvergleichliche Armee und durch seine politischen Bündnisse, die dem Geiste des Völkerbundes widersprechen und welche die „ratio scripta" von Versailles verewigen sollen. Tatsächlich bedeutete also damals die Frage an die Welt, ob sie zu Lande abrüsten wollte, eine Frage an Frankreich. In Erkenntnis dieser Sachlage hätte die Kommission gern den französischen Vertreter zum Vorsitzenden gewählt, weil dadurch die politische Situation eine schnellere Klärung gefunden haben würde. Vielleicht hätte die Weltgeschichte seitdem einen anderen Verlauf genommen, wenn uns einige Jahre Abrüstungsverhandlungen erspart geblieben wären. Am nächsten sind wir jedenfalls der Abrüstung gewesen, als Paul-Boncour seine Rede vom 8. April 1927 hielt, in der er unter anderem sagte:

.... „Il est exact que le préambule de la partie V du Traité de Versailles vise les limitations d'armements imposés à l'Allemagne en tant que condition et précédent d'une limitation générale des armements. C'est même ce qui distingue de façon très nette cette limitation d'autres limitations semblables, qui avaient pu être imposées au lendemain des guerres, au cours de l'histoire, et qui, d'ailleurs, s'étaient généralement révélées assez inefficaces."

„Cette fois, ce qui donne toute sa valeur à cette stipulation, c'est qu'elle n'est pas seulement une condition imposée à l'un des signataires du Traité; elle est un devoir, une obligation morale et juridique faite aux autres signataires de procéder à une limitation générale."

Seitdem ist Paul-Boncour allerdings öfters von maßgebender französischer Seite wegen obiger Rede zur Ordnung gerufen worden. Trotzdem bleibt sie eine der vielen versäumten Gelegenheiten der Weltgeschichte in der Epoche von Versailles. Deutscherseits war das Prinzip der etappenweisen Abrüstung angenommen, also war die Tür zu Verhandlungen offen, wenn Frankreich wollte. Ich habe mich seitdem oft gefragt, ob nicht gute persönliche Beziehungen den einzigen Weg weisen, der allmählich zur deutsch-französischen Versöhnung führen kann. Ich stand mit Paul-Boncour in freundschaftlichem Verkehr, ähnlich wie Stresemann mit Briand. Dieser Weg ist zwar ein sehr langsamer, aber er ist hoffnungsvoller, als wenn man sich wie zwei böse Hunde gegenseitig anbellt, und andere Völker gegeneinander aufhetzt. Dabei kann man nicht sagen, daß die deutschen Militärs meine Verhandlungen mißbilligt hätten, wie die beiden folgenden Briefe der Reichswehrminister beweisen, mit denen ich arbeiten durfte.

Der Reichswehrminister.

Berlin W 10, den 4. Mai 1927.

Sehr verehrte Exzellenz!

Nachdem ich soeben den Vortrag der Offiziere entgegengenommen habe, die mit Ihnen in Genf waren, möchte ich mir erlauben, Ihnen meinen allerwärmsten Dank für die so entschiedene und eindrucksvolle Vertretung der vaterländischen und insbesondere der militärischen Interessen im Verlauf der jetzt abgeschlossenen ersten Lesung der Arbeiten der Vorbereitenden Kommission auszusprechen. Ich habe schon während der Verhandlungen nach Zeitungen und Berichten Ihr so bedeutsames Wirken mit wärmster Teilnahme und Zustimmung verfolgt. Der mündliche Bericht der militärischen Sachverständigen hat auf mich einen tiefen Eindruck gemacht und mir gezeigt, auf wie harmonische und liebenswürdige Grundlage Sie das Zusammenarbeiten mit meinen Offizieren gestellt haben. Auch dafür darf ich Ihnen von Herzen danken.

Mit dem Ausdruck meiner freundschaftlichen Gesinnung bin ich, verehrter Herr Graf, Ihr aufrichtig ergebener

gez. Geßler.

Berlin-Steglitz, 14. 11. 32.

Sehr verehrter Herr Graf!

Zu Ihrem 70. Geburtstage sende ich Ihnen die wärmsten Glückwünsche und gedenke dabei der großen Verdienste, die Sie sich bei der Vorbereitung der Abrüstungskonferenz erworben haben. Als Reichswehrminister konnte ich die ungeheuerlichen Schwierigkeiten, die Sie zu überwinden hatten, ganz besonders würdigen. Es ist nicht zuletzt Ihr Verdienst, wenn die Stellung Deutschlands in der Abrüstungsfrage mehr und mehr gestärkt und eine uns günstigere internationale Atmosphäre geschaffen wurde. Mögen Ihnen Gesundheit und ein langes Leben beschieden sein, um die Früchte Ihrer Arbeit reifen zu sehen!

Mit herzlichen Grüßen und aufrichtiger Verehrung bin ich Ihr sehr ergebener

gez. Groener.

In den sechs Jahren, die ich in Genf über die Abrüstung verhandelt habe, bin ich immer mehr zur Ueberzeugung gekommen, daß Frankreich keinesfalls abrüsten werde, was wir auch sagen oder tun möchten. Nach der historischen Technik der Diplomatie betrachtete ich es daher als meine einzige Pflicht, mich ins Recht und den Gegner ins Unrecht zu setzen. Damals war dies auch nicht unmöglich, da wir die Verträge erfüllt hatten und die Franzosen nicht. Diesen lag es ob, mit der Erfüllung der Abrüstungsverpflichtung zu beginnen.

Nach den allgemeinen Verhandlungen des Jahres 1926 wurden Unterkommissionen eingesetzt, insbesondere eine militärische und eine wirtschaftliche, von denen die erstere viel länger gearbeitet hat als die letztere. Die militärische Unterkommission gab nach sechsmonatiger angespannter Tätigkeit ein umfangreiches Protokoll heraus. Ueber diese Arbeit der militärischen Sachverständigen hat man sich sehr lustig gemacht. Gewiß werden Militärs nicht geneigt sein abzurüsten, und insofern war man berechtigt, diese Kommission mit einer Konferenz von Schuhmachern zu vergleichen, die über die Abschaffung der Schuhe beschließen solle. Andrerseits darf man nicht übersehen, daß die Regierungen sich hinter ihre Sachverständigen zurückzuziehen pflegen. Wenn die Militärs sich nicht zuerst in die Frage vertieft hätten, würden die Regierungen gesagt haben, daß die militärische Grundlage für die Abrüstung fehle. Insofern ist das Protokoll der militärischen Unterkommission von sehr großem Werte. Es enthält eine vollkommene theoretische Darstellung der gesamten Abrüstungsfrage vom militärischen Standpunkte, und zwar geht aus diesem Kompendium unleugbar hervor, daß die Abrüstung technisch möglich und daher durchführbar ist, sobald die Regierungen die politische Entscheidung treffen, daß sie vorgenommen werden soll.

Nach Erledigung der Arbeit der Unterkommissionen tagte die Vorbereitende Abrüstungskommission im Frühjahre 1927. Ihren Verhandlungen lagen zwei Vertragsentwürfe zugrunde, die von englischer und französischer Seite eingebracht worden waren. Die beiden Entwürfe wurden in erster Lesung behandelt und sollten in dieser zu einem einzigen verschmolzen werden. Einen solchen einheitlichen Entwurf eines internationalen Abrüstungsabkommens herzustellen, gelang aber nicht in der ersten Lesung. Statt dessen kam nur ein Bericht zustande, der die entgegenstehenden Meinungen anführte, und der baldigst in einer zweiten Lesung vereinheitlicht werden sollte.

Die Aufgabe der Vereinheitlichung des Berichtes der „Préparatoire" zu einer Abrüstungskonvention wurde de facto nie erfüllt. Dadurch entstand aber, außer einem großen Zeitverlust, kein besonderer Schaden, da die Abrüstungskonferenz doch in ihrem Papierkorbe alles Material der „Préparatoire" verschwinden ließ. Die Gegensätze zwischen den Großmächten verschuldeten in erster Linie den Mißerfolg, doch muß gesagt werden, daß die Arbeitsmethoden des Völkerbundes auch wesentlich zu dem Ergebnisse beitrugen. Obgleich der Völkerbund einstweilen nur eine Diplomatenversammlung ist, verhandelt er immer wie ein Parlament. Bei jeder möglichen oder unmöglichen Gelegenheit werden lange Reden gehalten, deren größerer Teil die Arbeit keineswegs fördert. Die Völkerbundligen haben diese Gefahr vorausgesehen und in ihrer Geschäftsordnung den Grundsatz aufgestellt, daß niemand länger als zehn Minuten reden darf. Die Regel funktioniert sehr gut und sollte von dem Völkerbunde eingeführt werden. Wenn dieser die kommenden Stürme nicht überlebt, so müßte auf seinen Leichenstein geschrieben werden: „Er wurde totgeredet." Die Idee des Völkerbundes wird, meiner Ansicht nach, niemals wieder verschwinden, doch muß gegebenenfalls die zweite Auflage desselben von den Fehlern der ersten lernen.

Trotz des unrühmlichen Endes der „Préparatoire" sind die fünf Teile des damaligen Berichtes erwähnenswert, weil sie geeignet sind, die Abrüstungsfrage zu klären.

Der erste Teil behandelte die Personalbestände, deren Einschränkung selbstverständlich war, wenn eine Abrüstung durchgeführt werden sollte. Strittig war indessen das Maß und die Methode einer solchen Einschränkung. Hier standen sich die deutsche und die französische These unvereinbar gegenüber, wobei wir zuerst die englische und die amerikanische Unterstützung genossen. Nach deutscher Auffassung würde ein Abrüstungsabkommen nicht den Namen eines solchen verdienen, wenn die Einschränkung sich nicht auf die Mannschaften unter der Fahne und die ausgebildeten Reserven bezöge. Frankreich mit seinem Anhang bekämpfte diesen Standpunkt auf das äußerste. Die französische These ging davon aus, daß die Abrüstung allmählich auf dem Wege der Herabsetzung der Dienstzeit durchgeführt werden sollte, bis schließlich in allen kontinentalen Staaten die Miliz eingeführt sei. Bei dieser These ist allerdings eine Einschränkung der Reserven nicht möglich, weil das ganze Volk dann zur Reserve gehört. Wer aber eine ernste Abrüstung wünscht, kann diese These nicht annehmen, weil heute die Reserven das Rückgrat der Landarmeen bilden, und weil es sehr fraglich ist, ob die Völker der Gegenwart die mit der Miliz verbundene allgemeine Wehrpflicht sich auf die Dauer werden gefallen lassen. Die uns aufgezwungene Abrüstung schaffte die allgemeine Wehrpflicht ab. Die vertragsmäßige Abrüstung hätte daher auf dem gleichen Wege vor sich gehen müssen, um so mehr, als man uns immer vorhielt, daß unser damaliges Wehrsystem ein so vorzügliches sei. Jedenfalls würde die Durchführung der französischen These auf Jahre hinaus jede ernstliche Abrüstung zu Lande ausschließen, namentlich da die Franzosen auch jede sofortige Herabsetzung der Dienstzeit oder des jährlichen Rekrutenkontingents bestimmt ablehnten. Die Ungleichheit der Rüstungen bliebe bestehen, und damit auch die Lahmlegung des Völkerbundes, der seinem Wesen nach die Gleichheit der Mitglieder verlangt, um funktionieren zu können. Was auch immer seitdem für Ereignisse eingetreten sind, damals wollten wir jedenfalls mit Recht allmählich in das System der Abrüstung einrücken. Ein Vorgehen in Etappen haben wir immer als annehmbar bezeichnet, aber die erste Etappe mußte eine wesentliche, und das Endziel erkennbar sein. Wenn man zuerst uns ein System aufzwingt und dieses dann für die allgemeine Abrüstung verwirft, um ein anderes zu wählen, so ist auch in der Ferne keine Gleichheit der Mitglieder des Völkerbundes zu sehen, und auf diese kommt es eben an, wenn der Völkerbund gedeihen soll. Abgesehen von allen anderen Gründen, wollen die Franzosen an der allgemeinen Wehrpflicht festhalten, weil jedes andere Wehrsystem die Republik bedrohen könnte.

Der zweite Teil des Berichts betraf das Material. Dieses hat in modernen Kriegen eine so ausschlaggebende Bedeutung, daß eine Abrüstung ohne direkte Beschränkung sämtlichen Materials garnicht denkbar ist. Die meisten Staaten wollten aber nur das Material im Gebrauche und nicht die gelagerten Vorräte beschränken. Außerdem wollten sie keine direkte prozentuale Herabsetzung des Materials vornehmen, sondern nur die im Budget zu bewilligenden Mittel verringern, eine Frage, die zum dritten Teile führt, der sich auf das Budget bezog.

Eine Herabsetzung der Rüstungen durch Limitierung des Budgets war nach deutscher Auffassung nicht möglich, weil die Systeme der Rüstungen in den verschiedenen Ländern gar zu sehr voneinander abweichen. So sind zum Beispiel die Kosten für ein Heer, wie das damalige unsrige, das aus Berufssoldaten bestand, im Vergleich zu den Kosten der Länder mit allgemeiner Wehrpflicht so ungeheuer groß, daß schon dies eine Beispiel genügt, um zu zeigen, daß man Länder mit verschiedenen Wehrsystemen, bezüglich ihres Heeresbudgets, nicht vergleichen kann. Das Budget vermag man sehr gut als akzessorisches Mittel zur Kontrolle der Abrüstung zu benutzen, aber nicht als das einzige Kriterium, weil dieses zu vollkommen schiefen Bildern führen würde.

Der vierte Teil behandelte den chemischen Krieg. Bekanntlich wurde bereits auf der Waffenhandelskonferenz von 1925 der Beschluß gefaßt, den chemischen und bakteriologischen Krieg zu verbieten, doch sind alle Bestimmungen des Waffenhandelsabkommens noch nicht ratifiziert. Deutscherseits muß aber immer wieder energisch verlangt werden, daß ein Verbot des chemischen, des bakteriologischen und des Luftkrieges erfolgt. Wenn dies nicht erreicht wird, und wenn es nicht gelingt, einen künftigen Krieg zu vermeiden, dürfte dieser vorwiegend in der Luft und mit den Erzeugnissen der chemischen Industrie geführt werden. Das bedeutet, daß der nächste Krieg nicht in erster Linie, auch nicht einmal hauptsächlich zwischen den Militärs der Nationen sich abspielen wird, sondern daß die Zivilbevölkerung, die sich nicht zu schützen vermag, noch viel mehr als die Militärs von den Leiden des Krieges mitgenommen werden wird. Wenn die erwähnten Kriegsarten alle verboten werden, so wird man auch nicht mehr in Genf den Versuch machen, bei der Abrüstung die Zivilluftfahrt einzuschränken. Merkwürdigerweise war nämlich bisher die größte Bereitwilligkeit zur Abrüstung auf dem Gebiete der Zivilluftfahrt vorhanden, die man ganz würde freigeben können, wenn der Luftkrieg verboten wäre. Die Abrüstung darf nicht dazu benutzt werden, um Fortschritte der Technik zu verhindern, sondern sie muß ausschließlich gegen die Kriegsvorbereitungen gerichtet sein.

Der fünfte Teil betraf die Organisation der Abrüstung. Hier muß ein Punkt besonders erwähnt werden, der, wenn auch nicht eine Rechtfertigung, so doch wenigstens eine Entschuldigung dafür bietet, daß bisher keine Ergebnisse in der Abrüstungsfrage erzielt wurden. Eine vertragsmäßige Regelung der Abrüstung würde einen ungeheuren Fortschritt in der Weltgeschichte bedeuten, weil nach Artikel VIII der Völkerbundsakte ein Staat, der abgerüstet hat, ohne Genehmigung des Völkerbundsrates niemals wieder aufrüsten darf. Die Frage der Rüstungen würde also vollkommen internationalisiert werden, und jeder Staat würde zugunsten des Völkerbundes auf das bisherige höchste Souveränitätsrecht verzichten. Man begreift, daß Staaten, die nicht durch Zwang abgerüstet worden sind, sich gegen die Einführung einer solchen Neuerung sträuben. Nachdem aber diese Bestimmung in die Verträge aufgenommen wurde, muß sie durchgeführt werden. Sonst liegt ein Vertragsbruch vor. In diesem Zusammenhange wurde von französischer Seite immer eine Kontrolle der Abrüstung verlangt, obgleich die englisch sprechenden Nationen eine solche nicht annehmen und die Abrüstung auf Treu und Glauben aufbauen wollten. An sich erscheint es wenig wahrscheinlich, daß ein Staat, der einmal ein Abrüstungsabkommen unterzeichnet hat, das Odium der Verletzung desselben auf sich nehmen wird, ganz abgesehen davon, daß eine automatische Kontrolle durch die Arbeiterschaft Platz greifen und genügend wirksam sein wird.

Einige Monate nach der ersten Lesung des Vertragsentwurfes sollte eine zweite stattfinden, die indessen sehr lange hinausgeschoben wurde, weil zunächst der Versuch gemacht worden ist, durch Regierungsverhandlungen die vorhandenen Schwierigkeiten zu beseitigen. Diese lagen nicht so sehr in den oben erwähnten Fragen, an denen wir besonders interessiert sind, wie in der Abrüstung zur See. Die großen Seemächte verlangten die Abrüstung nach Schiffskategorien, während die kleinen nur die Globaltonnage als Maßstab anwenden wollten. Die Abrüstung nach Kategorien wäre eine direkte Fortsetzung der Washingtoner Konferenz. Deshalb haben auch zunächst die großen Seemächte versucht, sich 1927 auf einer Genfer Zusammenkunft, der sogenannten Coolidgekonferenz, zu einigen, was aber nicht gelang, weil die Amerikaner mehr große und die Engländer mehr kleine Kreuzer haben wollen. Hinter diesem Streit um die Kreuzer stand die große Frage der sogenannten „Freiheit der Meere", die schon im Weltkriege eine so wichtige Rolle spielte, und die praktisch auf die Abschaffung des Seebeuterechts und der Blockade hinauskommt. Nach dem amerikanischen Friedensprogramm sollen auch im Kriege alle Handelsschiffe vollkommen ungestört auf dem Meere fahren dürfen. Dem steht die englische historische Tradition entgegen und allerdings auch das heute geltende Völkerbundsrecht. Andrerseits dürfte eine ernstliche Abrüstung niemals zustandekommen, wenn sich die Vereinigten Staaten und England nicht darüber einigen und dann auf die anderen Staaten einen entsprechenden Druck ausüben.

Die Völkerbundsversammlung des Jahres 1927 mußte zusammentreten, ohne daß ein Ergebnis der Abrüstungsverhandlungen vorlag. Sie hat aber wenigstens das Verdienst gehabt, das Verhältnis von Sicherheit und Abrüstung zu klären. Bis dahin war noch oft gesagt worden, daß die vorhandene Sicherheit nicht zum Beginne der Abrüstung genüge. Jetzt kam nach langen Kämpfen in der III. Kommission eine Resolution zustande, die diese Frage endgültig regelte. Danach sollte ein Sicherheitskomitee eingesetzt werden, das für Fortschritte in der Sicherheit zu sorgen hatte, andrerseits wurde aber bestimmt, daß die Abrüstung in Etappen vor sich gehen, die erste Abrüstungskonferenz auf dem Boden der bereits vorhandenen Sicherheit stattfinden sollte, und daß diese erste Konferenz, der weitere zu folgen hätten, möglichst bald einzuberufen sei, um den Umfang der ersten Etappe zu bestimmen. Seit dieser Resolution lag also das Hindernis der Weiterarbeit nicht an der Sicherheit, sondern an den vorhandenen konkreten Differenzen zwischen den Mächten.

Folgerichtig wurde hierauf die Abrüstungskommission im Dezember 1927 einberufen, um das Sicherheitskomitee zu konstituieren. Die Tagung war so dicht vor Weihnachten gelegt worden, daß von einer zweiten Lesung des Vertragsentwurfes keine Rede sein konnte. In dieser Session hätte sich daher, außer der Einsetzung des Sicherheitskomitees nichts ereignet, wenn nicht die Vertreter der Sowjetunion zum ersten Male erschienen wären und dadurch eine neue Situation geschaffen hätten. Sie machten gleich sehr radikale Abrüstungsvorschläge, deren Annahme natürlich ausgeschlossen, deren Ablehnung aber auch nicht erwünscht war. Deshalb kam es zur Annahme meines Kompromißantrages, der dahin ging, daß die Vorschläge der Sowjetvertreter im März 1928 gleichzeitig mit der zweiten Lesung des Vertragsentwurfes zur Erörterung gelangen sollten.

Damals spielte sich so manches — man könnte mit Nietzsche sagen: Menschliches, allzu Menschliches — in Genf ab. Namentlich wenn ich an die spätere gemeinsame Glanzzeit von Litwinow und Barthou denke, so kann ich nur mit Heiterkeit mich der Tatsache erinnern, daß wir Deutschen, insbesondere ich, damals die einzigen waren, die politischen und gesellschaftlichen Verkehr mit den Sowjetvertretern pflegten. Zu dem Dîner, das meine Frau und ich ihnen gaben, konnten wir nur Deutsche einladen, da andere nicht gekommen wären. Aus dieser Zeit stammt der schon oben wiedergegebene Brief Rantzaus an mich.

Ganz harmloser Natur war dagegen der fast tägliche Scherz, der sich damals in der Kommission abspielte. Der englische Vertreter war Lord Cushendun. Im Sitzungssaal entstand immer eine ziemlich große Wärme. Lord Cushendun bekam einen feuerroten Kopf und ließ ein Fenster öffnen, worauf sich ein, jedem Franzosen entsetzlicher „courant d'air" entwickelte. Paul-Boncour erhob sich, holte seinen Ueberzieher und zog ihn an. Ein mitleidiger Saaldiener schloß das Fenster, worauf das gleiche Spiel nach einiger Zeit wieder anfing. Englische und französische Lebensgewohnheiten sind eben noch schwerer zu vereinigen, als ihre Politik, und solche Erlebnisse brachten den Delegierten die Heiterkeit, welche die unfruchtbaren Verhandlungen wahrlich nicht erzeugen konnten.

Als der März 1928 kam, war, außer bei den Deutschen und den Sowjetvertretern, an keiner Stelle Neigung vorhanden, die Arbeit fortzuführen, weil die Auffassung sich durchgesetzt hatte, daß nur diplomatische Verhandlungen zu einem Ergebnis führen könnten, und daß es daher ein Fehler wäre, die Abrüstungskommission einzuberufen. Demgegenüber war deutscherseits die Auffassung geltend zu machen, daß die Abrüstung Sache des Völkerbundes ist, der sich nicht ausschalten lassen darf, und daß die Abrüstungskommission, da sie aus Vertretern der Regierungen bestand, ebensogut wie die diplomatischen Organe verhandeln konnte. Am liebsten hätte man die Session der Abrüstungskommission abgesagt, was sich aber nicht gut machen ließ, da die Amerikaner, die Vertreter der Sowjetunion und neuerdings auch die Türken bereits eingeladen waren. Von vornherein bestand indessen bei der großen Mehrheit der Kommission die Absicht, die Sowjetvorschläge den Regierungen zu überweisen und dann auseinanderzugehen, um die Ergebnisse der diplomatischen Verhandlungen abzuwarten. Bevor diese Beschlüsse gefaßt werden konnten, wurde die Kommission zum Tummelplatz einer heftigen Erörterung über die Politik der Sowjetunion im allgemeinen, wobei man deren Vorschläge als unehrlich, als bewußte Störung der Abrüstung und sogar als Sabotage bezeichnete. Es war entschieden ein Fehler, die Sowjetvertreter so zu behandeln, und zwar, weil sie vom Völkerbunde eingeladen waren, weil man sie immer wieder aufgefordert hatte, in den Völkerbund einzutreten, weil stets gesagt worden war, daß ohne Mitwirkung der Sowjetunion eine Abrüstung unmöglich sei, und weil die Sowjetvertreter sehr weitgehende Abrüstungsvorschläge gemacht hatten, über deren Ernst und Ehrlichkeit man allerdings verschiedener Meinung sein konnte. Die Vermutung spricht aber dafür, daß die Sowjetvertreter in Genf ein Sprungbrett suchten, um aus ihrer Isolierung herauszukommen, und daß sie die Rüstungen entbehrlich finden, da sie die Propaganda als Waffe benutzen. Gegen diese würden sich die europäischen Mächte am besten schützen, wenn sie ihren Völkern die Last der Rüstungen abnehmen wollten. Wie dem auch sei, jedenfalls war die Abrüstungskommission nicht der Ort, um eine weitgehende Erörterung über die Sowjetunion als solche anzustellen. Dort sollte jeder willkommen sein, der abrüsten will. Deshalb mußten wir Deutsche uns zu den Sowjetvorschlägen freundlich stellen, wenn es auch klar ist, daß die Abrüstung nicht so schnell vor sich gehen kann, wie die Sowjetvertreter wollten. Auch waren wir durch die Resolutionen des Völkerbundes an dessen Methode gebunden. Andrerseits war das total abgerüstete Deutschland garnicht in der Lage, weitergehende Vorschläge abzulehnen, falls sie von dritter Seite vorgebracht wurden. Auch wenn es niemals einen Berliner- oder Rapallo-Vertrag gegeben hätte, würde die deutsche Haltung in Genf die gleiche gewesen sein, weil es sich hier nicht um die sogenannte hohe Politik handelte, sondern lediglich um die Abrüstung. Die Märzsession der Abrüstungskommission endigte trotz meines lebhaften Eingreifens mit einer vollkommenen Stagnation, und es blieb nichts übrig, als die Frage vor die Völkerbundsversammlung von 1928 zu bringen.

Immerhin wurde deutscherseits in der Märzsession noch ein überaus wichtiger Antrag eingebracht, der auch den Regierungen zur Prüfung überwiesen worden ist. Wir forderten die unbedingte Oeffentlichkeit aller Rüstungen, eine Forderung, die den Kern der Sache trifft. Artikel VIII des Völkerbundspaktes verlangt in seinem Absatz 6, daß die Staaten eine absolute Offenheit in allen ihren Rüstungsfragen gelten lassen sollen, und daß sie sich gegenseitig vollständige Mitteilungen darüber zu machen haben. Absatz 6 des Artikels VIII ist ein Teil der Friedensverträge, der noch niemals erfüllt worden ist, obgleich gar kein Grund vorliegt, warum er nicht erfüllt werden sollte, da die Verpflichtung von keinerlei Vorbedingung abhängig ist. Wenn die Staaten durch die Annahme des deutschen Antrages genötigt würden, vollkommen offen und ehrlich zu sagen, was sie an Rüstungen haben, so wäre die Abrüstung ganz leicht durchzuführen, weil die Herabsetzung um 10, 20 oder 30 % der allseits bekannten Rüstungen eine ganz einfache Sache ist. Doch trat im Verlaufe der Verhandlungen klar hervor, daß die Staaten, deren Neigung zur Abrüstung gering ist, ebensowenig Gefallen an der Publizität finden, denn sie erkennen eben, daß hier der Angelpunkt der ganzen Frage liegt. Die seitdem von den Sowjets getriebene Politik läßt meine damalige Auffassung über sie berechtigt erscheinen.

Als die Völkerbundsversammlung im September 1928 zusammentrat, war es um die Abrüstung recht hoffnungslos bestellt. Deutscherseits wurde daher die Gelegenheit von Reichskanzler Hermann Müller ergriffen, um die schleunige Beendigung der langwierigen Verhandlungen zu verlangen, sowie die Einberufung der Abrüstungskonferenz und eine wesentliche Herabsetzung der Rüstungen. Selbstverständlich fanden diese deutschen Forderungen keine freundliche Aufnahme. In der III. Kommission herrschte die Ansicht, daß man die Ergebnisse der diplomatischen Verhandlungen ruhig abwarten und dem Vorsitzenden der Abrüstungskommission überlassen müsse, diese einzuberufen, sobald die diplomatischen Verhandlungen einen günstigen Ausgang gefunden hätten. Meinerseits wurde immer wieder betont, daß die Abrüstungskommission und die erste Abrüstungskonferenz die Instanzen seien, vor denen die Frage ausgetragen werden müsse. Diese Instanzen wären nicht lediglich dazu berufen, das Ergebnis diplomatischer Verhandlungen zu registrieren. Schließlich wurde Deutschland die Konzession gemacht, daß die Abrüstungskommission jedenfalls in der ersten Hälfte des Jahres 1929 einberufen werden solle, und außerdem erkannte man an, daß die bestehende Sicherheit die erste Etappe der Abrüstung gestatte, aber die erste Konferenz wollte niemand außer uns einberufen haben. Auf Grund dieses Beschlusses trat wirklich die Abrüstungskommission Mitte 1929 zusammen, obgleich die diplomatischen Verhandlungen ohne Ergebnis geblieben waren und wieder niemand außer uns und der Sowjetunion die Fortführung der Arbeit wünschte.

Inzwischen hatten, nachdem die Coolidge-Konferenz gescheitert war, englisch-französische Verhandlungen stattgefunden, die insofern von Erfolg begleitet waren, als die Franzosen sich bereit erklärten, unter gewissen Modalitäten auf die Beschränkung nach Schiffs-Kategorien einzugehen, während die Engländer dafür die Konzession machten, daß die ausgebildeten Reserven der Landarmeen von der Beschränkung freibleiben sollten. Da aber nach dieser Abmachung gerade die großen Kreuzer beschränkt und die kleinen freibleiben sollten, sprachen sich die Amerikaner scharf dagegen aus, worauf die Engländer wiederum die Abmachung als hinfällig bezeichneten, da sie nur brauchbar sei, wenn sie allseitig angenommen würde. Bei dieser Sachlage glaubte niemand, daß die Abrüstungskommission würde Fortschritte machen können. Die Seerüstungen sollten noch nicht besprochen werden, und andrerseits stehen die Franzosen auf dem Standpunkte, daß für sie nur eine solche Abrüstung in Frage kommt, die gleichzeitig die Rüstungen zu Lande, zur See und in der Luft umfaßt. Diese Auffassung bildete in der Kommission immer einen amerikanisch-französischen Differenzpunkt, weil die Amerikaner für regionale Abrüstung eintraten, worin für uns die Gefahr lag, daß die Amerikaner, der langen Verschleppung müde, die Seeverhandlungen eines Tages nach Washington verlegen und die europäischen Mächte sich selbst, das heißt dem Militarismus überlassen könnten.

Die Session der Abrüstungskonferenz verlief ganz anders als erwartet worden war, weil der amerikanische Präsident Hoover seinen Vertreter Gibson die Führung übernehmen ließ. Wie man auch im einzelnen über die amerikanische Taktik denken mag, jedenfalls war es ein Gewinn, daß Präsident Hoover seine Abrüstungsaktion in die Völkerbundskommission verlegte, wodurch er andere Verhandlungen außerhalb derselben unmöglich machte und die Landmächte unter moralischem Druck hielt. Allerdings würde dieser moralische Druck sehr stark sein müssen, falls er den europäischen Militarismus eindämmen soll. „Vestigia terrent", wenn man sich an Versailles erinnert, wo der amerikanische Idealismus die Gier des europäischen Imperialismus stark unterschätzte und deshalb versagte. Zunächst mußte aber ein Erfolg der Seeabrüstung erzielt werden, ehe überhaupt an einen moralischen Druck zu denken war, der eine nennenswerte Landabrüstung herbeiführen könnte.

Ohne viel Schwierigkeit erkannte die Kommission an, daß sie nun endlich in die zweite Lesung eingetreten sei. Ferner nahm sie den Sowjetvorschlägen gegenüber eine viel ruhigere Haltung als früher ein, ebenso wie auch die Sowjetvertreter deutlicher zum Ausdruck brachten, daß sie ihre Beziehungen mit Genf aufrecht erhalten wollen. So kam denn eine Ausgleichsformel zustande, welche die Sowjetvorschläge nicht einfach verwarf, sondern den Sowjetvertretern die Möglichkeit eröffnete, ihre Anträge sowohl einzeln von Fall zu Fall, sowie en bloc bei der Abrüstungskonferenz wieder vorzubringen.

Als man dann zur Behandlung der Hauptfragen der Personalbestände und des Materials gelangte, erfolgten die amerikanischen Erklärungen, die der Session das Gepräge gaben. In der Frage der Seeabrüstungen teilte Gibson mit, daß die Vereinigten Staaten in dem ernsten Willen, eine Einigung in der Flottenfrage zu erzielen, bereit seien, auf einen Vorschlag als Diskussionsbasis zurückzugreifen, den der französische Delegierte Paul-Boncour früher gemacht hatte. Danach sollte innerhalb einer Globaltonnage für jedes Land die Tonnage für die einzelnen Schiffskategorien, daneben aber ein gewisser Prozentsatz festgesetzt werden, der von einer auf die andere Kategorie übertragbar wäre. Außerdem deutete Gibson die Möglichkeit einer amerikanischen Konzession gegenüber England an, im Hinblick auf die Einführung eines neuen Bewertungsverfahrens für die Kreuzer. Die amerikanischen Erklärungen führten zu entgegenkommenden, aber unverbindlichen Antworten der Vertreter der anderen Seemächte, doch kam es nicht zu einer eingehenden Behandlung der Seeabrüstung.

Die Vertreter der Seemächte beantragten vielmehr, die Marinefragen zu vertagen, bis die Regierungen die amerikanischen Anregungen eingehend geprüft hätten, was denn auch von der Kommission beschlossen wurde.

Zu den Personalbeständen erklärte Gibson, daß die Vereinigten Staaten zwar bei der Auffassung beharrten, daß die ausgebildeten Reserven bei der Abrüstung zu Lande erfaßt werden müßten, daß sie sich aber in dieser sie weniger interessierenden Frage der Mehrheit anschließen würden, damit ein Abrüstungsabkommen zustande käme. Jetzt hatte die französische These gesiegt, und ein deutscher Vermittlungsantrag war unter den Tisch gefallen, der den Versuch machen wollte, durch ein Bewertungsverfahren einen Ausgleich zwischen den verschiedenen Wehrsystemen herzustellen.

Aehnlich trat Gibson in der Frage des Heeresmaterials auf. Auch hier erklärte er gleich zu Anfang, daß die Vereinigten Staaten auf ihrer seitherigen These, wonach das auf Lager befindliche Material ebenso wie das im Dienste befindliche erfaßt werden müßte, nicht weiter bestehen wollten. Dagegen erklärte er, nicht auf die von der französischen Gruppe vertretene Auffassung eingehen zu können, wonach eine Beschränkung des im Dienste befindlichen Materials nur auf dem Wege der Beschränkung des Budgets erfolgen solle. Für dieses Material komme nur die direkte Beschränkung in Betracht. Da in der Materialfrage eine Einigung zwischen der amerikanischen und der französischen These nicht möglich war, wurde schließlich auf jegliche Erfassung des Materials verzichtet. Von französischer Seite erfolgte keinerlei Konzession.

Da nach deutscher Auffassung ein Abrüstungsvertrag nur eine Scheinlösung bedeuten würde, wenn nicht die Personalbestände unter den Fahnen, die ausgebildeten Reserven, das im Dienste befindliche Material und das stockierte Material erfaßt würden, war jetzt, wo nur noch eine Erfassung der Personalbestände unter den Fahnen in Frage kam, für mich der Moment gekommen, in einer etwas feierlichen Form von der Arbeit der Kommission abzurücken. Diese Haltung mußte ich einnehmen, weil wir vermutlich später das Abkommen nicht würden unterschreiben können, wenn nicht noch die Abrüstungskonferenz eine bessere Arbeit verrichtete. Für die bisherigen Leistungen mußte die Mehrheit der Kommission allein die Verantwortung tragen.

Die Kommission hatte noch einige andere Fragen zu erledigen. Zunächst den chinesischen Antrag auf Abschaffung der allgemeinen Wehrpflicht, und einen recht radikalen türkischen Abrüstungsvorschlag. Beide erhielten ein ehrenvolles Begräbnis mit Aussicht auf eine Auferstehung in der Abrüstungskonferenz. Das Kapitel über den chemischen Krieg enthielt für die Konventionsteilnehmer im wesentlichen die gleichen Verpflichtungen, welche die Unterzeichner des Genfer Gaskriegprotokolls von 1925 übernommen haben. Ein von mir im Anschluß hieran eingebrachter Antrag auf Verbot des Bombenabwurfs aus der Luft wurde abgelehnt, wie die Kommission überhaupt keine Neigung zeigte, in die Abrüstungskonvention Verbote einzelner bestimmter Kampfmittel aufzunehmen.

Die Behandlung der restlichen Abschnitte des Konventionsentwurfes über Budgetfragen und Organisation, wozu auch die Kontrolle und die Publizität gehörten, wurde zusammen mit den Marinefragen auf die zweite Hälfte der Tagung der Kommission verschoben. Deren Wiedereinberufung sollte durch den Präsidenten erfolgen, sobald er der Ansicht war, daß die Vorbereitungen der Marinefragen ausreichende Fortschritte gemacht hätten.

Dieser Fall trat erst Ende 1930 ein, und die dann stattfindende letzte Tagung der „Préparatoire" spielte sich ganz im Schatten der Londoner Konferenz ab. Das Interesse der großen Seemächte — vor allem der Vereinigten Staaten und Englands — war so ausschließlich auf die Festsetzung des in London erreichten Ergebnisses abgestellt, daß niemand meinem Vorwurfe widersprechen konnte, die Mehrheit der Kommission habe den Gedanken der Landabrüstung den Interessen der Seeabrüstung geopfert.

Indessen wurde der formale Abschluß der Tätigkeit der „Préparatoire" erreicht.

Diese Feststellung bedeutet nahezu das einzige positive Ergebnis, das in der Bilanz der Kommission auf der Aktivseite zu buchen ist. Wenn wenigstens ein solcher formaler Abschluß erreicht wurde, so war das einmal die Folge der entsprechenden deutlichen Entschließungen der vorigen Bundesversammlung und ihrer III. Kommission, erklärt sich aber auch daraus, daß wohl bei jedem der Delegierten der persönliche Wunsch erkennbar war, so rasch wie möglich mit der eigenen Zugehörigkeit zu einem Gremium Schluß zu machen, das allmählich in den Augen der Weltöffentlichkeit alle Achtung eingebüßt hatte.

Das Arbeitsgebiet umfaßte die Beendigung der zweiten Lesung des Entwurfs einer Abrüstungskonvention, die im Mai des vergangenen Jahres nicht hatte zu Ende geführt werden können, sowie die Erledigung einiger außerhalb des Entwurfes stehenden Aufgaben. Die Kommission hat diesen Rahmen jedoch nicht ganz eingehalten, sondern einige wesentliche Fragen nochmals zur Diskussion gestellt, über die die Mehrheit in zweiter Lesung bereits entschieden hatte. Bestimmend hierfür war die Erwägung, daß eine, wenn auch nicht wahrscheinliche

Verbesserung früherer Entschlüsse das magere Ergebnis der Gesamtarbeit in seiner Wirkung nach außen etwas günstiger hätte erscheinen lassen können. So ist die Limitierung des Heeresmaterials von neuem zur Diskussion gestellt worden. Tatsächlich ist es in dieser Frage bei den alten Entschlüssen geblieben, jedoch ergab sich bei der Abstimmung über die Frage der direkten Begrenzung des Heeresmaterials zum ersten Mal ein Stimmenverhältnis von 9 : 9, das wenigstens auf diesem Gebiete gewisse Fortschritte in unserem Sinne nicht ganz ausgeschlossen erscheinen ließ.

Meine Haltung in der Kommission war auf der einen Seite bestimmt durch die von mir im Frühjahr des vergangenen Jahres abgegebene Erklärung, mit der ich mich infolge der negativen Beschlüsse der Kommissionsmehrheit in der Material- und Personalfrage bereits klar von ihrem Programm losgesagt hatte. Andrerseits mußte ich versuchen, bei sich bietender Gelegenheit zu einer Verbesserung des Konventionsentwurfes beizutragen, sowie überall da einzugreifen, wo es galt, die Gründe unserer abweichenden Stellung klarzulegen, etwaige direkte Angriffe auf uns abzuwehren, Mißverständnisse hinsichtlich unserer Haltung aufzuklären und schließlich für zutreffende und erschöpfende Wiedergabe unseres Standpunktes im Bericht der Kommission zu sorgen. Besonderen Anlaß zu aktiver Beteiligung hatte ich auf dem Gebiete der nicht mit dem Konventionsentwurf direkt zusammenhängenden Fragen, wie z. B. der Frage des Datums für die Konferenz und ihrer Vorbereitungen durch rechtzeitige Bekanntgabe des gegenwärtigen Rüstungsstandes. Ich glaube sagen zu können, daß die Aktivität, die ich in diesem Rahmen entfaltet habe, genügt hat, um dem Vorwurf der Passivität oder gar der Obstruktion vorzubeugen, zumal ich keine Gelegenheit habe vorbeigehen lassen, das damalige Hauptziel der Reichsregierung in den Vordergrund zu stellen, nämlich über die Vorbereitende Abrüstungskommission hinweg so rasch wie möglich zu einer allgemeinen Konferenz zu kommen.

Zu den oben erwähnten fünf Teilen des Vertragsentwurfs ist folgendes zu bemerken:

1. Die Personalfrage war grundsätzlich bereits im ersten Teil der 6. Tagung zu unseren Ungunsten, also unter völligem Ausschluß der ausgebildeten Reserven von jeder Herabsetzung oder Begrenzung entschieden, kam aber gelegentlich der Diskussion über die Frage der Begrenzung der Dienstdauer noch einmal zur Debatte. Das Ergebnis war, wie bisher, in unserem Sinne negativ.

2. Die Materialfrage ist, wie schon oben erwähnt, noch einmal aufgerollt worden, ohne daß sich eine Mehrheit für die direkte Begrenzung des Landmaterials gefunden hätte. Der Entwurf beschränkte sich auf eine Erfassung auf dem Wege über die Budgets, jedoch auch da, ohne das Material nach Art und Zahl herauszustellen.

Bei dem Seematerial wurde mein Antrag, auch das nichtschwimmende Material zu erfassen, das sonst beliebig zu Vermehrung der Landbestände verwandt werden kann, abgelehnt. Nur das schwimmende Material sollte einer direkten Begrenzung unterliegen, für deren Gestaltung man sich streng an das Muster des Londoner Vertrages gehalten hat. Die Londoner Seemächte hatten zu diesem Zwecke die bisher im Entwurf vorgesehenen Bestimmungen durch ein dem Londoner Vertrage angepaßtes Schema ersetzt, das in seinen wesentlichen Bestimmungen von der Kommission angenommen wurde. Ich habe mich an dieser Debatte nicht aktiv beteiligt.

Bei dem Luftmaterial sind die Kommissionsbeschlüsse ebenfalls weit hinter meinen Anträgen auf Erfassung des gesamten Materials zurückgeblieben: Man hat sich im wesentlichen auf eine Erfassung der startbereiten Flugzeuge und Luftschiffe nach Maßgabe gewisser Kriterien geeinigt.

Eine erhebliche Rolle spielte in diesem Zusammenhange die Einbeziehung der Zivilluftfahrt in den Entwurf. Ich habe von Anbeginn an, insbesondere aber auch in der letzten Tagung, mit allem Nachdruck den Standpunkt vertreten, daß die Zivilluftfahrt in einem Abkommen rein militärischen Charakters überhaupt nichts zu suchen habe. Mit aller Offenheit habe ich dabei festgestellt, daß gerade die Zivilluftfahrt das einzige Gebiet sei, wo bei der Kommissionsmehrheit mit deutlich erkennbarer Tendenz ein Wille zu beschränkenden Maßnahmen festzustellen sei. Es ist mir gelungen diesen Standpunkt in dem Entwurf nahezu vollständig zur Geltung zu bringen. Der Entwurf berührte die Zivilluftfahrt nur noch in dem Artikel 37, wo gewisse jährliche Veröffentlichungen über den Stand der Zivilluftfahrt vorgesehen sind. Um auch diese Bestimmung aus dem Entwurf vielleicht noch beseitigen zu können, habe ich den Antrag gestellt, eine internationale Vereinbarung über diese Frage außerhalb der Konvention herbeizuführen. Entscheidend war für mich dabei der Gedanke, daß wir aus dem Pariser Abkommen des Jahres 1925 ohnehin zu solchen Veröffentlichungen verpflichtet waren, uns also ein Abkommen nur erwünscht sein könne, das — völlig herausgelöst aus dem Konventionsentwurf militärischen Charakters — die anderen Staaten in gleicher Weise verpflichtete.

3. Der Aufnahme der Haushaltungsangaben in den Entwurf habe ich widersprochen, solange nicht die mißbräuchliche Verwertung von Etatzahlen zu Vergleichs- oder Bewertungszwecken für den Rüstungsstand durch gleichzeitige direkte Begrenzung des Materials ausgeschlossen wird.

Der 4. Teil befaßte sich als einziger der Konvention mit der Frage völligen Verbots gewisser Kriegsmittel. Ich hatte ihn bereits früher benutzt, um, wenn auch ohne Erfolg, das völlige Verbot des Bombenabwurfs aus der Luft zu fordern. Ich habe meinen Antrag jetzt auf andere, der Zivilbevölkerung besonders gefährliche Waffen von ausgesprochenem offensivem Charakter, z. B. schwere Kanonen, ausgedehnt, mich aber damit nicht durchsetzen können.

5. Bei der Debatte über den Schlußteil des Entwurfs, der allgemeine Bestimmungen enthielt, habe ich mich darauf beschränkt, bei dem für uns wichtigsten Punkt, der Frage des Verhältnisses der Konvention zu früheren auf Abrüstung bezüglichen Verträgen einzugreifen. Ich habe erklärt, daß ich bei Gelegenheit des betreffenden Artikels, soweit er sich nicht auf die Verträge von Washington und London bezöge, gegen den Entwurf in seiner Gesamtheit stimmen müsse, weil er in der von der Kommissionsmehrheit angenommenen Form wesentliche Faktoren der Landrüstung unberücksichtigt lasse, zu einer Verschleierung des wahren Rüstungsstandes führe, ja sogar eine Aufrüstung gestatte. Man könne nicht der Reichsregierung die Unterzeichnung eines solchen Abkommens und in Verbindung damit die Erneuerung der Unterschrift unter die Entwaffnungsbestimmungen des Versailler Vertrages zumuten. Deutschland werde den Wert des Vertrages zu gegebener Zeit danach beurteilen, ob er dem Grundsatz der Gleichheit der Sicherheit (parité de sécurité) Rechnung trage, wie er von den deutschen Vertretern seit Jahren gefordert werde. Diese Erklärung war um so notwendiger, als in der zweiten Lesung auf französischen Vorschlag dem Artikel der Absatz 2 hinzugefügt worden ist, der für eine Reihe von Staaten die eigene Bindung an das Abkommen von der Einhaltung der Entwaffnungsbestimmungen aus den Friedensverträgen abhängig machen wollte.

Den abschließenden Bericht der Kommission dagegen habe ich annehmen können, da er ohne jede Ausnahme alle von mir formuliert vorgelegten Reserven zu den Mehrheitsbeschlüssen mit angemessener Begründung brachte, also gewährleistete, daß der deutsche Standpunkt uneingeschränkt und klar vor der Konferenz zum Ausdruck kam.

Meine Schlußerklärung gab mir zudem Gelegenheit, noch einmal zu der Arbeit der Kommission kritisch Stellung zu nehmen und festzustellen, daß dem Entwurf das allein Wesentliche, nämlich der feste Wille zur Abrüstung fehlte, und daß von der kommenden Konferenz nur dann ein wirklicher Fortschritt in der Lösung der Aufgabe zu erwarten sei, wenn die Regierungen ihre Vertreter unter dem Drucke der öffentlichen Meinung mit ganz anderen Instruktionen versähen, als es für die Vorbereitende Abrüstungskommission der Fall war.

Die beiden außerhalb des Konventionsentwurfs diskutierten Fragen — Offenlegung des damaligen Rüstungsstandes für den Beginn der Konferenz und Vorschläge an den Rat über das Datum dieser Konferenz — gingen beide auf meine Anträge zurück. Sie wurden zur Entscheidung durch den Rat zurückgestellt. Bei dem Publikationsvorschlag, für den auch der italienische Delegierte sich einsetzte, habe ich mich auf die Tatsache berufen, daß der Erfolg der Londoner Konferenz mit darauf begründet sei, daß sie von Anbeginn an durch die Vorlage eines entsprechenden Dokuments einen klaren Ueberblick über den Rüstungsstand aller Beteiligten zur See besessen habe. Als Zeitpunkt für die Konferenz schlug ich den 5. November 1931 vor und bezog mich dabei auf eine Ratsentschließung vom Dezember 1926, in der es ausdrücklich heißt, die Kommission möge dem Rat hinsichtlich des Zeitpunktes Vorschläge machen. Der von mir genannte Termin, der 5. November 1931, war — wegen der Rücksicht auf die überseeischen Konferenzteilnehmer, wegen der noch notwendigen diplomatischen Vorbereitungen und wegen der Tagung der Bundesversammlung im September — der früheste Termin, der ernsthaft erwogen werden konnte. Die Kommission entschloß sich nicht zu einem bestimmten Datumsvorschlag, willigte aber wenigstens darein, ihr Material dem Völkerbundsrat im Januar 1931 zur Entscheidung der Datumsfrage zu unterbreiten.

Die Sowjetdelegation entfaltete, vor allem solange sie durch Litwinow persönlich vertreten war, eine rege, zumeist mit unseren Interessen übereinstimmende Tätigkeit. In der positiven Mitarbeit ging sie weiter als bisher und nahm sogar an Unterkommissionen teil. Sie hat es trotzdem für richtig befunden, sich am Ende der Tagung formell von der gesamten Arbeit der Kommission insofern loszusagen, als sie jede Beteiligung an dem Bericht, obwohl dieser auch ihre Reserven uneingeschränkt gebracht hätte, ablehnte und verlangte, daß ihre abweichende Darlegung als Anhang zu dem Bericht dem Rat übersandt werden sollte. In der Diskussion griff ich zugunsten eines Minderheitsberichts der Sowjet-Delegation ein. Man einigte sich dann dahin, das Protokoll der Schlußsitzung, das mit allen Reden auch die russische Darlegung enthielt, mit dem Bericht an den Rat gelangen zu lassen.

In der letzten Tagung der Kommission übernahm Lord Cecil wieder wie in den ersten Jahren die britische Vertretung. Mit ihm hatte ich alte freundschaftliche Beziehungen von gemeinsamer Arbeit in den Ligen her. Er zeigte sich auch sehr entgegenkommend zur Zeit, als ich noch als Privatmann für die deutsche Liga nach Genf fuhr, und Deutschland noch nicht in den Völkerbund eingetreten war. Von dieser Zeit her konnte ich immer einen leichten Anflug von Bevormundung in seinem Wesen mir gegenüber konstatieren. Er liebte es nicht, wenn ich seine Auffassungen in der Kommission bekämpfen mußte. So oft ich konnte, versuchte ich unsere Gegensätze im Scherz zu überwinden. Insbesondere mißbilligte Cecil meine guten Beziehungen zu Litwinow. Als ich in kleinem Kreise einmal bei ersterem frühstückte, begrüßte mich Cecil mit den Worten: „Hello Bernstorff, how is your friend Litwinow today? I suppose you call him by his Christian name". Ich erwiderte schnell: „No by his Jewish name" und hatte durch diese Antwort die Lacher auf meiner Seite.

Wenn der Bericht der „Préparatoire" den deutschen Standpunkt in objektiver Weise wiedergab, so ist das wesentlich ein Verdienst der beiden Berichterstatter, des Spaniers Cobian und des Belgiers Bourquin.

Nach Beendigung der Arbeiten der „Préparatoire" war ich darauf vorbereitet, damit auch meine politische Laufbahn zu beenden. Ich nahm aber doch noch Teil an der Völkerbundsversammlung von 1931 und vertrat Curtius in den letzten Sitzungen derselben. Diese bezogen sich auf den damals akuten japanisch-chinesischen Konflikt, der mich sehr interessierte, bei dem aber Deutschland nur wenig beteiligt war. Ich wurde auch von dem Auswärtigen Amte beauftragt, diese Verhandlungen nach Schluß der Bundesversammlung weiterzuführen. Gern hätte ich den Auftrag übernommen, doch brach ich damals gesundheitlich nieder infolge der vielen Anstrengungen meiner langen politischen Laufbahn. Nach 50jähriger Arbeit im Dienste des Vaterlandes war ich jetzt genötigt, den Geboten meiner Gesundheit zu gehorchen.

„Denn der Staub muß wieder zu der Erde kommen, wie er gewesen ist, und der Geist wieder zu Gott, der ihn gegeben hat."

Der Prediger Salomo 12. 7.

Abgeschlossen am 1. November 1935.

NAMENREGISTER

A

ABBAS HILMI, Khedive von Aegypten 175.
ABDUL HAMID II., Sultan 20, 21, 23, 51, 126.
ADLON, Louis, Hotelbesitzer 182.
AEHRENTHAL, Graf, österreichisch-ungarischer Minister des Aeußern 41.
ALBERT, König von Sachsen 28.
ALEXANDER I., König von Serbien 27, 39.
ALEXANDRA, Zarin 31, 32, 33, 41, 64.
APPONYI, Graf Albert, ungarischer Staatsmann 232.
ARNDT, Ernst Moritz, Dichter und politischer Schriftsteller 15.
AUGUSTA, Kaiserin 16.
AUGUSTE VIKTORIA, Kaiserin 23, 69, 72.
AULARD, Professor, Historiker 220, 237.

B

BACON, amerikanischer Staatssekretär und Botschafter 95.
BAKER, amerikanischer Biograph des Präsidenten Wilson 98, 234.
BALFOUR, Lord Arthur James, englischer Staatsmann 66, 148, 206, 239, 240.
BALLIN, Albert, Generaldirektor der Hapag 73, 74, 78, 87.
BANCROFT, George, Historiker, amerikanischer Botschafter in Berlin 203.
BARNAY, Ludwig, Schauspieler 33, 34.
BARRA, De La, mexikanischer Botschafter 80.
BARRINGTON, Sir Eric, erster Privatsekretär Lord Lansdownes 69.
BARTHOU, Louis, französischer Staatsmann 11, 251.
BASSERMANN, Ernst, Reichstagsabgeordneter 89, 120.
BAUER, Max, Oberst bei der O.H.L. im Kriege 118.
BAUMGARTEN, Otto, Professor 198.
BECKER, Dr. Julius, Journalist 148.
BELOW, Paul von, deutscher Diplomat 67, 68.
BENNETT, Gordon, Besitzer des „New York Herald" 50, 51, 52, 61.
BERNHARD, Georg, Journalist 148.
BERNHARDI, Theodor von, Historiker 40.
BERNSTORFF, Graf Andreas Peter, dänischer Staatsmann 15.
BERNSTORFF, Familie 10, 11, 12, 13, 14, 15, 16, 27, 116.
BERNSTORFF, Albrecht 159, 161.
BERNSTORFF, Heini 159. } Neffen des Verfassers.
BERNSTORFF, Victor 160.
BETHMANN HOLLWEG, Dietrich von, deutscher Diplomat, Neffe des Folgenden 41.
BETHMANN HOLLWEG, Theobald von, Reichskanzler 41, 42, 75, 76, 77, 78, 90, 107, 109, 110, 111, 114, 117, 118, 121, 122, 161.
BISMARCK, Herbert 10, 15, 19, 22.
BISMARCK, Fürst Otto 9, 10, 11, 14, 15, 17, 18, 19, 23, 24, 25, 26, 28, 38, 39, 63, 66, 72, 73, 76, 93, 112, 131, 160, 176, 177, 196, 205, 208, 209, 221, 233.
BISMARCK, Familie 15, 22.
BLANC, Alberto, Baron, italienischer Diplomat 23.
BLEICHRÖDER, Gerson von, Bankier 17.
BONCOUR, PAUL-, französischer Staatsmann 193, 244, 245, 251, 254.
BOSCH, Robert, Großindustrieller 168.

NAMENREGISTER

BOURQUIN, Maurice, Professor des internationalen Rechts 261.
BOY-ED, Karl, Marine-Attaché bei der deutschen Botschaft in Washington 110.
BRENNUS, gallischer Heerführer 184.
BRENTANO, Professor Lujo 188, 190.
BRIAND, Aristide, französischer Staatsmann 11, 193, 200, 205, 235, 237, 241, 245.
BROCKDORFF-RANTZAU, Graf Ulrich 183, 184, 186, 187, 188, 190, 192, 193, 194, 251.
BRYAN, William, Jennings, amerikanischer Staatssekretär 84, 88, 89, 104.
BRYCE, James, englischer Botschafter in Amerika 203.
BURIAN, Graf Stefan, österreichisch-ungarischer Minister des Aeußern 117.
BUSSCHE-HADDENHAUSEN, Hilmar von dem, deutscher Diplomat 78, 79, 91, 136, 139, 161, 164, 170, 171, 172.
BUXTON, Mrs., englische Pazifistin 190.
BÜLOW, Bernhard, Fürst von 10, 22, 27, 29, 30, 31, 36, 37, 38, 39, 40, 41, 42, 44, 45, 46, 47, 49, 50, 51, 52, 55, 56, 59, 60, 61, 66, 67, 68, 71, 72, 75, 77, 111, 114, 117, 149, 182.
BÜLOW, Maria, Fürstin von 28, 37, 42, 182.

C

CAMPBELL-BANNERMANN, Henry, englischer Staatsmann und Premierminister 53.
CAPRIVI, Leo von, Reichskanzler 24, 25, 74, 176.
CÄSAR 112.
CECIL, Lord Robert, englischer Staatsmann 235, 260.
CHAMBERLAIN, Sir Austen 235, 237, 238.
CHAMBERLAIN, Joseph, englischer Staatsmann 45, 66, 237, 238.
CHAPMAN and HALL, englische Verleger 50.
CHIROL, Valentine, englischer Journalist 49, 62, 63, 64, 193.
CLARK, Champ, amerikanischer Staatsmann 86.
CLEMENCEAU, Georges, französischer Staatsmann, 184, 189, 190, 198, 243.
COBIAN, spanischer Vertreter in der vorbereitenden Abrüstungskommission 261.
CONRAD, VON HOETZENDORFF, Chef des österreichisch-ungarischen Generalstabs 41.
COOLIDGE, Calvin, Präsident der Vereinigten Staaten 250, 253.
CRAILSHEIM, Graf, bayrischer Ministerpräsident 42, 43.
CRANE, amerikanischer Senator 79.
CROMER, Lord, englischer Staatsmann 69, 135, 206.
CROMWELL 196.
CURTIUS, Dr. Julius, Minister des Aeußern 237, 261.
CUSHENDUN, Lord, englischer Staatsmann 251.
CZERNIN, Graf Ottokar, österreichisch-ungarischer Minister des Aeußern 113, 124, 158.

D

DA GAMA, brasilianischer Botschafter 83, 85.
DAVIS, amerikanischer Politiker 82.
DAVIS, Richard Harding, amerikanischer Schriftsteller 32.
DELBRÜCK, Clemens, Staatssekretär 178.
DELBRÜCK, Hans, Historiker 50.
DERNBURG, Bernhard, Staatssekretär 103, 110, 194.
DIECKHOFF, deutscher Diplomat 137, 138, 175, 176.
DISRAELI, Benjamin, englischer Staatsmann, später Lord Beaconsfield 208.
DJAVID BEY, türkischer Finanzminister 129, 130, 135, 136, 137, 138, 139, 141, 144, 152.
DJEMAL Pacha, türkischer Marineminister 21, 129, 130, 148, 153, 154, 161.
DÖNHOFF, Graf Carl, deutscher Diplomat 28.

E

EBERT, Friedrich, Reichspräsident 42, 111, 178, 183, 186, 192, 194, 205, 206.
ECKARDSTEIN, Hermann Freiherr von, deutscher Diplomat 44, 45, 46, 47, 48, 49, 50, 60, 78.
EDHEM BEY, türkischer Diplomat 161.
EDUARD VII., König von England 45, 48.
ELISABETH, Königin von England 65.
ENVER Pacha, türkischer Kriegsminister 21, 128, 129, 132, 133, 138, 150, 152, 154, 158, 159, 161, 165.
ERZBERGER, Matthias, Zentrumsführer und Minister 141, 142, 143, 183, 184, 185, 186, 187, 188, 213, 227.
ESTERNAUX, Geheimrat im Auswärtigen Amt 49, 61.
EULENBURG, Fürst Philipp, deutscher Botschafter 42.
EULENBURG, Graf Viktor, deutscher Diplomat 50, 67.

F

FALKENHAYN, Erich von, Kriegsminister 148, 150, 160, 162, 165.
FALKNER, amerikanischer Politiker 82.
FERDINAND, König von Bulgarien 130.
FETHY BEY, türkischer Staatsmann 136.
FORGACH, Graf, österreichisch-ungarischer Diplomat 41.
FÖRSTER, Wilhelm, Professor, Pazifist 229.
FREUD, Siegmund, Professor 28.
FREYTAG, Gustav, Schriftsteller und Historiker 14.
FRIEDJUNG, Dr. Heinrich, österreichischer Historiker 92.
FRIEDRICH, Kaiser 12, 16, 17, 18, 196.
FRIEDRICH, Kaiserin 12, 13.
FRIEDRICH AUGUST, Prinzessin, Herzogin zu Sachsen 28.
FRIEDRICH DER GROSSE 38, 73, 101, 112, 141, 208.
FRIEDRICH WILHELM II. 92.
FRIEDRICH WILHELM IV. 92, 177.
FUEHR, Alexander, Geheimrat im Auswärtigen Amt 172.

G

GALEN, Graf, Offizier 150.
GARRETT, John, amerikanischer Diplomat 84, 156.
GAUS, Friedrich, Ministerialdirektor 194.
GERARD, amerikanischer Botschafter in Berlin 107, 110, 117, 118.
GERHÄUSER, Emil, Kammersänger 33.
GESSLER, Dr. Otto, Reichswehrminister 210, 211, 245.
GIBSON, Hugh, amerikanischer Diplomat 254, 255.
GLADSTONE, Lord, englischer Staatsmann 235.
GLUTH, Victor, Musiker 43.
GNEIST, Rudolf von, Rechtsgelehrter 26.
GOETHE, Johann Wolfgang von 16, 194, 195, 206, 208.
GOLTZ, Colmar Freiherr v. d. Goltz Pacha 134.
GOMPERS, amerikanischer Arbeiterführer 91.
GORST, Sir Eldon, englischer Staatsmann 69.
GRANCY, von, Marine-Attaché bei der Botschaft in Konstantinopel 37.
GREY OF FALLODON, Lord, englischer Minister des Aeußern 48, 85, 94, 119, 121, 214.
GRUBE, Max, Schauspieler 33.
GROENER, General, Reichswehrminister 180, 246.
GWINNER, Arthur von, Direktor der Deutschen Bank 137, 138, 139, 140.

H

HAASE, Hugo, Volksbeauftragter 182.
HAHN, Mädchenname der Gräfin Lehndorff-Steinort 17.
HAKKI Pacha, türkischer Botschafter in Berlin 130, 133.

HALDANE, Lord, englischer Staatsmann 10, 76.
HALE, amerikanischer Journalist 117.
HALIL BEY, türkischer Staatsmann 161.
HAMMANN, Otto, Geheimrat im Auswärtigen Amt 49, 55, 59, 61.
HANFSTAENGEL, Ernst, deutscher Nationalsozialist 113, 125.
HANIEL VON HAIMHAUSEN, Edgar, deutscher Diplomat, Staatssekretär 83, 156, 157, 185, 186, 204, 205.
HANIEL VON HAIMHAUSEN, Eduard, Großgrundbesitzer in Bayern 42, 43.
HANNIBAL 112.
HANOTAUX, Gabriel, französischer Staatsmann 95.
HARDEN, Maximilian, Journalist 13, 42, 55.
HARDING, Präsident der Vereinigten Staaten 202.
HARDINGE, Lord, englischer Staatsmann 193.
HARMON, amerikanischer Politiker 79, 86.
HARMSWORTH, englischer Zeitungsverleger 54.
HARNACK, Adolph, Professor 204.
HATZFELDT, Graf Paul, deutscher Botschafter in London 45.
HATZFELDT, Fürstin, Oberhofmeisterin der Kaiserin Friedrich 13.
HAUSSMANN, Konrad, demokratischer Reichstagsabgeordneter 183.
HEARST, amerikanischer Zeitungsverleger 90, 120.
HECKSCHER, Siegfried, deutscher Politiker und Direktor der Hapag 89, 117.
HEINE, Heinrich 208.
HEINE, Wolfgang, sozialdemokratischer Reichstagsabgeordneter 111.
HEINEKEN, Generaldirektor des Nord-Deutschen Lloyd 145, 146.
HEINRICH VON PREUSSEN, Prinzessin 31, 32.
HEINRICH VON PREUSSEN, Prinz 33.
HEINRICH IV., französischer König 11.
HELFFERICH, Karl, deutscher Staatsmann 117, 118, 121, 137.

HELMHOLTZ, Frau von, Gemahlin des berühmten Gelehrten Hermann von Helmholtz 18.
HERRICK, Myron, amerikanischer Botschafter in Paris 85, 95.
HERRIOT, Edouard, französischer Staatsmann 193, 225, 227, 228, 229.
HERTLING, Freiherr von, Reichskanzler 158.
HEYDEBRANDT, Ernst von, deutscher Politiker 120.
HILL, David, amerikanischer Botschafter in Berlin 82, 203.
HINDENBURG, Paul v., Generalfeldmarschall, Reichspräsident 210, 211, 212.
HINTZE, Paul von, Staatssekretär 161, 169, 174.
HITLER, Adolph, Reichskanzler 113, 196.
HOBSON, Mrs., Dame der Washingtoner Gesellschaft 86.
HOETZSCH, Professor Otto, Historiker 92.
HOFFMANN, Max, General 159.
HOFFMANN VON FALLERSLEBEN, deutscher Dichter 15, 209.
HOHENLOHE, Fürst Chlodwig, Reichskanzler 39.
HOLSTEIN, Fritz von, Ministerialdirektor 22, 27, 28, 30, 31, 35, 41, 48, 50, 55, 63, 66, 67, 72, 114.
HOOVER, Herbert, Präsident der Vereinigten Staaten 254.
HORSTMANN, Alfred, deutscher Diplomat 83, 176.
HOUGHTON, amerikanischer Botschafter in Berlin 205
HOUSE, Colonel E. M., amerikanischer Staatsmann, Freund Wilsons 10, 97, 99, 101, 102, 106, 107, 108, 109, 110, 113, 115, 123, 124, 144, 156, 158, 174.
HOYOS, Graf, österreichisch-ungarischer Diplomat 41.
HUERTA, mexikanischer Präsident 88.
HUMANN, Marine-Attaché in Konstantinopel 169, 170, 171.
HUSS, Jan 219.
HUTTEN - CZAPSKI, Graf Bogdan, deutsch-polnischer Staatsmann 71, 72.

NAMENREGISTER

I

ISMAIL HAKKI, türkischer Staatsmann 135, 167.

J

JÄCKH, Ernst, Professor 76, 168.
JAGOW, Gottlieb von, deutscher Staatssekretär 41, 77, 112, 113, 116, 120, 121, 122, 123.
JENISCH, Freiherr von, deutscher Diplomat 67.
JUSSERAND, französischer Botschafter in Washington 85.

K

KANT, Immanuel 214, 215.
KARL, Kaiser von Österreich 158.
KAULBACH, Fritz August, Münchner Maler 43, 158.
KERENSKY, russischer Staatsmann 125.
KERN, Senator von Indiana 86.
KEYNES, Professor in Cambridge 94, 198, 216.
KIDERLEN-WÄCHTER, Alfred von, deutscher Diplomat 73, 76, 77.
KIENLIN, deutscher Diplomat 83.
KLEHMET, Geheimrat im Auswärtigen Amt 71.
KLEINMICHEL, Gräfin Marie 35.
KLOPSTOCK, Friedrich 12.
KNOX, amerikanischer Staatssekretär 82, 83.
KÖBNER, Finanzattaché bei der Botschaft in Konstantinopel 136, 137.
KOCH-WESER, Erich, Führer der deutschen Demokraten 241.
KÖGEL, Hofprediger in Berlin 23.
KOLBE, Bildhauer 135, 170, 171, 172.
KORELL, Pfarrer, deutscher Demokrat 207.
KRESS, Freiherr von, General 162.
KRIEGE, Ministerialrat im Auswärtigen Amt 41.
KRÜGER, Paul, Präsident von Transvaal 30, 31.

KÜHLMANN, Richard von, deutscher Staatssekretär 111, 112, 131, 133, 135, 136, 139, 149, 152, 156, 157, 158, 161, 163, 164, 169.

L

LAFOLETTE, amerikanischer Senator 84.
LANE, amerikanischer Staatssekretär des Innern 97.
LANSING, amerikanischer Staatssekretär 104, 105, 109, 157.
LEGIEN, Carl, deutscher Sozialist 91.
LEHNDORFF-STEINORT, Graf Heinrich 17.
LEIPZIG, von, Militär-Attaché bei der Botschaft in Konstantinopel 135.
LEISCHMAN, amerikanischer Botschafter in Berlin 83.
LENBACH, Franz von, Münchner Maler 43.
LENIN, Wladimir Iljitsch 142, 143, 144, 158.
LERCHENFELD, Hugo, Graf, bayerischer Gesandter in Berlin 178.
LICHNOWSKY, Fürst Carl Max, Botschafter in London 24, 45, 49, 90, 112, 113, 120, 188, 189, 205, 206.
LIECHTENSTEIN, Fürst Franz, österreich-ungarischer Botschafter in St. Petersburg 30.
LIMAN VON SANDERS Pacha, Otto, deutscher General, türkischer Marschall 132, 159, 165.
LINCOLN, Abraham, amerikanischer Präsident 98.
LINDENBERG, Grossindustrieller 145.
LITWINOW, Sowjet-Staatsmann 191, 192, 251, 260.
LLOYD GEORGE, David, englischer Staatsmann 42, 189.
LODGE, Henry Cabot, amerikanischer Senator 79, 80.
LOSSOW, Otto von, General 159, 165.
LOUCHEUR, Louis, französischer Staatsmann 193.
LUDENDORFF, Erich, deutscher Heerführer 42, 118, 124.

LUDWIG, Emil, Schriftsteller 13, 148.
LUDWIG II., König von Bayern 43.
LUDWIG, Prinz von Bayern, später Ludwig III. 33, 43.
LUITPOLD, Regent von Bayern 43, 44.
LUTHER, Martin 194.

M

MACDONALD, Ramsay, englischer Staatsmann 219, 228, 229, 234.
MACKENSEN, August von, Generalfeldmarschall 176.
MAHOMET V., Sultan 127, 130, 132, 133.
MALET, Lady Ermyntrude, Gemahlin des englischen Botschafters in Berlin 19.
MALTEN, Therese, Opernsängerin 13.
MAPLE, Sir Blundell, englischer Großkaufmann 45.
MARIE, Pawlowna (Großfürstin Wladimir), Herzogin zu Mecklenburg 29, 30, 32, 34, 35, 36.
MARSCHALL, Freiherr von, deutscher Staatssekretär und Botschafter 23, 25, 29, 49, 70, 87.
MARX, Wilhelm, Reichskanzler 210, 211, 228, 237.
MASARYK, Präsident der Tschechoslowakei 219.
MAX, Prinz von Baden, Reichskanzler 35, 36, 111, 174, 175, 176, 177, 178, 179, 180, 181, 183, 199.
McCORMICK, Cyrus 158.
McCORMICK, Edith geb. Rockefeller 158.
McCORMICK, Harold 158.
McCORMICK, Vance 158.
MELCHIOR, Carl, Hamburger Bankier 187.
METTERNICH, Graf Paul, deutscher Botschafter in London 44, 45, 46, 49, 66, 69, 74.
MEYER, Major 165.
MEYER-GERHARD, Vertreter des deutschen Roten Kreuzes in New York 103.
MICHAELIS, Dr. Georg, Reichskanzler 111, 112.
MILAN, König von Serbien 27.
MIRBACH-HARFF, Graf Wilhelm, deutscher Diplomat 49.
MITCHELL-INNES, englischer Botschaftsrat in Washington 50, 65.
MOHR, Dr. Martin, Hauptschriftleiter der „Münchener Allgemeinen Zeitung" 46, 47.
MOLTKE, Graf Hellmuth, deutscher Heerführer 22.
MONTEBELLO, Graf, französischer Botschafter in Konstantinopel und St. Petersburg 23.
MONTGELAS, Graf Adolf, deutscher Diplomat 81.
MONTS, Graf Anton, deutscher Diplomat 31, 36, 37, 38, 39, 40, 42, 43, 115.
MONTS, Gräfin 42, 43.
MUCK, Carl, Kapellmeister 33.
MUSTAFA Kemal, türkischer Heerführer, später Präsident 20, 147.
MÜLLER, Hermann, Reichskanzler 187, 194, 195, 237, 253.
MÜNSTERBERG, Hugo, Professor an der Universität Harvard 84.

N

NAON, argentinischer Botschafter in Washington 85.
NAPOLEON I. 10, 11, 112, 196, 224.
NESSIMI BEY, türkischer Minister des Äußern 128, 133, 136, 152, 164.
NEUBRONN, Freiherr von, Regimentskommandeur 18, 19.
NIKOLAUS II., Zar 31, 32, 33, 41, 64.
NIETZSCHE, Friedrich, Philosoph 251.
NOWAK, Schriftsteller 180.

O

OBRENOVICH, Familienname des damaligen serbischen Königshauses 27.

P

PAGE, Walter, amerikanischer Botschafter in London 97, 99.
PALLAVICINI, Markgraf, österreichisch-ungarischer Diplomat 26, 158.

PANGIRI, Alexander, angesehener Grieche Konstantinopels 167.
PAPEN, Franz von, Militärattaché bei der deutschen Botschaft in Washington, Generalstabsoffizier an der Palästinafront, später Reichskanzler 110, 147, 149, 150, 151, 152, 155, 156.
PARMOOR, Lord, englischer Staatsmann 228, 235.
PASITCH, serbischer Minister 27.
PAUL, Herzog zu Mecklenburg 32.
PAULI, deutscher Diplomat 82.
PETER III., Zar von Rußland 141.
PETERSEN, Carl, Bürgermeister von Hamburg 238.
PFEIFFER, Reichstagsabgeordneter des Zentrums 144.
PICHON, französischer Staatsmann 190.
PIEPER, Hauptmann a. D., Vertreter des Wolffschen Telegraphen-Bureaus in London 60.
POINCARÉ, Raymond, französischer Staatsmann 11, 205, 206, 224, 225, 227, 230.
PONSONBY, Sir Frederick, Privatsekretär der Königin Victoria 13.
POPPE, Rosa, Schauspielerin 33.
POSADOWSKY, Graf Arthur von, Staatssekretär 59.
POSSART, Ernst von, Schauspieler 43.
POURTALÈS, Graf Fritz, deutscher Diplomat 28.
PÜCKLER, Graf Karl, deutscher Diplomat 50, 66.

R

RADOLIN, Fürst Hugo, deutscher Botschafter 28, 29, 30, 31, 34, 35, 48.
RADOLIN, Fürstin, Gemahlin des vorigen 30.
RADOWITZ, Joseph von, deutscher Botschafter 22, 23, 25.
RADOWITZ, Frau von, Gemahlin des vorigen 23.
RADZIWILL, Fürstin Marie, Gemahlin des Fürsten Anton 16.
RADZIWILL, Fürst Michael 35.
RATHENAU, Walter, deutscher Minister des Aeußern 13, 205, 206, 207, 208, 209, 223, 227, 242.
RATHJE, Johannes, Journalist 198.
REISCHACH, Freiherr von, Oberhofmarschall 17.
RHENA, Graf, deutscher Diplomat 48.
RICCI, Jesuitengeneral 20.
RICHTHOFEN, Oswald, Freiherr von, deutscher Diplomat 58.
RINGHOFFER, Schriftsteller 15.
RISTICH, Regent von Serbien während der Minderjährigkeit König Alexanders 27.
ROMBERG, Freiherr von, deutscher Gesandter in Bern während des Weltkrieges 93, 94, 95.
ROOSEVELT, Theodor, Präsident der Vereinigten Staaten 51, 72, 79, 84, 86, 87.
ROOT, Elihu, amerikanischer Staatsmann 51, 79, 80.
ROSEBERRY, Lord, englischer Staatsmann 66.
ROSEN, Dr. Friedrich, Außenminister 193, 201, 219.
ROSENBERG, von, Gesandter, später Botschafter in Ankara 133, 136, 157.
RUPPIN, Dr. Arthur, Soziologe 148.

S

SAID HALIM Pacha, Großvizir 127, 129.
SAUNDERS, Vertreter der Londoner „Times" in Berlin 61.
SCRIBNER, amerikanischer Verleger 125.
SEEBACH, Graf Nicolaus, Theater-Intendant in Dresden 28.
SEECKT, General von, Chef des Stabes in der Türkei 152, 154, 165, 176.
SEYMOUR, Charles, amerikanischer Historiker in Yale 74, 97.
SHARPE, amerikanischer Diplomat 95.
SHERRILL, amerikanischer Diplomat 83.
SIMONS, Reichsgerichtspräsident 180.

SIZZO-NORIS, Graf 60.
SOLF, Wilhelm, deutscher Diplomat 174, 175, 176, 183.
SPAHN, Dr. Peter, deutscher Zentrumsführer im Reichtag 118.
SPRING-RICE, Sir Cecil, englischer Botschafter in Washington 119.
SÜDEKUM, Dr. Albert, deutscher Sozialist im Reichstag 91.
SZECHENYI, Gräfin, Gemahlin des österreichisch-ungarischen Botschafters in Berlin 18.
SZÖGENYI, Graf, österreichisch-ungarischer Botschafter in Berlin 41.

Sch

SCHADE, Zentrumspolitiker 144.
SCHAIRER, Leiter der Neckarzeitung 185.
SCHEICH ül Islam, höchster Geistlicher der Türkei 133.
SCHEIDEMANN, Philipp, deutscher Reichskanzler 49, 111, 177, 178, 186.
SCHEUCH, General, Kriegsminister 180.
SCHILLER, Friedrich von 33, 196.
SCHLEINITZ, Gräfin, Gemahlin des preußischen Hausministers 18.
SCHLIEMANN, Orientalist 20.
SCHLÖZER, Karl von, deutscher Diplomat 14.
SCHÖN, Friedrich, Münchener Kunstmäzen 43.
SCHOPENHAUER, Arthur 23.
SCHORLEMER, Freiherr von, deutscher Staatsmann 72.
SCHULTHESS, schweizerischer Bundesrat 190.
SCHUWALOFF, Gräfin, Gemahlin des russischen Botschafters 18.
SCHWARZ, Joseph, Sänger 168.

St

STALIN, Sowjet-Staatsmann 196.
STEIN, von, Kriegsminister 135, 170, 171, 172.
STEIN, Freiherr von, 38, 196, 208.

STERNBURG, Freiherr Speck von, deutscher Botschafter in Washington 72.
STHAMER, deutscher Botschafter in London 193.
STRANTZ, Ferdinand von, Direktor der Berliner Hofoper 17.
STRAUS, amerikanischer Botschafter in Konstantinopel 79.
STRAUSS, Richard, Musiker 44.
STRESEMANN, Gustav, deutscher Staatsmann 98, 118, 120, 169, 171, 172, 183, 188, 194, 199, 209, 210, 211, 219, 228, 230, 233, 237, 240, 241, 245.
STUCK, Franz von, Münchener Maler 43.
STUMM, Freiherr Ferdinand von, deutscher Diplomat 156, 166.
STUMM, Wilhelm von, deutscher Diplomat 49.

T

TALAAT Pacha, Großvisir 21, 126, 127, 128, 129, 130, 133, 138, 145, 148, 152, 161, 167, 168, 239.
TALLEYRAND, französischer Staatsmann 11, 46, 116, 184, 207.
TAFT, William H., Präsident der Vereinigten Staaten 79, 80, 81, 82, 83, 84, 85, 86, 87.
TASSIM BEY, türkischer Generalstabsoffizier 154.
TERNINA, Sängerin 33.
TESTA, erster Dragoman der deutschen Botschaft in Konstantinopel 24.
THÖMMEL, Freiherr von, österreichisch-ungarischer Gesandter in Belgrad 26, 27.
TIRPITZ, Alfred von, Großadmiral 41, 42, 86, 87, 115, 116, 122.
TOWNSEND, Mrs. Richard, Dame der Washingtoner Gesellschaft 75.
TREITSCHKE, Heinrich von, Historiker 14, 208, 238.
TREUB, holländischer Finanzminister 226.
TROTZKI, Leo, Sowjet-Staatsmann 142, 164, 168.

TSCHERUG-SPIRIDOWITSCH, russischer Journalist 60.
TSCHESCHINSKAJA, russische Tänzerin 29.
TSCHIRSCHKY, Heinrich von, deutscher Staatssekretär und Botschafter 29, 31, 35, 36, 38, 39, 41, 67, 68.
TSCHITSCHERIN, Sowjet-Staatsmann 191.
TYRELL, Lord (früher Sir William), englischer Staatsmann 119, 120, 121, 193.

U

ULLSTEIN, Hermann, Zeitungsverleger 148.
UNDERWOOD, amerikanischer Staatsmann 86.

V

VALENTINI, von, Chef des Zivilkabinetts bei Kaiser Wilhelm II. 111.
VICTORIA, Königin von England 12, 13, 18, 33.
VIETINGHOFF, deutscher Diplomat 161, 174.

W

WÄCKER-GOTTER, Freiherr von, deutscher Gesandter in Belgrad 26.
WAGNER, Richard 18.
WAGNER, Cosima 12, 18, 43.
WANGENHEIM, Freiherr von, Botschafter 135.
WARBURG, Max, Bankier in Hamburg 73.
WEDEKIND, Erika, Sängerin 33.
WEINGARTNER, Felix von, Kapellmeister 43, 238.
WESENDONK, Mathilde, Urbild der „Isolde" 18.

WHITE, Andrew, amerikanischer Botschafter in Berlin 203.
WHITE, HARRY, amerikanischer Diplomat 80.
WHITMAN, Sidney, Journalist 50, 51, 53, 54, 55, 61.
WIEGAND, Karl von, amerikanischer Journalist 115, 116, 117, 120, 156.
WILE, Frederick William, amerikanischer Journalist 54, 81.
WILDE, Oscar 194.
WILHELM I. 9, 17.
WILHELM II. 12, 13, 22, 23, 29, 33, 39, 40, 41, 42, 44, 45, 50, 52, 53, 56, 66, 67, 68, 69, 72, 74, 76, 78, 91, 92, 107, 111, 114, 115, 121, 127, 130, 131, 132, 133, 134, 135, 147, 148, 157, 158, 169, 170, 177, 178, 179, 183.
WILSON, Huntingdon, amerikanischer Diplomat 80, 81.
WILSON, Woodrow 10, 11, 42, 48, 74, 86, 88, 89, 91, 95, 96, 97, 98, 99, 100, 101, 102, 103, 104, 106, 107, 108, 109, 110, 111, 113, 114, 115, 117, 118, 119, 120, 124, 125, 128, 140, 142, 143, 144, 156, 158, 160, 174, 175, 177, 189, 201, 202, 203, 215, 232, 234, 243.
WIRTH, Joseph, Reichskanzler 181, 201.
WLADIMIR, Großfürst 30, 32.
WLADIMIR, Großfürstin (s. Marie Pawlowna).
WOLF, Lucien, englischer Journalist 50, 56, 57, 58, 59, 60.
WOLFF, Theodor, Hauptschriftleiter des Berliner Tagblattes 78.

Z

ZENKER, Friedrich Rudolf, Schriftsteller 180.
ZIMMERMANN, Alfred, Direktor bei Scherl 91, 118, 121.

www.ingramcontent.com/pod-product-compliance
Lightning Source LLC
Chambersburg PA
CBHW021658230426
43668CB00008B/664